近世中国的儒学与儒家

JINSHI ZHONGGUO DE
RUXUE YU RUJIA

田文军◎著

人民出版社

目　录

上　篇

中　篇

下　篇

上　篇

德性之"仁"与规范之"仁"

——简论早期儒家的"仁"说及其现代价值

在中国传统文化中,儒学因其关注社会人伦,"列君臣父子之礼,序夫妇长幼之别","游文于六经之中,留意于仁义之际"而受到人们广泛关注。学术界为评断儒学在中国学术史上的历史地位及其现代价值,或视其为中国学术文化的主干,或肯定其为"人学"。前一种视角认定中国历史上曾经出现"罢黜百家,独尊儒术"的文化格局,儒学被定位为"助人君顺阴阳明教化者",长期作为官方的意识形态,影响了中国文化发展的历史与方向。后一种视角认为儒学以"三纲领"、"八条目"即所谓"明明德"、"亲民"、"止于至善"及"格物"、"致知"、"诚意"、"正心"、"修身"、"齐家"、"治国"、"平天下"为基本内容,重视人在现实生活中如何成己成人,确立了中国人基本的生活态度与价值观念,这样的儒学乃人生宝典,成德教义。人们对儒学的评断,视角不同,趣向有别,结论各有其据,且各以不同的侧面接触到了儒学的特质与价值。但是,人们对儒学已有的评断,并没有终结人们对其特质与价值的现代性思考。当人类经济、文化的发展进入全球化时代的今天,作为中国传统文化重要组成部分的儒学,其理论价值究竟表现在哪里,儒家学说究竟为当代人们的生活提供了什么样的人生经验与人生智慧,或者说在儒家学说中,哪些具体理论对于人们今天的生活仍然具有实际的借鉴意义,能够在现代人类文化中彰显其普适价值。这些问题都值得深入探讨。基于这样的理解,本文拟通过对早期儒家的"仁"范畴的论析,以求对儒学的思想特质与现代价值作出自己的解释与评断。

一

儒学是一个包含着丰富理论内容的思想系统,也是一个在历史中不断演化发展的思想系统。解析儒家学说的现代性意义,不论是学术视角还是文本选择都可有不同。就文本而言,人们可专探"六经"之类的传统典籍,也可专注于先秦儒家以及两汉、两宋时期的儒家著述。对于儒学典籍既可作专题的解析,也可做系统的研探。朱熹当年论及阅读儒家典籍"四书",曾主张人们先读《大学》。认为先读《大学》,可以帮助人们"定其规模",从总体上把握儒家理论的基本架构与思想内容。其后应阅读《论语》。阅读《论语》可帮助人们"立其根本",了解儒学的早期形态,熟悉儒学的原创性思想。其后再读《孟子》,"以观其发越",了解儒学的演绎与发展。最后阅读"中庸"。阅读《中庸》可"求古人微妙处",即了解形上层面的儒学理论,理解儒学的"高明"与价值。朱熹这种主张,立意虽在论释自己所理解的阅读"四书"的方法,但从这种主张中我们可以看到朱熹实际上认定在儒学的演绎发展中,《论语》、《大学》、《中庸》、《孟子》的旨趣、价值并不完全相同。朱熹主张的阅读"四书"的方法,即是以他对于"四书"在儒学发展中的地位与价值的理解为基础的。其中,他以为阅读《论语》,可以帮助人们了解儒学成型时期的理论内容及其思想价值的观念,对于我们选择儒家典籍,思考儒学价值极具启发意义。今天,我们在新的时代条件下论析儒学理论的现代性价值,同样应当将目光首先投向《论语》这部在理论方面最具原创性的早期儒学经典。以《论语》为解释对象,探讨儒学的思想特质与理论价值,学术视角与学科参照又可有不同,在同一学科范围之内,不同层面的理论指向也可构成不同的解释视角。如果我们专从伦理学的角度解读《论语》,伦理德性与伦理规范应当是我们必需留意的两个解释向度。

伦理德性是人所具有的道德品质,是人的美德。从伦理德性的角度来解读《论语》,可以说早期儒家关于人的德性的理论,主要是基于对"仁"范畴的论释建构起来的。对于德性的理解,东西方哲学家有所不同。在西方哲学史上,德性曾被区划为道德的德性与非道德的德性。道德的德性是所谓伦理德性,非道德的德性是所谓理智德性。希腊哲学家亚里士多德认为最高的伦理德性即"最高的善和极端的美"。在中国哲学史上,哲人们认定"道德"即是"得道",所谓德性的意蕴直指人优秀的道德品质,或人的美德。《论语》论释的德性之"仁",即是对人的德性或美德的概括与表述。在《论语》中,关于"仁"的论述较多,譬如:"人而不仁,如礼何? 人而不仁,如乐何?"(《论语·八佾》)"子曰:不仁者不可以久处约,不可以长处乐。仁者安仁,知者利仁。"(《论语·里仁》)"子曰:有德者必有言,有言者不必有德。仁者必有勇,勇者不必有仁"(《论语·宪问》)等。在这些论述中,"仁"多表示德性。这样的德性,乃人的美德,早期儒家十分推重。与"仁"这种德性相关,《论语》中还论释过"义"、"礼"、"智"、"信"等表述德性的范畴。"义"、"礼"、"智"、"信"作为人的德性或说美德,实为"仁"这种德性的具体体现,或说都源于德性之"仁"。西方哲学家曾有以中道为伦理德性者,并认为这样的德性是一种具有选择能力的品质。《论语》中也有"中庸之为德也,其至矣乎! 民鲜久矣"的论断,并以"无过无不及"释中。但从《论语》中对德性之"仁"的论释来看,早期儒家虽也主张"为仁由己",肯定德性之"仁"与道德主体自身的选择相关,但早期儒家更多的是将"仁"这种德性理解为源自人的"爱人"之心,强调所谓"人有是心,则有是德"。故《论语·颜渊》中有"樊迟问仁。子曰:爱人"的记述。这种记述,曾影响后人以"爱人"论释德性之"仁"。实际上这样的论释并不十分确切。"仁"作为德性,是人的一种品性,"爱人"则只是人这种品性的具体体现。

与德性之"仁"的观念相联系,《论语》中也将"仁"视为人的最高道德境界。孔子说:"若圣与仁,则吾岂敢! 抑为之不厌,诲人不倦,则可谓云尔已矣。"(《论语·述而》)即是表示自己未能达到"圣"与"仁"的境界。孔子还曾说过:"求仁而得仁,又何怨?"(《论语·述而》)所谓"求仁得仁"之"仁",似也可以理解为人在生活中所达到的道德境界,故有无"怨"之说。《论语》中释"仁"的实例还很多。杨伯峻先生作《论语译注》,曾指出"仁"范畴在《论语》中出现达105次之多,且"仁"的意蕴多与人的德性关联。早期儒家以"仁"为最高德性,认定"仁"为诸德之源和最高道德境界,使德性之"仁"成了儒家有关德性理论的核心范畴。今天,在人们的社会生活中,以德性之"仁"为善为美,将德性之"仁"作为人生的价值目标与理想追求,仍有利于维系人们正常的生活秩序。因此,德性之"仁"说应当是早期儒家伦理思想中最具现实价值的内容之一。

依早期儒家的观念,道德即是"得道","得到"一方面需"外得于人",另一方面需"内得于己"。内凝性应是德性的重要特征。这使得《论语》中对德性之"仁"的论释,多为对于"仁"德的现象性描述,少有理论性的论释与界定。但早期儒家对于德性之"仁"的论述仍为后世儒家学者所重视并对其有所发展。孔子之后,孟轲强调"仁,人心也;义,人路也"(《孟子·告子上》)。以"仁"为"天之尊爵","人之安宅",更加注重从德性的角度释"仁"。两宋时期的儒家学者一方面肯定"仁者,天下之公,善之本也"(《伊川易传·复传》)。同时也明确地肯定"仁"乃"四德"之源:"四德之元,犹五常之仁,偏言则一事,专言则包四者。"(《伊川易传·乾传》)后来朱熹曾具体解析程伊川这种"仁"包含"义"、"礼"、"智"、"信""四德"的思想。在朱熹看来,"仁实贯通乎四者之中,盖'偏言则一事,专言则包四者。'故仁者仁之本体,礼者仁之节文,义者仁之断制,智者仁之分别。"(《文集》卷五十八)从程伊川和朱晦庵对"仁"包"四德"的解析来看,"仁"德已居"四德"之首。程伊川还曾将人心比喻为谷种,将谷种的"生之性"比喻为"仁":"心譬如谷种,生之性便是仁。"(《二程遗书》卷十八)这种譬喻也是要肯定"仁"乃诸德之源。宋儒从心性的角度释"仁",的确加深了人们对德性之"仁"的理解。因为,德性作为道德品质,是与道德主体的心理、情感联系在一起的。以现代伦理学的语言来表述的话,德性实际上应是道德主体在长期的道德实践中培植并表现出来的心理自我,是一种内在于道德主体的品质。离开道德主体的心性品质,很难具体论释人的德性。但从孟轲到宋代儒家对德性之"仁"的论述来看,理论层面又并未超越《论语》解析德性之"仁"的内容,仍多停留于对德性之"仁"的外在表现的描述。这种现象给我们一种启示:这就是单从德性的角度对"仁"作出一种界定,在学理上是较为困难的。因为,在《论语》中,"仁"既是一个表示伦理德性的范畴,同时也是一个表示伦理规范的范畴。在"仁"这个范畴中,德性的含义与规范的含义既相互区别又有机统一。我们要更深入地了解早期儒家主张的德性之"仁",尚需要在关注德性之"仁"的基础上,深入地解析早期儒家所理解的规范之"仁"。

二

伦理规范是人们在道德生活中的行为原则、标准。如果说内凝性是伦理德性的特征之一,那么,外在性则应是伦理规范的特征之一。同时,相对于伦理德性而言,伦理规范的内容需具备约束道德主体行为的具体标准、原则,故伦理规范需有明确的界定,现象性描述无法为道德主体提供具体的行为标准、原则。因此,我们考察早期儒家关于伦理规范的理论,可以看到早期儒家论释规范之"仁",比论释德性之"仁"更具理性的色彩。

早期儒家对规范之"仁"的论释见于《论语·雍也篇》:"子贡曰:'如有博施于民而能济众,何如? 可谓仁乎?' 子曰:'何事于仁,必也圣乎! 尧、舜其犹病诸! 夫仁者,己欲立而立人,己欲达而达人。能近取譬,可谓仁之方也已。'"这里所谓"己欲立而立人,己欲达而达人",应是《论语》中对"仁"这一儒家学说的核心范畴最具理论价值的界定。这种界定,不仅最富创意,最具理论价值,同时也是唯一准确表达"仁"范畴基本内容的理论性描述。因为,"己欲立而立人,己欲达而达人",既能够使人了解儒家所主张的作为规范的"仁"的具体内容,为人们提供一种普遍适用的道德行为准则,同时也能够深化人们对德性之"仁"的具体内容的了解,使人们对德性之"仁"的了解,不再停留于德性之"仁"多样的具体表现这种层面上。

"己欲立而立人,己欲达而达人"作为规范之"仁"的基本内容,为人们的社会生活行为提供了基本的行为原则。这种原则的基本要求是提倡一个人在社会生活中,自己要站得住,也要使他人站得住,自己要行得通,也要让别人行得通。用现代著名学者张岱年先生的话说,"'立'是有所成而足以无倚,'达'是有所通而能显于众。"①要而言之,这种由规范之"仁"表达的伦理原则,实即主张己之所欲,亦施于人。但在现实的社会生活中,人们处理人与人之间的关系,既存在所谓己之所欲的问题,也存在"己所不欲"的问题。早期儒家关于伦理规范的理论,如果停留于"己欲立而立人,己欲达而达人"这一伦理原则,尚不足以应对人们生活中存在的"己所不欲"的问题。故《论语》中既倡导"己欲立而立人,己欲达而达人",又主张"己所不欲,勿施于人"(《论语·颜渊》)。

早期儒家主张的"己所不欲,勿施于人"这种行为规范,是通过"恕"范畴来具体

---

① 张岱年:《中国哲学大纲》,中国社会科学出版社 1982 年版,第 256 页。

阐释的。曾参曾以"夫子之道,忠恕而已矣"(《论语·里仁》)这样的论断来总括孔子的思想学说。这种概括与后人将孔子的学说在总体上视为"仁"学实具相同层面的含义。《论语》中论释"忠"这一范畴的实例很多,譬如:"曾子曰:'吾日三省吾身:为人谋而不忠乎? 与朋友交而不信乎? 传不习乎?'"(《论语·学而》)"季康子问:'使民敬,忠以劝,如之何?'子曰:'临之以庄,则敬,孝慈,则忠;举善而教不能,则劝'"(《论语·为政》)等。从这些论述中,我们可以看到,"忠"或"忠信",都可以从规范的角度去解读。但《论语》对作为规范的"忠"的论释也多为现象性描述。

"恕"则有所不同。在《论语》中,"恕"作为一个表述规范的范畴,其含义十分明确:"子贡问曰:'有一言而可以终身行之者乎?'子曰:'其恕乎! 己所不欲,勿施于人。'"(《论语·卫灵公》)这里,孔子不仅将"恕"看做一个人需要终身实践的行为原则,而且非常明确地将"恕"的内容表述为"己所不欲,勿施于人"。应当说《论语》中的这种论述,是对"恕"范畴的一种非常确切的界定。通过这个界定,我们对作为规范的"恕"的内容可以获得十分具体的了解。当《论语》中将"仁"界定为"己欲立而立人,己欲达而达人",将"恕"界定为"己所不欲,勿施于人"的时候,已经为人们提供了一个完整的且具有普适性的道德行为准则。在社会生活中,一个人如果能够自觉地坚持这样的准则,不仅可以实现道德上的自我完善,彰显其良好的人格品质,同时也可以保证其行为成为有益于他人乃至于社会的道德的行为。

关于"恕"与"仁"的关系,有学者主张"恕"为行"仁"之方,也有学者强调"忠恕即仁"。张岱年即肯定"合忠与恕,便是仁"①。依照张先生的理解,"忠恕"在儒家学说中,是除"仁"之外,最具体的表述规范的范畴之一。在某种意义可以说"仁"与"忠恕"在表述儒家主张的行为规范时实际上属于同一层面的范畴。因为,《论语》中对"仁"的界定是"己欲立而立人,己欲达而达人";对"恕"的界定是"己所不欲,勿施于人"。这种界定刚好从两个方面规定了儒家主张的"推己及人",全面地表达了儒家所认定的人的行为规范的内容,为维系与保持人们社会生活的秩序,提供了一种基本的但也是最适用的行为原则。应当肯定,张先生对《论语》中的"仁"与"忠恕"范畴的解析是合理的。儒家伦理中最具原创性的理论之一,即其主张的人的道德行为规范或原则,而这种规范或原则,确实是通过"仁"与"恕"两个范畴来全面表达的。但从实质上来看,这种伦理原则仍为规范之"仁","恕"只是"仁"的一种体现。

早期儒家以规范之"仁"确立的伦理原则,是一个与人们的社会生活具有直接联系的行为原则。这样的伦理原则,实际上是主张以道德主体的"欲"或"不欲"作为处理人际关系的基点和标准。这种行为原则可表现为外在的标准,也可存在于道德主体的内心。人们依据这样的标准,既能够深切地体会他人之所"欲",也能够具体地

① 张岱年:《中国哲学大纲》,中国社会科学出版社 1982 年版,第 259 页。

理解他人之所"不欲";基于这样的原则处理与他人的关系,则能使自己的行为控制在应当或者适宜的范围之内,或者说,使自己的行为成为道德的行为。同时,这一基本的伦理原则,不仅在人们的社会生活中具有普遍的规范作用,也便于人们的道德践履。《论语》中所谓"能近取譬,可谓仁之方也已"的说法,不是在一般的意义上断定"推己及人"乃为"仁之方",实际上兼顾了道德个体的为"仁之方"。在现实的社会生活中,道德主体实际上由不同的道德个体构成。在道德活动中,个体的情况千差万别。人们在现实生活中的为"仁之方",也各具个性。因此,早期儒家以规范之"仁"表述的伦理原则,仅要求人们在生活中依据这种原则处理人与人的关系,并没有对道德活动中个体的"立人"、"达人"和"勿施于人"的结果提出具体的要求。如何"立人"、"达人"和"勿施于人",这得从道德个体的实际出发。换言之,儒家所谓"仁者",标准是在生活中实行以规范之"仁"所表达的伦理原则,这样的原则是每一个社会成员都可以实行的。如果将"立人"、"达人"之说,与具体的行为后果要求联系起来理解儒家主张的伦理原则,则是一种误解。因为,在儒家学者看来,有能力"兼济天下"者可践履规范之"仁",仅能"独善其身"者同样可以践履规范之"仁"。

　　早期儒家理解的规范之"仁",不仅为人们的社会生活提出了最基本的行为原则,也为儒家关于伦理规范的理论奠定了基石。如前所述,从德性的角度来看,"仁"、"义"、"礼"、"智"、"信"是儒家推重的人的美德,在这五种德性之中,"仁"乃其他四德之源。从规范的角度来看,"仁"、"义"、"礼"、"智"、"信"则是儒家倡导的人的最基本的道德行为规范。汉儒董仲舒将"仁"、"义"、"礼"、"智"、"信"谓之"五常"。"五常"即是五种原则或规范。在"五常"中,"仁"是最基本的原则或规范,"礼"则是一个需要辨析的原则或规范。在儒学的演化中,荀子曾主张"隆礼",强调"人无礼不生,事无礼不成,国无礼不宁"(《荀子·大略》)。荀况所论之"礼",层面有所不同。早期儒家也区隔制度层面之"礼"与伦理道德层面之"礼"。《论语·为政》中有"道之以德,齐之以礼"的说法。相对于"德"而言的"礼",内容即多在广义的制度的范围。早期儒家也十分重视伦理道德范围的"礼"。但在早期儒家看来,作为伦理规范的"礼",从属于最基本的伦理规范"仁"。《孟子·离娄上》中曾有"仁之实,事亲是也,义之实,从兄是也,智之实,知斯二者弗去是也,礼之实,节文斯二者是也"的说法。在孟子看来,在伦理道德范围之内,"礼"只是对"仁"、"义"的调节与修饰。换言之,作为规范的"礼",本质上是对规范之"仁"的补充。但在儒家伦理的思想系统中,"礼"仍具有十分重要的地位。"礼"不仅是德性,同时也是规范。荀子所谓"人无礼不生"的观念,即是对于早期儒家在伦理道德的范围重"礼"思想的发挥与拓展。但是,在伦理规范的范围内,不论是"礼",还是"义"与"智"、"信",其成立的基础或根据都在于规范之"仁",是规范之"仁"撑起了儒家伦理规范理论的大厦,并为人们的社会生活制定了最基本的行为准则与规范。

　　今天,人们审视儒家学说的现代价值,肯定早期儒家即已提出了对于人类生活具有普适价值的"伦理金律"。论及其具体内容时,则有主张"仁"说者,也有主张"恕"道者。但所论皆不太符合早期儒家的思想实际。当我们考察《论语》中所论规范之"仁"以后,也可以肯定儒家的贡献在于其为人们的社会生活提供了最基本的行为规范或说道德律则。但这种律则或规范的具体内容只能是规范之"仁"。或者说这一律则或规范的内容应当既包含"己欲立而立人,己欲达而达人",又包含"己所不欲,勿施于人"。在两者间否定任一方面的内容,都无法全面实践儒家主张的道德律则或规范,也不可能全面地揭示儒家规范之"仁"本有的实践功能与理论价值。

三

伦理规范是人们在现实生活中,处理各种人伦关系的行为原则、标准,这样的原则、标准是人们的道德行为要求与道德意识统一的结果。因此,德性与规范虽有所别,但两者并非决然分隔。我们从德性之"仁"与规范之"仁"两个向度考察早期儒家的"仁"说,应关注二者的差别,也应留意两者的联系。因为,在早期儒家典籍《论语》中,"仁"本来就是一个既表述德性的基本范畴,又是一个表述规范的基本范畴。这样的"仁"范畴,不仅使早期儒家从理论的层面论释了人的最高的德性与最基本的行为规范,也为后世儒学的发展提供了丰富的思想资源与广阔的解释发展空间。

后世儒学的发展,经历过一个长期的历史演变过程。这种过程,使儒学中出现了众多的学术派别与极其丰富的思想内容。简而言之,后世儒学大体上可区划为两大系统:其一为子思、孟轲以及后来的陆九渊、王阳明为代表的儒学;其二则是以《大学》、《荀子》以及后来程颐、朱熹为代表的儒学。儒学中出现这种学术趣向大相径庭的思想系统,有其复杂的历史背景与思想文化背景。但就考察早期儒家的"仁"说对于儒学发展的影响而言,我们也可以将这两系儒学的产生,看做是二者在诠释早期儒家的"仁"说时,对"仁"所蕴含的德性意与规范意认同选择有别的结果。思孟一系的儒学,认定"恻隐之心,仁也",其思想特征是主张人性本善,将人的伦理德性自然化、本体化,专从心性的层面论释人的道德活动基础,实际上从理论上拓展了早期儒家德性之"仁"的观念。荀况的儒学虽肯定"仁义德行"为"常安之术",但认定人性本恶,强调"隆礼"、"化性"。程、朱所代表的儒学在"所以然"与"所当然"的意义上释理,认为理所表明的即"是皆必有当然之则而自不容已"。这样的理,既指事物的自然理则,也包括人的行为规范,理论旨趣在于将人的道德行为规范、原则本体化,把人的伦理规范、原则等同于"天理",以"天理"作为人的道德活动的根基。所以这派学者虽也强调"仁"是四德之源,但似乎更重"仁"为德行之据,实际上在理论上拓展了早期儒家主张的规范之"仁"的观念。

思孟一系的儒学与荀况、程、朱一系的儒学在学理方面各有所长,也各有所短。

对两系儒学学理上的优劣短长，限于篇幅，本文难作专门评述。但就后世儒学对早期儒家"仁"范畴的具体诠释而言，若绝对地将德性之"仁"与规范之"仁"分隔开来理解《论语》中阐释的"仁"范畴，其思想局限则显而易见。这样的思想局限，可在后世儒家对"仁"、"义"范畴的诠释和"忠恕"范畴的诠释中得到实证。在后世儒家对"仁"、"义"范畴的诠释中，孟轲以"仁"为人心，以"义"为人路，主张"居仁""由义"。所谓"居仁"，实即强调德性之"仁"。在孟子的儒学中，"仁"被作为规范的论述较少。而如此释"仁"，是不太符合"论语"中"仁"范畴的本意的，孟轲对"仁"、"义"关系的理解与《论语》也有所不同。汉儒董仲舒对"仁"、"义"的论释似与孟轲的论释相反："以仁安人，以义正我。故仁之为言人也，义之为言我也。"(《春秋繁露·仁义法》)董仲舒这种"仁主人，义主我"的观念，实际上将"仁"范畴限定在规范的范围，但在《论语》中，"仁"实际上也是一个表述最高德性的范畴。而"义"在《论语》中则不仅是一个表示德性的范畴，同时也是一个表述规范的范畴。故董仲舒对"仁"、"义"的理解也不尽符合《论语》中"仁"、"义"的本意。

对"忠恕"的诠释也存在类似的问题。由于《论语》中的"忠恕"观念，补充和完善了早期儒家所主张的基本的伦理规范，后世儒家也十分重视对"忠恕"的解析。朱熹在《四书章句集注》中论及"忠恕"范畴时认为："尽己之谓忠，推己之谓恕。""尽己"是"己欲立而立人，己欲达而达人"，"推己"则实为"己所不欲，勿施于人"。朱熹对"忠恕"的这种理解，后来受到冯友兰一类学者的高度重视。冯氏在其《新世训》中专论"行忠恕"。主张"忠恕"既可以作为实行道德的方法，也可以作为普遍的"待人接物"的方法。但是，冯友兰把"忠"视为"积极"的"推己及人"，把"恕"则看做"消极"的"推己及人"："我们可以说：己之所欲，亦施于人，是忠。己所不欲，勿施于人，是恕。忠恕都是推己及人，不过忠是就推己及人的积极方面说，恕是就推己及人的消极方面说。"[1]冯友兰对"忠"、"恕"的这种理解，似也受到了朱熹的影响。朱熹主张"仁"与"恕"有别，"仁"是"凡己之欲，即以及人，不待推以譬彼而后施之者"，"恕"是"以己之欲，譬之于人，知其亦必欲此，而后施之者"(《四书章句集注》)。二者存在"从容勉强"和"深浅"的差别。冯友兰论释"忠恕"时所持之"积极"说与"消极"说，大概与朱熹的这种观念相关。因为，冯友兰也强调"恕"为实行道德的方法。但朱熹与冯友兰对"仁"、"恕"范畴的解析，是否符合《论语》的文本原意，却值得探讨。因为，"忠"、"恕"均可既表示德性又表示规范。对"忠"、"恕"的践履，都可以体现人良好的道德品质，促成人的道德行为。那么，"忠"、"恕"何来"积极"与"消极"的差别呢？冯友兰以"积极"与"消极"的"推己及人"来诠释"忠"、"恕"之别，在学术界影响很大，青年学者中，依冯氏所持"忠"为"积极"的"推己及人"与"恕"为"消极"的"推

---

① 冯友兰：《三松堂全集》第 4 卷，河南人民出版社 2001 年版，第 360 页。

己及人"这种说法来诠释"忠"、"恕"者尤多。

但是,如果从文本的实际出发,认定"忠"是"积极"的"推己及人","恕"是"消极"的"推己及人",似都存在对《论语》误读的问题。究其原因,则在于这种观念忽略了《论语》中德性之"仁"与规范之仁的统一,否定了人之道德行为的自律性特征与自觉性特征。儒家非常看重人的主体性,强调德行的自觉。孔子曾说:"仁远乎哉? 我欲仁,斯仁至矣。"(《论语·述而》)主张行"仁"的前提在于"我欲仁"。孟子也曾说过:"舜明于庶务,察于人伦,由仁义行,非行仁义也。"(《孟子·离娄下》)所谓"由仁义行,非行仁义也",即是强调人的道德行为是自觉地依据于"仁义"德性的行为,而不是由于其他的原因勉强地去实行"仁义"这样的规范。人具备"仁义"这样的德性,并自觉地在生活中保持这样的德性,才能够自觉地践履"仁义"这样的规范。"恕"是早期儒家所主张的人应当"终身行之"的伦理规范,实行"恕"道,当然也应以人们对于实行"恕"道的自觉与自愿为前提;人们在生活中以"己所不欲,勿施于人"的原则处理各种人际关系的时候,其行为也当是主动的自觉的行为。对这样的行为当然不宜以"消极"言其特征。实际上,凡道德的行为,似乎都不应是"消极"的行为,而所谓"消极"的行为,则不应是道德的行为。

后世儒家诠释"仁"、"义"、"忠恕"之类的观念,之所以出现背离早期儒家思想的情形,最重要的原因,似都在于重视德性之"仁"与规范之"仁"的区别,忽略德性之"仁"与规范之"仁"的统一,离开《论语》释"仁"的本意,诠释与界定早期儒家的"仁"范畴。这使得后世学者对"仁"范畴的界定,始终未能真正地超越《论语》中对"仁"的规定。儒学在经历过长时期的理论拓展之后,历史上有些儒家代表人物终于发现《论语》中对"仁"的界定是无法超越的,意识到《论语》中对"仁"的界定,后人无法改变,也不宜改变。在学术史上,较早具备这种自觉的学者当数北宋时期的程明道、程伊川兄弟。二程兄弟都曾与其弟子们专门探讨儒家的"仁"范畴。程伊川的弟子问"仁",程伊川的回答是:"此在诸公自思之,将圣贤所言仁处类聚观之,体认出来。孟子言:'恻隐之心,仁也。'后人遂以爱为仁。爱只是情,仁自是性,岂可专以爱为仁?孟子曰:'恻隐之心,仁之端也。'既曰仁之端,则不可便谓之仁。退之言:'博爱之谓仁',非也。仁者固博爱,然便以博爱为仁,则不可。"(《二程遗书》卷十八)程伊川实际上批评了孟轲、韩愈一类学者对儒家"仁"范畴理解的片面与局限,否定了孟、韩等人对"仁"的论释。但是,他并没有对"仁"作出自己的界定。

在如何释"仁"的问题上,程明道的贡献大于程伊川。程伊川只是意识到了孟轲、韩愈一类儒家学者释"仁"的理论局限,程明道则指出了克服孟、韩一类学者的理论局限的正确途径,这就是将对于"仁"的解读与理解,回归到早期儒家经典《论语》中对"仁"的界定。在程明道看来,在儒学中,"仁"范畴是一个最不易把握也最不易表述的范畴,唯有《论语》中对"仁"的界定才是最好的界定:"仁至难言,故止曰:'己欲立而立人,己欲达而达人,能近取譬,可谓仁之方也已。'欲令如是观仁,可以得仁之体。"(《二程遗书》卷二上)"仁至难言"四字表明程颢对儒学的"仁"范畴曾有过长时间的思考探索,了解对"仁"范畴作出界定的理论难度;"故止曰"三字则表明程颢意识到了《论语》中对"仁"的界定,后人无法企及与超越,唯有坚持和依据《论语》中对"仁"的界定去理解"仁",才有可能正确地理解与把握儒学中"仁"这一范畴的本质内容。从"仁"范畴对于建构儒家思想系统的作用来看,应当说程明道对《论语》中关于"仁"范畴界定的肯定是颇具理论眼光的。

在现当代学者中,明确肯定《论语》中对"仁"范畴的界定者当推张岱年先生。张先生曾详释孔子的"仁之解说",认为,"仁之本旨,是己欲立而立人,己欲达而达人。"[1]这样的"仁","切近简易,而又宏伟广大;统涵诸德,而不失自为一德。"[2]因此,依据《论语》中对"仁"的界说去考察《论语》中对"仁"的其他论述,"则无有不通"。张先生也曾批评后人研究儒学而不识孔子有过关于"仁"的界说的局限与缺失:"后人惟不知孔子自有仁之界说,而谓孔子一生未尝说出仁之确旨,乃自己为仁字另定界说。结果或失之玄虚,或失之笼统,或失之肤泛,或失之琐碎;且皆与《论语》言仁各条或合或不合,牵强比附,终不可通。"[3]张先生对儒学的"仁"之论说,深思熟虑,可谓深解"仁之确旨"。值得我们在解读早期儒家的以德性之"仁"与规范之"仁"为基本内容的"仁"说时借鉴、咀嚼与思考。

总之,"仁"是早期儒家学说中的重要范畴。这一范畴既表明了儒家所理解并推崇的最高德性,又界定了儒家所主张的人们生活中普遍适用的行为规范。在儒家学者看来,一个人在社会生活中,如果能够自觉地坚持"由仁义行",其结果则可为"行仁义"。换言之,一个人若能够具备由"仁"这一范畴所表达的美好德性,实践由"仁"这一范畴所界定的伦理规范,其行为即会是道德的行为,亦即能获取自己圆满的人生价值。在儒家学说中,这种以"仁"范畴表达和论释的人的美德与行为规范及其二者统一的伦理思想,值得我们在新的时代条件下借鉴与思考。因为,人的德性与人的德行统一。德性是德行的基础,具备良好的德性,可以导引行为的道德,坚持德行,则可以完善和彰显人的美德,这些观念是早期儒家伦理中最富创意的思想,最具现代价值的理论内容,也是今天我们在现实生活中应当倡导与追求的伦理意识。因此,我们今天解析评断儒家学说,应当重视早期儒家的"仁"说,并在解析评断中,真实地再现早期儒家所论释的德性之"仁"与规范之"仁"的区别与统一,从而全面地理解儒学的价值,继承和弘扬儒家的"仁"说这份珍贵的民族文化遗产。

（原载《道德与文明》2010 年第 5 期）

---

①　张岱年:《中国哲学大纲》,中国社会科学出版社 1982 年版,第 257 页。
②　张岱年:《中国哲学大纲》,中国社会科学出版社 1982 年版,第 257 页。
③　张岱年:《中国哲学大纲》,中国社会科学出版社 1982 年版,第 257 页。

帛简《五行》篇与原始"五行"说

自从 1973 年长沙马王堆出土的帛书《老子甲本卷后古佚书》中,有一篇被庞朴先生断定为思孟学派的"五行"学说之后,1993 年湖北荆门郭店出土的竹简中,再次出现了与帛书《五行》内容大体相同的《五行》篇。帛书与竹简《五行》的先后出土,使得荀况当年严辞批驳的思孟学派的"五行"学说,一度失传之后,重新以较完整的文字形式展现在人们的眼前;而学术界围绕帛简《五行》形成的研究成果,则正在冲击人们关于先秦学术的一些传统观念。但是,在对帛简《五行》的研究中,还有一个问题需要人们去更直接地面对与回答,这就是:思孟学派的"五行"观念与原始的"五行"学说之间有无关联?对这一问题的不同回答,将影响到人们对帛简《五行》在儒学发展史上地位与价值的理解。因此,本文围绕这一问题,记下自己的一些思考,以就教于学术界同人。

一

思孟学派的"五行"学说,是一个不断困扰学术界的课题。在帛简《五行》尚未出土之前,人们在相当长的历史时期内,对思孟学派"五行"说的了解,只能依据荀况当年对思孟学派"五行"学说的批判。其时困扰人们的问题是:思孟学派是否真有自己的"五行"学说?如果说荀况对思孟学派的批判是真实有据的,那么,思孟学派的"五行"学说的内容是什么?人们对这些问题的回答,长时期内都处于推测的形式;由于文献资料的限制,人们对于思孟学派"五行"学说的有无与内容,均无法以实证的方式去肯定或否定。帛简《五行》的出土,解决了这道历史难题。人们从帛简《五行》中,确切地了解思孟学派"五行"学说的内容后,已经没有理由再去怀疑思孟学派"五行"学说存在的真实性。但是,帛简《五行》的重新面世,也给人们带来新的困惑:因为,思孟学派的"五行"是指仁、义、礼、智、圣。这种"五行"的内容,实际上在《论语》中即已经全部出现了。譬如:"孝悌也者,其为仁之本与","仁者安仁";"君子喻于义","质直而好义";"礼之用,和为贵","君使臣以礼,臣事君以忠";"智者乐水","智者不惑";"有始有卒者;其惟圣人呼","圣人吾不得而见之矣"等,即都是人们十分熟悉的《论语》中的内容。而且《论语》中论及仁、义、礼、智、圣的地方尚多。既然如此，人们不禁要问：思孟学派的"五行"学说，是仅仅以"五"这个数字来表述儒家所主张的德行，还是另有自己的理论追求？如果说，思孟学派"五行"学说，并非仅以"五"来表述儒家所主张的德行，而是另有自己的理论追求，那么，人们应当回答一个问题，即思孟学派的"五行"观念，是否与原始的"五行"学说相关？人们面对帛简《五行》，产生新的困惑是必然的。因为，人们在对帛简《五行》的研究中，始终无法回避对思孟学派"五行"学说在儒学发展史上地位与价值的思考。在笔者看来，思孟学派的"五行"观念与原始"五行"学说存在历史联系，思孟学派吸纳原始"五行"观念，其用意绝不是仅以"五"来表述儒家所主张的德行，而是另有自己的理论追求。这种理论追求，正是思孟学派在儒学发展中，得以自成一派的重要原因之一。

我们肯定思孟学派的"五行"学说有自己的理论追求，其根据当然还得从荀况对思孟学派的批判说起。《荀子·非十二子》中说：

> 略法先王而不知其统，犹然而材剧志大，闻见杂博。案往旧造说，谓之五行，甚僻违而无类，幽隐而无说，闭约而无解。案饰其辞而祗敬之曰：此真先君子之言也。子思唱之，孟轲和之，世俗之沟犹瞀儒，灌灌然不知其所非也，遂受而传之，以为仲尼、子游为兹厚于后世。是则子思、孟轲之罪也。

荀况批判思孟学派"五行"学说的这段文字，值得我们咀嚼和思考。从总体上看，荀况在理论上集中批判思孟学派的"五行"学说，表明荀况对"五行"说在思孟学派思想理论中的地位和作用，有一种特殊的敏感。因为，荀况所谓"子思唱之，孟轲和之"，"沟犹瞀儒"，"不知其所非"，"受而传之"者是指"五行"学说；荀况否定思孟学派标榜的"先君子之言"，以及否定"沟犹瞀儒"理解的儒学创立者之所以受到后世推崇的缘由，似也是指"五行"学说。此外，荀况还直斥思孟学派的"五行"学说，"甚僻违而无类，幽隐而无说，闭约而无解"。如果说思孟学派的"五行"学说，仅仅是将仁、义、礼、智、圣等儒家主张的道德行为和思想境界表述为"五行"，这种作为"德之行五"的"五行"观念，在思孟学派理论中并没有什么特殊意义的话，那么，荀况何以要把思孟学派的"五行"学说，视为自己最不能容忍的思想理论之一？荀况何以要把思孟学派的"五行"学说，视为对世人影响最大的思想学说之一？荀况又何以直斥思孟学派的"五行"学说"无类"、"无说"、"无解"呢？"无类"是斥其标新立异，"无说"是斥其说不出什么道理，"无解"是斥其晦涩无法理解。荀况的这种批判，相当全面和尖锐。看来，忽略"五行"观念对思孟学派的思想理论具有特殊的作用和意义，忽视思孟学派吸纳"五行"观念的理论追求，是不符合思孟学派"五行"学说实际的。因为，我们从荀况对思孟学派的严厉批判中，已经能察觉到这一点。

肯定思孟学派的"五行"学说具有其自身的理论追求，那么，怎样理解思孟学派的这种理论追求呢？这似应从以荀况为代表的儒学与以孟轲为代表的儒学在思想理论上的对立谈起。儒学在中国，传递和延续达数千年之久。这种传递和延续，是在儒学内部的冲突分化与发展中完成的。《韩非子·显学》中曾说道："孔墨之后,儒分为八,墨离为三。"儒学八派即其所谓的"子张之儒"、"子思之儒"、"颜氏之儒"、"孟氏之儒"、"漆雕氏之儒"、"仲良氏之儒"、"孙氏之儒"和"乐正氏之儒"。在儒学八派中,"孟氏之儒"即孟轲代表的儒学,这派儒学实际上是由"子思之儒"发展而来;"孙氏之儒"则是指荀况为代表的儒学。就儒学八派对后世儒学发展的影响而言,当以"孟氏之儒"与"孙氏之儒"为巨。孟荀之学,作为儒学发展中出现的重要学术派别,二者都通过拓展原始儒家的天人性命之学,建构自己的思想理论系统;但两者在学术旨趣和理论追求方面却存在尖锐对立与严重分歧。这种对立与分歧的集中表现即是人们熟知的"孟子道性善",而荀况主张"人之性恶"。荀况把思孟学派的"五行"学说,视为"邪说"、"奸言",指斥思孟学派的"五行"学说"无类"、"无说"、"无解",所表明的当是两者在人性善恶问题上的对立与矛盾。因为,从帛简《五行》的内容来看,思孟学派吸纳"五行"观念,本意似在于借助原始"五行"学说的影响,以"五行"来表达人的内在的道德本性。换言之,思孟学派的"五行"说,实际上是孟子性善论形成过程中一种早期的理论形态,而这正是荀况严辞抨击思孟学派的"五行"学说的真正缘由。

二

认定思孟学派吸纳原始的"五行"观念,目的在于以"五行"表述人的道德本性,这当然需要具体论证。我们先从思孟学派的"五行"观念谈起。

在帛简《五行》中,有"五行"、"四行"之说,而"五行"和"四行"之说,又都同"德"与"行"两个范畴联系在一起。竹简《五行》中说:

> 五行:惪(仁)型(形)於内胃(谓)之惪(德)之行,不型(形)於内胃(谓)之行。义型(形)於内胃(谓)之惪(德)之行,不型(形)於内胃(谓)之行。豊(礼)型(形)於内胃(谓)之惪(德)之行,不型(形)於内胃(谓)之□。□□於内胃(谓)之惪(德)之行,不型(形)於内胃(谓)之行。圣型(形)於内胃(谓)之惪(德)之行,不型(形)於内胃(谓)之惪(德)之行。惪(德)之行五,和胃(谓)之惪(德),四行和胃(谓)之善。善,人道也。惪(德),天道也。

帛书中关于"五行"的说法,与竹简《五行》中的说法,大同小异。从帛简《五行》关于"五行"的论述中,我们可以看到帛简"五行"的作者,对"德之行"与"行",以及"五行"与"四行"的区别是比较具体的。就"德之行"与"行"而言,前者是仁、义、礼、智、圣"形于内"之谓,后者是仁、义、礼、智、圣"不形于内"之谓。在帛书《五行》的《经说》部分,对于"刑(形)"的意蕴有过具体的诠释:

> 圣之思也轻。思也者思天也,轻者尚矣。轻则刑(形)。刑(形)者刑(形)

其所思也。酉下子轻思于翟,路人如斩,酉下子见其如斩也。路人如流,言其思之刑(形)也。刑(形)则不忘。不忘者不忘其所□也,圣之结于心者也。不忘则嗖(聪)。嗖(聪)者圣之臧(藏)於耳者也。犹孔子之闻轻者之鼓而得夏之庐也。嗖(聪)则闻君子道。道者天道也。闻君子道之志耳而知之也。闻君子道则[玉音],□□□□□□而美者也。圣者闻志耳而知其所以为□者也。玉音则[圣]。□□□□□□□□□□圣。

这段文字虽有缺佚,但对"刑(形)"的解释是比较明确的。从文中所谓"刑(形)者刑(形)其所思也";"刑(形)则不忘";"不忘者不忘其所□也,圣之结于心者也。不忘则嗖(聪)。嗖(聪)者圣之臧(藏)於耳者也"等说法来看,帛书《五行》《经说》部分的作者,是将"刑(形)"同人们的认识活动联系起来理解的。依其"刑(形)者刑(形)其所思也"的说法,似是认定所谓"五行""刑(形)於内",是指仁、义、礼、智、圣五种德行内在于人的思想意识中,"德之行"是指人内在的道德意识。其实,帛书《五行》的《经说》部分对"刑(形)"的理解,并不一定即是帛书中《经》的本意。因为,从帛书《五行》《经说》的部分对"思"与"德行"关系的理解来看,"德行"也是"思"的前提:"不仁,思不能睛(精);不知(智),思不能长。不仁不圣,未见君子,忧心□□"。这里即强调仁与智对思的作用。帛书《五行》中《经说》肯定"五行""刑(形)於内胃(谓)之德之行"的目的,似在于强调"德之行五,和胃(谓)之德"。这种"德"的观念,注重的是人的道德的整体性。因此,依据帛简《五行》对"德之行"与"行"的规定与论释,将"刑(形)於内"的"德之行",理解为人内在的道德属性,似更加符合帛简《五行》的本意。帛简《五行》之所以强调仁、义、礼、智、圣"刑(形)於内胃(谓)之德之行",目的似在于论释人的道德性的内在性,以及人的道德性与外显的道德行为之间存在差别。

帛简《五行》的作者对"五行"与"四行"的区别,也同其对"德之行"与"行"的理解关联。帛简《五行》都认定"德之行五,和谓之德","四行和谓之善"。"善"为"人道","德"为"天道"。帛简《五行》认定"德"为天道,其理论追求,似乎也在于凸显"德"的自然性,肯定"德"的自然性,实是肯定人的道德的自有性。这样的思想理论追求,使得帛简《五行》中,对"德之行五"与"五行"的用法,似也有所区别。在帛简《五行》中,"德之行五"的说法,是比较明确地以"五"来表示德行之数,强调五种德行之和为"德"。"五行"的说法似不同:"五行皆刑(形)於阙(厥)内,时行之,胃(谓)之君子。"这里所说的"五行",虽也可指"德之行五",但似更重"五行"的整体性意义。侧重整体意义的"五行"实即是"德"。在帛简《五行》的作者看来,为君子者条件有二:一是"五行皆刑(形)於阙(厥)内",二是"时行之",前者显然是就整体的道德品性而言,后者是对道德行为而言。帛简《五行》的作者,在"德之行五"之和的意义上使用"五行"时,这样的"五行"应即是"德"。换言之,这种同"君子"相联系的"五行",当是一般意义上的"德行","德"或"性"。这样的"德"或"性",正是思孟学派要论定的人自然具有的道德本性。

思孟学派在儒学中自成一家，最基本的缘由是其"道性善"，主张"仁、义、礼、智，非由外铄我也，我固有之也"。这种"性善说"，在儒学创立者孔丘的思想中，虽不无端倪可察，但毕竟不属定论。孔丘说过："性相近也，习相远也"，而子贡所谓"夫子之文章，可得而闻也，夫子之言性与天道，不可得而闻也"，也并非完全失实。孔丘一生直论性与天道的时候确实不多。因此，论证人具有自然的善良的道德本性，是思孟学派建构自己的思想理论时，必需承担的理论课题。而思孟学派之所以吸纳原始的"五行"观念，认定"五行"为君子所应具备的道德品性，一是因为思孟学派自身具有这种理论追求，同时也是因为原始的"五行"学说本身具备可供思孟学派借鉴的思想成分与特质。

中国历史上原始的"五行"之说，较早见于《尚书·洪范》：

> 五行：一曰水，二曰火，三曰木，四曰金，五曰土。水曰润下，火曰炎上，木曰曲直，金曰从革，土爰稼穑。润下作咸，炎上作苦，曲直作酸，从革作辛，稼穑作甘。

这种原始的"五行"学说，把水、火、木、金、土称之为"五行"，表面看来是对五种物质实体的描摹，实际上，原始"五行"学说在理趣方面的主旨是要肯定五种具体的物质属性。在这种意义上可以说，原始"五行"学说中所谓的水、火、木、金、土，不单是指五种实体，更主要地是指五种物质属性。正是这种理趣和主旨，才使得原始"五行"学说中出现"水曰润下，火曰炎上，木曰曲直，金曰从革，土爰稼穑"的断定；也才有"润下作咸，炎上作苦，曲直作酸，从革作辛，稼穑作甘"之说。所谓"润下"、"炎上"、"曲直"、"从革"、"稼穑"以及"咸"、"苦"、"酸"、"辛"、"甘"，本质上不过是对水性、火性、木性、金性、土性的具体理解与进一步说明。肯定原始"五行"说的理趣与主旨在于言性而非限于言物，是符合《尚书·洪范》本意的。因为，《尚书·洪范》所说的"五行"，本来即是"洪范九畴"之一。依《尚书·洪范》中的记载，当年"鲧陻洪水，汩陈五行"，结果是"彝伦攸斁"，自己也遭"殛死"；"天"赐禹"洪范九畴"，才使"彝伦攸叙"。这种记载，实际上是认为鲧违反事物本性，治水失败，破坏了自然秩序与社会秩序，受到惩罚；禹顺应事物本性，治水成功，恢复了自然秩序与社会秩序。因此，《尚书·洪范》中所谓鲧"汩陈五行"的"五行"，绝非仅就水、火、木、金、土"五物"立论，而主要是就水、火、木、金、土"五性"立论。《尚书·甘誓》中也曾论及"五行"："有扈氏威侮五行，怠弃三正，天用剿绝其命"，所谓"威侮五行"中的"五行"，似乎也只能从"五性"的意义上去推测和解释，仅从"五物"的意义上是难以理解的。

原始的"五行"观念对于后来中国学术文化发展影响深远。思孟学派在建构自己性善论的过程中，正是改造了原始的"五行"观念，以"五行"来表示仁、义、礼、智、圣，认定"五行"皆"刑（形）於内"为"德之行"，为"德"，为"天道"；企图以此强调人的道德性的内在性、自然性和自有性。这正是早期思孟学派理论上的一个重要特征。

也是荀况批判思孟学派"五行"学说的缘由。其实,荀况已意识到思孟学派的"五行"学说与原始"五行"学说之间的联系。因为荀况指斥思孟学派"案往旧造说,谓之五行"。这种批判,一是肯定思孟学派的"五行"学说有其"往旧"的根据,二是肯定思孟学派的"五行"学说,并非对历史思想资源的简单沿袭,而是有其"造说"。因此,不论就早期思孟学派的理论追求而言,还是就荀况对思孟学派"五行"学说形成的理解与批判而言,肯定思孟学派"五行"学说与原始"五行"学说之间存在联系,都不无合理性。

三

帛简《五行》中的"五行"观念,与原始的"五行"学说关联,但帛简《五行》中并未出现水、火、木、金、土等具体"五行"范畴。何以如此? 这可以两种视角去思考。其一是帛简《五行》的先后出土,证实思孟学派"五行"说的存在不虚,但并不能证明思孟学派的"五行"学说,除了借用原始"五行"学说中的整体性"五行"概念之外,不曾借用过原始"五行"学说中指称具体"五行"内容的概念。因为我们没有根据断定不会再发现新的有关思孟学派"五行"学说的文献资料,帛简《五行》即是代表思孟学派"五行"学说的唯一文献。其二是从帛简《五行》本身的理论追求去寻求解释。如前所述,思孟学派在儒家学说中自成一家,缘于其"道性善",肯定人的超验的善的道德本性。帛简《五行》中,以仁、义、礼、智、圣"刑(形)於内胃(谓)之德之行";"德之行五,和胃(谓)之德"等思想理论形式,肯定人的道德属性的内在性与自然性,所代表的是思孟学派性善论的早期理论形态。可以说正是早期思孟学派在理论追求方面的具体特点,使得帛简《五行》在"案往旧造说"时,所注重的是整体性的"五行"观念,借鉴的是这种"五行"观念中所表明的事物属性方面的意义。当然,帛简《五行》中,对仁、义、礼、智、圣的意蕴及其相互间的关系,也有所论述。如其"不圣不知(智),不知(智)不仁,不仁不安,不安不乐,不乐无德"的说法,即涉及思孟学派所谓的"五行"之间的联系。但帛简《五行》的主旨似不在于论释其所谓的"五行"之间的联系,而在于肯定仁、义、礼、智、圣"刑(形)於内胃(谓)之德之行","不刑(形)於内胃(谓)之行",区别"德之行"与"行",或说区别人的道德属性与道德行为,肯定人的道德属性的内在性与道德行为的外显性。因此,从这种视角去看,帛简《五行》未具体地引用水、火、木、金、土等"五行"概念,深入论析仁、义、礼、智、圣之间的联系,也不是不可理解。

早期思孟学派以比较成熟的理论形态,肯定人具有超验的道德属性,是由《中庸》这一著作来完成的。《中庸》认定:"天命之谓性,率性之谓道,修道之谓教。"这种观念为后来思孟学派"道性善",提供了理论基础。由于《中庸》中明确提出了"天命之谓性",使得思孟学派在论定人的道德属性的自然性和内在性时,已不再需要"五行""刑(形)於内胃(谓)之德之行","德之行五,和胃(谓)之德"这类迂回曲折的表述方式。《孟子》中即直言"人性之善也,犹水之就下也。人无有不善,水无有不下","君子所性,仁、义、礼、智根于心"。但孟轲的这种性善论,本质上仍是由早期思孟学派的"五行"说发展而来。荀况大概也正是在这样的意义上抨击思孟学派的"五行"说,由"子思唱之",由"孟轲和之"。

思孟学派的性善论形成较为完备的理论系统之后,原始的"五行"观念,在其学说中是否完全被弃而不用了呢? 对这一问题,限于文献根据,尚难完全正面回答,但从儒学后来的发展看,回答应是否定的。因为,不论是汉儒还是宋儒,在论及儒家伦理时,都借鉴过原始"五行"学说中的观念。汉儒借鉴原始"五行"学说的观念,主要是以其注释儒学典籍,以"五行"为"五常"。由于汉儒多在传经与注经中借鉴原始"五行"学说,创意不多,对思孟学派的"五行"学说没有系统的发挥与发展。

依原始"五行"学说,论释儒家主张的伦理道德,并在理论方面有所发展的是宋儒。例如南宋的陈淳曾撰《北溪字义》,专释道学家们常用的一些哲学范畴。在论释"仁义礼智信"时,陈淳不仅将"仁义礼智信"谓之"五常"、"五性",肯定"五常"、"五性"乃"五行之德",而且曾直接论释"仁义礼智信"与"金木水火土"的关系:

"仁义礼智信""五者谓之五常,亦谓之五性。就造化上推原来,只是五行之德。仁在五行为木之神,在人性为仁;义在五行为金之神,在人性为义;礼在五行为火之神,在人性为礼;智在五行为水之神,在人性为智。"

陈淳这种说法十分明确地将"仁义礼智"与"金木水火"联系起来了。陈淳认为人性中只有"仁义礼智四位",没有"信位",也是与"五行"中"土无定位"相联系的:

人性中只有仁义礼智四位,却无信位。如五行木位东,金位西,火位南,水位北,而土无定位,只寄旺放四位之中。木属春,火属夏,金属秋,水属冬,而土无专气,只分旺於四季之间。四行无土便都无所该载,犹仁义礼智无信,便都不实了。

在陈淳看来,"信"也显现在"仁义礼智"之中,"仁义礼智"当以"信"为前提和基础。陈淳还曾专门论释过"智""在五行何以属水"? 其理由是:

水清明可鉴似智,又是造化之根本。凡天地间万物,得水方生。只看地下泉脉滋润,何物不资之以生? 亦犹万事非智不可便知,知得确定方能成。此水於万物所以成终而成始,而智亦万事之所以成终而成始者也。

陈淳对"智"在"五行"中何以属水的解释,比拟的成分居多,但确属儒家理论中对"仁义礼智信"与"金木水火土"之间联系的较为系统的论释之一。陈淳是朱熹的弟子。陈淳作《北溪字义》的目的在维护程朱理学。但是,儒学发展到宋代,虽出现了以"理"言性与以"气"言性,以及以"心"言性的不同学术派别,但就承袭《中庸》"天命之谓性"的观念,认定人的道德属性自然本有而言,各家学说仍有相通之处。因此,从陈淳对"仁义礼智信"与"金木水火土"的关联的理解来看,我们仍可将其视为早期思孟学派"五行"学说的延续与拓展。这种延续与拓展,从另一个侧面展现了思孟学派"五行"学说在儒学发展史中的意义与价值。

　　总之,思孟学派的"五行"学说与原始"五行"学说的关系,是一个不宜忽略的问题,也是一个尚需进一步从文献和学理上考察的问题。本文对这一问题的论析,只求聊备一说,以为引玉之砖,促进学术界同仁对这一问题的思考。文中不周详之处,期待专家们的帮助与批评。

　　　　　　　　　　　　　　　(原载《武汉大学学报》2003 年第 1 期,与李富春联名发表)

刘秀思想简论

刘秀(公元前6—公元57)字文叔,南阳蔡阳(今湖北省枣阳县东南)人,我国历史上东汉政权的建立者,著名的军事活动家和政治活动家。

刘秀本是西汉景帝的后裔,其祖父刘回曾为钜鹿都尉,其父刘钦仅为南顿令。刘钦娶湖阳樊重的女儿娴都为妻,生子女六人,长子刘縯,刘秀乃刘钦第三子。刘秀9岁时,父亲去世,叔父刘良将其抚养成人。刘秀性情谨厚,曾在长安跟许子威学《尚书》。居家时"勤于稼穑",刘縯则"性刚毅,慷慨有节"。自从王莽代汉,刘縯怀恢复汉室之志,"不事家人居业,倾身破产,结交天下雄俊"(《后汉书·宗室四王三侯列传》)。因此,刘縯常笑刘秀"事田业"。公元22年(王莽地皇三年),刘縯、刘秀以"复高祖之业"为目的,在舂陵(今湖北枣阳县东)起兵,开始反对王莽政权的武装斗争。在斗争中,刘秀以卓越的军事才能和政治才能,攻城掠地,不断壮大自己的武装力量和扩大自己的政治影响;在与农民起义军一起推翻王莽政权之后,先后吞并农民起义军的各路主力,消灭各地的豪强割据势力,统一全国,建立了东汉政权,被史家称为"中兴"之帝。由于刘秀采取了一些积极的政策措施,注意废除王莽苛政,恢复和发展社会经济,使东汉时期社会生产力得到了发展,科学文化也获得了很大进步。因此,对刘秀的军事、政治、经济活动,从思想的层面做一些发掘与解析,对于正确地了解和评断刘秀这个历史人物是十分有益的。

一、"柔能制刚、弱能胜强"的军事策略思想

公元41年,刘秀回到南阳章陵(即舂陵)会宗室诸亲,"置酒作乐"。宗室中有人说:"文叔少时谨信,与人不款曲,唯直柔耳。今乃能如此。"刘秀听后大笑道:"吾理天下,亦欲以柔道行之。"(《后汉书·光武帝纪》)行"柔道"可以说是刘秀在长期的军事活动和政治活动中所形成与坚持的一种思想方法原则,这一原则特别集中地体现为其军事斗争的策略思想。明末清初的大思想家王夫之曾把刘秀的"柔道"概括为:"以静制动,以道制权,以谋制力,以缓制猝,以宽制猛。"(王夫之:《读通鑑论》卷六)并且认为这种"柔道""非徒治天下也,其取天下也,亦是而已矣"(王夫之:《读通

鑑论》卷六）。肯定刘秀"治天下"与"取天下"都注意行"柔道"。刘秀并没有关于"柔道"的卷帙浩繁的著作留存于世，他的"柔道"思想主要体现在他的军事活动和政治活动中。

公元23年，刘縯、刘秀在南阳起兵时，农民战争的烈火已经燃遍全国，就武装力量讲，他们仅有七八千"子弟兵"，而且起兵之初，刘氏宗族"诸家子弟恐惧，皆逃亡自匿"（《后汉书·光武帝纪》），并不怎么支持刘縯、刘秀起兵。后来人们见刘秀"绛衣大冠"参加起义，"乃稍自安"。当时以新市（今湖北京山东北）人王匡、王凤领导的绿林军已发展到五万多人。后来绿林军分兵转移，一路西入南郡（今湖北江陵），号"下江兵"，一路北向南阳，号"新市兵"，又得到进一步发展；樊崇领导的赤眉军也发展到十多万人；活动在河北地区的"铜马"、"大肜"、"尤来"、"青犊"、"上江"等农民起义军则已达百万之众。与人数众多的农民军相比，刘秀兄弟拥有的军事力量是非常弱小的。同时，由于农民起义军分散在全国各地活动，还不是一支统一的军事力量。王莽政权可以"征天下能为兵者"，在全国范围内"选练武卫、招募猛士"（《后汉书·光武帝纪》），加上王莽政权原有的军事力量，又使得农民军的军事力量在总体上仍然处于劣势。刘秀兄弟面对这种内外军事力量强弱不同的客观现实，决定把自己的武装力量加入农民起义军，并始终注意与农民军团结相处，使武装斗争矛头集中指向王莽政权，以此来改变自己所面临的不利局势，不断创造条件，促使军事力量对比中强弱双方的转化。舂陵兵加入新市兵以后，刘秀兄弟和新市兵领导人王凤等人率领起义军"西击长聚，进屠唐子乡，又杀湖阳尉"（《后汉书·光武帝纪》），取得了军事斗争的初步胜利。

但是，由于对在战争中所得利益分配不均，起义军内部开始产生矛盾，致使新市兵"众恚恨，欲反攻诸刘"（《后汉书·光武帝纪》）。刘秀意识到了起义军内部火并的严重后果，毅然决定收缴宗室子弟在战争中得到的财物，全部分发给新市兵，使起义军保持团结，结果攻陷了棘阳。后来，起义军在同甄阜、梁丘赐率领的王莽军交战中失利，刘秀的兄、姊刘仲、刘元都死于兵败之中。在军事失利，王莽大军不断逼近的危急关头，新市兵"欲解去"。刘縯、刘秀说服王凤，使起义军继续联合抵抗王莽军队，结果起义军杀死甄阜、梁丘赐，大败王莽军。接着起义军又与严尤、陈茂二人率领的王莽军战于育阳，严、陈二人败走，起义军大获全胜。起义军在军事斗争中的胜利，使新汉政权十分震惊。王莽一面以"邑五万户，黄金十万斤，位上公"（《后汉书·宗室四王三侯列传》）的重赏缉拿起义军领导人，一面又调兵遣将准备再次围攻起义军。

就在起义军力量日益壮大，由弱变强的时候，起义军内部围绕领导人问题又出现了新的矛盾。当时起义军将领都主张在刘氏子弟中推举一人为帝，以统一号令起义军。刘氏子弟中当时数刘縯的声望最高，很多人都主张拥立刘縯。但刘縯、刘秀则主张缓用帝号。因为，当时活动在青、徐地区的赤眉军已有数十万兵力，河北一带的大小起义军总数在百万以上，这些起义军还没有统一起来。如果绿林军先用帝号，将会成众矢之的,各地起义军"必将内争"。这样必然会削弱起义军自身的军事力量,影响对王莽军事力量的打击。刘縯即曾公开表示:"今莽军未灭,而宗室相攻,是疑天下而自损,非所以破莽军也"(《后汉书·宗室四王三侯列传》)。刘秀兄弟的这种主张是具有战略眼光的,但却遭到了其他起义军将领的反对。而且这些将领反对拥立刘縯,主张拥立刘玄。原因是"惮伯升威明而贪圣公懦弱"。下江兵将领张卬竟拔剑击地,蛮横要挟,认定"今日之议不得有二"。结果懦弱无能的刘玄被扶上了"皇帝"宝座。刘玄封刘縯为大司徒,封刘秀为偏将军。起义军内部出现的这种情况,并未使刘秀兄弟同义军将领关系恶化。刘玄称帝之后,刘秀与王常、王凤等将领们一起领兵攻战了昆阳(今河南叶县)、定陵(今河南舞阳东北)、堰县等地。起义军攻占昆阳之后,王莽派王寻、王邑领兵四十二万,号称一百万,进攻起义军,很快包围了昆阳城。起义军在刘秀等人领导下与王莽军展开了著名的"昆阳之战"。

王莽军围攻昆阳时,刘秀等人手中仅有数千兵力,敌我力量悬殊,情况十分危急。起义军中一部分将士见莽军阵营强大,"忧念妻孥,欲散归诸城"(《后汉书·光武帝纪》)。刘秀告诫将士们说:"今兵谷既少,而外寇强大,并力御之,功庶可立,如欲分散势无俱全。且宛城未拔,不能相救,昆阳既破,一日之间,诸部亦灭矣。今不同心胆共举功名,反欲守妻子财物耶。"(《后汉书·光武帝纪》)但是,刘秀的忠告起初并未被将士们采纳,反倒受到了指斥。当时"同心共胆",团结一致,已成为起义军对抗莽军,争取"以弱制强"的关键。刘秀没有因为受指斥而与诸将争执,而是一笑了之。当诸将复请他商量退敌之策时,刘秀一面让王凤、王常坚守昆阳,一方面亲自组织并带领李轶等十三名将士在黑夜冲出莽军重围,到定陵、堰县等地调集援军。援军到达昆阳之后,刘秀身先士卒,率步骑千余人,首先向莽军发起攻击,结果"斩首数十级";援军见刘秀在强大的敌军阵前毫不畏怯,士气大振,随刘秀再次向王莽军发起攻击,"斩首数百千级",进一步扩大了战果。斗争的胜利使援军将士"胆气益壮,无不以一当百"(《后汉书·光武帝纪》),奋勇向敌军冲击。此时刘縯也已攻拔宛城,但刘秀尚不知情。他一面假传攻拔宛城的捷报,动摇敌军军心,一面组织三千多"敢死者"猛击王莽军,击杀王莽军主帅之一王寻,致使王莽军阵势大乱。城内守军也乘机"鼓噪而出"。在起义军的内外夹击之下,王莽军溃散了。其时"雨下如注,滍川盛溢"(《后汉书·光武帝纪》)。王莽军战死者和淹死者不计其数,王邑等人踏着死人渡河才住保性命。昆阳之战,起义军以数千之众,击溃王莽数十万大军,基本上消灭了王莽主要的军事力量,决定了王莽政权的覆亡。

毛泽东曾经把新汉昆阳之战,看做中国军事史上弱者完成战略退却,先让人一步,后发制人,然后以少胜多,以弱胜强的著名战例。① 刘秀作为这次战争的主要组

---

① 参见毛泽东:《中国革命战争的战略问题》,见《毛泽东选集》第一卷,人民出版社1991年版。

织指挥者,正确分析了敌我双方的矛盾,看到了强弱之间转化的条件,然后创造条件,使矛盾向着有利于起义军的方向转化,终于以弱胜强,赢得了战争的胜利。可以说昆阳之战典型地体现了刘秀的军事策略思想,表明刘秀在处理战争矛盾时不自觉地运用着辩证的思维方式。昆阳之战以后,起义军向王莽政权展开了更加强大的攻势:"是时海内豪杰翕然响应,皆杀其牧守,自称将军,用汉年号,以待诏命,旬月之间,偏于天下"(《后汉书·刘玄刘盆子传》)。由于昆阳之战的胜利,起义军不仅军事力量进一步由弱变强,政治影响方面也在实现这种转化,这为刘秀后来统一全国奠定了基础。

攻拔宛城与昆阳大捷,使刘縯、刘秀兄弟声威大震。由此也导致了起义军内部的新矛盾。刘玄害怕刘秀兄弟的声望危及自己的地位,与朱鲔、李轶等人合谋杀害了刘縯,使刘秀与刘玄等人处于尖锐的矛盾之中。但是,刘秀清楚地意识到王莽政权还没有彻底崩溃,自己既无力独自击溃王莽的军事力量,也还无力与刘玄等人手中的军事力量抗衡。因此,刘秀仍然推行其"柔道",用"以静制动"的策略处理自己所面临的新矛盾。刘縯被杀以后,刘秀主动到宛城向刘玄请罪;刘縯的部属来看望刘秀,刘秀饮食言笑如常,一不为刘縯服丧,也只字不提自己在昆阳之战中的功绩。这些举动使刘玄深感愧疚,不仅无由加害刘秀,而且不得不封刘秀为破虏将军,并使刘秀后来得以出使河北,建立自己的武装,展开独立的军事活动与政治活动。

王夫之曾经说过:"高帝之兴也,恒患寡而熙夺人之军,光武则兵有余而抚之也不易。"(王夫之:《读通鑑论》卷六)刘秀在河北先后吞并了铜马、尤来、五幡等农民武装,他在处理与农民军的矛盾时,也注意使用"以宽制猛","以道制权"的斗争策略。他打败铜马、高湖、重连几支农民军之后,即对起义军将领们委以官职,使他们有职有权,重新带兵打仗,这使农民军将士们觉得刘秀"推赤心置人腹中",心悦诚服。迫降赤眉军之后,刘秀曾对赤眉军将领们说:"得无悔降乎?朕今遣卿归营勒兵,鸣鼓相攻,决其胜负,不欲强相服焉。"(《后汉书·刘玄刘盆子传》)结果赤眉军将领也"诚欢诚喜,无所恨也"。

刘秀建立自己的武装以后,仍然坚持推行"柔道"。刘秀拒绝刘玄的诏命之后,马武等人曾多次请刘秀称帝,都为其所拒绝。当时的客观形势,使他意识到称帝即会四面楚歌,导致自己孤立,这不利于进一步发展自己的力量。直到后来耿纯告诉他,如果他不称帝,"士大夫望绝计穷,则有去归之思,无为久自苦也。大众一散,难可复合"(《后汉书·光武帝纪》)时,刘秀顾及到自己不称帝会涣散自己支持者的斗志,才在河北部地称帝。刘秀称帝之后,刘永、张步、董宪、隗嚣、公孙述等先后在各地称帝称王,建立自己的势力范围。这使刘秀与刘玄以及这些割据势力都处于尖锐的军事对立之中。刘秀仍然谨慎地处理自己所面对的军事矛盾,他通过朱鲔计杀李轶,报杀兄之仇,后又招降朱鲔,分化瓦解了刘玄的军事力量;礼待隗嚣,兵灭公孙述及其他割据势力。可以说所有这些斗争的胜利都是他坚持"以谋制力","以宽制猛","以道制权"的斗争策略的结果。

统一全国以后，为了巩固东汉政权，刘秀仍然注意"量时度力"，处理军事、政治斗争中的各种矛盾。建武二十七年（公元51年），臧宫、马武上书刘秀，认为"匈奴贪利，无有礼信"，但"虏今人畜疫死，旱蝗赤地，疫困之力，不当中国一郡"（《后汉书·吴盖陈臧列传》）。可对匈奴用兵，刘秀不准。他说："《黄石公》记曰：'柔能制刚，弱能制强……舍近谋远者，劳而无功，舍远谋近者，逸而有终。故曰：务广地者荒，务广德者强，有其有者安，贪人有者残。残灭之政，虽成必败。今国无善政，灾变不息，百姓惊惶，人不自保，而复欲远事边外乎……苟非其时，不如息人。"（《后汉书·吴盖陈臧列传》）这种表述可以说是刘秀对自己的军事、政治斗争策略思想的一种概括与总结。刘秀曾说自己"在兵中十岁，厌浮语虚辞"。长期的现实的军事斗争和政治斗争，需要他客观地分析各种矛盾，正确地处理这些矛盾，这使得刘秀的策略思想中实际上包含了不少辩证思维的因素。后世学人认为刘秀行"柔道"的实质是"顺人心以不犯阴阳之忌"（王夫之：《读通鉴论》卷六）。所谓"不犯阴阳之忌"，用今天的语言来说即是不违背矛盾规律。因此，我们不宜把刘秀的"柔道"简单地看做"权术"之类，而应当肯定其"柔道"把握了事物的某些真实联系，反映了事物发展中本来的辩证法。

二、"天地之性人为贵"的"贵人"思想

在长期的军事斗争和政治斗争中，刘秀不仅体会到了"有志者事竟成"，看到了人的主体性作用，而且形成了"天地之性人为贵"的思想。这种"贵人"思想也是他建立东汉政权和巩固东汉政权重要的思想原则。

刘秀的"贵人"思想首先表现在他认识到人心的向背对于夺取军事斗争和政治斗争胜利的重要作用。王莽军之所以由强大逐步变得弱小，一个重要原因就在于其扰民，引发了广大贫苦农民的愤恨，失去了农民的支持。公元21年，王莽派太师王匡和更始将军廉丹率大军镇压赤眉军，莽军沿途大掠，给贫苦农民带来无穷灾难。民间流传"宁逢赤眉，不逢太师，太师犹可，更始杀我"的说法。结果，廉丹为赤眉军击杀，王莽军大败，赤眉军得到了迅速发展。刘秀的大将吴汉带兵在南阳时侵暴乡民，邓奉对吴汉将士侵扰乡民不满，遂举兵叛乱。这类事情对刘秀的影响极深。因此，他十分注意军队纪律，禁止军队掠夺，并以此来团结将士，争取民心。吴汉率大军入蜀兵灭公孙述以后，"放兵大掠"。刘秀闻报后让刘尚说："城降三日，吏人从服，孩儿老母，口以万数，一旦纵兵放火，闻之可为酸鼻。"（《后汉书·隗嚣公孙述列传》）并对吴汉进行了严厉的谴责。在刘秀看来，"今之征伐非必略地屠城，要在平定安集之耳"（《后汉书·冯岑贾列传》）。这种"平定安集"一是要平定豪强，安置败军，使其无再

次聚众兴兵的条件。除此之外就是要"系百姓之心",使广大农民脱离战争苦难,安居乐业。如果纵兵侵掠,就失去了"斩将吊人之义"。刘秀所处的时代,社会阶级矛盾呈全面对抗的形式,广大人民生活在兵荒马乱之中,渴望社会安定,国家统一。刘秀了解到人心的这种趋向,不使将士直接侵犯农民的利益,以争取民心,这是他在军事上、政治上不断取得成功的重要原因。

选贤任能,合理使用人才和真心爱护人才是刘秀"贵人"思想中又一重要内容。刘秀从南阳起兵,到经略河北,乃至后来统一全国,身边先后聚集了大批文人武将,如邓禹、吴汉、冯异、马援、祭遵等。刘秀根据个人德才情况,对这些将士分别委以重任,让他们或领导一个部门的工作,或主持一个地区的事务,屡建功勋。邓禹本是刘秀的同窗,刘秀尚在刘玄手下时,他没有投奔刘秀。当刘秀在河北独立活动时,他来到刘秀军中,为刘秀运筹帷幄,力促刘秀"延揽英雄,务悦民心,立高祖之业,救万民之命"(《后汉书·邓寇列传》),深得刘秀赏识。后来刘秀派邓禹率大军西进,邓禹"师行有纪","斩将破军","名震关西",被刘秀拜为大司徒,其时邓禹年仅 24 岁。当邓禹在关中与赤眉军的对峙中,指挥失当,屡战屡败时,刘秀又毅然改派冯异取代邓禹经略关中。冯异在军事上也有失误,但后来终于取得了胜利。

祭遵归顺刘秀后为军市令,刘秀宗室中有人违法,祭遵奉法不避,依法处置。刘秀不但没有怪罪祭遵,反倒封他为刺奸将军,并告诫诸将:"当备祭遵,吾舍中儿犯法尚杀之,必不私诸卿也。"(《后汉书·铫期王霸祭遵列传》)刘秀之姊湖阳公主的家奴仗势杀人,官吏无法缉拿。后来家奴随公主外出,洛阳令董宣"叱奴下车,因格杀之"(《后汉书·酷吏列传》)。湖阳公主要刘秀严惩董宣。刘秀没有惩罚董宣,反而"赐钱三十万",使"京师莫不震栗"。刘秀起用并支持祭遵、董宣一类不徇情枉法的臣吏,对于行使封建国家机器的职能,维系统治阶级内部的正常秩序起到了重要的作用。

刘秀是所谓"起于学士大夫,习经术,终至大位"(王夫之:《读通鑑论》卷六)的人物。他懂得知识的重要,十分重视知识分子的作用。在还没有建立统一的国家政权之前,他就决定兴办太学,并亲临太学巡视;全国统一之后,他不但注意自己读书,还"数引公卿、郎、将讲论经理"。并且"退功臣进文吏",以察举孝廉,征辟僚尉等方式,多方选拔文人儒士。在选拔中,劳心下士,屈节待贤,曾亲访严光等隐逸山林的儒者。因此,刘秀所启用的人士大都是一些出则为吏,入则为臣,武能安邦,文可治国的人物。南阳人张堪,"志美行厉",刘秀派他随吴汉入蜀讨伐公孙述,张堪为吴汉出谋划策;后来张堪又带兵抵抗匈奴,战功卓著,被刘秀任命为渔阳太守。张堪"劝民耕种,以致殷富"(《后汉书·郭杜孔张廉王苏贾陆列传》),受到乡民们的爱戴,民间曾流传"桑垂附枝,麦穗两歧,张君为政,乐不可支"的歌谣。封建史家的记叙,难免不实之词,但由此可见张堪确实做过一些有益于民众的事情。因此司马光曾盛赞刘秀善于用人,说他在"群雄竞逐,四海鼎沸,彼摧坚陷敌之人,权略诡辩之士,方见重于世"的时候，"独能取忠厚之臣，旌循良之吏，拔于草莱之中，置诸群公之首"（司马光：《资治通鑑·汉纪三十二年》），深明用人之道。

刘秀善于选拔人才，也十分爱护人才。他赞成"忠臣不和，和臣不忠"的观念，懂得处理其与臣吏之间的关系只能在矛盾中求取统一。他看到一些臣吏得陇望蜀，在对经济、政治利益的追求中不知满足时，常常和将士们坦诚相见，告诫他们不要"快须臾之欲，忘慎罚之义"；只有永远"如临深渊，如履薄冰，战战栗栗，日慎一日"（《后汉书·光武帝纪》）。才可以将功业"传于无穷"。

刘秀在其"贵人"思想指导下，逐步形成了一个以自己为核心的武装政治集团。统一全国之后，刘秀进文吏、退功臣，除邓禹、李通等少数人以外，其他功臣一概不许参与政事，而让他们在京城以列侯奉朝请；为了强化中央集权，他把权力集中在尚书台，不给太尉、司徒、司空以实际权力；在地方政权中，他以"百姓遭难，户口耗少，而县官吏职，所置尚繁"为由，在全国"并省四百余县，吏职减损，十置其一"。这些措施对于巩固东汉政权起到过重要作用，也损害过统治集团内部不少人的切身利益，但却始终没有影响到刘秀集团的内部团结和将士们的进取精神。中郎将来歙战功卓著，率大军攻伐公孙述时，连战皆捷，后来被人暗杀，临死时嘱咐盖延转告刘秀，"理国以得贤为本，太中大夫段襄，骨鲠可任，愿陛下裁察"（《后汉书·李王邓来列传》），来歙临危之际还不忘荐贤治国；伏波将军马援62岁率军出征，实践自己"马革裹尸"的誓言。这些现象使后人有"君臣交尽其美，唯东汉为盛"（王夫之：《读通鑑论》卷六）的讲法。刘秀之所以始终得到一批功臣豪强们的支持，与他的"贵人"思想及其用人措施是分不开的。

在"贵人"思想指导之下，刘秀还多次下令释放奴婢，减轻刑罚。建武二年（公元26年），刘秀下令"民有嫁妻卖子欲归父母者，恣听之"。规定为生活所迫，"嫁妻卖子"沦为奴隶而又愿意回家者，准许他们回家。建武六年（公元30年），刘秀又下令在王莽当政时被人收为奴婢，而又不合西汉收奴旧制的一律免除其奴婢身份；第二年又下令在战乱和饥荒中沦为奴婢而要求解除奴婢身份的，允许离开主人，奴婢主人不得阻碍，若有阻止者，以"卖人法从事"，进行处罚。建武十二年、十三年，刘秀先后下令陇蜀地区被掠为奴婢的一律解除奴婢身份，奴婢主人不得阻止。在占有奴婢现象没有完全消失时，刘秀还曾下令，不许奴隶主任意杀害奴婢，不许以残酷手段在奴婢面部打烙印记，强调"天地之性人为贵，其杀奴婢，不得减罪"（《后汉书·光武帝纪》）。对那些"敢于炙灼奴婢"的人也要依法处置。而对于"奴婢杀伤人弃市"一类的酷刑则下令废除。

刘秀还曾多次下令减轻刑罚。建武三年（公元27年），下令规定男子80以上，10岁以下以及妇女犯从坐法的，只要不是诏书具名特捕的人，"皆不得系"，不许将其逮捕入狱；女犯人可以允许回家，用钱雇人在山中伐木，以纳官府赎罪，即所谓"女徒雇山归家"。后来刘秀又多次下令将非犯死罪的"囚徒"免为庶人。西汉末年，地主阶级"多畜奴婢",激化了社会矛盾。刘秀释放奴婢,减轻刑罚,对于缓和社会矛盾,恢复和发展社会生产力起到了一定促进作用。特别是解除大批贫苦农民的奴婢身份,对于残存的奴隶制遗迹是一有力的打击。尽管刘秀在其"贵人"思想下采取的一些政策措施,本质上仍是要维护自身的政治经济利益,但对其客观的历史进步作用,是不应当否定的。

三、"皇天上帝"、"属秀黎元"的天命神权思想

　　天命神权思想是刘秀思想中的另一重要组成部分。这种天命神权思想的形成与发展,也是同他的军事斗争与政治斗争的需要分不开的。早在南阳起兵之前,李通等人就曾以"刘氏复起,李氏为辅"的谶语鼓动过刘秀。刘秀"初殊不意,未敢当之"(《后汉书·李王邓来列传》)。没有轻信谶语,贸然起兵。只是因为看到刘縯"素结轻客,必举大事",而"王莽败亡已兆"时,才与李通等合谋起兵。李通与刘秀合谋起兵为王莽知悉,王莽先派人抓了李通在长安为官的父亲李守及其亲族,又派人到南阳抓捕了李通的兄弟门宗六十多人"焚尸宛市",只有李通等少数人逃走。此事对李通父子谎造谶语以谋私利是一次无情的嘲弄,对刘秀思想也不无影响。使得刘秀对那种诡为隐语,预决吉凶的谶语不敢笃信。而后来在残酷的军事斗争政治斗争中,他又不能不客观地分析各种矛盾,寻求解决矛盾的正确方法。在解决各种矛盾的过程中,他看到了一些事物之间的客观联系,体验到了"人力"的作用,从而形成了他的"柔道"与"贵人"思想。此时在刘秀思想中,"人力"的观念与"天命"思想是矛盾的,注重"人力"似乎还是其思想中的主流。

　　刘秀到达河北图谋自身发展以后,疆华从关中来进献的《赤伏符》中说:"刘秀发兵捕不道,四夷云集龙斗野,四七之际火为主。"(《后汉书·光武帝纪》)疆华以刘秀起兵至刘邦建立西汉乃二百八十年以及汉乃火德为据,认定汉室应当复兴。实际上疆华是以传统的"五德终始说"并杂以迷信预言,劝导刘秀当皇帝。刘秀的一些将领们也力劝刘秀"宣答天神,以塞群望"。后来刘秀终于在河北称帝。称帝后刘秀有一篇告天祭文,其文曰:"皇天上帝,后土神祇,眷顾降命,属秀黎元,为人父母,秀不敢……谶记曰:'刘秀发兵捕不道,卯金修德为天下。'秀犹固辞,至于再,至于三。群下佥曰:'皇天大命,不可稽留'。敢不敬承。"(《后汉书·光武帝纪》)刘秀认为自己称帝一是要"答天神",一是要"塞群望",似仍体现他思想中崇天命与尚人力的矛盾。在某种意义上可以说"塞群望"是刘秀称帝更直接更现实的原因。因为耿纯已向刘秀讲明:天下豪杰抛家弃土,追随他就是要"攀龙鳞,附凤翼",若刘秀不做皇帝,"士大夫望绝计穷,则有去归之思"。失去臣僚支持,这对刘秀是最大的威胁,所以他答应耿纯,"吾将思之"。刘秀并非不想做皇帝,他所考虑的是在什么时候称帝适宜,这

种考虑是以现实的和长远的利害关系为依据的。为了维系人心，加上疆华的劝说，他终于做了皇帝。从这时候起，也可以说刘秀公开接受了"皇天上帝，……属秀黎元"的君权神授观念。

随着军事斗争和政治斗争的成功，天命神权思想在刘秀思想中的地位越来越重要。自河北称帝之后，刘秀根据《赤伏符》中"王梁主卫作玄武"的讲法，认为玄武为水神，而司空是管理水土的，《赤伏符》讲了司空人选。此时恰好有一个叫王梁的渔阳人在刘秀手下做县令。于是刘秀把王梁由县令提升为司空。但王梁擢升之后，一再违抗刘秀的军令，刘秀十分恼怒，派宗广持节去斩杀王梁。宗广不忍杀害王梁，将其押返京师，刘秀又赦免了他，仅免去其司空职务。刘秀欲杀王梁最后又赦免了他，思想上不敢对抗"天命"，恐怕是重要原因之一。

当时在蜀割据一方的公孙述"亦好为符命鬼神瑞应之事，妄引谶记"。他认为孔子作春秋断十二公，即象征西汉的十二帝，刘姓子弟不可再受"天命"；谶语中有"废昌帝，立公孙"，"帝轩辕受命，公孙氏握"（《后汉书·隗嚣公孙述列传》）等讲法，以为自己应当做皇帝。刘秀知道以后，致书公孙述，劝他"天下神器，不可力争"，自己则以真正的"受命"者自居。后来，公孙述在刘秀大军兵临城下时，誓不做"降天子"，终致灭族之祸。此后，刘秀也更加相信"天命"，遇事即以图谶"决定嫌疑"，其封泰山即是一典型事例。建武三十年，刘秀东巡，臣僚劝他："在位三十年，宜封禅泰山。"刘秀不准，并说："即位三十年，百姓怨气满腹，吾谁欺，欺天乎？"（司马光：《资治通鉴·汉纪三十六年》）刘秀这个讲法是客观的。东汉政权建立以后，在相当长的时间内社会都处于剧烈的动荡之中，人民生活十分困苦。刘秀不允许不顾实际的宣传自己的功德，说明他还有一些自知之明。为阻止下级臣吏们为自己歌功颂德，他声称"若郡县远遣吏上寿，盛称虚美，必髡，令屯田。"（司马光：《资治通鉴·汉纪三十六年》）对于歌功颂德者要剃头发，去屯田。这使得一些臣吏再也不敢提封禅泰山的事了。但是，后来刘秀读《河图》的《会昌符》，见其中有"赤刘之九，会命岱宗"的讲法，却又牵强附会，认定岱为始，宗为长，泰山乃五岳之尊，亦即"岱宗"，"会命岱宗"是天命他封禅泰山。于是他令梁松等人遍查《河图》、《洛书》的谶文，寻找封泰山的依据，然后兴师动众，耗费大量人力物力，封泰山。"天命"在刘秀思想中的发展，由此可见一斑。

刘秀笃信图谶，曾遭到过刘昆、桓谭等人的反对。刘秀曾问刘昆，在江陵"反风灭火"是"行何德政而致是事？"刘昆回答说"是偶然耳"。刘昆不附会迷信以宣扬自己的德政，实际上也是对刘秀迷信思想的一种批判抵制。尤其是桓谭，曾数次上书，条陈时政，尖锐地批判刘秀的天命迷信思想。桓谭认为回顾历史，考察现实，都没有什么奇怪、虚诞的事情。谶语与社会政事相应，完全是偶然性的巧合。治理国家只能"以仁义王道为本"。对那些"增益图书，矫称谶记，以欺惑贪邪，诖误人主者"应"抑远之"（《后汉书·桓谭冯衍列传》）。刘秀对桓谭的言论十分不满。为建造灵台刘秀问桓谭："吾欲以谶决之,何如?"桓谭回答说:"吾不读谶。"刘秀问他为什么不读谶,桓谭当面向刘秀陈述谶文荒诞不经。刘秀认为桓谭"非圣无法",要"将下斩之"。桓谭叩头流血,才得免一死。从此无人再敢劝刘秀不信图谶。刘秀也终于利用他的特殊身份和手中的权力,在他离开人世的前一年,"起明堂,灵台,辟雍及北郊兆域,宣布图谶于天下。"(《后汉书·光武帝纪》)使封建神学成为东汉时期上层建筑的重要组成部分。

"安平则尊道术之士,有难则贵介胄之臣"(《后汉书·桓谭冯衍列传》),这是历史上普遍存在的现象。封建统治者对于意识形态的态度,常常是与其政治斗争需要联系在一起的。就神学思想的发展来看,早在先秦时期即已开始流行神仙方术以及天命观念。但直到董仲舒在西汉政权空前强盛时,适应大一统封建统治的需要,继承先秦时期的"天命"观念,并将其与被先秦时期的方士们神秘化了的阴阳五行理论结合起来,形成一套系统的神学目的论后,才使神学完成了其在历史上的第一次发展。随着西汉政权的崩溃,谶纬迷信开始泛滥。谶纬迷信与董仲舒神学在本质上是相通的。董仲舒的神学不能维系人心之后,封建统治者一直在寻求新的理论武器以论证其统治的合理性。公元56年刘秀"宣布图谶于天下";公元79年汉章帝与"诸儒会白虎观,讲议《五经》异同",后由班固将会议记录整理成《白虎通义》,标志着这一历史任务的完成。《白虎通义》实际上是董仲舒神学与谶纬神学贯通融合的产物,它使神学在中国历史上完成了又一次大的发展。从此神权成了长期支撑中国封建社会的四大支柱之一。谶纬神学不仅在整个东汉年间盛而不衰,而且在后世长期流传。这对于中华民族发展自己的理论思维,正确认识自然和社会历史产生过并且在继续产生着某种阻碍作用。对此,刘秀实负有不可推卸的历史责任,应当受到批判。

恩格斯曾经说过:"任何进步同时也是相对的退步,因为在这种进步中,一些人的幸福和发展是通过另一些人的痛苦和受压抑而实现的。"[1]依照马克思主义的这种观点,人类社会的历史即是在阶级对立和阶级压迫中前进的,而活动在阶级社会中的历史人物的思想性格莫不具有两重性。刘秀作为一个历史人物,在镇压和吞并农民起义军的基础上建立起东汉政权,曾给广大农民带来痛苦和灾难;在他思想中占据重要地位的天命迷信思想,也毫无疑问的属于封建糟粕,对此我们应当进行历史的分析与批判。但是,东汉政权诞生在我国封建社会的上升发展时期,刘秀作为东汉政权的缔造者,对于当时社会生产力的恢复发展,科学文化的繁荣昌盛,以及打击奴隶制度的残迹,促进社会制度进步,都采取过一些正确的政策和措施。与此相应,在他的思想中也蕴含一些在认识史上有价值的合理成分。这些,我们也应当历史地分析与评

---

① 恩格斯:《家庭、私有制和国家的起源》,见《马克思恩格斯文集》第4卷,人民出版社2009年版,第78页。

价。古人认为刘秀"不无小疵,而大已醇矣"(王夫之:《读通鑑论》卷六)。这种说法虽不无溢美之辞,但刘秀确实是一个值得在批判中肯定的历史人物,我们对他的思想也应作如是观。

(原载《南阳师范学院学报》2003 年第 7 期)

两宋时期的辩证思维与中国近世哲学的发展

在中国哲学发展史上，两宋时期被称为"三教融通时代"、"儒学成熟时代"。所谓"儒学成熟"，是以"三教融通"为前提的。两宋儒学的产生实即是融合儒、释、道三家之学的结果。这一时期的儒家学者，在儒、释、道三家之学融会、合流的过程中，大都坚持重新确立儒学的"独尊"地位，恢复儒家道统的学术立场。因为，在这一时期的儒家学者看来，两汉以来的儒者所论之"大道"，或者"察焉而弗精"，或者"语焉而弗详"，其结果是儒家道统因为"孟子没而无传"，佛、道之学则不断兴盛发展。由于复兴儒学的学术立场，两宋时期的儒家学者大都先出入佛、老之学，然后再回归儒学。这样的治学途径，使得两宋时期儒家学者的学术活动出现了两个显著的思想特征：强烈的学术批判意识与和变革思维方式的自觉。

两宋时期，学术批判的锋芒首先指向佛、道之学。程明道曾将佛家的理论失误概括为"毁人伦"、"去四大"，认为佛家的思想离开了自然理则。张横渠则认定"释氏妄意天性"，曾痛斥佛教对中国思想学术领域的毒害，表明自己在学术方面对佛教绝不妥协的批判态度："自其说炽传中国，儒者未容窥圣学门墙，已为引取，沦胥其间，指为大道。乃其俗达之天下，至善恶、知愚、男女、臧获，人人著信，使英才间气，生则溺耳目恬习之事，长则师世儒宗尚之言。遂冥然被驱，因谓圣人可不修而至，大道可不学而知，故未识圣人之心，已谓不必求其迹；未见君子志，已谓不必事其文。此人伦所以不察，庶物所以不明，治所以忽，德所以乱，异言满耳，上无礼以防其伪，下无学以稽其弊。自古诐、淫、邪、遁之词，翕然并兴，一出于佛氏之门者千五百年，自非独立不惧，精一自信，有大过人之才，何以正立其间，与之较是非，计得失！"（《正蒙·乾称》）张横渠对佛教的这种批判，真实地反映了两宋时期的学术风气，集中体现了儒家学者与佛、道之学在理论上针锋相对，"较是非，计得失"的批判立场。

两宋时期的儒家在将学术批判的锋芒指向佛、道之学的同时，也将学术批判的锋芒指向儒家。北宋初年曾盛行重新考订、诠释儒家经典的学术风气。这种学术批判风气由刘敞《七经小传》的问世开其端绪。王应麟在其《困学纪闻·经说》中曾详述北宋初年的这种学术风气："自汉儒至庆历间，谈经者守训诂而不凿。《七经小传》出，而稍尚新奇矣。至《三经义》行，视汉儒之学若土梗。古之讲经者，执卷而二口说，未尝有讲义也。元丰间，陆农师在经筵，始进讲义。自时厥后，上而经筵，下而学校,皆为支离蔓衍之词。说者徒以资口耳,听者不复相问难。道愈散而习愈薄矣。陆务观曰:'唐及国初,学者不敢议孔安国、郑康成,况圣人乎? 自庆历后,诸如发明经旨,非前人所及,然排《系辞》,毁《周礼》,疑《孟子》,讥《书》之《胤征》、《顾命》,黜《诗》之《序》,不难于议经,况传注乎?'斯言可以箴谈经者之膏肓。"从王应麟对北宋初年学术风气的记述,我们可以发现当时儒家对儒学自身也采取反省批判的态度。儒家学者对于儒学与儒家经典的反省与批判,构成了两宋儒学得以更新发展的另一重要条件。

　　两宋时期儒学的复兴,也得益于当时儒家学者对于变革思维方式的自觉。长于辩证思维,本是中国哲学的重要特质。儒家的传统典籍《周易》、《中庸》中即充满了辩证智慧。而易、庸之学正是两宋儒家用以建构自己思想理论的主要思想资源。两宋时期,对儒学复兴有过重要贡献的学者中,不论周敦颐、程颐,还是张载、朱熹,都曾精研易理,形成过专门的易学著作。人们利用易学中"生生之谓易"的观念和宇宙生成观念,以辩证的思维方式,考察、界定天、道、性、命、阴、阳、动、静、中、和、经、权、两、一、神、化等中国哲学传统范畴及其间的联系与区别,建构自己的思想学说,从形上学的层面解释自然、社会、人生,极大地丰富了传统儒学的思想内容,提高了传统儒学的理论层次。从而使儒学的发展进入了一个崭新的历史时期。总之,两宋时期儒家学者的学术批判意识与对于传统辩证思维的继承与发展,构成了两宋时期儒学复兴的前提和基础,也使中国哲学的发展,开始具备某些近世思想的成分与特色。下面仅从两宋时期的辩证思维与中国近世哲学的发展角度,对两宋时期几位主要哲学家的辩证法思想做一些考察与辨析。

一、周敦颐哲学与两宋时期的辩证思维

　　两宋时期,通过融合儒、释、道三家之学而形成的新儒学被称之为道学。周敦颐(1017—1073)字茂叔,北宋道州营道人,北宋道学早期的代表人物之一。周敦颐晚年曾在庐山莲花峰下讲学,并将自己的书院名之为濂溪学堂,其思想理论人称濂学。在北宋时期,周敦颐是较早以《周易》的阴、阳、动、静观念考察宇宙万物的生成演化,论证儒家的心性义理与社会人伦的思想家。现在传世的周敦颐主要哲学著作《太极图说》、《通书》实际上都是其诠释易学的著作。由于周敦颐从理论的层面探讨宇宙演化与社会人伦,使得其思想理论包含丰富的辩证思维成分。

(一)宇宙生成论中的"动"、"静"、"生"、"发"观念
　　周敦颐哲学中的辩证思维是通过对宇宙本源问题的探讨发展起来的。他利用《老子》与《易传》的思想资源,把《老子》中的"无极"观念与《易传》中的"太极"观念

熔为一炉,将分属于道家和儒家两个系统的辩证法思想巧妙地联结起来,建构起别开生面的"太极图说",阐发了一种新的宇宙生成论。这种理论尽管带有北宋早期的儒家学者尝试融会儒、道之学的思想痕迹,但却蕴涵了比较深刻的辩证法思想,为我国古代辩证思维的发展,开辟了新的起点,起到了促进作用。

首先,周敦颐利用《老子》的"无极"概念与《易传》的"太极"概念,肯定宇宙是一个无穷无尽的演化过程。在周敦颐看来,宇宙的演化始于"无极"。由"无极"这个动静未分,阴阳未判的混沌体产生出"太极",这叫做"自无极而为太极",或者叫做"太极本无极"。(《太极图说》)在周敦颐的哲学中,"无极"这一概念,实际上并不是一个表示属性的概念。《老子》中曾说:"常德不忒,复归于无极";又说:"无名,天地之始,有名,万物之母。"(《老子》第二十八章、第一章)在《老子》的思想系统中,"无极"即"无",亦即"先天地生"的"道"。这样的"无"或"道",乃产生天地万物的本源,其对立面为"有"。周敦颐正是在这种意义上沿用道家的"无极"概念的。这样的"无极"是既没有外在形态,也不具备任何内在规定的宇宙本体。关于"太极",《易传》中的说法是:"易有太极,是生两仪。"汉唐以来不少哲学家将"太极"理解为至高无上,肯定其为万物之本始。周敦颐肯定"无极"产生"太极","太"不等于"无","太极"已不是无"极",而是有"极"。这种规定使"太极"成了最原初的存在物,它是物质性的实体,与"无极"有别。"无极"是"太极"的本源,"无极"产生"太极",这便是周敦颐认定的宇宙演化的第一步。

"太极"由其自身的"动""静"产生阴阳,这是周敦颐理解的宇宙演化的第二步。用阴阳规定"太极",这就把含混的"太极"观念明确化了。周敦颐顺着"太极"生阴阳的思路前进,进一步认为阴阳交互作用,即"阳变阴合",产生了水、火、木、金、土五行,论述了他理解的宇宙演化的第三步。"五行之生,各一其性"(《太极图说》)。五行有别于阴阳,用水、火、木、金、土规定"气"的多样性,使"太极"的内涵更加丰富了。然后阴阳、五行相互作用,化生万物,形成一个无限多样的世界,这是宇宙演化的第四步。进而周敦颐认为,生成万物的过程中,"无极之真,二五之精,妙合而凝","得其秀"者则为人,将人的形成与物的形成视为一个统一的自然过程。"形既生矣,神发知矣。五性感动而善恶分,万事出矣。"(《太极图说》)人的形体形成之后,有刚、柔、善、恶、中等五性之别,出现了人所特有的千差万别的精神道德活动。这就从宇宙模式演化出了人类社会。这样,周敦颐从宇宙本体及原始物质实体开始,论及到天地、四时、万物,从宇宙万物的演化讲到人类社会的形成,以及人类自身生成演化和伦理道德观念的产生,并将这一过程看做是一个前后联系、循序渐进的自然的统一的过程,并肯定这种过程的无限性。他说:"二气交感,化生万物,万物生生而变化无穷焉。"(《太极图说》)周敦颐从哲学的层面将宇宙万物的生成演化看做一个统一的无限发展的过程,使儒家在中国哲学史上,第一次系统地建构起了自己的宇宙生成理论。

　　关于宇宙形成的理论,在中国哲学史上,有神话的,也有哲理的。神话方面有关于盘古开天地的传说,哲理方面先是老子提出了"道生天地万物"的思想,但其思想十分简略。汉唐以来,较为系统的论述过宇宙生成理论的著作当推《淮南子》。《淮南子·天文训》中说:"道始于虚霩,虚霩生宇宙,宇宙生气,气有涯垠。清阳者,薄靡而为天;重浊者,凝滞而为地。……天地之袭精为阴阳,阴阳之专精为四时,四时之散精为万物。积阳之热气生火,火气之精者为日。积阴之寒气为水,水气之精者为月。"《淮南子·天文训》中的这种论述,概念、层次还比较含混,而且充满了神秘色彩。与周敦颐的宇宙生成论比较,其条理性和哲理性都要逊色得多。北宋时期,与周敦颐同时的李觏也曾论释过宇宙的生成问题。李觏曾著《易论》,引王弼注以解易,提出过"厥初太极之分,天以阳高于上,地以阴卑于下。天地之气,各亢所处,则五行万物何从而生"的问题。李觏的具体回答为:"夫物以阴阳二气之会而后有象,象而后有形。象者,胚胎是也;形者耳目口鼻手足是也……天降阳,地出阴,阴阳合而生五行,此理甚明白,岂有阴与阳合而生阴哉?"李觏的这种宇宙生成论,理论思维水平也远不及周敦颐宇宙生成理论系统周密。周敦颐的宇宙生成论,在中国哲学史上第一次为人们展示了一幅由单一到多样,由简单到复杂,由低级到高级的宇宙万物生成、演化的图景,并且肯定宇宙的生成演化是一个无限的自然过程。这种宇宙生成演化理论的建构,充分地体现了周敦颐的辩证思维能力,也表明了周敦颐对于中国古代辩证思维发展的重要贡献。

　　周敦颐在论证他的宇宙生成论的过程中,对于事物的矛盾性质以及事物的演化规律的认识也达到了一定的理论层次,对古代辩证法的一些重要范畴都有新的理解与阐发。在论述宇宙生成演化的过程时,周敦颐首先阐发和运用的是"动"、"静"范畴。他把宇宙看做一个无穷的演化过程,肯定万物有"动"有"静",认为,"动"是运动变化,"静"则是相对于"动"而言的,并非绝对静止不动。同"动"一样,"静"也可以使一物产生出他物来。他说"太极动而生阳","静而生阴"。肯定阴阳这两种性质相反的气是由"太极"本身的"动"与"静"分别产生出来的。这种"静而生阴"的思想,是用"太极"生阴阳的形式之一来确定"静"这一范畴的内涵。他没有把"动""静"绝对化,使两者对立起来或割裂开来。依照他"太极""静而生阴"的讲法,"静"实际上是"动"的一种形式,"动""静"既相区别又相联系。二者是相互渗透的,相互蕴涵的,都具有"生"的功能,只不过两者的功能与作用结果的性质有所区别而已。

　　周敦颐还用"动""静""互为其根"来阐明"动""静"相互联系的特点。他认为,"太极"有"动"有"静","动"与"静"是相互存在的前提,即"动"是"静"的原因,"静"是"动"的原因。太极""动"到极限就"静","静"到极限又"动"。这样"动极而静,静极复动",二者相互依存,无限往复。所以他说:"一动一静,互为其根。"这种"动"与"静""互为其根"的思想,实际上是肯定"动"与"静"在一定条件下相互转化,条件就是他所谓的"极"。同时,"动极而静,静极复动"又含有运动无限的思想。因为"太极"的"动"与"静"之间只有转化,而无间断。"太极"的不断"动"与"静"是宇宙间"万物生生不已"的一个重要条件。后来朱熹明确肯定周敦颐的这一思想是讲"太极""开阖往来,更无休息"(《朱子语类·卷九四》)。二程关于"阴阳无始,动静无端"的思想也是与周敦颐的这一思想相通的。

周敦颐肯定宇宙万物有"动"有"静","动""静"相互联系,互为其根,这是力图克服佛教、玄学在动静观方面的理论局限,体现了早期道学家的思想特征。佛教在宋代仍大为流行,但唐王朝覆亡的教训,使封建地主阶级的有识之士对其流弊已有所认识。宋初,孙复作《儒辱》,石介作《怪说》,李觏撰《潜书》,欧阳修作《本论》,都不同程度地贬斥佛教。张载更是以"道一而已,此是则彼非,此非则彼是"(《正蒙·乾称》)的理论勇气,从哲学的高度对佛教进行了较为深刻的批判;二程兄弟对佛教也有所指斥。佛教讲诸行无常,诸法无我;认为万事万物都待缘而起,既无"我",又无"常"。即没有自身的质的规定性、常住性。在"动静"问题上,佛教更是把事物的"动"与"静"看做"心动",视为"幻妄",否认事物动静变化的客观实在性,离开了事物的实际与事物动静的实际。周敦颐肯定世界上最原初的物质实体"太极"有"动"有"静","万物生生不已",这实际上否定了佛教的"动静"观。这种批判虽然十分含蓄,但并不缺乏理论的力量。同时,周敦颐还肯定"动"与"静"相互依存,相互渗透,认为作为宇宙本体的"无极""动而无动,静而无静",然而又"非不动不静"。这种观点则否定了玄学家们认为"动息则静,静非对动"(王弼:《周易·复卦注》),使"动""静"绝对对立,把"静"绝对化的形而上学观点。因此,可以说在北宋时期,周敦颐实际上开启了批判佛学,玄学形而上学"动静"观的先河。

周敦颐的动静观也存在自身的理论局限。因为,他把"动"与"静"对立统一的关系仅仅局限在宇宙本体"无极"自身。在考察一般具体事物的"动""静"关系时,却否定"动"与"静"之间相互渗透。他说:"动而无静,静而无动,物也。动而无动,静而无静,神也。动而无动,静而无静,非不动不静也。"(《通书·动静章》)把"物"的"动"与"静"割裂开来,表明了他关于"动""静"之间相互联系,相互渗透的思想并不彻底。

在探讨"动静"问题的同时,周敦颐对"阴阳"范畴也进行了一些新的探讨。"阴阳"作为实体范畴是指"气",作为属性范畴是指"气"的相互对立的性质。周敦颐深于"易"学,他承袭《易传》中"一阴一阳之谓道"的思想,肯定阴阳对立的普遍意义。他引用《易传》中"立天之道,曰阴与阳,立地之道,曰柔与刚,立人之道,曰仁与义"的说法,肯定"天以阳生万物,以阴成万物"(《通书·顺化》)。"阴阳"二气在万物生成演化的过程中,相辅相成。这使得周敦颐哲学中,水、火、木、金、土五气,春、夏、秋、冬四时以及天地、男女,都可运用"阴阳"概念来表达和论释它们的性质及其相互之间的联系。

但是,周敦颐对"阴阳"范畴的研究,也有其思想理论的局限与片面。由于他坚持"动静生阴阳"这种传统观点,不是以"阴阳"的不同作用去探讨"动静"的始因,而是倒因为果,认为"太极"先有"动静",然后产生出"阴阳"二气。他比较注重作为实体的"阴阳"在宇宙演化中对具体事物性质的规定作用,而对于"阴阳"这两种对立性质之间的相互作用及其与事物的"动静"的联系则注意不够。因此,关于"太极"为什么有"动"有"静"的问题,他除了回答"一动一静,互为其根"外,只能把"太极"、"动静"的始因归之为"神"。他认为对于万物来说,"动"就是"动","动而无静","静"就是"静","静而无动","物"的"动""静"之间不是贯通、统一的,宇宙间还存在一个"动"又不"动","静"又不"静",而又非不"动"不"静"的东西,这就是"神"。(亦即作为宇宙本源的"无极"。)"神"的另一种涵义是指性能和作用,这就是他讲的"发微不可见,充周不可穷之谓神"(《通书·诚几德》)。"大顺大化,不见其迹,莫知其然之谓神"(《通书·顺化》)。这两种涵义又是相互联系的。周敦颐肯定"无极""动而无动,静而无静",又"非不动不静",实际上是肯定"动"与"静"在"无极"自身中的统一。"无极"之所以能"生阴""生阳",就因为自身中"动""静"统一,无须凭借外物使自己"动""静"贯通。因此,"无极"既是"物"得以存在的本源,也是使"物"的"动""静"贯通的力量或原因。所以他强调"物则不通,神妙万物"。而"物"是由"二五之精","无极之真"巧妙的凝聚结合成的,使"物"的"动""静"贯通的"神",实际上也很难断定其在物外。所以我们也不能简单地把周敦颐的"神妙万物"说视为一种外因论。在这里我们倒是应当注意,由于周敦颐把"动""静"看做先于"阴阳"存在,把"太极"与"阴阳"看做生与被生的关系,从而不可能对"神"给予更明确的说明。也就是说他没有能力说明"神"为什么"不见其迹""莫知其然",而又可以使"物""大顺大化","动""静"贯通。中国古代不少思想家把事物运动变化的原因表述为"神"。与周敦颐同时代的邵雍、程颢都有过这样的表述。由于他们没有对"太极"、"阴阳"的关系以及"阴阳"之间的相互作用进行深入考察,都没有能对"神"作出明确的理论说明。只有张载把"太极"、"阴阳"视为"一物两体",认为"气有阴阳,推行有渐为化,合一不测为神",肯定"一故神,两故化"(《正蒙·神化》),用"神"这一概念来表述"太极"所涵的"阴阳"之间交互作用不易观测,才使"神"的涵义得到了理论的说明,较为深刻地揭示了事物运动的内在根据。但是,周敦颐作为宋初的道学家,把事物的动因与事物的本体联系起来考察,提出"神妙万物"的学说,这对于宋代辩证思维的发展不无导引与促进的作用。在两宋时期的儒家学者探讨事物变化发展的过程中,周敦颐的"动静"观实际上是后来张载一类思想家考察事物的运动变化,坚持"内因论"思想的前导和先驱。

(二)"一""万"之辨的理论趣向及思维特征

在探讨宇宙的统一性和形式的多样性以及二者的相互关系时,周敦颐阐述了"一"与"万"这一对重要的辩证法范畴。"一"表示宇宙的本源和万物的统一,他称之为"是万为一";"万"表示宇宙本体千姿万态的表现形式,作为万物之源的"一",

自身无限丰富，"万"是"一"的分化，这叫"一实万分"。"一"与"万"是相互依存又相互区别的。这即他所谓"万一各正"。这种论述表明，周敦颐既意识到"万"与"一"的联系，又肯定"一"与"万"的区别，从而强调事物"小大有定"，从哲学的层面论释了解事物的本质及其多样性的统一。

　　"一"与"万"的关系即一般与个别的关系，这是中国哲学史上长期探讨的问题之一。周敦颐能够提出"是万为一，一实万分"，是下过一番思辨工夫的。中国哲学史上，在宇宙本体问题上，长期存在一个矛盾：以"无极"作为表示宇宙本体的概念，它能够突出本体有别于任何具体事物；但从"无极"开始，论述宇宙演化，失之空泛，与佛教、玄学的"空""无"观念不易划清界限，易受诘难。以"太极"之气，作为宇宙本体，这样的本体含有至高无上之义，又可以避免以"无"生"有"的理论责难，但却失之具体，沦于"形而下者"。宋代以前的思想家们就这一问题曾长期相互责难，莫衷一是。周敦颐之所以把"无极""太极"这两个范畴都纳入自己的思想体系，说明他对于这两个范畴单独使用的利弊是有所认识的。他把"无极"概念引进自己的宇宙论，是企图使自己的宇宙演化论能够言之成理。但是，他没有把"无极"、"太极"从实质上统一起来。"自无极而为太极"的思想路数不可能把两者联系在一起，抽象出"有"、"无"统一的本体概念，从而既扬弃佛老绝对的"空""无"观念，又弥补唐代元气论的理论局限。他意识到了问题，但没有解决问题。这显然是受到了时代允许他所具有的理论思维能力的限制。没有能力把"有""无"真正统一起来，最终也不可能真正了解"一"与"万"的辩证联系。周敦颐正是如此。在周敦颐的哲学中，与"万"相对的"一"，即是作为宇宙本源的"无极"，这样来理解"一"，他的"一"与"万"相互联系的思想，只能建立在"一"先于"万"而独立存在这种形而上学思维的基础上。从理论思维的经验教训看，可以说他猜测到了"个别一定与一般相连而存在"，但仅此而已。由于时代的局限，他不可能理解后来列宁在《谈谈辩证法问题》一文中论述的"一般只能在个别中存在，只能通过个别而存在。任何个别（不论怎样）都是一般。任何一般都是个别的（一部分或一方面，或本质）。"由于他不能全面理解个别与一般的辩证联系，将"一"从"万"中游离出来，使之独立地存在于宇宙演化的先头，片面强调"万"依赖于"一"。而离开个别的一般即离开"万"而独立存在的"一"，实际上是不存在的，是他的主观虚构。结果在本体论上，他不可能不跌进唯心论的泥潭。可以说他在本体论上失足的原因，就在于他不能全面认识"一"与"万"的辩证联系。割裂"一"与"万"的联系，使"一"离开"万"的理论秘密也在于他把万物动静的原因归之于"神"。反过来说，由于他不能真正把握"一"与"万"即一般与个别的辩证联系，在动静观上也不可能明确地坚持内因论立场。

　　尽管如此，周敦颐对"一""万"关系的探讨，在中国古代辩证思维的发展过程中仍有其重要的历史意义。宋代以后的多数哲学家的本体论和发展观都是沿着周敦颐的思路，通过深化对"无极"、"太极"、"阴阳"、"动静"等范畴及其相互之间的区别与联系的认识而建立起来的。周敦颐的思想曾直接影响到程朱理学的建构，理学家们的作为宇宙本体的"理"这一范畴，就是通过克服周敦颐本体论的局限，将"无极"与"太极"这两个范畴的含义统一起来之后概括提炼出来的。宋代及其后来一些坚持气本论的思想家也直接或间接地受到了周敦颐哲学的影响。张载、王夫之在自己的气化理论中，把我国古代的辩证法思想发展到了很高的水平。张载、王夫之的气化理论也是通过对"太极"、"阴阳"、"动静"等范畴的改造及其相互关系的探讨展开和建立起来的。从这样的意义上可以说周敦颐哲学在中国哲学史上既是历史的起点，也是逻辑的起点，他开启了整个宋明时期辩证思维发展的先河，使人们从不同的角度探讨自己所探讨过的理论课题，把中国古代辩证法理论推向前进。这便是周敦颐哲学在中国古代辩证法思想发展史上的地位和作用。

二、程明道、程伊川的"中""和"之说

考察宋明道学，人们常提及与道学的形成有重要关系的北宋"五子"。"五子"中除周敦颐、张载、邵雍之外，就是程颢、程颐兄弟。程氏兄弟是理学的真正创立者，心学的形成同程颢也有一定关系。因此，考察宋代辩证思维的发展，不能不考察二程兄弟的"义理之学"。

程颢（1032—1085 年），字伯淳，人称明道先生。程颐（1033—1107 年），字正叔，人称伊川先生。二程兄弟出生在一个官僚家庭。其父程珦因朝廷用旧臣后人而为黄陂尉，曾知龚州。程颢在其《上仁宗皇帝书》中曾说程家"非有横草之功，食君禄四世，一百年矣"；由此可见程家与赵宋王朝关系深远。程珦为官与治学都颇受人称道。程颢、程颐从小就受到了良好的传统文化教育。程颢 25 岁时进士及第，做了几任地方官吏。熙宁初年，由吕公著推荐，程颢到京城做官，为监察御史里行。但因政治上与王安石见解不同，反对王安石推行新法，介入了宋代的新旧党争，不久即遭贬。程颢一生在仕途生活中比较坎坷，沉浮不定，54 岁时，旧党人物掌权，又得到朝廷任用，但未及起程赴任就病逝了。

程颐比程颢小一岁。从小聪颖好学。但是，程颐仕途不顺，27 岁还没有考中进士。从此以后他无心科举，矢志于学术。程颐步入仕途也是由于司马光、吕公著等人的推荐。曾被召为秘书省校书郎，后又被旧党人物推荐教宋哲宗读书。程颐在政治上也反对王安石推行的新法，后来又受到苏轼等人的攻击，晚年常生活在政治斗争的旋涡中。为避免政敌攻击，程颐甚至曾一度中断与学生的往来。程颢、程颐小时候曾跟随周敦颐学习。《宋史·程颢传》中说程颢"自十五六时，与弟颐闻汝南周敦颐论学，遂厌科举之习，慨然有求道之志"。二程兄弟在学术方面很少论及周敦颐，但周敦颐的学术方法与致思趣向对程氏兄弟的学术活动实际上具有重要影响。程颢、程

颐都曾在洛阳聚徒讲学,是宋代"洛学"的创始人。

二程在学术思想方面大体上是一致的,两兄弟在道学中都占据重要地位。程颢逝世以后,程颐曾谓其兄:"得不传之学于遗经,以兴起斯文为己任,辨异端,辟邪说,使圣人之道焕然复明于世,盖自孟子之后,一人而已。"(《宋史·程颢传》)这种评价并非程颐个人对程颢的溢美之词。程颢确实是使儒学在新的时代条件下,以新的理论形式得到发挥和发展的重要人物。程颐也是如此。人们讲到宋明道学,常常是二程并称,不加区别。从辩证思维的角度来看,二程兄弟主要是通过《周易》和《中庸》这两部儒家经典,一方面肯定"易"为阴阳之道,一方面则大讲中庸。通过探讨宇宙间事物的变化之理,来论证封建社会中尊卑上下的等级秩序,表现出一种"易"、"庸"合流的致思趋向。其思想中既有辩证思维的因素,其归宿也带有明显的形而上学特征,很值得我们深入研究。

程氏兄弟的著作人们未详细地加以区别,二程的言论也由其门人整理汇编在一起。但程颢逝世较早,程颐的著述更多一些。二程著作中一些分量较大的著作如《周易程氏传》就是由程颐完成的。后人曾将二程的著作合编为《二程全书》。其中对程颢、程颐的著作也做了一些区别,有的则未作区分。1981 年中华书局将二程的著作汇编在一起,以《二程集》之名出版发行。《二程集》不仅收集了二程的著作,还收录一些记述二程生平事迹的文献,为人们系统研探二程思想提供了方便。这里我们对二程著作和学说也不做区分,而将二程思想作为一个整体来考察其辩证思维的因素与局限。

(一)"性命之理"与变化之道

在中国辩证法思想史上,《周易》、《老子》和兵家的军事辩证法理论都对后世产生过重大影响。注"易"或解"老"常常是人们论析事物的动静变化,建构自己的辩证法理论的主要途径。二程同张载、周敦颐一样,其辩证思维也主要是通过注释或解说《周易》表现出来的。

二程释"易",主要取变易之义。程颐在其《易传序》中说:"易,变易也,随时变易以从道也。其为书也,广大悉备,将以顺性命之理,通幽明之故,尽事物之情,而示开物成务之道也。"在程氏看来,"顺性命之理,尽变化之道"是《周易》的主旨。但是真能够理解易学主旨者并不是很多。解"易"者或"失意以传言",或"诵言而忘味"。因此去除人们对易学主旨模糊或不正确的理解,使人们"沿流求源",正确地解"易",从而把握性命之理、变化之道,当是程氏兄弟释"易"的主要理论追求。

程氏兄弟继承和发挥《易传》中易理即是事理的思想,肯定"易""其道至大而无不包,其用至神而无不存"[①]。易学中,"易"为阴阳之道,卦为阴阳之物,爻为阴阳之

[①] 《二程集》第三册,中华书局 1981 年版,第 690 页。

动。天地万物动静变化都可以体现在卦象之中。二程正是由肯定易理而肯定事物运动变化的。在二程看来,世界上的事物都处于运动变化之中。草木生息于春夏,枯谢于秋冬,有成有坏;人从诞生之日起,形体日渐长大,寿命则日渐减少,人从小到大,实是由生到死的变化过程。世界上没有不变之事,亦没有长生之人。草木有"春华秋枯",人生中有生有死,这都是自然的理则。像张载一样,二程也对佛教的人生观不以为然。认为佛教讲"成"、"住"、"坏"、"空",是不理解事物运动变化的理则。在二程看来,事物只有"成"、"坏",并无所谓"住"、"空"。草木初生即是"成",枯死便是"坏"。并不是草木长成之后,再有一个"住"的阶段。事物总是在变化的过程之中,无有"住"者。"住"即停滞,即没有变化。佛教的"常"与"无常"观念的形成,就是不理解天下之物无有"住"者,即不理解事物没有停息不变的时候。因此,在谈到事物的常变问题时,二程认为:"有生者,必有死;有始者,必有终;此所以为常也。为释氏者,以成坏为无常,是独不知无常乃所以为常也。今夫人生百年者常也,有百年而不死者,非所谓常也。释氏推其私智所及而言之,至以天地为妄,何其陋也。张子厚尤所切齿者此耳。"①从程氏兄弟对佛教理论的这种批评来看,他们是主张以事物的变化为常,而把事物的不变视为无常。这同佛教徒的观念正好相反。佛教以"成坏为无常",实是以事物的运动变化为无常。这种观念的演进,使佛教视客观存在的事物为不真,以整个现实世界为幻妄,理论上走向了谬误。应当肯定二程对佛教的这种批判达到了一定的理论深度,这也表明了其对事物的运动变化的肯定是比较彻底的。

程氏肯定天下之物无有"住"者,同时把事物的变化归之于事物所包含的对立和矛盾。阴阳观念是《周易》的基本观念之一。二程也是利用《周易》中阴阳观念来说明事物的对立和矛盾,并借用道家语言把事物包含矛盾的现象谓之"负阴抱阳":"万物之生,负阴而抱阳,莫不有太极,莫不有两仪,也仍细缊交感,变化不穷。"②万物莫不"负阴而抱阳",可以说是全面地肯定事物包含矛盾,存在对立。关于事物的矛盾和对立,程氏又谓之"有对"。"万物莫不有对,一阴一阳,一善一恶,阳长则阴消,善增则恶减。"③在二程看来,事物"无独必有对"是其本性,是自然而然,并非人力安排。因此,他们把阴阳、善恶、盛衰、生死、哀乐、终始等矛盾现象的存在看做自然之理,称之为"常道"。

在中国辩证法思想发展史上,关于事物的矛盾,曾有过"物生有两"、"负阴抱阳"、"一阴一阳"、"一物两体"等多种表述形式。程氏讲"无独必有对"、"莫不有对",也算是较有特色的一种理论表述。"无独"是要肯定事物包含阴阳,合二为一,"有对"是肯定事物包含矛盾或存在于矛盾之中。二程所说"有对"含有矛盾的双方

相互排斥、斗争的意思。二程把事物矛盾双方的对立也表述为"相背",把矛盾双方的相互依存则表述为"相须"。在程氏兄弟看来,矛盾双方的依存使其"有对",依存才使矛盾的双方交互作用。换言之,二程是将"相须"作为"相背"的前提和条件的。这实际上涉及程氏兄弟对事物的对立与统一的理解。二程曾将对于事物的对立与统一关系的理解表述为:"道无无对,有阴则有阳,有善则有恶,有是则有非,无一亦无三。"①在这种表述中提到了"一"与"三"。另外二程还讲过:"既曰气,则便是二。言开阖,已是感,既二则有感。……阴阳开阖,本无先后,不可道今日有阴,明日有阳。如人有形影,盖形影一时,不可言今日有形,明日有影,有便齐有。"②二程讲"一"、"二"、"三",目的也在于论释事物之间"相须"与"相背"的关系。"一"是统一体,"气"、"太极"实际上都是"一",也许正是在这样的意义上,二程才强调"既曰气,则便是二"。因为"太极"可生"两仪",气则可分阴阳。"两仪"阴阳都是"二"。"三"则是由"二"交互作用而形成的新的事物。二程有时候又把"一"理解为对立的一个方面,"二"是相对于"一"者。"三"则是由"一""二"相合而成的新事物。在这种意义上,二程认定"一二合而为三,三见则一二亡,离而为一二则三亡。既成三,又求一与二;既成黑,又求黄与白,则是不知物性也。"③从这种论述中来看,黄为"一",白则为"二","二"是相对于"一"而言的:黑为"三","三"由"一""二"和合而成:黄、白为"一""二","一"为对立的一方,"二"为对立的另一方,"一""二"则是指对立的双方。即使如此,我们也可以看到二程讲"一二合而为三",仍是在肯定对立的两物构成新物。二程所谓阴阳本无先后,影形应是"齐有",也在于强调"相背"之物的构成,应先"相须",或说因为"相须"。"相须"是"相背"的条件。

程氏兄弟正是因为强调矛盾的双方"相须",才提出"有一便有二"这一命题的。程门弟子曾问"礼乐"问题,有人主张"礼乐"只是一事。程氏答曰:"不然。如天地阴阳,其势高下甚相背,然必相须而为用也。有阴便有阳,有阳便有阴。有一便有二,才有一二,便有一二之间,便是三,已往更无穷。"④"有一便有二"是说"有阴便有阳",反之亦然。"才有一二,便有一二之间,便是三","一二之间"在这里当是阴阳之间。阴阳之间"相须"、"相背"才会形成新的事物。

在二程的学说中,矛盾着的双方之间相互作用谓之"感应"。"天地之间,只有一个感应而已,更有甚事?"⑤阴阳之间相感相应,天地之间纲蕴交合,才使万物得以变化生成。"天地不交,则万物何从而生?"因此,二程十分看重阴阳"感应"、天地交合对于事物生成变化的作用。而"感应"、交合都不过是阴阳、天地"相须"、"相背"的

① 《二程集》第一册,中华书局1981年版,第153页。
② 《二程集》第一册,中华书局1981年版,第160页。
③ 《二程集》第一册,中华书局1981年版,第162页。
④ 《二程集》第一册,中华书局1981年版,第225页。
⑤ 《二程集》第一册,中华书局1981年版,第152页。

表现形式或具体内容。这样,程氏兄弟就比较深入地发挥了《易传》中"一阴一阳之谓道"的思想观念,用事物"无独"、"有对"来论释事物的变化,不仅把《周易》看做是一部研探事物变易的著作,而且认定《周易》是一部研探"阴阳之道"的著作。阴阳即是矛盾,研探"阴阳之道",在一定意义上也可说是研探矛盾法则。二程兄弟从这样的角度来论定《周易》一书的旨趣是颇有见地的。正是这种认识,使程氏兄弟注意到了事物之间的"相背"、"相须",注意到了"一"、"二"、"三"之间的相互关联。从而形成了自己关于事物的矛盾性质以及这种性质与事物变化之间的联系的理解,并使这种理解达到了较高的理论层次。

(二)"中庸"之道与"天地之序"

二程兄弟以变易释"易",以天地纲蕴交合来解释"天地之化"。在这种认识基础上,他们对天地事物变化的具体情况还进行过一些探讨。这种探讨,一是把"天地之化"看做一个"自然生生不穷"的过程,二是把事物的变化,看做是在对立面的相互作用中对立面之间的转化,明确地提出了"物极必反,事极则变"这样的论断。

程氏兄弟认为对事物变化无限性的理解,应当原始反终:"原始则足以知其终,反终则足以知其始。"就人的生息而言,"男女,交而后有生息,有生息而后其终不穷。前者有终而后者有始,相续不穷,是人之始终也。"①这种始终使人类得以"生生相续",无穷地生息繁衍。就事物而言也是如此。天地之间事物也是不断生息的。"一事息,则一事生,中无间断。"②二程认为,"息"也可以训为生,息则是生。事物的生息也是没有穷尽的。这就像时间的变化和季节的变化一样,日往则月来,寒往则暑来,永远不会中断和停止。对事物变易的无限性的这种认识,虽然也以对现实中事物变化的素朴观察为其根据,但已包含理性的思辨与推导。

事物的变易是一个"生生不穷"的过程,是就事物的总体情形而言,具体的事物在变化中,则是通过反复的形式来实现的。反复的观念在《易经》中就存在了。《易经》肯定"无平不陂,无往不复",即是对事物变化的具体情况的一种理解。这种观念被《易传》进一步发挥。《易传·象传》中讲到的"日中则昃,月盈则食",则是以自然现象为例,对事物向相反方向变化的描述。程氏兄弟比较系统地继承了《周易》中的这些思想,提出了"物极必反,事极则变"的论断,对事物向对立面转化的现象进行了理论的抽象概括。

关于"物极必反"这一命题,从文字的角度讲不是程氏兄弟最早提出来的。《鹖冠子》中即有"物极则反,命曰环流"的论断。但是对事物的变化明确地从理论的角度论析"物极必反"者似是二程兄弟。程氏兄弟关于"物极必反"的论述很多:

---

① 《二程集》第一册,中华书局1981年版,第152页。
② 《二程集》第一册,中华书局1981年版,第133页。

物极必反,事极则变,困既极矣,理当变矣。①

物理极而必反,故泰极则否,否极则泰。上九否既极矣,故否道倾复而变也。先极,否也;后倾,喜也。否倾则泰也,后喜也。②

否终则必倾,岂有长否之理?极而必反,理之常也。安,易乱为治,必有阳刚之才,而后能也。③

从这些论述来看,程氏兄弟不仅肯定事物的变化中存在"物极必反"的现象,而且把"物极必反"看做是"物"之"理","理之常",认为事物向对立面的转化是一个具有普遍性的理则,从辩证思维的角度来看,这种认识是较具理论深度的。

程氏兄弟所讲"物极必反",其中每一个字的意蕴都值得论析。"物"是指变化者,"极"是限度,实际上是事物转化的条件,"必"是指事物在一定条件下转化的趋势或必然性,"反"则是指事物发展转化的方向。从"物极必反"这个论断中,我们可以看到二程兄弟不仅肯定事物向对立面的转化,肯定这种转化的必然性,而且肯定事物的这种转化必须是在发展到一定的限度之后,是有条件的。同这样的认识相联系,二程兄弟也注意到了事物向对立面的转化有一个过程,肯定事物在变化中达到"极",需有一个"积"的过程:

天下之事,未有不由积而成。家之所积者善,则福庆及于子孙,所积不善,则灾殃流于后世。其大至于弑逆之祸,皆因积累而至,非朝夕所能成也。明者则知渐不可长,小积成大,辨之于早,不使顺长,故天下之恶无由而成,乃知霜冰之戒也。④

对于"极"与"积"的关系的这种认识,使二程兄弟又强调"不至于过极",以避免"盈满之灾":

方盛而虑衰,则可以防其满极,而图其永久。若既衰而后戒,亦无及矣。自古天下安治,未有久而不乱者,盖不能戒于盛也。方其盛而不知戒,故狃安富则骄侈生,乐舒肆则纲纪坏,忘祸乱则衅孽萌,是以浸淫不知乱之至也。⑤

二程兄弟要人们"防其满极,而图其永久",是从维护赵宋王朝的长治久安为其出发点的,其时代的局限性显而易见。但是他们关于事物在变化中通过"积"而至于"极",会向其对立的方面转化的观点,确实触及到了事物运动变化中一个深层面的理论问题。这种关于"物极必反"的思想理论,不仅出色地拓展了《周易》中的辩证思维成果,而且对后来辩证法思想的发展也产生了重要的影响。

程氏兄弟的义理之学中有许多辩证思维的成分,但也有不少与辩证思维相对立

① 《二程集》第三册,中华书局1981年版,第945页。
② 《二程集》第三册,中华书局1981年版,第762页。
③ 《二程集》第三册,中华书局1981年版,第762—763页。
④ 《二程集》第三册,中华书局1981年版,第712页。
⑤ 《二程集》第三册,中华书局1981年版,第794页。

的思想。这种思想比较集中地体现在他们对事物"有序"或"无序"的理解。

宋代道学的先驱人物周敦颐，依《周易》的思想观念来论释事物的生成变化，同时又以儒家的中、正、仁、义之说为"人极"，即人伦准则。在周敦颐看来，"动而正曰道，用而和曰德"（《通书》）。这实际上开启了宋代融会《周易》与《中庸》思想的学术风气。这种治学趣向对程氏兄弟的影响很深。在程氏兄弟的学说中，也注重探讨阴阳动静，倡导中、正、仁、义，并力图以前者论证后者。

在二程看来，世界上的事物"负阴抱阳"，"无独有对"，并处于"生生不穷"的变易之中，这是自然的理则，是不能否定与违背的。但是事物"负阴抱阳"，阴阳之间相感相应，变动不居，并不影响阴、阳的性能与位置上的差别，这种性能和位置的差别是固定不变的。受《易传》中"阳尊阴卑"、"阳上阴下"、"阳主阴从"等思想观念的影响，二程也认为，阴阳相互作用，"阳降于下，必复于上，阴升于上，必复于下"，这是事物往来屈伸、运动变化中的"常理"。这种思想构成了二程理解社会"有序"还是"无序"的重要的认识根据。二程兄弟所讲的"序"是封建社会的等级秩序，是儒家注重的"礼"。"无序"即是违"礼"，是"礼"之"不正"。二程的学生曾问礼乐问题："礼莫是天地之序？乐莫是天地之和？"二程答道："固是。天下无一物无礼乐，且置两只倚（椅）子，才不正便是无序，无序便是乖，乖便不和。"[1]依程氏兄弟的见解，封建社会中君臣父子、男女夫妇之间的等级秩序是不能更改的。更改了便是"不正"，"不正便是无序"。他们实际上是用"阴阳尊卑之义"，来论定封建社会中等级秩序之"礼"。他们反对违礼，反对"无序"，是反对对封建社会中的等级秩序的漠视和更改僭越。在二程看来，"男女有尊卑之序，夫妇有倡随之礼，此常理也"。[2]这种"常理"同"阳尊阴卑"、"阳上阴下"、"阳主阴从"完全一致。所以"阴者臣道也，妇道也。臣居尊位，羿、莽是也，犹可言也。妇居尊位，女娲氏、武氏是也，非常之变，不可言也。"[3]这就是说，女性获得权利，是"阴居尊位"，是反常的现象。正常的现象应当是阳居尊位，女性不能自立自处，只能服从男性，不能"自养"，只能"待养于人"。这谓之"阴不能独立，必从阳"。从二程这些思想来看，他们是在肯定事物有阴有阳、有动有静的前提下，把阴阳的地位固定起来，并使之伦理化，区别尊卑上下，论证封建社会等级秩序的不变性和合理性。这种以"动"来论释不动不变的思想，当然具有形而上学思维的性质。

由于二程兄弟把"阳主阴从"看做是事物的"常理"，使他们看重阴阳的平衡统一及定位，所以他们也提倡中庸。他们肯定"天地之化""莫不有常"，把"常"理解为"中庸"，正是要论定"天地之化"中"天地"、"阴阳"的上下尊卑不能变更。所以他们

---

① 《二程集》第一册，中华书局 1981 年版，第 225 页。
② 《二程集》第三册，中华书局 1981 年版，第 979 页。
③ 《二程集》第三册，中华书局 1981 年版，第 710 页。

强调"中者,只是不偏,偏则不是中。庸只是常。犹言中者是大中也,庸者是定理也。定理者,天下不易之理也,是经也。"①"中"是"不偏","庸"是"常",亦即是"不易"。以"不偏""不易"为"定理",强调的正是"天地"、"阴阳"、"君臣"、"男女"这些对立事物的两方的性质的不变和地位的适宜。换言之,程氏兄弟的这种理论是要将矛盾的两个方面的性质和地位固定化、绝对化,否定了对立面之间的转化,或者说把矛盾双方中占支配地位的一方的地位绝对化,追求一种没有性质转换的对立面的永恒的统一。这种观念当然是违背事物本性的。事物的矛盾性质是客观存在的。矛盾的双方相互作用、相互转化才能形成新的事物,开始新的矛盾运动,才有事物的无穷的变化和发展。这种客观的事实和现象是人们无法主观否定的。程氏兄弟也不能不承认社会生活中有其所说的"阴居尊位"的时候和现象。对这种现象他们除了称其为"反常"之外也没有办法否认。实际上程氏兄弟所谓的"非常之变",正是事物发展中本来的辩证法。只不过他们借论阴阳动静来论释社会的治乱秩序,不可能完全理解和承认事物的这种辩证法而已。当二程兄弟论释社会的"有序""无序"的时候,我们看到其思想理论又表现出某些形而上学思维的特征。这种思维特征对于后来中国哲学的发展也产生过深远影响。

三、张载的"一""两"说与"神""化"论

张载(1020—1077)字子厚,是我国北宋时期"气"学的代表人物。张载学识深邃广博。就其学说的思想资源而言,主要是《周易》与《中庸》,特别是《周易》。由于张载毕生深研《易》理,使其"气化"理论中辩证思维的成就十分显著,他的"一""两"说与"仇""和"论可以说是中华民族辩证思维发展史上最具特色的思想理论之一。但是,过去人们对张载辩证思维成就的清理尚欠系统,对张载的"仇""和"观念的理解也存在歧异。这里我们对张载的"一"、"两"学说与"神"、"化"理论做一些分疏、辨析,以求实际地论定张载"气"学的理论价值与历史地位。

(一)"一物两体"与"天"、"道"、"神"、"化"

张载的"气"学体系以"一物两体"的论题为起点。这一论题中引进"一""两"两个重要范畴,肯定作为世界本始的物质实体"气"是兼含阴阳的统一体,并将其表述为"一"。在张载的著作中,"一"除了表示统一体之外,也有统摄、兼含的意思,所谓"气能一有无",就是以"一"来表述"气"兼聚、散两态,能够统摄有形无形的事物。

---

① 《二程集》第三册,中华书局1981年版,第160页。

这使得"一"在张载的辩证法思想理论中成了一个内涵十分丰富的范畴。

张载所说的"两体",主要是指统一体所包含的两个相互对立的方面。他说:"两体者,虚实也,动静也,聚散也,清浊也,其究一而已。"(《正蒙·太和》)这样的"两体",实即是作为统一体的"气"自身所蕴涵的矛盾性质。因此张载有时也直接将统一体所包含的对立面表述为"两"。在张载看来,"一"与"两"即统一体与对立面是紧密联系,不可分割的。这首先是因为"一"中含"两","两"在"一"中,无"一"则无"两"。亦即是说,统一体总是包含对立面,对立面即存在于统一体中,没有统一体即没有对立面。同时也是因为统一体是由对立面构成的,没有对立面也无法构成统一体;而没有统一体,对立面失去了联结的依据,对立面之间的相互作用也就停息了。对"一"与"两"之间的联系的这种认识,使张载把统一体与对立面之间的依存与联结概括为:"两不立则一不可见,一不可见则两之用息。"(《正蒙·太和》)张载通过对"一物两体"的论释,不仅对"一""两"范畴分别以明确的哲学界定,而且深刻地论述了"一""两"之间的辩证联系。并将"一""两"范畴结合起来表述"气"及其自身所特有的矛盾性质,使"一物两体"这一论题成了中国辩证法史上最接近科学的揭示事物"本质自身中的矛盾"的辩证论题。

"气"在张载哲学中是一个表述世界本源的范畴,张载对"气"最本质的规定即是"一物两体"。"气"为"一物两体",源于"气"的一切事物也莫不是"一物两体":天有寒暑,时分昼夜,人有男女,性分善恶。在张载看来,这都是"一物两体"的具体表现形态,世界上的事物千千万万,纷繁复杂,形质各异,"一物两体"是其共同的特征。因此,张载断言:世界上"万物虽多,其实一物,无无阴阳者"(《正蒙·太和》)。任何事物都是包含对立面的统一体。

张载肯定事物自身是包含对立面的统一体,同时也肯定世界上的事物都存在于矛盾的联系之中。他说:"物无孤立之理,非同异、屈伸、始终以发明之,则虽物非物也;事有始卒乃成,非同异、有无相感,则不见其成,不见其成,则虽物非物。"(《正蒙·动物》)世界上没有不处于相互依存、相互作用、相互转化之中而孤立存在的事物。一事物只有通过"同异""始终"的比较,才能与他事物相区别,并为人们所认识,事物之间只有通过同异相感的相互作用才能够实现转化。由此,张载进一步认为"阴阳天道","刚柔地道","仁义人道","三才两之,莫不有乾坤之道。(《正蒙·大易》)并由此断言:"性其总,合两也。"(《正蒙·诚明》)把"合两"看做事物的本质属性,把"一物两体"、"屈伸相感"、"细缊二端"看做宇宙间的普遍法则,从一个较高的认识层面上肯定了事物矛盾的普遍性。

张载运用"一""两"范畴,把矛盾统一体表述为"一物两体",不仅使他较为深刻地把握了事物的本质属性,也使他从理论上极大地丰富了中国传统的本体概念,对中国传统哲学中的"太极"、"太和"、"太虚"等范畴的含义及其相互联系作出了哲学的界定,对与这些范畴相关的一系列范畴如"虚实"、"动静"、"聚散"、"有无"、"隐显"

等作出了理论的说明。

在张载看来，"气"为"一物两体"，首先即表现为"虚"与"实"的统一。"虚"是无形，无形是"气"的本有的属性。于是他从"气"存在的本有属性的意义上规定"太虚"这一概念："太虚无形，气之本体。"（《正蒙·太和》）基于这种规定，张载肯定"太虚即气"，在理论上同中国传统哲学中以"虚"为绝对的虚无这种观点划清了界限。

无形之"气"，乃万物之源，由气化而成的事物有成有毁，作为本源的"气"却不生不灭，永恒存在。从这个意义上讲，"太虚"之气，又是至上的实在。因为"金铁有时而腐，山岳有时而摧，凡有形之物即易坏，惟太虚（处）无动摇，故为至实"（《张子语录中》）。正因为"太虚即气"，无形乃"气"的本有之性，所以"气"又是最高的最普遍的实在。从这样的思路出发，张载对"太极"范畴也作出了自己的规定，认为"太极"即"气"，"太极"所表明的正是"气"的实在性、普遍性和至上性。就"至虚"言"气"为"太虚"，就"至实"言气即是"太极"。作为本体的无形的"气"，要转化为各种具体事物，"气"不可能以固定的某种状态而存在："至虚之实，实而不固；至静之动，动而不穷。实而不固，则一而散；动而不穷，则往且来。"（《正蒙·乾称》）这样的认识，又使张载肯定"气"是"动"与"静"的统一，并由此对"太和"范畴作出了自己的说明："太和所谓道，中涵浮沉、升降、动静、相感之性，是生纲蕴相荡、胜负、屈伸之始……不如野马、细缊，不足谓之太和。"（《正蒙·太和》）这样的"太和"仍即是"气"。在张载看来，以"太和"为"气"，只不过在强调"气"本身即具有一种原初的能动的性能。

"气"之动静，表现为"气"之"聚""散"。因此，"气"又是"聚"、"散"的统一。"气""聚"则有象，"气""散"则无形，"聚"则"显"，"散"则"隐"，"显"则"明"，"隐"则"幽"；"明"则"有"，"幽"则"无"。这样，张载由"动静""聚散"范畴引申规定"隐显"、"幽明"、"有无"等范畴，并运用这些范畴，从不同的层面上进一步规定和说明"气"范畴。认为这些范畴所表明的对立统一，仍是"气"自身"一物两体"的表现。对"气"的本性的多层面的论释，使张载从"气之为物，散入无形，适得吾体，聚为有象，不失吾常"（《正蒙·太和》）这样一个基本论点出发，断定世界上没有离开"气"的"实"与"有"，也没有离开"气"的"虚"与"无"；由肯定"气"的客观实在性，进而肯定了整个世界的客观实在性。

由于张载肯定"气"合"两"为"一"，既是"至实"的客观实在，又是"至虚"的本体，不同于具体的实物，这就在一定程度上克服了汉唐以来的元气说的理论局限，使"气"这一传统的本体范畴向现代哲学的物质概念逼近了一步。同时，由于张载立足于对"气"的理解，作出了"知太虚即气，则无'无'"（《正蒙·太和》）这一论断，又使得他能够从本体论的高度否定佛老的空、无观念。在他看来，佛学、老庄在"有"、"无"问题上，都"不知以何为有，以何谓之无"，在"幽"、"明"问题上，则是"徒知乎明而已，不察夫幽，所见一边耳"（《横渠易说·系辞上》）。其结果是把世界的本性"皆归之空虚"，认为"虚能生气"，"有生于无"。佛、道在理论上的这种失误，原因即在于其不懂得"形性相资","物虚相待","有无混一"的辩证法,而将形、性、体、用割裂开来,对立起来了。张载对佛、老之学的这种批判也达到了相当的理论深度。而这种理论批判的力量在很大程度上即来源于他的辩证思维,源于他提出的"一物两体"这一论题,以及表述这一论题的"一""两"范畴。

如果说张载以"两"规定"一",使"气"范畴的内涵得到多层面的说明,论述了世界事物的本源"气"是什么,那么当他进一步考察"一"中之"两"的关系的时候,则揭示了"气"化之源,论述了"气"以及由"气化"而成的事物处于何种状态之中。

在张载看来,"一"中之"两"不是静止的,而是处于相互作用之中。他把这种对立面之间的相互作用概括为"相荡"、"相揉"、"相感",尤以"相感"这一概念表述"一"中之"两"的相互作用的时候为多。在张载的著作中,"感"有多层含义。从认识论的角度讲,"感"是感觉,"相感"是指认识的主体与客体之间的作用,如他讲"感亦须待有物,有物则有感,无物则何所感"。(《张子语录中》)就属于这种情况。在社会生活中,"感"是感化,是"圣"对"愚"的一种作用。而从一般意义上讲"感","感"即是所谓"感应"。他说"作于此化于彼者,皆感之道。"(《横渠易说·上经·观》)这样的"感"实可泛指对立面之间的相互作用。

在张载看来,对立面之间的相互作用是必然的。"有两则须有感。"只要有"两","两"之间就存在"相感","一"中之"两"正是因为"相感"而相联结。所以他说:"感即合也,咸也。以万物本一,故一能合异;以其能合异,故谓之感;若非有异则无合。天性,乾坤,阴阳也。二端故有感,本一故能合。"(《正蒙·乾称》)对立面之间的作用是相互的,有"感"必有"应",有"应"定有"感"。"感"与"应"犹影之随形,响之应声,"无复先后",总相伴随。事物"合两"是性,"两"之间相"感"相"应"也是性。所以他又强调"物所不能无感者,谓性"(《正蒙·诚明》)。这实际上是要肯定和强调"一"中之"两"相"感"相"应"的客观性、必然性,即他所谓的"有两则须有感,然天之感有何思虑,莫非自然"(《横渠易说·上经·观》)。

"一"中之"两"相"感"相"应"的形式也是多样的。有的"以同而感",有的"以异而应",有的"相悦而感",有的"相畏而感"。不论形式如何,"一"中之"两"的相"感"相"应"永远没有完结。张载把自己这种思想表述为:"气有阴阳,屈伸相感之无穷,故神之应也无穷;其散无数,故神之应也无数。"(《正蒙·乾称》)在对"一"中之"两"的相"感"相"应"予以种种具体论释之后,张载进一步从总体上肯定对立面之间相互作用的普遍性、必然性,并把"气"运行不息的原因,归之于其所蕴涵的阴阳之间无穷的相互作用。他说:"若阴阳之气,则循环迭至,聚散相荡,升降相求,纲缊相揉,盖相兼相制,欲一之而不能,此其所以屈伸无方,运行不息,莫或使之,不曰性命之理,谓之何哉?"(《正蒙·参两》)对"一"中之"两"相"感"相"应","相兼相制"及其与"气""运行不息"的联系的认识,使张载对于"气"运行变化的根源提出了一个总的理论的表述:"一物两体,气也;一故神[两在故不测],两故化[推行于一],此天之所以参也。"(《正蒙·参两》)从而明确地指出了事物运动变化的原因,在于事物所包含的对立面之间的相互作用。同时,张载又以"天大无外"、"太虚无体,则无以验其迁动于外"为据,进一步肯定"动必有机"、"动非自外";并把"一"中含"两","两"推行于"一",引起事物的运动变化,看做是"范围天地"的普遍律则,继承《易传》"一阴一阳之谓道"的思想观念,提出了"其阴阳两端循环不已者,立天地之大义",在中国辩证法思想史上以比较明确的理论形式揭示了事物运动的内在根据,肯定了矛盾在事物运动中的普遍作用和意义。

张载考察"一"中之"两",揭示"气"化之源,使古代哲学家们长期探讨的"神"、"化"、"道"、"易"诸范畴的涵义及其同"气"范畴的关系也得到了理论说明。

首先,张载肯定"合一不测为神",认为"神"是"气"兼含阴阳,合"两"为"一";"一"中之"两""相荡相摩"、"相感相应"的契机,"神"所表明的即是"一"中之"两"的相互作用不易观测,即所谓"一故神","两在故不测"。由于这种认识,张载把"神"规定为"气"的能动的性能,认定"神则主乎动",把鬼神诠释为"归伸":"至之谓神,以其伸也;反之为鬼,以其归也。"(《正蒙·动物》)"伸"是"气"聚为物,"归"即是物散为"气"。因此他又断定:"显而为物者,神之状也;隐而为变者,鬼之状也,大意不越有无而已。物虽是实,本自虚来,故谓之神,变是用虚,本缘实得,故谓之鬼。"(《横渠易说·系辞上》)以"神"为"气"的性能,肯定"神"不能离开"气"而独立存在,这使得先秦时期荀况"不见其事而见其功夫是之谓神"的讲法更加具体,更具理论色彩。从而也更有力地打击了那些视"神"为离开物质实体的神秘力量的观念。

与"神"联系的范畴是"化"。"化"是事物的变化。张载认为,"化"范畴所表明的是"一"中之"两""推行有渐",这与"神"有区别;但是"化"是"两""推行于一"所引起的结果,是"神"这种能动的性能的具体体现,所以"神"同"化"又相互联系。张载正是通过对"神"、"化"范畴的这种规定与考察,既肯定了"气之外无神",又肯定了"神之外无化",使"神"、"化"成了论述事物变化的两个重要范畴。

依据据"气""推行有渐"为"化"的认识,张载对"道"这一范畴也作出了一些新的规定。他一方面承袭《易传》中"形而上者谓之道"的思想,肯定"无形迹者即道也";另一方面,他提出"由气化,有道之名"。用"道"来表述"气化"的过程,把对"道"的理解,同对"气"、"神"、"化"诸范畴的规定联系起来:"神,天德;化,天道;神,其体,道,其用,一于气而已。"(《正蒙·神化》)张载的这一论述,实际上进一步肯定了"神"是"气"的性能,"化"是"气"运行变化的过程,因此,"神"是内在的东西,非形体的东西,本质的东西,是"天德";"化"根源于"神",是"神"的外在表现,是一种自然过程,故谓之"天道"。不论"神"、"化"、"道"都统一于"气",都是对"气"的特性的说明。这样,当张载以"道"来表述"气"运行变化的过程的时候,他实际上是以一种素朴的理论形式肯定了事物与其运动变化的统一。

张载在肯定"神"、"化"、"道"等范畴的区别和联系之后,又将"易"同这些范畴联系起来考察,并对这些范畴的涵义及其相互关系作出了总的论述:"语其推行,故曰道;语其不测,故曰神;语其生生,故曰易;其实一物,指事而异名尔。"(《横渠易说·系辞上》)这种论述明确肯定"神"、"化"、"道"、"易"都是对"气"的说明,都服从或统一于"气"。从张载对"神"、"化"、"道"、"易"等范畴的规定及对其相互间关系的理解来看,其思想所达到的理论深度可说是前无古人。而他这种理解的成立,又依待于他对"一""两"关系的理解和对"一"中之"两"相互作用结果的理解。

这种理解,使他在理论上肯定了"气""运行不息",也使他对佛、老作出了进一步的批判。佛教讲"一切皆苦",把"苦"之原因归之于"有生",认为"有生"即永远无法脱离苦海。因此佛教宣扬"无生可冀",要人们把脱离苦海的希望寄托于死后,寄托于超出生死轮回的"寂灭"。张载认为,从"气""运行不息"的观点来看,佛教是在宣扬"往而不返"。道教讲修炼成仙,追求长生,张载认为这实际上是主张"循生执有","物而不化",这也是错误的。佛教的错误在于不懂得"气化"中"动而不穷,则往且来"。无穷的"气化"中有"聚"必有"散",有"始"必有"终",有"往"必有"反"。反之,亦然。只"往"不"反",动会有穷,这就违背了"气"运行不息的本性。这种错误可说是不了解"气化"的无限性所致。道教是不了解"物而不化"也与"气"运行不息的本性相背离,其根源则在于不了解"气化"的必然性。总之,在张载看来,佛教讲不灭不生之永灭,主张"不生",道教讲不生不死之长生,企求不死,观点虽然有别,但其错误根源却是同一的:这就是都不了解"气"为万物之源,人乃物中一物,人的生死要受事物运动变化规律的制约;不了解"气不能不聚而为万物,万物不能不散而为太虚"。因此,他的结论是:"彼语寂灭者,往而不反;徇生执有者,物而不化。二者虽有间矣,以言乎失道则均焉。"(《正蒙·太和》)由于张载较为深刻地揭示了事物运动变化的根源,加上他对佛、老之学曾"累年究极其说",他对佛老的批判可谓入木三分,切中要害。这样的批判在我们今天看来,仍不失其理论上的深刻性。

(二)"气化"、"万殊"与"对"、"反"、"仇"、"和"

张载在考察"一"中之"两"的相互作用,肯定"气"化无穷的基础上,对"气"聚散的形式进行具体考察,提出了"游气纷扰,合而成质者,生人物之万殊"(《正蒙·太和》的论断,肯定"气"化的具体情形有别,源于"气化"的事物千姿百态,质态有异,力图说明现实世界中事物的多样性。

张载认为,"气"聚散的形式不同,与"一"中之"两"各自的性能及其相互作用的结果是相联系的。从性能来看,"两"之中"阴性凝聚,阳性发散";从功能来看,"阳之德主于遂,阴之德主于闭"。这样的对立面共处于一个统一体中,"阴聚之,阳必散之。"结果是有时候阳胜阴负,有时候是阴胜阳负。正是阴阳胜负情况的差异,决定了具体事物存在的形式:"阳为阴累,则相持为雨而降;阴为阳得,则飘扬为云而升。故云物班布太虚者,阴为风驱,敛聚而未散者也。凡阴气凝聚,阳在内者不得出,则奋击而为雷霆；阳在外者不得入，则周旋不舍而为风。"（《正蒙·参两》）风雨雷霆的形式是阴阳交互作用的结果。"阳陷于阴为水，附于阴为火。""阳明胜则德性用，阴浊胜则物欲行。"水、火乃至人性的形成，同样是阴阳交互作用的结果。

张载把水、火及人性的形成归之于阴阳交互作用的不同结果；把动、植物的区别则归之于其聚、散形式的不同。他说："动物本诸天，以呼吸为聚散之渐；植物本诸地，以阴阳升降为聚散之渐。"（《正蒙·动物》）同时，张载认为，具体的事物有大有小，或高或低，具有一定的空间特性；事物从形成到消散，前后相继有其时间顺序。事物的空间特性和时间特性也是由"气"聚散的先后不同所决定的："生有先后，所以为天序；小大、高下相并而相形焉，是谓天秩。天之生物也有序，物之既形也有秩。"（《正蒙·动物》）"物之既形""有秩"，是因为"天之生物""有序"，依张载的"气"化理论，生有先后，当同"气"之聚散联系在一起。这实际上是以"气"之聚散的先后来作为形成"天秩"、"天序"的前提或基础。

通过对事物差别性的这些具体考察与论析，使张载断定"天下无两物一般"。认为世界上的事物，不仅动、植物这种大的部类之间存在差别，即是同类事物之间也存在差别。在动物中人与其他动物有别，人同人之间也有不同。他说："人与动植之类已是大分不齐，于其类中又极有不齐。某尝谓天下之物无两个有相似者，虽则一件物也有阴阳左右。"（《张子语录中》）这种认识，使张载考察事物的形、质时得出了"造化所成，无一物相肖者"这种结论。

张载以"气"聚散的先后说明事物的时、空特点，以"气"聚散的形式说明动植物之别，这当然包含思辨的成分。但是从中我们也可以看到古代思想家在探讨事物多样性、差别性的时候，凭借辩证思维所作的努力。同时，我们也可以看到，由于张载深入考察"一"中之"两"各自的性能及其相互作用的结果，使他在理论上既能坚持万物源于一"气"的观点，又能够承认和肯定事物的多样性和差别性。既肯定"一"与多之间即本体同现象、统一体和多样性之间的联系，又承认"一"多之间存在差别。在理论上同佛教将"一"与多混同，主观地抹杀"一"多区别的观念划清了界限。佛教把事物的多样性，一事物同他事物的联系和差别全都视做假象，否定事物自身质的规定性。在佛教理论中，既认定"一"即一切，又认定一切即"一"，以为"万象虽殊，而不能自异"。把事物的质的多样性的根源归之于缘起不真。实际上是要通过曲解事物之间的联系，否定事物的多样性、差别性，论证世界的虚幻性。张载的"天下无两物一般"的理论从另一个层面上批判了佛教这种理论。从辩证思维发展史的角度来看，张载"阴为阳得"或"阳为阴累"造成"天下无两物一般"的理论，当是中国古代哲学家为研探事物的质的规定性以及由此形成的事物的多样性，而研究矛盾双方主次地位作用的开始。张载之所以能对事物的统一性与多样性及其相互关系有所认识，仍然在于他运用"一"、"两"范畴，对事物自身所包含的矛盾的两方面相互作用的具体情形进行了比较深入的考察和辨析。

　　张载通过对"一"中之"两"相互作用的考察,揭示了"气"化的内在根据:对"一"中之"两"相互作用具体情形的辨析,论释了事物的差别性,在此基础上他肯定"天地之气,虽聚散、攻取百途,然其为理也顺而不妄"(《正蒙·太和》),探讨了"气化"之理。在对"气化"之理的论释中,张载提出了"对"、"反"、"仇"、"和"四个范畴。他认为,"气"合"两"为"一","一"中含"两",因此在"气化"中首先是有"对",即统一体包含对立面。"一"中之"两"相感相应,相兼相制,性能功用相互对立,即所谓"反";性能功能有异的对立面之间势必相互排斥、斗争,这谓之"仇";对立面之间的斗争达到一定的阶段又会形成新的统一,这即是"和"。张载把"气"化中这种情形概括地表述为"有反斯有对,对必反其为,有反斯有仇,仇必和而解"(《正蒙·太和》)。这里所谓"仇必和而解"之"和",并非主张以调和的形式或均衡的形式来解决对立面之间的矛盾,而是认为在"气"化中,从有"对"开始,经过"反"、"仇"到"和",形成不同的具体阶段,这些阶段即体现在"气"聚为物,或物散为"气"的过程中。

　　在张载看来,"气化"的过程是无穷尽的,"气"聚"气"散,都只是"气化"中的暂时形态,或说"气化"的不同阶段;"气化"不可能停滞在"聚"的阶段,也不会停滞在"散"的阶段。"气化"作为一个完整的过程,也是一个不断地由"对"、"反"到"仇"、"和"的过程。由于"气化"中"对"、"反"、"仇"、"和"是不断循环往复的,因此,就无尽的"气化"过程而言,既不存在"仇必仇到底"的情形,也不存在永恒的"仇必和而解"的阶段。在张载的哲学中,"和"这一范畴,只是表示"气化"过程中,一个具体阶段的终结,即由有"对"有"反"有"仇"的双方,或说相互排拒和对立的双方,突破原有的统一,达到新的统一。但这种新的统一,并不能维持一种恒久的不变的状态。因为在新的统一中,又包含新的对立,对立的双方仍有"反"有"仇",会引发由新的"对"、"反"与"仇"、"和"构成的气化运动。由此可见,"对"、"反"、"仇"、"和"都是张载用以揭示"气化"之理的范畴。离开"气化"与"气化"过程,论释张载所持的"对"、"反"、"仇"、"和"诸范畴,是难以契合张载思想理论的实际的。

　　张载的"气化"论中,借鉴《周易》的"变"、"化"观念,认定"化"谓"推行有渐","变"是指"化而裁之",是著变。这种由"化"到"变",在某种意义上也是指"气化"过程,始于"对",终于"和",或者说从"化"到"变"的过程,即是"对"、"反"、"仇"、"和"的过程。也正是由于张载把"气化"理解为一个无尽的"对"、"反"、"仇"、"和"的过程,才使得他强调人们在社会生活中,应当"与时消息","精义时措","顺性命,躬天德而诚行之",而不是简单地以"仇"、"和"作为人们知人论世,应事接物的手段和方式。因为,在张载看来,"对"、"反"、"仇"、"和",既然是"气化"过程中必然存在的阶段,即只能顺应,而不能"加功"、"助长",更无法回避和超越。张载主张人们在生活中,"知化则善述其事,穷神则善继其志",也是要强调从终极的层面了解事物的存在和状态,了解"气化"的根源与过程。张载哲学中之所以倡导"民胞物与",将"富贵福泽,将厚吾之生也;贫贱忧戚,庸玉女于成也。存,吾顺事,没,吾宁也"(《正蒙·乾称》）视做人生的最高境界,根本原因也在于他认为,这样的人生观念和境界,是以对"气化"过程以及"气化"过程无限性的理解,为认识前提和基础的。

通过前面的考察,我们可以看到,在张载哲学中,与"一"相联系,规定论释了"气"、"太极"、"太虚"、"太和"诸范畴;同"一"中之"两"相互作用相联系演绎说明了"神"、"化"、"道"、"易"、"感应"、"聚散"、"升降"、"闭遂"、"对"、"反"、"仇"、"和"、"胜负"、"陷附"、"始卒"、"渐化"、"著变"、"同异"等不同层次的范畴;同"一"中之"两"相联系则有"阴阳"、"虚实"、"动静"、"清浊"、"隐显"、"幽明"、"有无"等范畴。这些与"一""两"范畴相联系的范畴使张载构成了其"一""两"学说的范畴体系,论定作为万有之源的"气"为"至虚之实",极大地深化了古代的元气说;揭示"气"化之源,探讨"气"化之理,论释"气"化无穷,"人物万殊",在中国古代辩证思维发展的长河中形成了一个波峰,极大地促进了中国古代辩证法理论的发展。

张载"一""两"学说的形成,同他所面临的时代的理论任务是分不开的。汉唐以来,有学者提出过"瘟昧革化,惟元气存"的学说,认为"元气""吁炎吹泠,交错而功"。用"元气自动说否定"天""为万物之祖","万物非天不生"的神学和玄学、佛、老的本体观念。但这一时期的学者对"元气"何以自动,并没有能够作出系统的理论说明。因而这样的"元气说"还无力担负起批判神学、玄学、佛、老的任务。佛、老、玄学都有一套与其本体论观念相联系的动静变化学说。老子主张"道""生天地万物"。玄学家中有人宣扬"生物者无物,而物自生",主张事物绝对的自我生成变化。佛教中除"物不迁论"一说之外,还以"缘起说"、"种子说"等理论虚构各种因果系列,曲解事物变化中的真实联系,并通过这种曲解来论证自己的"空"、"无"观念。张载要与这些理论"较是非,计得失",不但需要坚持汉唐以来人们建构的元气说,还必须对"元气"自动从理论上作出具体说明。理论上的需要促使张载拿起了辩证法的理论武器。他一方面深研包含丰富的辩证法思想的《周易》一书,吸收汉唐以来人们诠释"太极"、"两仪"的认识成果;另一方面则明确肯定"太极"为"气",以"两仪"为阴阳,把"太极"、"两仪"的关系看做"一"与"两"的关系,即统一体和对立面的关系。再通过对"易有太极,是生两仪"这一包含宇宙生成图式思想的论述的改造,提炼出"一物两体"这一论题,并基于这一论题,演绎出了自己的"一""两"学说体系。

张载"一""两"学说的形成也与"一""两"范畴自身长期的历史发展分不开。远在殷周时期,人们已经产生"一"与"贰"的观念。这些观念往往与事物数目相关,那些"唯一"、"不贰"的讲法,常同当权者的专制观念相联系,哲学涵义甚微。春秋时期,史墨提出"物生有两",使"两"开始成为一个重要的哲学范畴。但史墨以"物"、"两"联用,还没有运用"一"这一范畴。这时候"一"的内容极其贫乏",与"专"、"同"意义接近。直到人们将世界的本原一体化之后,才使"一"范畴的内容逐步丰富起来。老子以"道"为万有之源,提出了"道生一,一生二,二生三,三生万物"。肯定"一"能生"二",可说是以"一"作为辩证思维范畴的开始。到汉代,人们说"一也者,万物之本也",使"一"范畴的内容进一步丰富。到隋唐时期人们已经开始有"一分为二"、"一以统同"等观念,到两宋时期人们对"一""两"范畴的运用中哲学的意义则更为明显。自史墨以来,人们或者是不自觉地运用"一""两"范畴表述事物的矛盾性,在论述宇宙生成的时候透露了一些辩证法思想;或者是肯定"一"为统一体,"两"为对立面,但否定"一"、"两"之间的内在统一,把"一"、"两"关系看做"生"与被"生"的关系;或者注意到了统一体与对立面的统一,而未用"一""两"范畴来论述这种统一。张载正是在前人对"一""两"范畴运用认识的基础上,形成了自己的"一物两体"说。这种学说既是对史墨"物生有两"说的继承发展,又是对前人关于"一"、"两"关系理解中的形而上学观念的否定和批判。因此,也可以说,张载"一""两"学说的形成,本质上是"一""两"范畴自身发展的结果。

　　理论发展的历史要求和机遇,使张载对中国古代辩证法的发展作出了自己的贡献。但是,作为一个古代哲学家,张载的"一""两"学说仍未脱离素朴的理论形态。他所提出的"一物两体",还不能说是科学地揭示了事物矛盾性质的论题。因为他对于"一"、"两"范畴的规定,基本上停留在统一体和对立面的涵义上。而且由于他强调"气""清虚一大",主张"无所杂者清之极,无所异者和之极",使自己"一物两体"的思想很难贯彻到底。他肯定"一"中之"两""相兼相制",论释了"对"、"反"、"仇"、"和",但并没有形成一般意义上的斗争性和同一性概念,还不能全面地理解"一""两"关系。同时,他虽然意识到了在"气"化中,"对"、"反"、"仇"、"和"形成一个具体的运动过程,但他并不理解"和"当是在旧的统一体破灭的基础上的更新和统一,无限的"气"化过程当是一个无限的更新过程。而只是把"气"化过程看做是"气聚为物,形溃返原"的循环往复。这种从"气"到物,从物到"气"的循环,并不是真正的更新。这使得他的"著变"概念也并不具备真正的质变的意义。这样的理论局限使得他在社会政治方面一面讲"变",一方面求"久"。总之,张载的"一""两"学说对中国古代辩证法理论的贡献是巨大的,但我们对于他的理论局限也不能低估和忽视。唯有对其理论的贡献与局限都进行深入的研究,才可能正确地评断其"一""两"学说应有的理论价值与历史地位。

四、王安石"新故相除"的发展思想

　　王安石(1021—1086),字介甫,北宋时期"新学"的代表人物。王安石出生在一个官吏家庭。其父王益,字损之,曾长期担任州县官吏。所以王安石早年常随父亲过着"寄食于官舟"的生活。《宋史·王安石传》中说:"安石少好读书,一过目终身不忘。其属文动笔如飞。初若不经意,既成,见者皆服其精妙。"王安石聪颖勤奋,工于文章,同他的家庭生活环境是相联系的。王安石有诗忆及自己早年的生活志趣:"男儿少壮不树立,挟此穷老将安归?"(《忆昨诗示诸外弟》)像王安石这类下层官吏的子弟,所向往和追求的理想生活当然是入仕做官,而在当时的历史条件下,要实现这样的理想与追求,除了勤奋读书,没有别的路径。由于勤奋攻书,王安石21岁即进士及第,开始了自己的仕途生活。

王安石早年的家庭生活,曾使他有机会接触和了解当时社会下层民众的生活。为官之后,他胸怀"矫世变俗之志",对当时深刻的社会矛盾和危机十分忧虑。在给皇帝的上书中曾指出:"汉之张角,三十六万同日而起,而所在郡国,莫能发其谋;唐之黄巢,横行天下,而所至将史,无敢与之抗者。汉唐之所以亡,祸自此始。"(《临川文集·上皇帝万言书》)比较清醒地认识到汉唐的覆亡,在于社会矛盾的激化。为此,他主张"改易更革","变风俗,立法度",革新政治,抑制兼并,限制封建大地主集团的特权,缓和社会阶级矛盾,富国强兵,以巩固北宋王朝的政权和统治。王安石为相之后,把自己的政治主张付诸实践,积极推行新法。同当时反对新法的大地主集团的代表人物进行了坚决的斗争。列宁曾称赞他为"中国十一世纪时的改革家"。在学术方面,他通过校释《洪范》、《老子》来建构自己的思想理论,与通过解《易》来建立自己哲学理论的张载等人的治学路径有别,但同样为我们留下了一笔宝贵的哲学遗产。

王安石的发展观念是为他的政治斗争实践服务的,为了给自己的新法提供思想上、理论上的根据,他主持经义局重新训释经书,以自己的新学论证自己的新法,力图使"义理归一",用自己的学说去统一规范人们的思想。在王安石的主持下,经义局先后撰成《诗经新义》、《书经新义》、《周官新义》,是谓《三经新义》。除此之外,王安石还写成了《老子注》、《字说》等著作。他利用中国传统的五行学说作为思想资料,通过诠释"行"、"道"等哲学范畴,论析事物的运动变化,以"行"证"变",为其推行新法提供理论支持,使自己的学说体现了较高的辩证思维水平。

王安石著述很多,但由于激烈的政治斗争,他的不少著作曾遭到禁毁,现存的著作有《临川集》。《三经新义》、《字说》等著作散佚之后,人们也曾做过辑佚工作。清人钱仪吉补辑《周官新义》;容肇祖先生对《老子注》做过辑佚,后成《王安石老子注辑本》,并由中华书局出版。邱汉生先生对《诗经新义》做过辑佚工作,成《诗义钩沉》。此书也于1982年由中华书局出版。现存的《老子注》、《洪范传》是我们考察王安石辩证法思想的主要著作。

(一)"太极"与"五行"

唯物辩证法把世界事物看做相互联系的统一整体,并认为现实存在的相互联系,必然会通过相互联系的诸对象之间的相互作用表现出来,而这种相互作用即构成事物的运动。并由此肯定世界事物处于无限的运动之中。对世界事物的这种认识,在古代人们的思想中常常表现为一些思想的火花、片断或萌芽。王安石的辩证法思想即具有这样的特征。

王安石通过对"五行"范畴的论释来肯定和说明世界事物的变化。"五行"作为一个传统的中国哲学范畴,最先见于《尚书·周书》。相传周武王灭纣之后,曾往访殷商旧臣箕子,请他指点治国之策。箕子陈《洪范》九畴,论述了治国的九条基本原则。"五行"就是箕子作为九畴之一提出来的:"五行:一曰水,二曰火,三曰木,四曰金,五曰土"(《尚书·洪范》)。"五行"的本义主要是指五种自然物质。王安石利用这一思想资料,并基于秦汉以来人们关于"五行"的认识成果,明确地以运动变化来规定"五行"的特性和功能:

> 五行,天所以命万物者也。
>
> 五行也者,成变化而行鬼神,往来乎天地之间而不穷者也,是故谓之行。

(《洪范传》)

从这种论述中我们可以看到,王安石不仅肯定水、火、木、金、土是自然用以营造万物的材料,而且以"动"释"行",认为"五行"之所以谓之"五行",就因为水、火、木、金、土这五种自然物质自身是往来不穷,恒动不止的。把"动"作为"五行"的本质属性,把"五行"范畴看做是对水、火、木、金、土"往来乎天地之间而不穷"这种特性的概括和反映,为王安石全面地肯定事物的运动变化准备了理论前提和认识基础。

在王安石的学说中,"五行"为"天之所以命万物者也",但"五行"并不是营造事物原初的始基。因为"五行"的形成也有其物质的基础,这个基础即是他所认定的"太极":

> 夫太极者,五行之所由生,而五行非太极也。
>
> 夫太极生五行,然后利害生焉,而太极不可以利害言也。(《临川集·原性》)

王安石肯定"太极"是比"五行"更为根本的一种实体,这种实体实即是"气"。在王安石的著作中,"太极"与"气"是同义而异名的范畴。王安石肯定"太极"生"五行",认为"土者,阴阳冲气之所生也"(《洪范传》)。当他既肯定水、火、木、金、土"往来乎天地之间而不穷",又肯定"太极"或"气"生"五行"的时候,实际上已经把客观世界的存在看做是一个源于"太极"并且不断生成变化的过程。在这一过程中,不论从"太极"到"五行",还是从"五行"到万物,都表明了事物的生成变化。这种认识,使得王安石也明确地肯定人自身即在发展变化之中。他说:

> 太古之人不与禽兽朋也几何!圣人恶之也,制作焉以别之。下而戾于后世,侈裳衣,壮宫室,隆耳目之官,以罨天下,君臣,父子,兄弟,夫妇皆不得其所当然,仁义不足泽其性,礼乐不足固其情,刑政不足网其恶,荡然复与禽兽朋矣。(《临川集·大古》)

远古时期,人类与禽兽相差无几。由于社会的进步,人类创造的物质文明和精神文明才使人类同禽兽完全区别开来。当人们追求享乐,丢弃人们应有的社会行为规范,就会又回到与禽兽相差无多的生活。由于人与社会都在变化之中,人类的历史才有古今的不同。"古之所以为古,无异焉,由前而已矣;今之所以不为古,无异焉,由后而已矣。"(《临川集·原教》)

在事物的演化过程中,既然古今有别,那么治理社会就不宜守旧泥古,而应当崇"革"尚"变"。"变"是常则,崇"变"也是常则:"尚变者,天道也。"(《临川集·河图洛书义》)这便是王安石以"行"为"动",以"动"来规定"五行"的本性,肯定世界事物运动变化所得出的一个重要结论。这种认识使王安石认定"变化之应,天人之极致也",并进而认为"书言天人之道,莫大于《洪范》"(《临川集·礼乐论》)。这也是他把自己对哲理的意趣集中于研究《洪范》的一个重要原因。

这种"尚变"的思想,使王安石在政治上坚定地主张"变风俗,立法度",以"天变不足畏,祖宗不足法,人言不足恤"(《宋史·王安石传》)的大无畏精神,推行新法,同反对新法者进行坚决斗争。当时,以司马光为代表的守旧派人物曾经提出,"天地不易也,日月无变也,万物自若也,性情如故也,道何为而独变哉"(《温国文正司马公文集·迂书·辨庸》),主张"祖宗之法不可变",极力反对新法。王安石则针锋相对地认为,这种守旧之论,一是不懂得变乃事物之本性,二是不了解泥古守旧会导致的政治后果。同时,针对北宋佛、道时兴,儒学衰微,人们不思进取的状况,王安石又指出:

> 呜呼! 礼乐之意不传久矣,天下之言养生修性者,归于浮屠老子而已;浮屠老子之说行,而天下为礼乐者,独以顺流俗而已。夫使天下之人驱礼乐之文以顺流俗为事,欲成治其国家者,此梁晋之君所以取败之祸也。(《临川集·礼乐论》)

不思变革,唯顺"流俗",则只有自取败亡。这种历史教训使王安石在批驳守旧派的同时,认识到要改变北宋财力日渐穷困,风俗日益败坏的境况,唯有"改易更革"。他在《答司马谏议书》中说:"人习于苟且非一日,士大夫多以不恤国事,同俗自媚于众为善。上乃欲变此,而某不量敌之众寡,欲出力助上以抗之,则众何为而不汹汹然。"他对自己的变法主张遭人非议,早有所料,但不为其所动。王安石之所以具有如此坚定的政治立场,就因为他认定那些满腹经纶却不晓世务,不理解事物运动变化的本性,以为治国安民唯有守祖宗旧法的儒者大都是"非愚则诬"的庸人。而自己的政治主张,是在理解事物变化发展的本性的基础上形成和发展起来的。对事物运动变化特性的理解,成了王安石推行新法,否定守旧派思想理论的重要根据。

(二)"道"、"两"与"新"、"故"

王安石在肯定"五行""往来乎天地之间而不穷"的前提下,对"五行""往来不穷"的原因进行了深入探讨,通过对"道"、"两"、"命"、"耦"、"阴阳"等范畴的规定考察,达到了对事物运动变化原因的辩证认识。

王安石对事物运动变化原因的考察是以论释"五行"的产生来进行的。《尚书》

中论及"五行"时曾经指出："水曰润下,火曰炎上,木曰曲直,金曰从革,土爰稼穑。润下作咸,炎上作苦,曲直作酸,从革作辛,稼穑作甘。"这种论述,实际上对"五行"的特性、功能已做了一些简单的描述,但尚未具体论及"五行"自身的形成。王安石则力图通过考察事物的对立来说明"五行"的产生。他说:

> 天一生水,其于物为精;精者,一之所生也。地二生火,其于物为神;神者,有精而后从之者也。天三生水,其于物为魂;魂,从神者也。地四生金,其于物为魄;魄者,有魂而后从之者也。天五生土,其于物为意;精、神、魂、魄具而后有意。(《洪范传》)

王安石对"五行"的这种论释,利用了中国古代所谓天数地数的观念,而且把"五行"与精、神、魂、魄、意联系在一起,这不无牵强附会的思想成分。但是,这种解释透露了一种十分可贵的思想,这就是把水、火、木、金、土看做是奇偶对立的产物。因为王安石讲的天数为一三五七九这五个奇数,地数则是二四六八十这五个偶数。"天一生水",实际上是天数一与地数六相配,这便是所谓"以奇生者成而偶";"地二生火",实是地数二与天数七相配,这是所谓"以偶生者成而奇"。木、金、土的形成也是天地之数相配的结果。这种"以奇生者成而偶,以偶生者成而奇"的观念,使王安石在考察"五行"形成的时候,得到了一个普遍性的哲学结论:"道立于两,成于三,变于五,而天地之数具。"(《洪范传》)"道立于两"是王安石对事物矛盾性质的认识和肯定。对这种认识从不同侧面考察可见其不同的内容。因为王安石对"道"范畴的使用,其含义是多层面的。当他以"太极"为"五行"之源时,"太极"是一个最高范畴。在这种意义上的"太极"即是"气",同他所谓"道有体有用,体者,元气之不动,用者,冲气运行于天地之间"(《老子注》),这种合"元气"与"冲气"为一体的"道"大体上是同义的。尽管他认为"其冲气至虚而一,在天则为天五,在地则为地六。盖冲气为元气之所生,既虚而一,则或如不盈"(《洪范传》),肯定"冲气"为"元气"所生,但这种讲法中的"道"是物之本始,是"元气",是一个实体范畴,这是可以肯定的。从"道"这种含义上考察"道立于两",是说"元气"自身包含对立面。对立面之间相交相合,相互作用而形成新的物体。对立面为"两","两"相交相合而成之物为"三",这即所谓"成于三"。"三"意味着统一。天地之数相配产生了"五行","五行"中奇偶相配则形成万物。所以他说:"变于五,而天地之数具。"这种认识是王安石尚"五",看重"五行"的一个重要的思想基础。

在王安石的著作中,"道"有时也被作为规律、法则来使用。他说:

> 道者,万物莫不由之也。(《洪范传》)

> 万物待是而后存者,天也;莫不由是而之焉者,道也。(《临川集·九变而赏罚可言》)

"道"作为法则其含义同"太极"当然不同。以这种意义的"道"来考察"道立于两",可说是事物变化的规律即建立在事物的矛盾对立之中,或说通过事物的矛盾对立而体现出来。所谓"成于三"、"变于五"都以"立于两"为基础或前提,同样也体现了事物的运行变化之道。不论从哪一种意义上看,王安石所谓"道立于两",都是对事物矛盾的肯定。以"道"为"元气",承认了"道"包含了对立面,以"道"为规律,则肯定了事物的运动变化,在于事物的矛盾对立。在王安石看来,作为事物运行变化的规律的存在是客观的,是人力无法改变的。《诗经》中有"蒹葭苍苍,白露为霜"的讲法,王安石在《诗经新义》中注释说:

> 降而为水,升而为露,凝而为霜,其本一也。其升也,降也,凝也,有度数存焉,谓之对。此天道也。

在论释《诗经》中"十月蟋蟀入我床下"句时,王安石说:"阴阳往来不穷,而与之出入作息者,天地万物性命之理,非特人事也。"这些论述同他写下的"日月随天旋,疾迟与天谋。寒暑自有常,不顾万物求"这样的诗句一样,都表明他对事物运动变化之"道"的客观性、普遍性的肯定。王安石正是基于"道立于两"这一基本论题及对事物变化规律客观性、普遍性的肯定,考察"五行"自身有"耦",论释了"五行"之间相生相克的联系和变化。

王安石肯定事物有"两"有"耦"的矛盾现象,并从不同的侧面来进行了论析。就与"五行"相关的特性来看,其时有寒暑,其位有高低,其材有大小,其气有阴阳,其性有刚柔,其事有善恶,其情有爱憎,其色有黑白,其声有响沉,其臭有香臭,其味有甘苦,无一不是有"两",无一不存在其对立面。所以他说:

> 盖五行之为物,其时、其位、其材、其气、其性、其形、其事、其情、其色、其声、其臭、其味,皆各有耦,推而散之,无所不通。(《洪范传》)

两宋时期,不少思想家肯定事物有"两"。张载提出"一物两体",二程主张"无独有对",邵雍讲"一分为二"。这些表述有异,但都认定事物的构成由"两"而非"一"。王安石肯定事物"皆各有耦",其特点在于他不仅认为物"皆各有耦",而且肯定"耦之中又有耦":

> 一柔一刚,一晦一明,故有正有邪,有美有恶,有丑有好,有凶有吉,性命之理,道德之意,皆在是矣。耦之中又有耦焉,而万物之变遂至于无穷。(《洪范传》)

"耦"即"两",即对立面。对立面并非简单的两物相加,而是指具有对立性质而又相互联系的两个方面。有此即有彼,有彼亦有此。"正"与"邪"、"善"与"恶"、"丑"与"美"、"凶"与"吉"莫不是互为依存的前提。王安石认为,正因为事物有"耦",并且"耦之中又有耦",即对立面之中又存在对立面,才引起了事物的运动变化,并使事物处于无穷的运动变化之中。

王安石肯定有"耦"是事物运动变化无穷的原因,但他没有把自己的探讨停留在"有耦"或"立于两"这种认识层面上,而是具体地探讨了对立面之间的各种关系,以及这些关系在事物变化中的作用和影响。在王安石看来,对立面由于性能相反,相互之间首先存在的是"相克"的关系。例如，"五行"之间，水克火，金克木，火克金。这种"相克"实际是说对立面之间一方为另一方所制约。"相克"、"相制"的结果并不是事物的消亡，而是事物的变化，新事物的产生形成。这又表现了对立面之间的另一层关系，即"相生"、"相继"。对立面之间"相克"、"相制"，"相生"、"相继"，情形不同。这种不同使事物的运动变化的形式也有所区别。王安石曾具体论释过"变"、"化"、"因"、"革"之间的区别：

> 所谓木变者何？灼之而为火，烂之而为土，此之谓变。所谓土化者何？能煤，能润，能敷，能敛，此之谓化。所谓水因者何？因甘而甘，因苦而苦，因苍而苍，因白而白，此之谓因。所谓火革者何？革生以为熟，革柔以为刚，革刚以为柔，此之谓革。金亦能化，而命之曰从革者何？可以圆，可以平，可以锐，可以曲直，然非火革之，则不能自化也，是故命之曰从革。（《洪范传》）

"变"是事物的性质的变化，"木"燃烧为火，烂而为土，火、土均非木，这即是"变"。"土"干燥，湿润，碎散，凝结，性能虽有不同，但干土湿土仍归为土，故叫做"化"；水与不同味道的东西，不同颜色的东西融合而为不同的味道和颜色，这叫"因"。火烧使软的东西变硬，使硬的东西变软，这是"革"。"金"可以变圆，可以变弯，但离不开火的锻炼，故"从革"。不论事物的"变"、"化"，还是"因"、"革"，细析起来，都同对立面之间的"相克"、"相制"、"相生"、"相继"有着某种联系，或者说，都是对立面之间相互作用的结果。在王安石看来，正是"五行"之间不同层面的"相克"、"相制"、"相生"、"相继"，形成了形形色色的世界事物。

王安石通过对"五行"产生以及"五行"化成万物的考察，肯定和论析"道立于两"，以物"皆各有耦"，"耦之中又有耦"来说明事物的矛盾性及矛盾的普遍性，把事物的运动变化的原因归之于事物自身所包含的对立面之间的相互作用，并具体考察对立面相互作用的不同形式，以及由此引起的事物的不同变化。尽管考察辨析中难免牵强附会，但其思想中却闪耀着古代素朴辩证法思想的光辉。这种对事物动因的看法，同他的政治主张一样，与那些反对新法，宣扬祖宗之法不可变更的旧党人物的动静观念是完全对立的。

王安石肯定"五行""往来乎天地之间而不穷"，并且认识到运动变化之中有"变"、"化"、"因"、"革"等情形的不同，这不能不涉及他关于事物发展的理解。肯定事物的运动变化，并不意味着就肯定事物的发展，尤其不能说是正确理解了事物的发展；运动、变化、发展都是对事物存在状态的描述，其含义却是有区别的。运动说明事物变动不居，不是固定在某一点或某一种形态中，变化则表明事物运动中量的增减或性质的部分改变，而发展主要是说事物在运动变化中从简单到复杂，从低级到高级的更新。王安石讲"五行也者，往来乎天地之间而不穷者也"，说明他对事物变动不居的本性的认识是比较深刻的。对事物变化的肯定，也使王安石在一定程度上肯定了事物的发展，这种发展是事物的新旧代谢，他所说的木"灼之而为火，烂之而为土"就属于这种情形;木为"火"或为"土"时已发生质的变化,这种变化也可以说是发展。

在王安石看来,由于事物"皆各有耦","耦之中又有耦",且对立面处于不停的"相生"、"相克"之中,事物的更新与代谢是自然的。他说:

> 有阴有阳,新故相除者,天也;有处有辨,新故相除者,人也。(杨时:《龟山集》卷七引《王氏字说》)

"新故相除"是自然的。人们对事物变化中的这种情况不应排拒它,而应当顺应它。王安石在论及事物发展时有一个重要思想,即在一定程度上肯定人对于事物发展的作用。在王安石看来,对于支配事物之生长变化的规律,人力无法干预。对于具体事物的形成,人却不是绝对无所作为的。他说:

> 道有本有末。本者,万物之所以生也;末者,万物之所以成也。本者,出之自然,故不假乎人之力而万物以生也;末者,涉乎形器,故待人力而后万物以成也。(《临川集·老子注》)

因此,王安石批评那种绝对"无为"的主张,批评道家无视"礼乐刑政"的作用而唯道是称的观点。认为绝对"无为"的主张是"不察于理而务高之过"。

人要在事物的生成发展之中,有所作为,首要的条件是好学深思,不断地把握事物运行变化的自然规律。"日月星辰阴阳之气","可端策而数";"山川丘陵万物之形","可指籍而定"(《临川集·礼乐论》)。人是可以认识自然,把握自然规律的。问题是人们对事物的变化、运动、发展不仅应求知其然,而且应深究其所以然。那种满足于已经取得的认识成果而"守其成法"的行为和主张,则将影响人在事物生成变化中的认识作用。只有好学深思,达到"天地不足大,人物不足多,鬼神不足隐,诸子之支离不足惑"(《临川集·孔乐论》)的境界,深刻地把握事物的本质和法则,人才能发挥其在事物变化中应有的作用。这种作用的具体表现就是促使事物由弱向强的转化。

正是这些观念和认识,使王安石对自己推行的新法充满了胜利的信念。"天质自森森,孤高几百寻。凌云不屈己,得地本虚心。岁老根弥壮,阳骄叶更阴。明时思解愠,愿斫五弦琴。"(《临川先生文集·孤桐》)这便是王安石面对人们对"新法"的种种非难,不屈不挠,顽强斗争的心情的写照。王安石之所以愿为自己的"新法"献身,一个重要原因就在于他"不畏浮云遮望眼,自缘身在最高层"(《临川先生文集·登飞来峰》)。自信在对事理的认识方面要比守旧派高一筹,坚定地把"新故相除"看做事物运动变化中的自然的必然的现象。对"新"、"故"关系的理解,是王安石发展观中最有价值的部分。但是,王安石对事物的变化和发展的理解也存在自身的局限。这首先表现在他将"道"分为"体"、"用"、"本"、"末",以"动"为"道"之用,以"静"为"道"之"体",重"体"轻"用"。把静止看做事物变化的归宿。他说:

> 道有体有用。体者,元者之不动。用者,冲气运行于天地之间。(《临川集·老子注》)

　　这种体用关系,在王安石看来即是主从关系、轻重关系:"静为动之主,重为轻之佐。轻而不知归于重,则失于佐矣。动而不知反于静,则失其主矣。"(《临川集·老子注》)以"静"为主,使王安石不仅主张由"动"返"静",而且认为"冲气"生于"元气"。这种观点说明王安石虽然承认"山川在理有崩竭,丘壑自古相盈虚",但最终还是把静止看做事物的本质和常态,使自己的思想离开了事物运动发展的本性和实际。

　　由于王安石没有把关于事物运动变化的思想贯彻到底,他对自己关于物"皆各有耦"的思想也做了限定:

　　　　有之与无,难之与易,长之与短,高之与下,音之与声,前之与后,是皆不免有所对。唯能兼忘此六者,则可以入神;可以入神,则无对于天地之间矣。(《临川集·老子注》)

　　"有对"是事物的本性。王安石承认"无对",实际上是要以"兼忘"的方式否认事物的矛盾。这种认识局限,使他推行"新法"时,不是把改革看做改变北宋的社会制度,而是强调要"法先王之政"。梁、晋的衰微,汉、唐的败亡,使他看到了社会历史的变化,但是他并不理解历史前进中的飞跃,并没有意识到历史的发展。这集中体现了他辩证法思想中的局限。

　　王安石21岁时即开始自己的仕途生活,其一生的政治抱负在于"济世"。但繁重的政务,也使得他不可能像张载、程颢、程颐一类思想家那样以很多时间专心于学术研究。他的辩证法思想不论是对范畴的运用,还是对自己理论观点的论证推导都显得芜杂和零乱,远不如程、朱一类思想家的理论系统、清晰、有序。但正因为王安石的辩证法思想同他的政治活动紧密联系,又使得他的辩证法思想较之张载等人的辩证法理论更加集中地显现了辩证法的批判本质。这是我们研探其辩证法思想时特别应当珍惜与肯定的。

五、朱晦庵的阴阳动静学说对中国近世哲学的影响

　　朱熹(1130—1200),字元晦,宋代理学的集大成者,也是中国封建社会后期影响最大的学者和思想家。据《宋史·朱熹传》记载:"熹幼颖悟,甫能言,父指天示之曰:'天也。'熹问曰:'天之上何物?'松异之,授以《孝经》,一阅,题其上曰:'不若是,非人也。'尝从群儿戏沙上,独端坐划沙上,视之,八卦也。"从这种记述来看,朱熹年幼时不仅聪颖,而且喜欢思考,并在其父朱松的指教下,深受儒家观念的影响。

　　朱熹19岁时进士及第。一生中,为官多年,但其主要精力不在政事而在学术,大部分时间中都在从事著述和讲学。朱熹的学术生活道路与其父朱松有一定关系。朱松曾经师从罗从彦。罗从彦是程颢、程颐的高足杨时的弟子。朱熹20岁时拜李侗为师。李侗也是杨时的学生,与朱熹的父亲朱松为同门学友。朱熹父子都曾受业于二

程后学,在学术方面同以程颢、程颐为代表的洛学有很深的关系。朱熹在师从李侗之前,曾在其父指导之下,研习儒家经典。朱松去世后,朱熹曾遵父嘱师从刘彦冲等人。在师从刘彦冲等人时,朱熹也曾涉猎佛、老之学。成为程门弟子之后,朱熹潜心儒学,继承和弘扬二程一派的学术思想,终于形成了自己庞大的理学思想体系,使宋代的理学发展到了高峰。

朱熹曾先后复建白鹿洞书院、岳麓书院,修建沧州精舍、武夷精舍,聚徒讲学,传授自己的理学,培养了一批笃信理学的弟子,并通过其弟子使自己的理学得到广泛的传播。但朱熹的理学也曾一度被人斥为"伪学",受到攻击和排斥。朱熹自己就是在理学遭禁的时代中死去的。但由于朱熹理学的主旨在于维护和论定传统的纲常名教及尊卑秩序,后来依然为统治者所赏识和理解,并成为南宋后期和明清两代影响最大的学术思想流派。朱熹的理学,考察事物的存在,也涉及一些重要的辩证法理论问题,是我们在考察两宋辩证思维的历史发展时,应当着力探讨的一个重要环节。朱熹一生中勤于著述,成就卓著。他的《四书章句集注》、《太极图说解》、《通书解》、《西铭解》、《周易本义》以及后人辑录的《朱子语类》等,都是我们研探其辩证法思想时,应予以重视的原始的文献史料。

(一)"亘古亘今"、"往来不穷"

朱熹是一位十分博学的思想家。在朱熹的思想学说中,除了继承发扬洛学的传统之外,对张载的气化论,佛、老的本体观念也有所吸取。朱熹不仅着力研讨事物之理,或说探讨事物之所以然,形成了自己的本体观念,而且十分注意汉唐以来不断发展的元气理论和阴阳学说论释宇宙的生成演化。在中国哲学史上,朱熹是继周敦颐之后,较为系统地论述过宇宙的生成演化的哲学家之一。

朱熹的宇宙演化论,以太极说明宇宙,肯定宇宙的无限性。朱熹曾同弟子们研讨周敦颐的"自无极而为太极"的理论。在论及宇宙的生成问题时朱熹说:"这个太极,是个大底物事。四方上下曰'宇',古往今来曰'宙'。无一个物似宇样大,四方去无极,上下去无极,是多少大? 无一个物似宙样长远:亘古亘今,往来不穷!"(《朱子语类》卷九十四)宇宙涵括所有的"四方上下"和"古往今来"。这种涵括所有的空间和时间的宇宙当然是无限的,这样的宇宙也即是太极。在朱熹看来,这种无限的宇宙,作为一个"大底物事",其演化也始于气化,是气运行的结果。朱熹正是用气化的理论来论释构成宇宙的大地、日月星辰等事物的形成的。他说:"天地初间只是阴阳之气,这一个气运行,磨来磨去,磨得急了,便拶出许多渣滓;里面无处出,便结成个地在中央。气之清者便为天,为日月,为星辰,只在外,常周环运转。地便只在中央不动,不是在下。"(《朱子语类》卷一)在中国哲学史上,以气化来论释宇宙事物生成的思想理论不少,但朱熹以一气运行来论释宇宙的生成是有其特色的。因为他认定"地在中央",日月星辰"常周环运转",天包地,天之气运行于地之中。朱熹的这种理论实际上是力图以气运行的不间断性和无限性来论定他理解的地居中不陷:"天以气而依地之形,地以形而附天之气。天包乎地,地特天中一物尔。天以气而运乎外,故地榷在中间,隤然不动,使天之运有一息停,则地须陷下。"(《朱子语类》卷一)朱熹以为地居中不动,表明了他在科学认识方面的局限,但他用天之运行不息来说明地居中不陷,则又表明了他对宇宙演化的辩证思考,表明了他从哲学的层面上对事物运动的肯定。

朱熹以气化论解释宇宙的演化,不仅凭借理性的推测,而且诉诸感觉和经验的证明。他曾经将天地初间的阴阳二气具体化为水与火,并以水与火的交互作用来解释大地的形成:"天地初始浑沌未分时,想只有水火二者。水之滓脚便成地。今登高而望,群山皆为波浪之状,便是水泛如此。只不知因什么时凝了,初间极软,后来方凝得硬。"(《朱子语类》卷一)将阴阳二气具体化为水火,再以水与火的交互作用来解释大地的生成,在相当的程度上是因为朱熹认为这种解释在现实中可得到经验的证明。朱熹在关于宇宙演化的问题上受周敦颐学说的影响较深。周敦颐学说中有"二五之精"的观念。"二"是阴阳,"五"是金、木、水、火、土。周敦颐以阴阳五行作为宇宙演化的基本材料。朱熹论释宇宙演化,强调宇宙初间只是阴阳二气,并将阴阳二气具体化为水火,用水火的变化解释大地的形成,这是他独到的推断和见解。

朱熹的宇宙演化论,不仅以气化解释大地日月星辰的形成,而且对雷电、风雨、日月食、虹等自然现象也都力图从科学的角度作出解释。朱熹十分赞赏二程关于雷电"只是气相摩轧"的思想,认为"雷斧之类,亦是气聚而成者"。"雷如今之爆杖,盖郁积之极而迸散者也"(《朱子语类》卷二)。否定人们对雷电作出的神秘主义解释。关于雨的形成,朱熹没有否定与雨相联系的龙的存在。但他提出了雨"是阴阳气蒸郁而成,非必龙之为也"(《朱子语类》卷二)的论断。虹"本只是薄雨为日所照成影","日月食皆是阴阳气衰"(《朱子语类》卷二)。朱熹的这些解释都不同于传统的迷信观念,具有一定的科学道理。朱熹还曾经注意到高山无霜露,却有雪这种自然现象。他把这种自然现象形成的原因解释为"上面气渐清,风渐紧,虽微雾气,都吹散了。所以不结。若雪,则只是雨遇寒而凝,故高寒处雪先结也"(《朱子语类》卷二)。朱熹这种解释完全源于自己对自然现象的观察和对事物联系的实际理解。这种深入考察事物实际的学风,使朱熹对雪花形状的成因也曾作出过精彩的解释。他认为"雪花所以必出六者,盖只是霰下,被猛风拍开,故成六出。如人掷一团烂泥于地,泥必溅开成棱瓣也"(《朱于语类》卷二)。朱熹对雪花形状的论释中将其成因归之于自然的力量,归之于由自然力量所引起的事物的变化。这种观念不仅对于中国古代的辩证思维的发展有着重要意义,并对日本、朝鲜的实学产生过深远影响。

由于朱熹把宇宙理解为一个无限的"大底物事",因此他也肯定这种无限的宇宙演化中,从最初的一气运行,水火二气的变化,到日月星辰的运行,大地的水陆变迁,是无穷无尽的。这种认识使他十分欣赏二程关于"动静无端,阴阳无始"的论断。认为这表明二程对事物变化的无限性有着深刻的理解。尤为可贵的是朱熹意识到人们肯定宇宙演化中有"海宇变动,山勃川湮,人物消尽,旧迹大灭"的状况,是可以在现实中得到证实的。他认为"常见高山有螺蚌壳,或生石中,此石即旧日之土,螺蚌即水中之物,下者却变而为高,柔者变而为刚"(《朱子语类》卷九十四)。这即是宇宙演化中,水陆变迁,刚柔相易的例证。朱熹既肯定事物的变动不居,又强调现实事物对事物变动不居的证明。他曾在肯定高山之石有"蛎壳之类,是低处成高",生于泥沙之中的蛎在石上,表明"柔化为刚"之后问道:"天地变迁,何常之有?"(《朱子语类》卷九十四)这种设问,实际上否定了事物变化中有"常"即有常住或停息的时候。而这样的否定正是对事物不断变化的肯定,是对宇宙无限演化的肯定。

(二)事物动静与动静之理

朱熹利用传统的阴阳动静学说论释宇宙事物的生成演化,但他对于传统的阴阳动静学说的阐发中多有新意,在正负两个方面都形成了自己的理论特色。首先,朱熹所持的阴阳观念、水火观念,使他对事物矛盾性质的认识达到了新的理论深度,提出了关于事物的对立面中又包含对立面,或说"二又各自有对"的观点。

在宋代的道学家中,由于人们普遍注意研究和阐发《周易》的思想,对事物的矛盾性质都有相当深刻的认识和理解。张载提出了"一物两体"说,二程兄弟则肯定现实的事物"无独必有对"。"无独"是说事物不能孤立地存在,"有对"是指事物存在矛盾。朱熹在广泛吸取人们关于事物矛盾性质的认识成果的基础上,对二程关于事物"无独必有对"的思想作出了进一步的发挥,主张"一中又自有对","二又各自对"。朱熹的学生曾向其请教事物"无独必有对"是否"他合下便如此"。朱熹回答说:"自是他合下来如此,一便对二,形而上便对形而下。然就一言之,一中又自有对,且如眼前一物,便有背有面,有上有下,有内有外。二又各自为对。虽说'无独必有对',然独中又自有对。"(《朱子语类》卷九十五)朱熹这里所说"一"可指一物,也可以指气。这种作为"一"的一物或气本身都是矛盾的统一体,都包含着对立面。就气而言,涵括阴阳;就一物而言,则可以区划出上下、内外等。这种"独"中有"对",可以说是"一"涵"两",一分为二。"二"是两端,是统一体包含的对立面。一物的上下、内外是"二",气所包含的阴阳也是"二"。推而广之,动静、善恶、寒暑、生死都是"二"。同二程一样,朱熹也强调宇宙间的事物无独有对,乃自然而然,非有安排。所不同者,朱熹更强调"二又各自为对"。所谓"二又各自为对",是说对立面中的双方又各自包含对立面。这就是朱熹讲的:"统言阴阳,只是两端,而阴中自分阴阳,阳中亦有阴阳。'乾道成男,坤道成女'。男虽属阳,而不可谓其无阴;女虽属阴,亦不可谓其无阳。人身,气属阳,而气有阴阳;血属阴,而血有阴阳。"(《朱子语类》卷九十四)这种论述中所说的"阳中亦有阴阳"和"阴中自分阴阳",就是"二又各自为对"观念的具体化。朱熹这种"二又各自为对"的观念,是他多层次多侧面思考事物矛盾性质的结果,不论在理论思维的深度方面,还是在理论思维的密度方面,都进一步推进了宋代人们对事物矛盾性质的理解,更深入地揭示了事物矛盾的普遍存在。

　　但是,朱熹肯定事物无独有对,认为宇宙的演化始于一气运行,并不是他对事物变化原因的最后的理解。在朱熹看来,阴阳动静都只能是对形而下者而言的。气属形而下者,故气有动静变化。作为形而上者,则无所谓动静变化。理即属于形而上者,理本身即无所谓动静变化。但朱熹的理学中有一个基本论点,即形而下者决定于形而上者,形而上者支配形而下者。这种观念,使朱熹在肯定事物的矛盾和事物的动静变化之后,在思考事物动静变化的深层原因时,并不是将事物动静的原因归之于事物自身的矛盾,而是归之于他所理解并肯定的事物之理。

　　在朱熹的思想系统中,曾以太极说明宇宙,把太极看做一个"大底物事"。但他更多地是以太极为理的世界。朱熹认为太极作为理世界,涵有动静之理。气分阴阳,有动静变化,阴阳动静并非太极动静。但是阴阳动静,又根源于太极中所涵括的动静之理。"有这动之理,便能动而生阳;有这静之理,便能静而生阴。既动,则理又在动之中,既静,则理又在静之中。"(《朱子语类》卷九十四)这种动静之理决定事物动静的观点,使朱熹断言"气所以动静者,理为之宰也"。(《朱子语类》卷九十四)朱熹曾对自己这种"理主动静"说做过一个十分形象的比喻。他说:"太极,理也,动静,气也。气行则理亦行,二者尝相依而未尝相离也。太极犹人,动静犹马;马所以载人,人所以骑马。马之一出一入,人亦与之一出一入。盖一动一静,而太极之妙未尝不在焉。"(《朱子语类》卷九十四)朱熹把理对于动静的作用比喻为人骑马,马走人亦走,但人本身并未行走,却又驾驭马的行走,这种譬喻正是要论定事物动静之源不在事物自身,而在事物之理。朱熹所理解的理是可以离开事物而独立存在的,是可以存在于天地事物之先的。在朱熹看来,有了这样的理,才有气的流行,也才有万物的生长发育。朱熹的"理主动静"说实际上论定了事物动静的始因不在事物自身,而在事物之理。这种观念当然是不符合事物运动变化的客观实际的。

　　如前所述,朱熹对现实事物的动静变化与矛盾性质的认识都达到了相当的深度,为什么在论释事物动静的始因时又会出现这种理论失误呢? 根本原因在于朱熹的理学为了坚持其理本的观念,实际上将世界二重化了。现实的世界是统一的世界。事物的个别与一般,特殊与普遍,或说事物与事物之理是统一的。那种脱离形而下者的形而上者,离开事物的事物之理,都只存在于人们主观的虚构之中。朱熹将一个虚构的离开事物动静的动静之理作为事物运动变化的始因,不能不离开事物的实际,不能不违背客观的辩证法。朱熹这种"理主动静"的观点给人们留下十分深刻的理论思维教训。明清时期一些较有成就的哲学家大都反对离器言道,舍物言理,主张"动非自外",理在事中,其思想渊源大都与总结朱熹理论的这种思维教训关联。

(三)"分阴分阳"与阴阳定位

朱熹肯定事物的运动变化,把事物的变化看做一个过程,对事物变化的形式与法则也有自己的理解。关于事物运动的形式，朱熹主要是继承和发挥易学的"渐化"与"著变"的思想，肯定事物变化形式有"渐化"与"顿变"的不同。"渐化"是事物的逐渐变化，这种变化不易为人觉察，是"渐渐化将去，不见其迹"（《朱子语类》卷七十四）。"顿变"是事物性质的显著变化，是"忽然而变"。朱熹认为，事物的"渐化"同"顿变"是相互联系的。"顿变"须以"渐化"为基础。他曾以十月怀胎，一朝分娩来比喻事物的"渐化"同"顿变"之间的联系。朱熹也意识到了"渐化"和"顿变"在事物变化中作用的不同。"化则渐渐化尽，以至于无；变则骤然而长。变是自无而有，化是自有而无。"（《朱子语类》卷七十四）朱熹对事物变化形式的认识显然是受到了《周易》的影响，特别是受到了张载易学思想的影响。他十分称道张载在论释变化的区别时提出的变是"化而裁之"的思想。应当说，朱熹同张载一样，在考察事物的运动变化时，已经意识到了具体事物变化中的性质的变化。这种思想是具有合理因素的。

　　但是，朱熹讲"渐化"、"顿变"，常常是就具体事物而言。一旦涉及宇宙的演化，涉及从整体上描述事物的运动变化时，朱熹的这种思想则不能不受到气化论本身的理论局限的影响。按照气化论的观点，宇宙事物均由气化而成。气化的过程是气聚为物，物散为气，这种过程实质上是一个循环往复的过程。所以朱熹在论释宇宙事物的演化时，虽然讲阴阳无始，动静无端，强调事物变化的无限，但这种无始、无端的思想，无非是把阴阳动静看做一个无间断的循环。因此，朱熹在考察事物变化的法则时，认定循环即是事物变化的常则："'阴阳'虽是两个字，然却只是一气之消息，一进一退，一消一长。进处便是阳，退处便是阴；长处便是阳，消处便是阴。只是这一气之消长，作出古今天地间无限事来。"（《朱子语类》卷七十四）阴阳"是一气之消长"，由这种消长而成就的"无限事"，本质上都是阴阳的循环。所以朱熹认定"阴阳非道也，一阴又一阳，循环不已，乃道也。只说'一阴一阳'便见得阴阳往来循环不已之意，此理即道也"（《朱子语类》卷七十四）。朱熹这种循环论的更具体的讲法是事物的运动变化只是去来往返，只是"循得旧迹回来"。事物运动变化，生生不已，就是阳生阳，阴生阴，往来不穷。这样的往来不穷，本质上是一种重复。因此，朱熹在考察总体上的事物的变化时，并没有把他的"渐化"、"顿变"的观念贯彻到底；而是相反，以循环论否定了事物的性质的变化。

　　朱熹考察事物的运动变化，把事物的变化在全体上理解为一种循环，除了他所运用的气化论以及他的理学观念的理论局限之外，还有其重要的社会历史原因。如前所述，朱熹博采众家之学，建构自己的理学，根本目的是要从理论上论证传统的纲常和等级的合理性、永恒性。朱熹关于事物动静变化的理论运用于社会历史领域时，即可显露出他这种理论追求。朱熹论解释社会历史，并不简单地否定社会历史的变化。在朱熹看来，王朝、国家都是有变化的。但这种变化只是盛衰的变化。一个王朝盛衰之变，并没有改变其基本性质。而且朱熹也曾坦言，他之所以要肯定事物的损益变化，目的即在"扶持"传统的纲常名教。因此，尽管国家王朝也有兴盛和衰败的现象，也有改朝换代的历史事实，但不论怎样变化，"君臣依旧是君臣，父子依旧是父子"（《朱子语类》卷二十四），作为封建社会的尊卑秩序、人伦等级并没有改变。没有改变，是因为"三纲五常，礼之大体，三代相继，皆因之而不能变"（《论语集注·为政第二》）。"纲常万年，磨灭不得"（《朱子语类》卷二十四）。封建社会的纲常名教在王朝的盛衰更迭之中没有改变，是因为这种"礼之大体""磨灭不得"，不能改变。朱熹并没有像董仲舒那样简单地主张"天不变，道亦不变"，但他以自己的循环论论证了事物的性质不变。这样的循环论，本质上是一种不变论。

朱熹把阴阳循环作为事物变化的常则，不仅使他实质上否定事物的质的变化，而且使他把阴阳的地位作用固定化，形成了自己的矛盾定位理论。在中国哲学史上，自从《易传》中提出"天尊地卑，乾坤定矣；卑高以陈，贵贱位矣"以来，人们便着力以阴阳观念论定社会的贵贱等级。这种理论观念在朱熹的思想体系中得到了全面发展，他以明确的阴阳定位论来论释社会的人伦秩序。在朱熹看来，气涵阴阳，阴阳只是一气。对于阴阳可以作为一个统一体来考察，也可以分别开来进行考察。他反对在考察阴阳的时候，只讲合，而不讲分。他说："阴阳有个流行底，有个定位底。'一动一静，互为其根'，便是流行底，寒暑往来是也；'分阴分阳，两仪立焉'，便是定位底，天地上下四方是也。"（《朱子语类》卷六十五）朱熹讲"分阴分阳"，实际上是要讲阴阳定位。朱熹的阴阳定位说是在肯定事物"无独必有对"的前提下提出来的。朱熹论及邵雍的学说时曾说过"想他每见一物，便成四片了"。后来朱熹的学生问他："先生说邵尧夫看天下物皆成四片，如此，则圣人看天下物皆成两片也。"朱熹回答说："也是如此，只是个阴阳而已。"（《朱子语类》卷一）朱熹讲"分阴分阳"，把事物的对立面看做"两片"，实际上是要把对立面的地位固定下来，并使之绝对化。在固定对立面的地位的基础上，再辅之以"阳尊阴卑"的学说，以此论释封建社会的等级秩序。他说："乾坤阴阳，以位相对而言，固只一般。然以分言，乾尊坤卑，阳尊阴卑，不可并也。以一家言之，父母固皆尊，母终不可以并乎父。兼一家亦只容有一个尊长，不容并，所谓'尊无二上'也。"（《朱子语类》卷六十八）朱熹由主张"分阴分阳"，到肯定"尊无二上"，颇费了一番心思。按朱熹的讲法，"分阴分阳"当是自然如此。而阴阳定位、阳尊阴卑也是自然如此。所以在社会领域中，君臣父子，定位不移，也是常则，君令臣行，父传子继同样体现了天理，都是背离不得的。朱熹通过肯定事物的矛盾，再将矛盾双方的地位固定化，再加之阴阳、尊卑观念，把封建社会的纲常等级合理化，否定事物矛盾的转化，否定社会制度的根本变革，较为集中的体现了朱熹学说中的形而上学观念。这种形而上学的观念曾经受到过明清之际的大哲学家王夫之的尖锐批判。王夫之在其《周易外传》中曾经指出："天下有截然分析而必相对待之物乎？求之于天地，无有此也；求之于万物，无有此也；反而求之于心，抑未谂其必然也。"王夫之反对讲绝对的对立，反对把矛盾的双方截然分离，使其地位凝固不变，肯定对立面之间的联系和转化。实际上就是对朱熹"分阴分阳"说及其矛盾定位论的否定与批判。

　　在中国哲学史上,朱熹的学说曾经被人们认为是"集大成而绪千百年绝传之学,开愚蒙而立亿万世一定之规",得到过普遍的肯定与赞誉,并在数百年间的学术思想领域占据支配地位。之所以如此,一个重要原因即在于朱熹对于传统纲常的论释达到了哲理的层面。同时,也在于朱熹的哲学确实也包含着理性主义的成分,具有某些辩证思维的因素。如果说两宋时期,张载以其气化论从正反两面影响和促进了明清时期辩证法思想理论的发展,那么,朱熹也曾以自己的阴阳动静学说从正反两面启发了明清时期的哲学家,使他们在辨析两宋时期辩证思维发展的历史经验的基础上,提高了自己的辩证思维能力,完善了自己的辩证法理论体系,推动了中国近世哲学的发展。

　　　　　　　　　　（收入郭齐勇等主编:《近世哲学与中国哲学的创造转化》,中
　　　　　　　　　　国社会科学出版社 2010 年版。为尽量做到体例统一,收入
　　　　　　　　　　本书时对体例略有修改）

"新民"与强国

——严复、梁启超"新民"学说评析

　　"新民"学说是中国近代思想史上严复、梁启超一类维新派人物思想理论中的重要组成部分。他们曾把"新民"视为救亡图存,强国富民的根基和前提,声称"新民为今日中国第一急务",在其"新民"说中表现出一种强烈的民族忧患意识和爱国主义情怀。当历史曲折地发展到今天,我们在新的历史条件下重新认识到提高民族的科学文化素质,事关民族振兴的大业,提出教育为本,科技立国的时候,重温一下维新派人士"新民"思想的得失,也许会从历史的回溯中,使我们更加坚定今天的信念。

一

　　"新民"学说的形成,是同中国近代历史跳动的脉搏联系在一起的。1840 年以后,西方帝国主义列强用大炮轰塌了清政府的"金锁铜关",中华民族从此步入了苦难的近代历程。1894 年甲午中日战争中,清朝军队再度失利,败给了东方的一个小岛国。甲午战争的失败,不仅使清政府向日本赔偿巨额经费,失去了台湾等大片国土,并且使帝国主义列强瓜分中国的阴谋开始得逞。在日本占领了大片中国领土之后,长城以北,长江流域,山东、云南,两广的大片土地又先后变成了沙俄、英、德、法等帝国主义的势力范围,从而更加剧了中华民族的危机,使中国人民进一步陷入了半封建半殖民地的苦难深渊。

　　甲午战争的失败,宣告了洋务派的"自强新政"的破产,打破了洋务派办洋务,兴实业,强国强民的梦想。面对"商战论"、"兵战论"、洋务思潮的相继破产,国家的大好山河被帝国主义"瓜分豆剖",古老的中华民族受人宰割欺凌的严酷现实,使爱国的志士仁人忧心如焚:"世间无物抵春愁,合向苍冥一哭休。四万万人齐下泪,天涯何处是神州?"谭嗣同的诗句即真实地表达了当时人们的悲愤心情。亡国灭种危机的加剧,唤醒人们对复兴国家民族道路的新探索、新思考。人们已经认识到,仅仅学习西方的船坚炮利,从一个层面上学习和借鉴西方文化,已无法达到复兴国家民族的目的,人们开始构思中国社会制度全面变革的蓝图与目标。梁启超曾说:"甲午丧师,举国震动,年少气盛之士,疾首扼腕言'维新变法'"(梁启超:《清代学术概论》)。人们救亡图存,"保国"、"保种"、"保教"的强劲呼声,会聚成一股强大的维新思潮,使康有为、谭嗣同、严复、梁启超等人物登上了近代中国的政治思想舞台。"新民"说即是维新派代表人物作为其维新变法主张中的一项重要内容提出来的。这种"新民"说的基本目的,就是要通过革新教育,提高民族的文化素质,培养新的人才,以担负起建设和保卫国家,复兴和弘扬中华文化的历史重任。

严复在深入考察西方的政治、经济、文化的基础上,总结在帝国主义发动的侵华战争中,中国军队之所以失败的原因时,已经深切地感受到在中国提高民族科学文化素质的重要,感受到"新民"的必要。在严复看来,中华民族步入近代以来,积贫积弱,饱受欺压,中国的军队在战争中屡战屡败,表面看来,是因为中国科技落后,经济力量和军事力量不如西方国家;从实质上看,则是因为中国文化落后,因为民族的文化素质不高。在具体谈到中国军队的素质时,严复曾经说过:"将不素学,士不素练,器不素储,一旦有急,则蚁附蜂屯,授之以扞格不操之利器,曳兵而走,转以奉敌;其一时告奋将弁,半皆无赖小人,觊觎所支饷项而已。至于临事,且不知有哨探之用,遮革之方,甚且不识方员古阵大不宜於今日之火器,更无论部勒之精详,与夫开阖之要眇者矣。即当日之怪谬,苟记载其事而传之,将皆为千载笑端,而吾民靦然固未尝以之为愧也。"(严复:《原强》)在严复看来,由一些不懂得现代的军事技术,只知墨守陈规,不知爱国为民,只知为己而告一时之奋勇,愚昧贪婪,不守纪律的将士组成的军队,是注定要失败的。严复进而认为,自鸦片战争以来,从总体上看,中国"民力已茶,民智已卑,民德已薄"(严复:《原强》)。民族在体力和文化素质上已不足以同西方的列强抗衡,在剧烈的矛盾冲突中,弱者将无以自存,无以遗种。这是必然的。"民力"、"民智"、"民德",是一个民族素质优劣,国家力量强弱的标志,"西洋观化言治之家,莫不以民力、民智、民德三者断民种之高下,未有三者备而民生不忧,亦未有三者备而国威不奋者也"(严复:《原强》)。这种认识,使严复极力主张"新民",把革新教育,培养新人,提高全民族的文化素质,看做是治世之要,强国之本。

梁启超也是极力主张"新民"的维新派代表人物,他也把"新民"看做谋求国家民族强盛的基础和前提。他曾说:"国也者,积民而成。国之有民,犹身之有四肢、五脏、筋脉、血轮也。未有四肢已断,五脏已瘵,筋脉已伤,血轮已涸,而身犹能存者;则也未有其民愚陋、怯弱、涣散、混浊,而国犹能立者。故欲其身之长生久视,则摄生之术不可不明;欲其国之安富尊荣,则新民之道不可不讲。"(梁启超:《新民说·叙论》)在梁启超看来,在中国要出现"新国家"、"新政府"、"新制度",必须从"新民"开始。鸦片战争以来,中国的仁人志士,长期致力于变法图强的事业,而又始终没有获得大的成功,其中一个重要的原因就在于人们未能留意于"新民之道"。为此梁启超专门撰写了《新民说》,不仅明确地提出了"新民为今日中国第一急务",并详细地论述了自己所理解的"新民之道",论释了"新民"的含义、方法、内容,使维新派人士的"新民"主张进一步理论化、系统化。但不论是严复主张和追求的"国威",还是梁启超讲的国家的"安富尊荣",本质都是同一的,维新派人士主张"新民",其动机和目标都是近代中国人民梦寐以求的强国。

二

梁启超主张的"新民之道",最基本的一点是强调国民人人都有一种自新意识。"新民"不是仅"新"某一个人,而应当使整个民族人人"自新"。他说:"新民云者,非新者一人,而新之者又一人也,则在吾民之各自新而已。孟子曰:'子力之行,亦以新子之国'。自新之谓也,新民之谓也。"(梁启超:《新民说·论新民为今日中国第一急务》)在梁启超看来,只有国民都具备一种自新意识,才是真正"新民",因为只有当国民具备这种"自新"意识的时候,才能够改变人们对国家大事漠然,或在关系国家民族前途的大事面前"责人不责己,望人不望己之恶习"(严复:《原强》)。由国民的"自新"而致使国家兴盛。

"新民"是要使国民"自新",具体来说即是要"开民智"、"鼓民力"、"新民德"。严复在他的《原强》中曾说"今日要政,统于三端,一曰鼓民力,二曰开民智,三曰新民德"。并以为使"三者诚进,则其治标而标立,三者不进,则其标虽治,终亦无功"。所谓"鼓民力",是主张民众强身健体。严复以为,现代科学如心理学、生理学等学科已经证明,人的智力同人的体质是密切联系的。有了强壮的筋骨,才可能有超人的智略。在现代社会中,国家强盛的根基之一,即在于"民之手足体力"。中国古代有"射御之教",目的即在于"练民筋骸","鼓民血气";近代西方更是注重"操练形骸",讲究饮食和优生,致使西人体格强壮,精力充沛。中国近代则不然,人们吸食鸦片,女子缠足,结果是国人体弱,使国家民力大衰。所以严复认为,要强国需先"鼓民力","鼓民力"则需禁止吸毒,禁止缠足。"是鸦片、缠足二事不早为之所,则变法者,皆空言而已矣"。不确立科学的生活态度和观念,增强人们的体力,提高全民族的身体素质,富国强民就没有基础,就只能流于形式,托之空言。

"开民智"是要全面地提高民族的科学文化素质。严复认定,近代西方国家强盛,一个重要原因就是民众智力发达,具有一批优秀的自然科学家和社会科学家。在谈到近代西方科学昌明时他说:"是以制器之备,可求其本于奈端,舟车之神,可推其原于瓦德,用电之利,则法拉第之功也;民生之寿,则哈尔斐之业也。而二百年学运昌明,则又不得不以柏庚氏之摧陷廓清之功为称首。学问之士,倡其新理,事功之士,窍之为术,而大有功焉。故曰民智者富强之原,此悬诸日月不刊之论也"(严复:《原强》)。"开民智"为国家"富强之原",在中国也只有"教民知学",启迪和开发民族的智力,中国才能够自立于强国之列。

　　严复主张的"新民德"，是要通过思想文化教育，更新国民的价值观念，思想品德，摆脱传统的三纲五常观念对人们思想的束缚。严复十分称道近代西方文化中的平等观念，他认为，在西方是因为平等观念使得"民知自重而有所劝于为善"；他指责中国文化中强烈的等级观念，认为这种观念弱化了国民的自主意识和爱国主义精神。他说："夫上既以奴虏待民，则民亦以奴虏自待。夫奴虏之于主人，特形劫势禁，无可如何已耳，非心悦诚服，有爱于其国与主而保持之也。"（严复：《原强》）自主意识的弱化，使得人们不能够"同力合志，联一气而御外敌"（严复：《原强》）。这对于一个民族来说，是极其不利和危险的。所以严复认为，不"新民德"，中国亦无强盛之日，要求国家强盛，则必须"新民德"，培养和强化民众的爱国主义精神。

　　严复以"鼓民力"、"开民智"、"新民德"为"新民"的具体内容，把这三者都看做是强国的根基，但他以"开民智"为国家富强之原，认为现在中国最急切地需要解决的问题是"民智"问题。他说："今吾国之所最患者，非愚乎？非贫乎？非弱乎？则径而言之，凡事之可以愈此愚，疗此贫，起此弱者，皆可为。而三者之中，尤以愈愚为最急。何则？所以使吾日由贫弱之道而不自知者，徒以愚耳。"（严复：《与〈外交报〉主人书》）在中国，当务之急，是开启民众智力；不提高全民族的科学文化素质，既无法"疗贫"，也无法"起弱"，即缺乏富强之原。严复这种"新民"思想，亦可谓是主张治"贫"，治"弱"，必先治"愚"。

　　梁启超主张的"新民"，同样是要解决民族的"民力"、"民智"、"民德"问题。梁启超认为，饱受欺凌的中华民族，要自强，所面临的具体工作一是"内治"，二是"外交"。对于"内治"，人们多议论某人"误国""殃民"，多指责政府的"失机"，官吏的"溺职"，以此作为近代中国积贫积弱的根由，其实不然，这种根由尚属表层的，而非深层的。因为中国的政府是由中国人组成的，无能的官吏也是中国人中的一分子，政府"失机"，官吏"溺职"，说明近代中国人文化思想素质的低下。他说："政府何自成？官吏何自出？斯岂非来自民间者耶？某甲某乙者，非国民之一体耶？久矣夫聚群盲不能成一离娄，聚群聋不能成一师旷，聚群怯不能成一乌获，以若是之民，得若是之政府官吏，正所谓种瓜得瓜，种豆得豆，其又奚尤？"（梁启超：《新民说·论新民为今日中国第一急务》）在一个"民力"、"民智"、"民德"低下的民族中，是难以选拔出精明干练的官吏，组织起政府，处理好国家内部事务的；即使有所谓"贤君相"，以低下的"民智"、"民力"、"民德"，同样难以拯救民族的贫弱。要处理好"外交"问题，抵御帝国主义列强的侵扰，同样必须解决民族的"民力"、"民智"、"民德"问题。而要解决好这一问题，都必须"新民"。这种认识使梁启超断定："然则苟有新民，何患无新制度，无新政府，无新国家。非尔者，则虽今日变一法，明日易一人，东涂西抹，学步效颦，吾未见其能济也。夫吾国言新法数十年，而效不睹者何也？则于新民之道未有留意焉者也。"（梁启超：《新民说·论新民为今日中国第一急务》）"言新法"而未睹实效，是未行"新民之道"。要抵御外辱，也只有"新民"。因为"欲抵挡列强之民族帝国主义,以挽浩劫而拯生灵,惟有我行我民族主义之一策。而欲实行民族主义于中国,舍新民末由"(梁启超:《新民说·论新民为今日中国第一急务》)。维新派人士,意识到在近代中国,要强国即需"新民,把"新民"看做是强国之本;并将"新民"的具体内容定为"鼓民力"、"开民智"、"新民德",感受到了提高全民族的文化,身体素质的极端重要性,这在中国近代思想史上不能不说是一个巨大的进步。鸦片战争以来,不少具有爱国热肠的中国知识分子探索救亡图存的路径,或主张学西方的船坚炮利;或主张学西方的经济制度、政治制度;把从不同的层面上学习、吸收西方文化,视为强国的灵丹妙药。但在维新思潮形成以前,人们的救亡图存理论中,都还没有明确地提出在中国改造中国文化的主体,培育一代新人,把"新民"视为强国之本。应当说是历史的发展,中华民族危机的加剧,促进人们深化了对救亡图存路径的认识,使严复、梁启超一类维新派人物清醒地认识到了近代中国对于"新民"的急切需要。维新派实际上是资产阶级改良派。他们主张的"鼓民力"、"开民智"、"新民德"的具体含义当然不会超越资产阶级改良派不触及封建社会根本制度的立场和追求,具有其特定的阶级属性。但他们主张"新民",确又触及到了中国步入近代之后,我们的民族急需解决的一个根本问题。即使今天,我们在社会主义的四化建设中,仍然需要尽力提高全民族的科学文化水平,提高人们的思想品德,培植人们的爱国主义精神。从这样的视角来看待维新派人士的"鼓民力"、"开民智"、"新民德"的主张,则不能否定其在中国思想史上的历史地位和理论价值。

三

怎么样"新民"呢?或者说怎么样"鼓民力"、"开民智"、"新民德"呢?严复的主张一是摒弃旧学,二是学习和吸收西方文化。

在维新派人士中,严复对于中国旧学的批判是较为深刻的。在严复看来,中国传统文化中不少是无益于国计民生的无用之学。他批判中国传统文化中关于辞章、考据的学问,也批判过宋代的义理之学。认为这些学问之所以无用,是因为这些学问"徇高论而远事情,尚气矜而忘实祸"。产生这种无用之学的根由,严复认为从思维方法上看,一在于"师心自用",二在于"无实"。他批判陆王心学时说,"夫陆王之学,质而言之,则直师心自用而已。自以为不出户可以知天下,而天下事与其所谓知者,果相合否?不径庭否?不复问也。自以为闭门造车,出而合辙,而门外之辙与其所造之车果相合否?不龃龉否?又不察也。向壁虚造,顺非而泽,持之似有故,言之若成理,其甚也,如骊山博士说瓜,不问瓜之有无,议论先行蜂起"(严复:《救亡决论》)。这种"师心自用"的学问,不是源于实际,又不验证于外界的客观事物,不能真实地反映事物的本质。这样的理论,貌似高深,却无实际的用处。严复在批判心学的同时,对宋明道学中其他各派也进行了批判:"周、程、张、朱、关、闽、濂、洛,学案几部,语录百篇……詑詑声颜,距人千里。灶上驱庯,折箠笞羌。经营八表,牢笼天地。夫如是,吾又得一言以蔽之,曰:无实"(严复:《救亡决论》)。这种"无实"之学,除了教人们摇头晃脑,空论心性,或叫人们死记硬背,作八股文章,以为谋取私利的敲门砖之外,也毫无用处。心学"师心自用",道学"无实",其流传,只能是使人们"锢智慧","坏心术","滋游手",误国误民。因此,要在中国"新民",严复认为首先要抛弃旧学,改变传统的思维方式,提倡科学的实测之学。

同时,严复认为要"新民",还必须学习吸收西方文化。严复曾留学英国,是维新派人士中直接地领略过西方文化的人物。他对吸收西方先进文化对于"新民"的重要作用相当的自觉,把接收容纳西方文化看做是在中国"开民智"的重要途径。他曾经说过,废八股,兴西学,"救亡之道在此,自强之谋亦在此"。他认为,尽管在中西文化的矛盾冲突中,中国是失败者,中国人民对西方帝国主义列强恨之入骨,但正因为失败,才必须学习人家的长处,并以日本为例说明学习西方文化的重要。认为中国人亦必须如此,要"制人"、"存国",亦宜痛下决心,学习和吸收西方文化。

严复不仅主张"痛除八股而大讲西学",而且身体力行,努力在中国传介西方文化。他先后翻译了赫胥黎的《天演论》,亚当·斯密的《原富》,约翰·穆勒的《群己权界论》,孟德斯鸠的《法意》,斯宾塞尔的《群学肄言》,甄克斯的《社会通诠》等近代西方的科学和人文科学方面的著作。由于严复把西方逻辑理论的发达看做是科学昌明的重要原因,还把约翰·穆勒的《名学》和耶芳斯的《名学浅说》译介到中国来,主张在中国改变学术方法、思维方法落后的状况,避免由于不注重逻辑方法而导致的"学术之所以多诬,而国计民生之所以多病"的后果。

严复主张通过吸收西方文化来"新民",但严复并非是一个全盘西化论者,民族文化传统在他的心目中仍有相当地位。严复也不是一个"中体西用"论者。他认为任何民族的文化都有体有用,西方文化的近代特质即在于其"以自由为体,以民主为用",学习西方文化,不能割裂其体用关系。他从资产阶级的立场出发,主张在中国要"新民",即须接受西方的自由、民主观念,在中国亦走"以自由为体,以民主为用"的文化建设道路。严复主张的这种"新民"途径,在中国并没有成为现实,但仍反映了中国近代文化发展的某些历史要求。当然,严复晚年的思想变化较大,他由一个熟知西学的人物蜕变成了一个文化保守主义者,极力维护中国传统的旧文化,把封建的"先王教化"看做是中国存在的"命根"和希望,利用自己的声望和影响,努力为维护封建的"纲纪彝伦道德文章"开辟讲坛,体现了他思想中落后的一面。但这并不影响他早年关于"新民"思想的价值,而只是以一种悲剧性的思想结局,向我们折射了中国近代复杂的文化斗争和社会矛盾。

梁启超对于如何"新民"的理解更具备理论的形态。他认为"新民"需正确处理好对待传统文化和西方文化的关系。为了"新民"而接受外来文化,这并不是要人们

"尽弃其旧以从人",而是既要保存民族所固有的优秀文化传统,又容纳外来民族文化的优秀成果。前者他谓之"淬厉其所本无而新之",后者他叫做"采补其所本无而新之"。梁启超主张发扬民族文化的固有传统,是基于这样一种认识,即一个国家一个民族之所以能自立于世界,是因为有她自己的文化传统和特质,有自己独立的国民精神,对民族特有的文化传统和精神,只能够"濯之拭之,发其光晶;锻之炼之,成其体段,培之浚之,厚其本原"(梁启超:《新民说·释新民之义》)。只能让其留存,并使其发达。若是丢弃了民族文化的传统和精神,则失去了一个民族"自新"的根据。他主张吸收外来文化,是因为他意识到近代中国文化确实落后了,缺乏近代西方文化的精神和内容,而一个文化落后的民族是难以强国的。所以他说"不欲强吾国则已,欲强吾国,则不可不博考各国民族所以自立之道,汇择其长者而取之,以补我之所未及"(梁启超:《新民说·释新民之义》)。梁启超在其如何"新民"的主张中,似乎注意到了对待传统文化和西方文化的两种有片面性的态度:一是固守旧的文化传统,拒绝接收外来的新文化;二是全面地接收外来文化,丢弃本民族固有的优秀文化传统。他说:"吾所谓新民者,必非如心醉西风者流,蔑弃吾数千年之道德、学术、风俗,以求伍于他人;亦非如墨守故纸者流,谓仅抱此数千年之道德、学术、风俗,遂足以立于大地也"(梁启超:《新民说·释新民之义》)。在梁启超看来,墨守成规的国粹主义者不能"新民",数典忘祖的全盘西化也不能真正"新民"。要"新民"必须在发扬民族文化优秀传统的基础上,容纳外来文化的优秀成果,形成新的民族文化,以这样的新文化"新民",才能真正培养出"新民"来,由这样的"新民"治理建设自己的国家,才有可能达到强国的目的。这种思想实际上表达了一种很有价值的文化理论,对于我们今天正确地理解传统文化、西方文化与现代化建设的关系,仍然具有现实的启发意义。

"新民说"是维新思潮中一项重要内容,这种思想并不限于严复和梁启超的学说。康有为倡导维新变法,谭嗣同主张"冲决网罗",实际上都主张"新民","新民"是维新派人士企求强国的重要措施,也是维新派人物一致的追求。为了革新教育,为了"新民",他们批判旧学,译介西学,为新的民族文化的孕育诞生做了许多有益的工作,为后来资产阶级革命派创建自己的理论,乃至马克思主义在中国的传播准备了一定的思想土壤。但是,维新思潮的代表人物们又未能以自己的"新民"理论和实践,培养出能够担负起挽救中华民族危难的"新民"来。其中原因甚多,最根本的一点就是他们基于君主立宪的立场,没有找到也不可能找到一种适合中国的实际,能够指导中国人民推翻封建专制,解决民族、民生问题的思想武器。后来,资产阶级的革命派人物也未能解决这个问题。只有当中国人民历史地选择了马克思主义,才武装起民族的"新民",把我们的国家和民族从水深火热之中拯救出来,使我们的国家和民族走上了自强自立的道路。

今天,我们的国家已经巨人般地屹立在世界的东方。但是我们的经济、文化相较于先进民族仍然比较落后,在这个科学技术日新月异地发展和充满矛盾斗争的世界上,我们的民族要利用机遇,迎接挑战,重要的手段仍是提高全民族的科学文化水平,"新民"仍是我们今天"强国"的基础和前提。所不同的是我们所要求的"新民"是用马克思主义的世界观和现代科学文化培养四化人才,"强国"是建设有中国特色的社会主义。这些义蕴同梁启超等人的主张已不可同日而语了。但对历史的回溯,却应坚定我们以教育立国,以科技兴邦的信念;促使我们科学地理解现实的振兴中华的目标和任务。

（原载《武汉大学学报》1992 年第 5 期）

戚与维新之梦幻

——戊戌变法时期的启蒙思潮

维新变法思潮的兴起,构成了中国启蒙思想发展史上又一个重要环节。维新变法理论是近代中国资产阶级思想宝库中的重要组成部分,其形成与1894年这个中华儿女永远不能忘怀的年头关联在一起。

在中国近代史上,1894年是中华民族用血泪浇灌的年头。这一年,中日开战,史称甲午战争。战争中,中国军队失败,日本帝国主义占领了丹东、大连、旅顺等大片中国领土,并于第二年年初攻占中国重要的军港威海卫,使满清政府的北洋舰队全军覆灭。战争失败之后,清政府丧权失土,与日本签订"马关条约",除向日本赔偿巨额军费之外,还将台湾等大片中国领土割让给了日本。

甲午战争的失败,使帝国主义列强瓜分中国的阴谋开始得逞。在日本占领大片中国领土之后,长城以北以及长江流域,山东、云南、两广的大片中国领土又先后变成了沙俄、英、德、法等帝国主义国家的势力范围。国土的大片沦丧,更加剧了中华民族的危机,使中国人民进一步陷入了半封建半殖民地的苦难深渊。

甲午战争的失败,也宣告了自鸦片战争以来,洋务派"自强新政"的破产,打破了洋务派办洋务,兴实业,以甲兵止甲兵的强民强国梦想。面对"商战论"、"兵战论"和洋务思潮的相继破产,国家的大好河山被帝国主义势力"瓜分豆剖",古老的中华民族受人宰割欺凌的严酷现实,大批爱国仁人志士忧心如焚。"世间无物抵春愁,合问苍冥一哭休。四万万人齐下泪,天涯何处是神州。"谭嗣同的诗句即是当时人们愤激心情的真实写照。亡国灭种的危机,唤起人们对于复兴国家民族道路的新思考、新探索。人们开始意识到,仅仅从某一个层面学习和引进西方文化,已无法达到救亡图存,复兴国家民族的目的。人们开始拓展思维视野,寻求全方位地对中国社会制度进行改良的蓝图和目标。梁启超曾经说过:"甲午丧师,举国震动,年少气盛之士,疾首扼腕言'维新新法',而疆吏若李鸿章、张之洞辈,亦稍稍和之。"(《清代学术概论·二十九》)救亡图存,"保国"、"保种"、"保教"的强劲呼声,终于会聚成一股强大的"维新变法"思潮,并很快被付诸实践,使康有为、梁启超、谭嗣同、严复一类资产阶级代表人物同时登上了中国近代的政治舞台和思想文化的舞台。

维新变法思潮,是对中国启蒙思想发展史中一个特定环节的概称。就其理论框架和基本内容而言,则是由康有为、梁启超、谭嗣同、严复等人共同建构的。这种维新思潮所涵盖的理论层面比较宽泛。其中有从形上学的高度对事物运动变化属性的论释,也有对西方进化论思想的评介;有对旧文化、旧传统、旧道德的批判,也有对西方"新学"的宣传和容纳。更为难能可贵的是维新思潮的代表人物已明确地认识到思想启蒙对于拯救国家民族的重要作用和巨大意义,主张"新民",开启民众智力;并绘制出了中国社会改革的蓝图。这使得维新思潮的代表人物的思想理论无论其系统性还是缜密性都远远地超过了中国资产阶级早期代表人物的思想理论。但是,作为中国资产阶级的思想代表,维新派人物仍然无法摆脱其晚生、早熟和软弱的特征,他们的思想理论仍然是一种不成熟的理论。这一点诚如学者们所说:在中国近代思想文化的斗争中,他们"以一种朦胧的历史自觉,把明清之际的启蒙哲学看做自己的思想先驱,希图继续其未竟之业,但他们忙于引进西学而来不及对自己的历史遗产推陈出新;在大量吸收西学的过程中,也曾注意到培根、洛克、笛卡尔的哲学斗争与科学昌明的关系,狄德罗、拉美特利的哲学与法国革命的关系,乃至康德、黑格尔哲学的进步意义等,希图吸取来'开民智'、'新民德'。但他们迫于应付政治事变而匆匆建立的哲学体系,却又芜杂而极不成熟,他们力图把当时西方自然科学的新成果和新概念直接纳入自己的哲学体系,用以否定传统的'宋学'和'汉学',突破古代唯物主义的朴素性和直观性,但由于理论思维的进程上跳越了一些环节,只能陷于简单的比附,结果他们所进行的哲学变革往往自陷迷途,乃至于完全落空。"①理论上的不成熟性和空想性,使得维新派人物的思想结局和归宿带有鲜明的悲剧色彩;但正是具有这种特征和色彩的维新思潮,标志着中国启蒙思想发展史的一段艰难历程。

一、"变法而强,守旧而亡"

维新思潮的兴起,从其历史的客观条件看是因为满清政府腐败无能,丧权失土,中华民族生存危机的加剧;从思想理论的角度探视其起因,则又首先与维新思潮的代表人物们"变而变者,变之权操诸己,不变而变者,变之权让诸人"这种认识以及立足于这样的认识而形成的"变法而强,守旧而亡"这种理论联系在一起。关于"变"与"不变",严复曾经说过"善夫吾友新会梁任公之言曰:'万国蒸蒸,大势相逼,变亦变也,不变亦变。变而变者,变之权操诸己;不变而变者,变之权让诸人。《传》曰,'无滋他族,实逼处此'。愿天下有心人三复斯言而早为之所焉可耳。"(《原强》)严复所论实为当时探寻救亡图存道路的人们的共识。因此,从形上学的高度一般论释事物

---

① 萧萐父:《中国哲学启蒙的坎坷道路》,《中国社会科学》1983 年第 1 期。

的运动变化而形成的理论,既是维新思潮中的重要内容,又是整个维新思潮的哲学基础和理论前提。

在维新思潮的代表人物中,对事物运动变化的论释较具理论的系统者首推康有为。

康有为(1858—1927),广东南海人,后人说他"天资瑰异,古今学术无所不通,坚于自信,每有创论,常开风气之先。"(《清史稿》卷四七三)康有为是维新变法的首倡者。为了宣传变法,他从今文经学家的立场出发,发挥《周易》中所包含的有关"变易"的思想,论释事物的运动变化。他认为:"天不能有昼而无夜,有寒而无暑,天以善变而能久;火山流金,沧海成田,历阳成湖,地以善变而能久;人自童幼而壮老,形体颜色气貌,无一不变,无刻不变。"(《进呈〈俄罗斯大彼得政变记〉序》)天、地、人三者都处于不断地变化之中;事物的运动变化正是事物得以长久存在的根据和基础;如果没有事物的变化,即没有事物的新旧代谢,也没有事物新生和发展。所以康有为强调"物新则壮,旧必老;新则鲜,旧必腐;新则活,旧必板;新则通,旧则滞。物之理也。"(《上皇帝第六书》)把运动变化看做事物之"理",使他进一步得出了"盖变者,天道也"(《进呈〈俄罗斯大彼得政变记〉序》)这一结论。

康有为肯定天、地、人都处于运动变化之中,把中国社会也看做一个发展进化的过程。他从自己维新的思想理论需要出发,阐发《春秋》一书的"微言大义",认为"公羊三世"是指由"据乱世"进入"升平世',由"升平世"进入"太平世";"三世"是三个依次嬗递的社会历史阶段。他说"'三世'为孔子非常大义,托之《春秋》以明之……所传闻世托'据乱',所闻世托'升平',所见世托'太平'。"(《春秋董氏学》)"太平世"是康有为所认定的最理想的社会。在康有为看来,中国社会早已进入"升平世"或曰"小康"这一历史阶段。但是中国的社会仍然贫穷落后,中国的人民仍在受外敌的宰割欺凌。之所以如此,一个根本原因就在于人们"泥守旧方而不知变,永因旧历而不更新"。他说:"今者中国已小康矣,而不求进化,泥守旧方,是失孔子之意而大悖其道也。"(《礼运注序》)"不知变""不更新"既违背了事物之理,又违背了"圣人"之"意"。因此他把"笃守旧方而不知变"看做是"当今之病",痛斥那些鼓吹"祖宗之法不可变"的顽固派。他认为西方列强,乃至东方的日本这样的小岛国,之所以强大,原因都在于其知"变"。所以他大声疾呼:"观万国之势,能变则全,不变则亡;全变则强,小变仍亡。"(《上皇帝第六书》)在中国,要救亡,要富强,改变国家民族积贫积弱的状况,唯一的出路在于知"变",求"变"。

康有为从一般地论释事物的运动变化,进而论及社会的进化变革,这正是维新派代表人物的思想理论所要追求的现实目标。康有为主张对中国社会实施变革,这种变革是全面的。他认为中国的社会不"变"没有出路,不"全变"也没有出路。"全变"不仅要"购船置械","设邮便,开矿山","改官制,变选举",即所谓"变器"、"变事","变政",更重要的是"变法",即全面地变更国家的典章宪法。因为"法既积久,弊必丛生",固守成法,就会因循守旧,无所作为。因此他在给皇帝的上书中说:"今当以开创治天下,不当以守成治天下,当以列国并争治天下,不当以一统无为治天下。"(《上皇帝第六书》)国家民族要强盛,唯有变法维新。变法才能救亡,变法才能富强。"观大地诸国,皆以变法而强,守旧而亡。"(《上皇帝第六书》)在康有为看来,变法是国家强盛的必由之路。

梁启超对康有为变法是国家强盛之必需,是社会进步之必然的思想做了进一步的论述和发挥。梁启超(1873—1929),广东新会人,1889年中举以后,开始阅读《瀛环志略》一类介绍外国风土人情,史地沿革的著作,以及其他西学著作。后从康有为学习,是康有为在广州万木草堂的学生中的佼佼者。他曾经协助康有为编撰《新学伪经考》、《孔子改制考》等重要著作,和康有为一起倡导变法维新。他勤奋好学、多才多艺,是维新派重要的宣传家。

梁启超在《变法通议》一文中论述变法的必要性、必然性时说:"法何以必变?凡在天地之间者,莫不变。昼夜变而成日,寒暑变而成岁;大地肇起,流质炎炎,热熔冰迁,累变而成地球;海草螺蛤,大木大鸟,飞鱼飞鼍,袋兽脊兽,彼生此灭,更代迭变,而成世界;紫血红血,流注体内,呼炭吸养,刻刻相续,一日千变,而成生人。藉曰不变,则天地人类,并时而息矣。故夫变者,古今之公理也。"他认为"变"是"古今之公理",法也不能够例外,也在必变之列。同时从社会的进化来看,变法也是社会进步的客观要求。人类社会从"据乱世"进入"升平世","升平世"进入"太平世",这是普遍的必然的,中国社会也必然要经历这种进化,不可能停驻"升平世"这样一个历史阶段上。他说:"盖天地之运,将入太平,固非泰西之所得专,亦非震旦之所得避,吾知不及百年,将举五洲而悉唯民之从,而吾中国亦未必能独立而不变。"(《论君政民政相嬗之理》)"变"是必然的,"变亦变,不变亦变"(《变法通议》),这是人们的主观意志所没有办法改变的理则。正确的态度,只能是以"变"应"变",以"变"顺"变",在"变"中求生存,在"变"中求富强;通过"变法"来复兴国家民族,改变"吾中国四万万人……如笼中之鸟,釜中之鱼,牢中之囚,为奴隶,为牛马,为犬羊,听人驱使,听人宰割"的悲惨局面。

康有为及其弟子梁启超都是维新变法思潮的代表人物,他们以论释事物的运动变化作为自己变法维新思想的根据;他们用以论释事物变化的思想资料,主要来源于中国传统的文化典籍。尽管在他们的思想中也曾借鉴容纳过西方近代的科学知识和哲学理论,但由于当时传入中国的西方文化,内容芜杂,他们又没有亲临西方直接领略西方文化的生活经历,他们对于西学的了解,也难免浅戆。这使得他们关于事物运动变化的思想,在理论形态上仍然显得素朴直观,缺乏近代资产阶级启蒙哲学的理论特色。在维新派代表人物中,关于事物运动变化的理论,更具备西方近代资产阶级启蒙哲学特征的是严复的思想。

严复(1853—1921),福建侯官人,是中国近代启蒙思想家中,直接领略过西方文化、真正精通西学的人物。他聪颖早慧,14 岁便考入福州船政学堂,其才学,曾为主持福州船政局的沈葆桢所赏识。严复在船政学堂,主要学习英文,驭船术以及相关的自然科学,同时也兼习论策。这种学习为他后来广泛地接触西方文化奠定了基础。1876 年,严复被派往英国,学习海军。在英国,严复不仅按照学校要求刻苦地学习西方近代的自然科学知识,而且广泛地接触社会,对比中西文化,思考西方国家强盛的原因,最终把自己的治学方向转向了思想文化领域。回国后,他大量传介西学,探求救亡图存的道路,成了中国近代杰出的启蒙主义思想家。

　　严复吸收了西方近代出现的进化论思想,通过宣传介绍进化论来论释事物的运动变化。严复介绍进化论的著作主要是其译著《天演论》。这部书译自赫胥黎的《进化与伦理学》,是该书的前半部分。赫胥黎是英国生物学家,他曾写作《人类在自然界的位置》一书,论证人与猿同祖;在《进化论与伦理学》一书中,赫胥黎则全面地介绍了达尔文的进化论。严复把这部著作的前半部分定名为《天演论》就是要介绍进化论,肯定“天演”就是“进化”。进化论把生物的发展看做是一个不断发展的过程,把物质的更新看做是自然选择的结果。严复接受这种观念,把整个世界都看做是“天演”即进化的过程,或说是运动变化的过程。物质世界的运动是“质”与“力”的相互作用。他说:“天演者,翕以聚质,辟以散力。方其用事也,物由纯而之杂,由流而之凝,由浑而之画,质力杂糅,相剂为变者也。”(《天演论·广义》按语)“天演”就是一个“翕以聚质,辟以散力”的运动过程,正是在这样的运动过程中形成了各式各样的事物。

　　在事物运动变化的过程中,一个普遍的原则是优胜劣败,适者生存。严复将其谓之“物竞天择”。“物竞”是指生物之间为自身生存而引起的斗争,“天择”,是生物通过生存斗争,实现自然选择,存优淘劣。严复在谈到达尔文进化论时说:“物竞者,物争自存也;天择者,存其宜种也。意谓民物于世,樊然并生,同食天地自然之利矣。然与接为构,民民物物,各争有以自存。其始也,种与种争,及其稍进,则群与群争,弱者常为强肉,愚者常为智役。及其有以自存而遗种也,则必强魁桀,趫捷巧慧,而与其一时之天时地利人事最其相宜者也。”(《原强》)严复在中华民族面临亡国灭种的深重危机的时刻,把进化论介绍到中国,并将进化论的主旨概述为“物竞天择”、“弱肉强食”、“愚者智役”、优胜劣败,在中国的思想界振聋发聩,令人耳目一新,感同身受。严复这些思想在国家民族的危机不断加剧的背景下很快为人们接受、响应,“物竞天择”适者生存,成了人们要求维新变法的强有力的思想武器。严复本人介绍进化论也正在于从理论上唤起人们的危机意识和生存意识。以便全中国人民“向力合志”,抵御外敌,自强自立,“保国”、“保种”、“保教”。这种理论追求,唤起了大批仁人志士,为了民族的兴盛,奔走呼号,甚至抛头颅洒热血,英勇献身。由于严复的“物竞天择”、“适者生存”的观点,是建立在对近代自然科学的理解和容纳的基础之上的,相比较于康有为的“变法而强,守旧而亡”的理论,具有更现实更具体的理论感召力和说服力,也具备更鲜明的近代启蒙思想的特色。尽管康有为和严复对事物运动变化的理解,同为维新思潮的思想前提,都对维新思潮的兴起产生过巨大的引发和促进作用,但就对中国后来启蒙思想发展的影响来看,严复的思想似乎更为深远,更加广泛。

二、"冲决伦常之网罗"

　　维新思潮的代表人物倡导变法,主张对国家的"典章宪法"进行变革,这种变革是要去陈用新,改弦更张,而非"补苴罅漏"。在他们看来,仅仅对旧制度作些修修补补,那么国家民族仍无强盛之日,这就是康有为说的:"诚以积习既深,时势大异,非尽弃旧习,再立堂构,无以涤除旧弊,维新气象。若仅补苴罅漏,弥缝缺失,则千疮百孔,顾此失彼,连类并败,必至无功"(《上清帝第四书》)。因此,维新思潮的代表人物对于旧的社会制度、文化具有一种强烈的破坏意识。他们主张挣脱封建社会纲常名教的束缚,去开创新的社会制度。这种意识在谭嗣同的思想理论中,表现得尤其突出。他猛烈地抨击封建社会的伦理观念和专制制度,发出了"冲决伦常之网罗"的战斗呐喊。

　　谭嗣同(1865—1898),湖南浏阳人,其父谭继洵曾任湖北巡抚。谭嗣同从小即受到了良好的传统文化教育,后来又接触西学,甲午战争之后,立志救国。1896 年谭嗣同结识梁启超,通过梁启超了解康有为的维新主张和思想理论,对康有为钦佩之至,自称为康氏的"私淑弟子"。后与梁启超一起在长沙创办时务学堂,又主编过《湘报》和《湘学新报》。1898 年,谭嗣同进京,后被授四品卿衔,为"军机四卿"之一。戊戌变法失败,维新派人士受到封建顽固势力的疯狂镇压。梁启超、康有为逃亡日本。也有人曾劝谭嗣同出走避祸。他说:"各国变法,无不从流血而成,今日中国未闻有因变法而流血者,此国之所以不昌也。有之,请自嗣同始。"(梁启超:《谭嗣同传》)他没有走。是年 9 月 28 日,谭嗣同留下了"我自横刀向天笑,去留肝胆两昆仑"的诗句,后在北京英勇就义,时年仅 34 岁。他用生命和热血为自己在中国近代史上树立了一座不朽的丰碑。

　　梁启超曾把谭嗣同比喻为晚清思想界的一颗彗星,他的"冲决纲常之网罗"的主张是在他的《仁学》这部著作中提出来的。《仁学》一书写作于 1896 年间。这期间,谭嗣同结识了梁启超,了解了康有为的大同学说,在南京又跟随佛学大师杨文会研读佛学典籍,同时他又广泛研读西学著作。于是他力图会通儒家思想、佛学和基督教乃至西方近代的自然科学和资产阶级的社会政治理论,来建立自己的理论体系。《仁学》即是他这种理论追求的结果。由于学识阅历的限制,《仁学》的内容显得芜杂,甚至于有许多非科学的成分;但是这部著作中所记述的谭嗣同的思想观念则同他的行为一样,惊天地,泣鬼神,"吐万丈光芒";对于封建制度的批判的激烈程度,在维新人士的著作中,是无与伦比的。这点诚如梁启超所说:《仁学》一书,"其驳杂幼稚之论甚多,固无庸讳,其尽脱旧思想之束缚,戛戛独造,则前清一代,未有其比也"(《清代学术概论·二十七》)。其所以如此,就在于《仁学》贯穿了一个基本精神:"冲决网罗。"谭嗣同在《仁学自序》中说:"吾自少至壮,遍遭纲伦之厄,涵泳其苦,殆非生人所能任受,濒死累矣,而卒不死。由是益轻其生命,以为块然躯壳,除利人之外,复何足惜!深念高望,私怀墨子摩顶放踵之志矣。……以吾之遭,置之娑婆世界中,犹海之一涓滴耳,其苦何可胜道?窃揣历劫之下,度尽诸苦厄,或更语以今日此土之愚之弱之贫之一切苦,将笑为诳语而不复信,则何可不千一述之,为流涕哀号,强聒不舍,以速其冲决网罗,留作卷剂耶!"谭嗣同说自己"遍遭纲伦之厄",是指他生母早亡,受父妾虐待。但是他不以个人痛苦为意,甚至在自己的著作中不避"强聒"之嫌,目的就在于唤起人们"冲决网罗",挣脱种种束缚,解脱"愚"、"弱"、"贫"等苦难,这正表现了维新志士忧国忧民的情怀和志向。

谭嗣同认为,"网罗重重",人们应当冲破的束缚很多。他列举了"利禄之网罗"、"俗学之网罗"、"全球群学之网罗"、"君主之网罗"、"伦常之网罗"、"天之网罗"、"全球群教之网罗"、"佛法之网罗"等。其中所谓"冲决伦常之网罗"正是对在中国延续数千年之久的封建纲常的批判。中国封建社会的纲常的具体内容是所谓"三纲"、"五常",这种思想本源于先秦时期的儒家和法家。孔丘立足于自己"克己复礼"的需要,主张"正名",曾经提倡"君君、臣臣、父父、子子";韩非从法家的立场出发,把臣事君,子事父,妻事夫看做是"天下之常道"。西汉时期董仲舒为适应封建的大一统政治的需要,提出"罢黜百家,独尊儒术",而实际上则融会儒、法观念,推行德、刑并用的方针,开始形成"三纲"、"五常"的封建伦理原则,并断言"王道之三纲,可求于天"(《春秋繁露·基义》)。以神学论证封建社会的尊卑贵贱的天经地义和永恒不变。董仲舒这种思想在东汉时期为人们继承和发挥。《白虎通义》中说:"三纲者,何谓也?谓君臣、父子、夫妇也。……故《含文嘉》曰:'君为臣纲,父为子纲,夫为妻纲'"。人们终于把"三纲"的观念具体化,理论化,以"三纲"来表述封建社会中三种最基本的人伦关系。"五常"是指仁、义、礼、智、信五种德目。宋代道学家们将"三纲"、"五常"联用,并进一步将这套封建社会的道德原则和规范本体化,上升为"天理",把封建社会中人与人之间的尊卑贵贱的不合理关系说成是天理当然;使"三纲五常"这套封建的伦理原则进一步变成吃人的礼教,成为束缚人们的手脚,禁锢人们头脑的绳索,成为维系腐朽的封建制度的思想理论支柱。

谭嗣同生活的时代,"三纲五常"仍然是封建主义的卫道士们用以控制人们的思想,反对变革维新的理论武器。他们把有背离封建伦理纲常的言行的人看做是"名教罪人"。鼓吹"吾人舍名教纲常,别无立足之地;除忠孝节义,亦岂有教人之方?"(《翼教丛编》卷五)所以他们坚决反对"子不从父,弟不尊师,妇不从夫,贱不服贵"(《张文襄公全集》卷二零二)。而主张"三纲五常"千古不变,把"三纲五常'看做维系封建制度的救命符、无价宝。谭嗣同不是这样,他把封建社会的伦理纲常看做是残害众生的杀人刀。

谭嗣同对三纲五常的批判,是从他对于"仁"的理解开始的。在谭嗣同的著作中,"仁"是融会儒学、佛学乃至西学而成的一个观念。他说:"'仁'从二从人,相偶之义也。'元'从二从儿,'儿',古人字,是亦仁也。'无',许说通,'元'为'无'。'是无'亦从二从人,亦仁也。故言仁者不可不知元,而功用可极于无。能为仁之元而神于无者有三:曰佛、曰孔、曰耶"(《仁学·自序》)。谭嗣同讲"'仁'从二从人,相偶之义",是指"仁"表示人与人相互亲近;说"仁"通"元","元"也"从二从人",则是牵强附会,但"元"亦可引申为善。这里的"仁"的涵义主要是依据于儒家的思想学说来讲的。儒家所谓"仁"是指一种境界,也指一种道德规范。谭嗣同的"仁"从佛学的角度讲则是心识,从西学的角度讲则为"以太",这都是从事物本源这一层面对"仁"概念的规定。所以谭嗣同又说"仁为天地万物之源,故唯心,故唯识"(《仁学界说》)。谭嗣同把这样一个既具有儒家所主张的道德特性,又具有佛学、西学所讲的事物根本功能的"仁"的特性概述为"通":"仁以通为第一义。以太也,电也,心力也,皆指出所以通之具"。(《仁学界说》)"通"即是平等,谭嗣同以为"通有四义";即"中外通"、"上下通"、"男女内外通"、"人我通"。他对于封建纲常的批判就是具体从其所主张的"上下通"、"男女内外通"这样的观点出发的。

谭嗣同认为,封建制度的卫道士们,把封建社会的纲常名教本体化,说成先天先地存在,永恒不变的天理,完全是骗人的,是出于封建统治阶级维护自身利益的需要。他说:"俗学陋行,动言名教,敬若天命而不敢渝,畏若国宪而不敢议。嗟呼! 以名为教,则其教已为实之宾,而绝非实也。又况名者,由人创造,上以制其下而不能不奉之,则数千年来,三纲五伦之惨祸烈毒,由是酷焉矣。君以名桎臣,官以名轭民,父以名压子,夫以名困妻,兄弟朋友各挟一名以相抗拒,而仁尚有少存焉者得乎?"(《仁学上》)谭嗣同以"仁"为万物之源,把平等看做是"仁"的特性,在他看来,封建的名教,是人们据以相互抗拒欺轧的工具,这已经远离了事物的本体"仁"。实际上,封建社会纲常名教的条目正是封建统治阶级违背事物的本性"仁",为维护自身利益而创造出来的,是实施封建专制的必然结果。因为"中国积以威刑钳制天下,则不得不广立名为钳制之器。如曰仁则共名也,君父以责臣子,臣子亦可反之君父,于钳制之术不便,故不能不有忠、孝、廉、节等一切分别等衰之名,乃得以责臣子曰:'尔胡不忠,尔胡不孝? 是当放逐也,是当诛戮也'。"(《仁学上》)但由于"俗儒陋学"将封建的纲常名教本体化,把并非事物本体的名教说成是"天理",使得名教于人"足以破其胆,而杀其灵魂"。所以当忠孝的观念为臣子所专有之后,忠君孝父的观念即支配规范着人们的言行,人们不敢越雷池半步;人们偶有反抗,则更被视为大逆不道,该放逐,该杀戮。君要臣死,不得不死,父要子亡,不能不亡。死于纲常名教,被视做天经天义。杀人者从来不曾怀疑过自己的行为是否合理,被杀者也从来没有考虑过自己的灾难是不是应得。实际上"独夫民贼,固甚乐三纲之名,一切刑律制度皆依此为率,取便己故也"。①　纲常名教的形成和延续,都是因为统治者为了自己的私利;独夫民贼的私欲,使得大批正直的忠良之士惨死在封建纲常名教的屠刀之下。因此谭嗣同把纲常名教看做是罪恶的渊薮,把中国封建社会的黑暗,都归之于纲常名教。他说对于纲常名教,"施者固泰然居之而不疑,天下也从而和之曰:'得罪名教,法宜至此。'而逄、比、屈原、伯奇、申生之流,遂衔冤饮恨于万古之长夜,无由别白其美。实不幸更不逮逄、比诸人之遭,则转厚被之恶名。《易》曰,'丰其蔀,日中见斗'。此其黑暗,岂非名教之为之蔀耶'?"(《仁学上》)把名教看做是封建社会中黑暗罪恶的根源,这种批判可谓激进之至了。

　　谭嗣同认为,"仁"既为万物之源,"仁"以"通"为第一义,"通"即是平等,那么人与人之间的关系应当是平等的,而不应当是一种相互抗拒的关系。他所谓的"上下通","男女内外通",实质上即是主张君臣、父子,男女平等。他对于人与人之间应当平等的论释中,对于男女平等的论述和对于男尊女卑,重男轻女的封建观念的批判尤为具体深刻。在封建社会中,纲常名教对于妇女的残害是怵目惊心的。宋明以来盛行天理人欲之辩,道学家们大讲所谓"存天理,去人欲",他们把人们的饮食男女之事均列入人欲的范围。在人们的日常生活中讲男女之大防,强化妇女的贞操观念,提倡"饿死事小,失节事大",以封建主义的纲常名教培养了大批贞妇烈女,使大批妇女成了封建礼教的殉葬品。谭嗣同认为这是极不合理的,也是极其残酷和虚伪的。在他看来,男女之别这种人的性别上的区别本来是极其平常、极其自然的事情。他说:"男女同为天地之菁英,同有无量之盛德大业,平等相钧,初非为淫始生于世。"(《仁学上》)至于男女之间的交往乃至于性爱也是人生理方面的自然现象。西方就有专门介绍男女生活的书籍,"绘图列说,毕尽无余"(《仁学上》),使人们对于男女生活"皆悉其所以然",知道事情的真相不过如此而已。

　　但是,在中国情形则完全不同。封建名教的影响,一方面,使人们对男女生活神秘化,"立淫律","禁淫书","耻淫语",以"淫"为羞耻,结果却适得其反,"防淫"反而"招人于淫",封建统治阶级在男女生活方面极端腐化。另一方面,男女之间在生活上又极端的不平等。男子可以三妻四妾,女子却只能嫁鸡随鸡,嫁狗随狗,从一而终。更为不平等的是封建帝王为了一人的淫乐,可以三宫六院,姬妾无数,而不惜天下人的家破人亡,妻离子散。在谭嗣同看来,这才真正是无复伦常,"禽兽不逮"。而广大妇女由于名教观念的束缚,根本不敢追求自己的幸福,偶有追求,也会被厚诬为"淫",受到种种残害。论及这种情形时谭嗣同说:"俗间妇女,昧于理道,奉腐儒古老之谬说为天经地义,偶一失足,或涉疑似之交,即为人劫持,箝其舌,使有死不敢言,至

---

① 《谭嗣同全集》,三联书店1954年版,第349页。

于为人玩弄,为人胁逃,为人鬻贩,或忍为婢媵,或流为娼妓,或羞愤断吭以死。"(《仁学上》)她们不理解男女生活是一种自然现象,更不理解自身的苦难,是由于封建名教的毒害。因此谭嗣同把致使封建社会中重男轻女,男女之间不平等的名教看做是"至暴乱无礼之法"。他说:"故重男轻女者,至暴乱无礼之法也。男则姬妾罗侍,纵淫无忌;女一淫即罪至死,驯至积重流为溺女之习,乃忍为蜂蚁豺虎之所不为。中国虽亡,而罪当有余也,夫何说乎!"(《仁学上》)谭嗣同对封建纲常的批判,充满了对社会下层人民的同情,表现出变革社会,突破封建传统,争取个性自由,复兴民族的强烈愿望。

维新思潮的代表人物康有为、梁启超、严复对于封建社会的伦常观念都做过一定程度的批判,但都没有谭嗣同的这种批判深沉和激进。应当说谭嗣同对封建伦常的批判,在中国启蒙思潮的演进过程中,对于人们解放思想曾起到过特殊的作用。当然,谭嗣同的思想理论体系,还是一个糅合儒、佛乃至西学的拼盘,其中有许多生吞活剥,主观臆造的东西。他对于封建伦常的批判,也不可能上升到科学的层次。作为中国资产阶级的代表人物,他不可能依据唯物史观的原则去观察中国社会,以阶级和阶级斗争的观点来剖析中国封建社会的纲常名教。但正是他思想理论的激进同他思想理论中的非科学因素一起构成他思想的启蒙特征,为我们留下了许多应当继续思考的问题。

三、"以自由为体,以民主为用"

康有为、梁启超、谭嗣同、严复等维新思潮的代表人物,都没有放弃魏源一类早期启蒙思想家"师夷长技以制夷"的思想。他们都主张把学习西方文化,借鉴西方的社会政治制度作为救亡图存的重要手段和方法。因此,他们主张"君民共主",提倡民权,反对封建的君主独裁和专制,对君权进行了激烈的批判。

中国的封建社会延续时间很长,君主专制被人们看做是至高无上的天理。封建制度的卫道士们极力美化封建君主,鼓吹"君权神授",把封建君主看做是具有尽善尽美的"纯德"的"圣王"。明清之际一些具有早期启蒙主义思想的思想家如黄宗羲、唐甄等,就曾猛烈地鞭笞过封建的君主专制。黄宗羲提出了"为天下之大害者,君而已矣!"唐甄断言"自秦以来,凡为帝王者皆贼也"。这种批判对后来的启蒙主义思想家产生了相当深刻的影响。维新派人物对君权的批判,实质上是对黄宗羲、唐甄等人思想的继承和发展。所不同的地方在于,维新派代表人物的思想中容纳了更多的西方资产阶级的民权观念,对君权的批判中,表现出了对民权的更强烈的要求。

严复曾经写《辟韩》,专门批判韩愈关于君权的理论。在中国思想史上,韩愈是继董仲舒之后,从理论上系统地区别君民关系,论证封建君权,维护儒家道统的思想家。韩愈有一篇名文《原道》，在这篇文章中他不仅美化"圣人"，而且极力鼓吹和神化君权。韩愈把人类社会的物质生产和政治制度的形成都看做是"圣人"所为。他说："古之时，人之害多矣。有圣人者立，然后教之以相生养之道；为之君，为之师，驱其虫蛇禽兽而处之中土。寒然后为之衣，饥然后为之食。木处而颠，土处而病也，然后为之宫室。为之工，以赡其器用；为之贾，以通其有无；为之医，药以济其夭死；为之葬，埋祭祀以长其恩爱；为之礼，以次其先后；为之乐，以宣其湮郁；为之政，以率其怠倦；为之刑，以锄其强梗。"人类之所以得以生存，社会之所以形成和延续，都因为有"圣人"，没有"圣人"，也就没有人类和社会的一切。所以韩愈的结论是："如古之无圣人，人之类灭久矣。"严复对韩愈鼓吹的这种建立在迷信而非理性的基础上的"圣人"史观，进行了非常机智的批驳。他认为像韩愈所宣扬的这种"圣人"，"其身与其先祖父必皆非人焉而后可，必皆有羽毛、鳞介而后可，必皆有爪牙而后可。使圣人与其先祖父而皆人也，则未及其生，未及成长，其被虫蛇、禽兽、寒饥、木土之害而夭死者，固已久矣，又乌能为之礼乐刑政，以为他人防备患害也哉?"在严复看来，"圣人"并不能先于人类而存在，"圣人"也不能离开人类自身的进化去独立的预先教人类"以相生养之道。为之君，为之师，驱其虫蛇禽兽而处之中土"。社会制度的形成与演变同人们的生活需要是相联系的。君、臣、民的区别，是人们在社会生活中"通功易事"即社会分工，相互协作的结果。人们在生产劳动中，既要忙于"耕织工贾"，又要自防欺夺祸害，十分不便。"故出什一之赋而置之君，使之作为刑政甲兵以锄其强梗，备其患害。然而君不能独治也，于是为之臣，使之行其令，事其事"。并非如韩愈所说的"圣人"使之，而是"皆缘卫民之事而后有也"。

严复认为，君主产生的真实原因，使韩愈所主张的君民关系也不能成立。韩愈认为："君者，出令者也；臣者，行君之令而致之民者也；民者，出粟米麻丝，作器皿，通货材以事其上者也。君不出令，则失其所以为君；臣不行君之令而致之民，则失其所以为臣；民不出粟米麻丝，作器皿，通货材，以事其上，则诛。"严复认为，韩愈这种讲法完全颠倒了民与君之间本来的关系。君是民"择其公且贤者"而立之者。因此，君、民之间不应当是民"事"君，而应当君"事"民；不应当是君教民，而应当是民择君。民把自己的劳动果实分出一部分给君，君即应当忠实地履行自己的义务，负起自己应当承担的责任。"民不出什一之赋，则莫能为之君；君不能为民锄强梗，防其患害，则废。"民择君，也有权罢免君。民是粟米麻丝的生产者，创造了最基本的物质生活资料，民才是社会的主人，严复将民称之为"真主"，说"斯民也，固斯天下之真主也"。

严复认为，由于君民关系的倒置，君不能正确地对待民和自己，在韩愈一类封建地主阶级的思想家神化君权时，君早已变成奴役人民，侵夺人民的独裁者了。所以严复说："秦以来之君，正所谓大盗窃国者耳。国谁窃?转相窃之于民而已。既已窃之矣，又惴惴然恐其主之或觉而复之也，于是其法与令猬毛而起，质而论之，其什八九皆所以坏民之才，散民之力，漓民之德者也。"君窃取了民所应有的主人地位，又害怕民觉察出来，于是才有种种法令，才有各种各样的美化君权的理论和学说，压制民，欺压民。但所有这些都背离了君与民本来的应有的关系。所以严复诘难道："今韩子务尊其尤强梗，最能欺夺之一人，使安坐而出其唯所欲为之令，而使天下无数之民，各出其苦筋力、劳神虑者以供其欲，少不如是焉则诛，天之意固如是乎？道之原又如是乎？"在严复看来，既然君民关系被倒置了，那么，就应当使这种被颠倒的关系再颠倒过来，把事君、"尊主"，变成"隆民"和重民。严复把中国的贫弱归之于这种君民关系的倒置，把西方的强盛则归之于对民权的尊重。把中国重三纲，西人"明平等"看做中西文化的重要区别。因此他特别称道孟子"民贵君轻"的观点，认为孟轲所说"民为贵，社稷次之，君为轻"，"此古今之通义也"。并进而认为，中国要强盛，只有改变封建君主专制和独裁的局面。

　　梁启超也曾经激烈地抨击过君权，推崇民主。他曾经与严复讨论议院民主方面的问题。他认为，西方国家之所以强盛，一个重要的原因，就是西方实行民主，限制君权。他说："国之强弱悉推原于民主，民主斯固然矣。君主者何？私而已矣。民主者何？公而已矣。然公固为人治之极则，私亦为人类所由存"（《与严幼陵先生书》）。他把民主看做是"人治之极则"，并依据康有为的"三世说"断言中国的社会，必然会由君主的时代进入民主的时代。他告诉严复说："《春秋》之言治也有三世：曰据乱，曰升平，曰太平。启超常谓，据乱之世则多君为政，升平之世则一君为政，太平之世则民为政。凡世界，必由据乱而升平，而太平；故其政也，必先多君而一君，而无君。"（《与严幼酸先生书》）无君即是民主。在梁启超看来，中国民权之说"当大行"，这是不容置疑的"不易之理"。当然梁启超把中国社会进化到无君之世看成是必然的，并不真正意味着他主张消灭君权。梁启超对中国社会变革的真实目标是要实现君主立宪，他所企求的是"君民共主"，是对中国的封建专制制度进行改良。梁启超这种思想是受了他的老师康有为"君民合治"的思想影响。康有为也是一个君主立宪论者，在康有为看来，"人君与千百万之国民合为一体，国安得不强？"（《请定立宪开国会折》）所以康有为把兴议院，开国会解决君臣隔绝，上下阻塞的状况，以实现"君民共主"的政治制度，作为其所倡导的维新变法的重要措施和内容。

　　谭嗣同基于他"冲决网罗"的主张，对君权的批判，比梁启超、康有为等人也更为激烈。谭嗣同接受严复的观点，在君民关系上持君末民本，民贵君轻论。他说："生民之初，本无所谓君臣，则皆民也。民不能相治，亦不暇治，于是共举一民为君。夫曰共举之，则非君择民，而民择君也……夫曰共举之，则因有民而后有君。君，末也；民，本也。"（《仁学下》）君是民推举出来为民办事的，臣是协助君为民办事的，若不能为民办事，撤换君这当是名正言顺之事。所以谭嗣同认为对于君，"共举之，则且必可共废之。"（《仁学下》）由民择立君或由民废除君这是"天下之通义"。民贵君轻，君末民本的观念使谭嗣同进一步认为，中国历史上所有美化君权的思想家，不顾君与民的本来关系，目的都在于"愚黔首"，在于欺骗人民，使封建君主拥有"无限之权"，能够随心所欲地奴役人民,其结果使得社会一片黑暗,人民苦不堪言。因此,谭嗣同把那些美化君权的思想学说看做"倡邪说以诬往圣",并认为这些思想言论都背离了真正的孔学,断言"二千年来之政,秦政也,皆大盗也;二千年来之学,荀学也,皆乡愿也。惟大盗利用乡愿,惟乡愿工媚大盗,二者交相资,而罔不托之于孔。执托者之大盗乡愿而责所托之孔,又乌能知孔哉!"(《仁学上》)

谭嗣同对于封建君权的批判,不同于康梁等人的地方,一是对封建专制黑暗的揭露直指晚清的社会现实。谭嗣同本来即认为"君统盛而唐虞后无可观之政,孔教亡而三代下无可读之书",这种情况在他看来到晚清时是更加突出了。他说:"二千年来君臣一伦,尤为黑暗否塞,无复人理,沿及今滋,方愈剧矣"。(《仁学下》)在谭嗣同的著作中,曾公开指斥满清王朝对内专横暴虐,大肆残杀中原人民,以建立自己的专制政权,对外则卑躬屈膝,摇尾乞怜,出卖主权和国土,博取洋人欢心,以苟延残喘,致使中国人民面临亡国灭种危机。这种批判都是梁启超等人所"不敢言者"。

谭嗣同对于封建君主的批判,不同于梁启超、康有为等人的另一地方是他主张消灭君主专制,而不是力主"君民共主"。谭嗣同曾说,"法人之改民主也,其言曰:'誓杀尽天下之君主,使流血满地球,以泄万民之恨',朝鲜人亦有言曰:'地球上不论何国,但读宋明腐儒之书,而自命为礼仪之邦者,即是人间地狱。'夫法人之学问,冠绝全球,故能唱民主主义,未为奇也。朝鲜亦为是言,岂非君主之祸至于无可复加,非生人所能任受耶"(《仁学下》)。人们主张杀尽君主以"泄恨",是因为封建专制已非"生人所能任受"。所以谭嗣同称道暴力,赞扬"革命"。认为太平天国革命"其情良足悯焉",公开表示"华人慎勿盲华盛顿、拿破仑矣,志士仁人求为陈涉、杨玄感,以供圣人之驱除,死无憾焉"(《仁学下》)。谭嗣同消灭君主专制的主张,在维新思潮中,的确是独树一帜。这种主张不仅表明他对于封建专制的认识相比较于康有为、梁启超等人要深刻得多,而且表明他所主张的维新变法措施也比康、梁等人技高一筹,他在思想深处对封建纲常的背叛,比康梁等人也要走得远得多。正是这样的思想基础,使他为了维新变法勇敢地献出了自己年轻的生命。

在维新思潮中,康有为主张"大同",梁启超鼓吹"民权",谭嗣同要"冲决网罗",并且都指斥君权,要求民主。尽管他们对君权批判的程度不同,对民主的理解也存在差别,但有一点是共同的,这就是作为中国资产阶级的代表人物,他们都受到了西方天赋人权观念的影响,都是为了争取个性"自由";而这种追求又数严复表述得最具体,最鲜明。

在严复看来,中西文化的差异,一个重要的表现方面即是西方"贵自由",中国贵"尊亲";中国贵"三纲",西人"明平等",中国"尊主",西人"隆民"。由于西方倡导"平等",所以西方又重自由。他说:"西之教平等,故以公治众而贵自由,自由,故贵信果;东之教立纲,故以孝治天下而首尊亲,尊亲,故薄信果。"(《原强》)严复接受西方天赋人权的观念,说"民之自由,天之所畀也"(《辟韩》),认为西方的民众享有自由,是西方文化发展,国家富强的重要原因。因为,人人自由,可以各尽其所能,最大限度地发挥其潜在的创造力,从而创造出先进发达的社会文化。在严复看来,西方的民主和自由,前者只是手段,是"用",后者才是本质,是"体";而中西文化的差异的根本之点即在于缺乏西方这样的文化传统和观念。他说西方强盛,"苟求其故,则彼以自由为体,以民主为用,一洲之民,散为七八,争驰并进,以相磨砻,始于相忌,终于相成,各殚智虑,此既日异,彼亦月新,故若用法而不至受法之弊,此其所以为可畏也。"(《原强》)中国要变法维新,要求强盛,只有学西方,"以自由为体,以民主为用",打破君主专制,解脱三纲五常对人们的束缚。

梁启超也是一个天赋人权论者。他极力称道卢梭的《民约论》,认为卢梭提倡"天赋人权","一切平等",这种思想在"欧洲学界,如旱地起一霹雳,如暗界放一光明"(《论学术之势力左右世界》)。"民约论"成了法国大革命的"原动力",而法国大革命则是整个19世纪世界革命的"原动力"。因此梁启超认定"平权派"是世界最具影响力的思想流派之一,极力鼓吹天赋人权论者"人权者,出于天授者也,故人人皆有自主之权,人人皆平等"(《国家思想变迁异同论》)的学说,用以论证自己"自由者,天下之公理"的主张,把这种自由,平等的主张纳入自己维新变法的思想理论体系。

在维新思潮的其他代表人物的思想中,批判君权,反对封建专制,同样是与争取平等自由联系在一起的。康有为曾经提出"君民合治","人君与千百万之国民合为一体"(《请定立宪开国会折》);谭嗣同则认为,封建的纲常伦理"强遏自然之天乐",结果使人们"尽失自主之权利"(《报贝元徵》),冲决网罗目的就在于争取平等自由。维新思潮的代表人物所提倡的平等,所追求的自由,当然不是中国人民所能够真实地获得的平等自由。他们所理解的平等自由,既没有历史的界定,也没有阶级的分析。他们不理解也不可能理解在一个封建专制得到了典型发展的国度里,光凭鼓吹天赋人权,或者仅对现实的社会制度修修补补,都不是追求人民大众的平等自由的正确道路。在等级森严的封建社会中,即使他们这些一度进入了封建统治阶级决策机构的人物,也不可能有真正的平等自由。谭嗣同短暂的一生,豪气干云,临死时也只能发出"有心杀贼,无力回天"的悲叹;康有为至死也没能忘记报答皇上的"知遇之恩",自己对平等自由的追求,就是打了折扣的。但是作为资产阶级的代表人物,他们在一个封建专制延续了数千年之久的国度中,公开否定或抨击君权,提倡平等自由,主张冲决网罗,这又是具有重要历史意义的。今天,中国人民终于埋葬了吃人的封建礼教,推翻了封建帝制,自己做了社会和国家的主人。这样的社会现实,应当是历史上大批优秀的中华儿女前赴后继,流血奋斗的结果。这其中也包括当年主张"以自由为体,以民主为用"的维新思潮的代表人物们。从历史的角度看,今天我们仍然应当承认他们思想学说中的合理成分和启蒙主义因素,肯定其在中国思想文化发展中的巨大的历史作用。

四、"新民为今日中国第一急务"

　　维新思潮的代表人物倡导变法,其目的是要图强,是要救亡图存,"保国、保教、保种";换言之,是要富国强民,发扬光大中国文化。因此,在维新派人物的理论中,一项重要内容即是重视人的素质,主张革新发展教育,培养新的人才,通过"新民"来担负起建设国家,发扬中国文化的历史重任。

　　严复在考察西方的政治、经济、文化的基础上,考察和总结在帝国主义的侵华战争中中国军队失败的原因,乃至中华民族步入近代以来积弱贫困、受人宰割的原因时,已深刻地认识到,中国的落后,从根本上看乃在于人才。在谈到中国军队的情况时严复曾说:"将不素学,士不素练,器不素储,一旦有急,则蚁附蜂屯,授之以扞格不操之利器,曳兵而走,转以奉敌;其一时告奋将弁,半皆无赖小人,觊觎所支饷项而已。至于临事,且不知有哨探之用,遮蔽之方,甚且不识方员古阵大不宜于今日之火器,更无论部勒之精详,与夫开阖之要眇者矣。即当日之怪谬,苟记载其事而传之,将皆为千载笑端,而吾民靦然固未尝以之为愧矣。"(《原强》)在严复看来,由一些不懂现代军事技术,只知墨守成规,不知为国为民,只图一己私利;愚昧贪婪,不守纪律的将士组成的军队是注定要打败仗的。这样的军队即使是在当时打了胜仗,也属侥幸;在有识之士看来,不仅不足以喜,而且更堪以忧。因为当时的中国,"民力已茶,民智已卑,民德已薄"(《原强》)。民族的体力和文化素质已不足以和西方列强抗衡,在剧烈的竞争之中,弱者将无以自存,无以遗种,这是必然的。所以要使中国强盛,唯有培养造就大批优秀人才。"民力"、"民智"、"民德"是人才的征验,也是一个民族优劣,国家强弱的标志。"西洋观化言治之家,莫不以民力、民智、民德三者断民种之高下,未有三者备而民生不优,亦未有三者备而国威不奋者也"(《原强》)。严复的这种观点,使他提出了自己所主张的"新民"的具体内容:"是以今日要政,统于三端,一曰鼓民力,二曰开民智,三曰新民德。"(《原强》)并且认为这"三者诚进,则其治标而标立;三者不进,则其标虽治,终亦无功"(《原强》)。他把通过教育培养人才看做是治世之要,立国之本。

　　"鼓民力",是主张民众强身健体。严复认为,现代科学如心理学,生理学等学科已经揭示出人的智力与体魄是紧密联系的,有强壮的筋骨,才有超人的智略。在现代社会中,国家强盛的根基之一即在于"民之手足体力"。中国古代有"射御之教",目的即在于"练民筋骸","鼓民血气";近代西方,更是注重"操练形骸",讲究饮食和优生,致使西人体格强壮,精力充沛。中国近代则不然,吸食鸦片,女子缠足,致使中国人体弱,民力大衰。所以严复认为,要强国需先"鼓民力",而要"鼓民力"则必须首先禁食鸦片,禁止缠足。"是鸦片、缠足二事不早为之所,则变法者,皆空言而已矣"

(《原强》)。不增强人们的体力,不提高全民族的身体素质,变法维新,强国富民,都没有根基,只能流于空谈。

"开民智",是要提高民族的文化素质,开启民众智力。严复认为,民众智力发达是近代西方强盛的重要原因。在谈到西方科学发明时他说:"是以制器之备,可求其本于奈端;舟车之神,可推其原于瓦德;用电之利,则法拉第之功也;民生之寿,则哈尔斐之业也。而二百年学运昌明,则又不得不以柏庚氏之摧陷廓清之功为称首,学问之士,倡其新理,事功之士,窃之为术,而大有功焉。故曰:民智者富强之原,此悬诸日月不刊之论也。"(《原强》)他把民智看做是"富强之原",所以他主张在中国"鼓民力"、"开民智"、"新民德"这三者之中,尤其要注意"开民智",在中国只有"教民知学",中国个才有可能自存于列强之中。因为在严复看来,当时中国最急切地需要解决的问题即是民智问题。他说:"今吾国之所最患者,非愚乎? 非贫乎? 非弱乎? 则径而言之,凡事之可以愈此愚,疗此贫,起此弱者,皆可为。而三者之中,尤以愈愚为最急。何则? 所以使吾日由贫弱之道而不自知者,徒以愚耳"(《与外交报主人论教育书》)。不"开民智",在中国即缺乏"富强之原"。

怎么样"开民智"呢? 严复所主张的方法一是摒弃旧学,二是吸收和容纳西方的优秀文化。在维新派代表人物中,严复对于中国传统文化,特别是对于传统思维方法的批判是比较激进和彻底的。在严复看来,中国传统的义理之学,以及关于辞章、考据的学问,都已经不适应现实的需要。因为这些学问在严复看来都是"徇高论而远事情,尚气矜而忘实祸"的无用之学。在批判陆王心学时他说:"夫陆王之学,质而言之,则直师心自用而已,自以为不出户可以知天下,而天下事与其所谓知者,果相合否? 不径庭否? 不复问也。自以为闭门造车,出而合辙,而门外之辙与其所造之车果相合否? 不龃龉否? 又不察也。向壁虚造,顺非而泽,持之似有故,言之若成理;其甚也,如骊山博士说瓜,不问瓜之有无,议论先行蜂起。"(《救亡决论》)这种"师心自用"的学问,不是来源于实际,也不验证于客观的外界事物,空洞无物,不能真实地反映事物的本质,貌似高深,其实既无益于社会进步,又无益于民众生计。他说:"周、程、张、朱、关、闽、濂、洛,学案几部,语录百篇,……訑訑声颜,距人千里。灶上驱房,折箠笞羌。经营八表,牢笼天地。夫如是,吾又得一言以蔽之,曰:无实。"(《救亡决论》)"无实"实即"无用"。在严复看来,这种"无实"之学的流传,只能教人摇头晃脑,死记硬背,作八股文章,以此作为自己在仕途上的敲门砖。而真正的结果则是使人们"锢智慧","坏心术","滋游手","误国误民"。因此,严复认为,在中国不废弃旧学,"开民智"亦只能流于空谈。

严复是直接领略过西方文化的启蒙思想家,他对于吸收西方的先进文化,具有相当的认识和自觉,把接收容纳西方文化看做是"开民智"的一个重要途径。他曾经说废八股,兴西学,"救亡之道在此,自强之谋亦在此。早一日变计,早一日转机。"(《救亡决论》)鉴于日本的经验,他说:"彼日本非不深恶西洋也,而于西学,则痛心疾首,卧薪尝胆求之。知非此不独无以制人，且将无以存国也。"（《救亡决论》）中国人要能够"制人"、"存国"，亦必需痛下决心学习和研究西方文化。

严复不仅大力提倡"痛除八股而大讲西学"，并且身体力行，努力在中国传介西方文化。他先后翻译了赫胥黎的《天演论》、亚当·斯密的《原富》、约翰·穆勒的《群己权论》、孟德斯鸠的《法意》、斯宾塞尔的《群学肄言》、甄克斯的《社会通诠》等近代西方的科学和人文科学方面的著作。由于严复把西方注重思维的逻辑原则看做是西方文化发达的重要原因，他还译介了约翰·穆勒的《名学》和耶芳斯的《名学浅说》。严复认为中国的旧学，之所以"无实"、"无用"，一个重要的原因就在于人们学术方法陈旧，思维过程不注重逻辑，不能正确地运用基本的逻辑方法，结果是"学术之所以多诬，而国计民生之所以多病。"（《穆勒名学》部乙篇四按语）严复对中国旧学缺陷的这种分析和批判，可谓一语中的，恰中要害。他因此而介绍的西方逻辑理论和学术思维方法，对于中国文化的更新，改变人们传统的模糊、直观的思维方式，以致防止那种貌似持之有故，言之成理的"心成之说"的泛滥都有着相当重要的作用。

严复主张的"新民德"是要以西方近代资产阶级文化来教育民众，培养民众的思想品德，价值观念，以取代传统的三纲五常观念对人们思想的压制和束缚。严复称道西方文化中的平等精神，认为这种精神在西方使得"民知自重而有所劝于为善"；他指谪中国封建文化中的等级观念，认为这种观念使民众的自主意识弱化。他说："夫上既以奴虏待民，则民亦以奴虏自待。夫奴虏之于主人，特形劫势禁，无可如何已耳，非心悦诚服，有爱于其国与主而共保持之也"（《原强》）。自主意识的弱化，使人们不能"同力合志，联一气而御外敌"，这对于一个民族来说是极端危险的。所以在严复看来，不"新民德"，中国也无强盛之日；要使中国强盛，则必须强化全民族的爱国精神。怎么样"新民德"呢？严复的主张是容纳西方文化，借鉴西方社会制度。他说："设议院于京师而令天下郡县各公举其守宰。是道也，欲民之忠爱必由此，欲教化之兴必由此，欲地利之尽必由此，欲道路之辟、商务之兴必由此，欲民各束身自好而争濯磨于善必由此"（《原强》）。严复认为，借鉴西方的社会制度，是解决中国一切问题的钥匙，同时又强调"鼓民力"、"开民智"、"新民德""此三者，自强之本也"（《原强》）。并"愿天下有心人三复斯言而早为之所焉可耳"（《原强》）。一片爱国强民之心，溢于言表。严复作为一个早期资产阶级的代表人物，他看到了中华民族的危机，但并没有找到真正解决危机的正确道路。他所主张的议会政治并没有在中国真正实行过。因为中国的资产阶级本身即没有力量担负起领导中国完成反帝反封建的革命任务，资产阶级政治制度并不适合中国的国情。当然，严复也并不是一个全盘西化论者。中国的传统文化在他的思想中仍然占有相当的地位。同时，严复也并非一个"中体西用"论者。他曾经批判过流行一时的"中学为体，西学为用"的观点。认为任何一个民族的文化都有体有用，西方文化也自有其体用。"以自由为体，以民主为用"这就是近代西方文化的特质。学习西方文化，不能割裂其自有的体用关系。但到后来，严复在思想上仍复归为一个文化保守主义者,成了一个极力维护中国传统旧文化的思想家。他利用自己在学术界的影响,极力为讲治旧学,维护封建的"纲纪彝伦道德文章"保留讲坛,把封建的"先王教化"看做"命根",看做中国得以存在的希望。严复思想发展的这种悲剧性结局,鲜明地折射出了19世纪以来中国社会的复杂矛盾,反映了新旧文化之间的斗争。告诉人们,中国近代启蒙思想的衍生发展的历程是多么曲折、艰难。正因其如此,我们更应加倍地珍惜严复思想中那些反映了中国近代文化发展要求,与中国近代历史发展同步的成分和因素,并从其中吸取经验和教训。

在维新思潮的代表人物中,极力提倡"新民说"者尚有梁启超。梁启超曾专门写作《新民说》,主张"新民为今日中国第一急务"。梁启超同样把"新民"看做是国家强盛的基础和前提。他说:"国也者,积民而成,国之有民,犹身之有四肢、五脏、筋脉、血轮也。未有四肢已断,五脏已瘵、筋脉已伤,血轮已涸,而身犹能存者;则亦未有其民愚陋、怯弱、涣散、混浊,而国犹能立者。故欲其身之长生久视,则摄生之术不可不明;欲其国之安富尊荣,则新民之道不可不讲"(《新民说·叙论》)。在梁启超看来,中国要出现"新国家"、"新政府"、"新制度",必须以"新民"为根基。中国的志士仁人,长期致力于变法图强的事业,而始终未获大的成功,根本原因就在于人们没有留意于"新民之道"。梁启超认为"新民"不是"新"某一人,而是全民族人人自"新"。他说:"新民云者,非新者一人,而新之者又一人也,则在吾民之各自新而已。孟子曰:'子力行之,亦以新子之国',自新之谓也,新民之谓也"(《新民说·论新民为今日中国第一急务》)。国民人人都有"自新"意识,都能担负起对国家民族应尽的责任,就可以改变人们长期以来"责人不责己,望人不望己之恶习"(《新民说·论新民为今日中国第一急务》),成就维新大业。

梁启超主张的"新民",不排斥接受外来文化,但并不是要人们"尽弃其旧以从人",而是要人们一方面保存和发扬本民族固有的优秀文化传统,另一方面吸收外来民族文化的优良成果。前者他谓之"淬厉其所本有而新之",后者他叫做"采补其所本无而新之"。梁启超主张发扬民族文化的优秀传统,是基于这样一种认识,即一个国家一个民族之所以能够自立于世界,是因为她有自己独具的文化特质,有自己独立的国民精神,对于民族特有的文化传统和精神,只能够"濯之拭之,发其光晶;锻之炼之,成其体段;培之浚之,厚其本原"(《新民说·释新民之义》),只能让其保存,使其发达。丢弃了民族的优秀传统,文化特质,则失去了一个民族"自新"的根据。梁启超主张吸收外来文化,则是由于他意识到了中国文化在近代中西文化的矛盾冲突中被动落后。他认为,当人类步入近代文明之后,一个文化落后的民族是难以兴邦强民的。所以他说,"不欲强吾国则已,欲强吾国,则不可不博考各国民族所以自立之道,汇择其长者而取之,以补我之所未及"(《新民说·释新民之义》)。对于近代西方民族所推行的政治、学术、技艺,梁启超主张考察、借鉴,对于西方民族所认定的"民德"、"民智"、"民力",梁启超同样主张考察、借鉴。

　　梁启超的《新民说》中具体内容很多,但从基本倾向看,他是主张在发扬民族文化传统的基础上吸收外来新文化,正确地把握"保守"与"进取"的关系,把握"握"与"取"的关系,以创建一种新的民族文化,形成新的国民精神,使中华民族自立于现代世界。梁启超这种"新民"主张,似乎注意到了克服对待传统文化和西方文化的两种有片面性的态度,一是固守旧的文化传统,拒绝纳新;二是全面接收外来文化,丢弃本民族的优秀文化传统。他说:"吾所谓新民者,必非如心醉西风者流,蔑弃吾数千年之道德、学术、风俗,以求伍于他人;亦非如墨守故纸者流,谓仅抱此数千年之道德、学术、风俗,遂足以立于大地也。"(《新民说·释新民之义》)"淬厉其固有","采补其所本无",应当说梁启超以自己的"新民说"表达了一种很有价值的文化理论。这对于我们今天正确理解和认识传统文化与现代化的关系,仍然具有重要的启发意义。

　　"新民"说是维新思潮中的重要内容。康有为主张维新,谭嗣同主张"冲决网罗",实质上也都主张"新民"。19世纪以来,由于西学东渐的加速,以及中华民族危机的加剧,维新志士都深刻地意识到了教育的重要,人才的重要。他们把革新教育看做是"变法"中的根本内容,梁启超曾经说过"变法之本,在育人才;人才之兴,在开学校;学校之立,在变科举,而一切要其大成,在变官制"(《变法通义·论变法不知本原之害》)。从育人入手,到改变国家政治经济制度,这是维新派人士共同的追求。为了"新民",为了革新教育,他们一方面批判旧学,另一方面又大量的传介西学,为中华民族的新文化的孕育、诞生做了许多有益的工作;为后来资产阶级革命派从事自己的理论创建和宣传,乃至马克思主义在中国的传播,准备了一定的思想土壤。当然维新思潮的代表人物们并没有以自己的"新民"理论,培养出真正能够担负起挽救中华民族危机的一代英才。其原因就是他们没有也不可能找到能够武装中国人民,推翻封建专制的思想武器。只有当马克思主义在中国传介扎根之后,才真正培养出一代"新民",把我们的国家和民族从水深火热之中拯救出来,使国家民族走上了自强自立的道路。但是,从中国文化发展的历史来看,不论"新民说"本身,还是其代表人物,又都有他们各自的历史地位和价值。

五、"去九界,至大同"

　　维新思潮的代表人物,力倡变法维新,在社会理想方面的追求,是要在人类实现大同,大同社会是他们所认定的人类社会发展的最高阶段,是最理想和最美好的社会制度。

　　大同思想是康有为在他的《大同书》中全面论述出来的。梁启超曾经说过,《新学伪经考》、《孔子改制考》"两书皆有为整理旧学之作,其自身创作,则《大同书》也"。"有为著此书时,固一无依傍,一无剿袭,在三十年前,而其理想与今世所谓世界主义,社会主义者多合符契,而陈义之高且过之,呜呼!真可谓豪杰之士也已。"
(《清代学术概论二十四》)梁启超对《大同书》倾倒之至,谭嗣同在《仁学》中甚至把
《大同书》誉之为"一佛出世",《大同书》为维新派人士所崇拜所叹服,在中国近代思
想史上也产生过深远的影响。

　　《大同书》是康有为在1901—1902年间写成的,但正式出版却是康有为去世八
年之后的1935年。梁启超曾说"有为虽著此书,然秘不以示人,亦从不以此义教学
者,谓今方为'据乱'之世,只能言小康,不能言大同,言则陷天下于洪水猛兽。其弟
子最初得读此书者,惟陈千秋、梁启超,读则大乐,锐意欲宣传其一部分。有为弗善
也,而亦不能禁其所为,后此万木草堂学徒多言大同矣。"(《清代学术概论二十四》)
康有为的《大同书》写成之后,虽然秘不示人,但因其弟子们传阅宣传,他的大同主张
仍然得到了广泛的传播。

　　大同是康有为和其他维新人士追求和向往的一种社会理想,康有为在《大同书》
中,实际上是描绘了大同社会的政治经济结构,勾画出了一幅大同社会的理想图景。
这幅社会图景中,既保留了中国传统典籍《礼运》中的"大同"、"小康"等观念,又描
述了近代西方资本主义社会中的某些事实和现状;同时也容纳了某些欧洲空想社会
主义者的思想和主张。从经济结构看,康有为主张的大同社会中是财产公有。用康
有为的话讲即是"农行大同"、"工行大同"、"商行大同","大同"实即公有。他说:
"今欲致大同,必去人之私产而后可;凡农工商之业,必归之公"。"公农"即"举天下
之田地皆为公有,人无得私有而私买卖之"(《大同书》)。在大同社会中,土地所有权
在政府,政府设立各级农业机构主管农业,并任用能胜任农事,从学校毕业的人从事
农业,以使"地无遗利,农无误作",满足人们生活的需要。"公工"是"使天下之工必
尽归于公,凡百工大小之制造厂、铁道、轮船皆归焉,不许有独人之私业矣"(《大同
书》)。工业也由政府设置相应机构,建立工厂,组织生产。康有为认为,如果"工不
行大同",则无法避免大工业出现之后,由大资本家操纵工业生产,小厂、小工对之
"仰之而食",资本家"操纵轻重小工之口食而控制之或抑勒之"的现象,就难以在社
会中避免"富者愈富,贫者愈贫"的两极分化。"公商"则是"不得有私产之商,举全地
之商业皆归公政府商部统之"(《大同书》)。政府所设商部根据需要组织商品的生
产、运输、分配方面的工作,并选用那些"自商学卒业"的人从事商业工作。这样就可
以改变商品生产由于"生养,造作,运送之不时",和因"私商滞货居奇"所造成的货物
"贵贱不时"人民受累的状况。"公商"的结果只能是使人们"无仰事俯畜之忧,无亏
本散家之苦"(《大同书》)。这样的大同社会,农、工、商均为公有,消除社会经济在所
有制方面的私有,使社会生产力获得了极大的发展。"一人之用可代古昔百人之
劳",社会经济达到极度繁荣,人们一天工作几个小时即可获得丰富的物质生活资
料,过上美满优裕的生活。

　　康有为主张的大同社会,政治上已不存在阶级,不存在压迫和剥削。他说:"当

太平之世,既无帝王,君长,又无官爵,科第,人人皆平等。"(《大同书》)这种社会中没有臣妾奴隶,没有君主统领,没有教皇教主,没有军队、没有刑罚,甚或没有国家,没有家庭,有的只是男女平等,人与人之间的相亲相爱,人们在政治上完全是平等和自由的,政府和议员"悉由民公举自治"。

在文化教育方面,大同社会中,人人都可以受到良好的教育。人们从出生之后,生养教育完全社会化,由社会负责,人们经过育婴院,怀幼院,蒙学院,小学院,中学院,大学院的抚育、培育、教育都具有良好的文化素质,优良的社会公德,并学有专长,能胜任相应的社会工作,自食其力。在这种文化高度发展的社会,人们以劳动为荣,"工最贵,人之为工者亦最多"(《大同书》),工人的社会地位很高;人们厌恶懒惰,"不作业不出力之人,公众所恶"(《礼运注》)。禁懒惰是社会为数不多的法规之一。大同社会中,社会提倡的是"竞美"、"奖智"、"奖仁",禁止的是"独尊"、"竞争"、"懒惰"。这样的理想社会中,人们"人性既善,才明过人,惟相与鼓舞踊跃於仁智之事;新法日出,公施日多,仁心日厚,知识日莹,全世界人共至于仁寿极乐善慧无边之境而已,非乱世之人所能测已。"(《大同书》)大同社会的人们没有冻馁之苦,衣食之忧,追求的是"仁寿极乐善慧无边之境",是最高层次的人生境界和精神生活。

总之,康有为在他的《大同书》中,对大同社会的生活做了非常具体而生动的论述,例如,他曾具体论述人们的"居处之乐"、"舟车之乐'、"饮食之乐"、"衣服之乐"、"器用之乐"、"净香之乐"、"沐浴之乐"等,对人们的衣食住行和精神文化生活都做了详尽的描述。《大同书》为人们提供的是一幅尽善尽美的理想生活图景。这种理想生活图景在一定程度上批判和否定了封建专制,揭露了现代资本主义社会中的黑暗,也反映了中国人民对幸福美好生活的追求和向往。

但是,《大同书》描写的社会,只能是一种乌托邦式的空想。恩格斯在《社会主义从空想到科学的发展》一文中谈到西方的空想社会主义理论时曾经说过:"不成熟的理论,是和不成熟的资本主义生产状况,不成熟的阶级状况相适应的。"应当说《大同书》设计的社会图景的空想特征,也反映了中国资本主义发展的实际和康有为等人所代表的中国资产阶级自身的发展状况。维新思潮的代表人物,在政治上都是一些改良派,都是君主立宪的鼓吹者。由于他们所代表的阶级自身力量弱小,他们没有力量也没有勇气和封建社会做彻底的决裂。所以康有为虽然写了《大同书》,设计了他所主张的理想社会的蓝图,但大同社会,并不是他的现实的政治上的主张和追求;相反,他认为在 19 世纪末和 20 世纪初叶的中国,只能言"小康",而不能求"大同"。求"大同"就会"陷天下于洪水猛兽"。康有为所谓"小康"实际上就是资本主义社会。所以他与梁启超、谭嗣同直接参与的政治活动是戊戌变法。尽管他们在自己的变法纲领中主张"富国为先","废八股,兴学校","以商立国",但在政治上的最根本的主张是要既不动摇"大清"的统治,又要"立行宪法","行三权鼎立之制",走君主立宪的道路。当然这种君主立宪的主张,在中国近代史上并没有成为现实,康有为等主张和参与的维新变法是以失败告终的。

　　同时，康有为主张的通向大同社会的道路亦是非科学的。毛泽东同志在《论人民民主专政》一文中就曾指出："康有为写了《大同书》，他没有也不可能找到一条到达大同的路。"①毛泽东同志这个论断是符合实际的。康有为在《大同书》中对阶级社会的黑暗有一定揭露，对人们的苦难充满同情。但是他之所以"入世界观众苦"，对人们的苦难富于同情，是因为他的"不忍之心"；他对人们苦难根源的理解，不是立足于阶级的观点，而是依据人性论和某些佛教的观念。他描述人们的苦难，讲到"人生之苦"、"天灾之苦"、"人道之苦"、"人治之苦"、"人情之苦"、"人所尊尚之苦"时，讲到了"贫穷之苦"、"苛税之苦"、"劳苦之苦"、"阶级之苦"，同时也鼓吹什么"富者之苦"、"贵者之苦"、"帝王之苦"，把人生看做是一片苦海，而究其原因，却不在于阶级压迫和剥削，而在于"投胎"。他说："自圣智日出，文明日舒，宫室服食；礼乐文章；上立帝王，下设虏奴；贫为乞丐，富为陶朱；尊男卑女，贵人贱狙，华族寒门，别若鸟鱼，蛮獠都士，绝出智愚，灿然列级，天渊之殊。呜呼命哉，投胎之异也。一为王子之胎，长即为帝王矣，富有国土，贵极天帝，生杀任意，刑赏从心，呼吸动风雷，举动压山岳，一怒之战，百万骨枯，一喜之赏，普天欢动。不幸而为奴虏之胎，一出世即永为奴虏矣，修身执役而不得息，听人鞭挞而不敢报，虽有圣哲而不得仕，虽死节烈而不得赠位，虽为义仆而不厕人列，子子孙孙世袭为隶。"（《大同书》）在康有为看来，人生来即苦，不论是贵为帝王，还是贱为奴仆，人人都在苦恼忧患之中。人要去苦，求乐，只有走"大同之道"。而他所谓至大同之道，是去九界，即"去国界合大地"，"去级界平民族"，"去种界同人类"，"去形界保独立"，"去家界为天民"，"去产界公生业"，"去乱界治太平"，"去类界爱众生"，"去苦界至极乐"。由于康有为探寻人们的苦难根源时，不懂得阶级社会中，"众生"之苦，在于阶级斗争，在于统治阶级的剥削压迫。所以他所理解的到达大同社会的途径不是阶级斗争，不是依靠人民群众的力量消灭剥削制度，而是一种非现实的，只能存在意念中的"去九界"。这样的"大同"之路除了给人们精神上以慰藉之外，对于人们摆脱现实的阶级剥削和压迫是毫无作用的。所以，《大同书》虽然在一定程度上批判揭露了封建社会和资本主义的某些黑暗，反映了人们对美好生活的向往，但却以"不忍之心"，人类普遍的仁爱等观念掩盖了阶级矛盾和阶级斗争，实质是从一种抽象的人性论出发，调和阶级矛盾。主张人性论和调和阶级矛盾，无视人民群众在社会矛盾运动中的巨大力量，是中国近代资产阶级在思想理论方面的一大特征。这种特征在《大同书》中得到了鲜明地体现，也决定了《大同书》的空想和非科学的性质。

　　中国思想文化的发展，从来就有借"天道"以明人事，借"知行"以说道德，借"阴阳"以言"治平",借"理势"以论"至治"的传统。任何思想理论的产生和发展,总是服务于并服从于社会政治的需要的。维新思潮的兴起是同维新变法关联在一起的。戊戌变法的失败,实际上宣告了维新思潮的终结。因为这种思潮从总体上已经失去了自身现实的社会功用和价值,资产阶级改良派人物失去了在中国近代政治思想舞台上的主导地位后,代之而起的是资产阶级的革命派人物,资产阶级革命派代表人物在自己的政治斗争中,构建了自己的思想理论,这种思想理论使中国近代的启蒙思想演进和发展到了新的历史阶段,资产阶级革命派的思想理论是对资产阶级维新派思想理论的否定,这种否定不是简单的抛弃和代替,而是既有批判,也有借鉴、继承。因此维新思潮作为中国近代启蒙思想发展中的一个阶段和环节,其地位和价值是不能代替的。

（原载唐明邦主编:《中国近代启蒙思潮》,江西人民出版社1993 年版）

关于"武汉城市精神"的几点思考

在市场经济条件下,经济的发展与文化的发展紧密关联。"文化的力量,熔铸在民族的生命力、创造力和凝聚力之中。"一个国家,一个民族,要振兴自己的经济,必须发展自己的文化。因此,大力发展社会主义文化,建设社会主义精神文明,已成为我们在新世纪所面临的一项战略任务。在全国人民全面建设小康社会,大力发展社会主义文化的热潮中,武汉怎么办? 则又是我们每个武汉市民都必须关心的。这里记下笔者有关"武汉城市精神"问题的几点思考。

一、城市文化与城市精神

思考"武汉城市精神",需做一些理论的溯源,先从文化与文明以及城市文化、城市精神之类的问题谈起。文化与文明的内涵与差别,是人们曾长期探讨并仍在继续探讨中的问题。一般而言,人类是文化与文明的创造者,文化与文明都是人类行为的结果。但是人们常在社会进步尺度与人类开化状态的意义上使用文明这一范畴,而把广义的文化理解为人类在社会实践中所获得的能力及其所创造的物质成果与精神成果的总和。

从人们认同的文化概念的内涵来看,城市本身即是人类文化的象征:城市不仅聚集了人类创造的物质文明,同时也集中体现着人类的聪明才智与精神文明。但是,作为人类物质文明与精神文明体现者的城市,又不能等同于人类文化的总和。因为,城市作为一种文化现象,只是人类文化的一种具体形态,这种具体的文化形态存在于总体性的人类文化之中。人们将城市文化作为一种独立的文化现象进行考察,即是以肯定城市文化作为人类文化中的一种具体形态为前提的。

在当代学术界,人们像理解总体性的人类文化一样,把城市文化也理解为一个包含着不同层次的文化系统,认定"城市文化是一个综合整体,是一种文明形成的群体行为和生活方式,包含知识、信仰、艺术、法律、道德、习惯以及社会成员获得的任何能力。它可以分为表层、中层和深层三个层次……城市文化的深层结构是城市精神文化或心智文化,是人们的社会意识的总和,它包括社会心理、伦理道德、思维方式、宗教情绪、民族性格以及审美情趣等等。"从人们对城市文化的这种理解来看,城市精神是城市文化结构中的核心。城市精神体现着一个城市市民的"社会心理、伦理道德、思维方式、宗教情绪、民族性格以及审美情趣"等,这实际上集中地展现了一个城市市民的文化素质、精神风貌与创造能力。由此可见城市精神在城市文化中的重要地位。正是因为这种重要地位,使得城市精神已成为当前人文社会科学领域重要的专探对象。因此,可以说城市精神在城市文化中的重要地位,构成了我们思考"武汉城市精神"的一个重要的思想前提。

城市文化的地域性与具体性特征是我们思考"武汉城市精神"的另一思想前提。地理环境是一个国家,一个民族得以形成与延续的基础,也是一个城市形成的基础。这使得地理环境构成了城市文化的一个重要特征,我国的城市文化即是由众多的具体的城市的文化所构成的。中华民族要在新的世纪从文化上对人类作出自己的贡献,必须振兴自己的民族文化,维护自己文化的民族性;在当今文化趋同的世界潮流中,我们的文化只有首先是民族的,才能真正成为世界的。同理,武汉人要在振兴中华文化的伟大实践中作出自己的贡献,唯有加强武汉的物质文明建设与精神文明建设,发展自己的城市文化;武汉城市文化建设的这种现实要求,也需要我们思考如何培植与建设"武汉城市精神"。

二、武汉城市精神的内涵与特质

城市文化是一个综合性的文化系统,城市精神在城市文化中居于核心地位,属于城市文化的深层结构。当我们认同这种文化观念以后,我们也可以把武汉城市精神理解为武汉城市文化的深层结构或核心部分。就具体内涵而言,可以说武汉城市精神即是武汉人的思维方式、价值取向、道德观念、审美情趣等深层文化意识的集中体现。这种作为"心智文化"的城市精神不仅表明武汉的物质文明程度,而且体现武汉人的形象与风貌。因此,培植与发展武汉城市精神,根本目的即是要在新的时代,塑造具有新的文化素养、新的人格气质、新的精神风貌的武汉人。

在中国的城市文化中,武汉的城市文化有别于北京的城市文化,也不同于上海及其他大城市的城市文化。这种区别是由武汉城市文化的特质决定的。因此,建设武汉的城市文化,培植武汉的城市精神,必须深入地思考武汉城市精神的特质与个性。

在关于武汉城市文化建设的思考中,有学者把武汉城市文化的特色概括为"楚声汉调、江韵夏风"。这种概括,形象生动,十分贴切。但是,论及武汉城市精神的特质,似还可以进行更深入的思考,或者说可以将武汉文化"楚声汉调、江韵夏风"的特色追溯到更深的认识层面。在这种追溯中,我们似应注意到武汉城市精神特质中"楚天楚风"、"楚地楚学"、"楚人楚貌"三个相互关联的环节与层次。

　　"楚天楚风"是从高层面的文化传统角度思考与理解武汉城市精神的特质。一个国家,一个民族,一个城市,乃至个人的个性气质与精神风貌,同其感染的文化传统是联系在一起的。文化传统是历史积淀的结果。文化传统对于人的影响则是在潜移默化中完成的。就可沿袭的文化传统而言(非就文化传统的形成而言),一个国家、一个民族、一座城市的文化传统既可说是历史的,自然的,也可说是本有的,先在的。因此,我们思考武汉城市文化精神的特质,首先必须注意到武汉城市文化建设可利用与凭借的高层面的文化传统。

　　武汉是中国中部地区的特大城市。就具体的地理条件与文化传统而言,主要与古时候的楚国及荆楚文化联系在一起。中国的传统文化,是历史地整合荆楚文化、巴蜀文化、吴越文化、齐鲁文化、燕赵文化、秦陇文化等区域性文化的结果。论及荆楚文化的特色,人们熟知老、庄的"玄览",难忘屈、宋的"流观"。屈子问"天":"曰遂古之初,谁传道之?上下未形,何由考之?冥昭瞢暗,谁能极之?冯翼惟象,何以识之?明明暗暗,惟时何为……圜则九重,孰营度之?惟兹何功,孰初作之……九天之际,安放安属?隅隈多有,谁知其数?"这是在文明尚不发达的年代,人们在荆楚大地上对大自然奥秘的探寻与沉思。老子思"玄":"道,可道,非常道;名,可名,非常名。无名,天地之始;有名万物之母。故常无欲以观其妙;常有欲以观其徼。此两者同出而异名,同谓之玄,玄之又玄,众妙之门。"以"道"释"玄",认定"道"为"众妙之门",这是中国历史上较早从哲理的层面对天地万物本原作出的论释与回答。周秦之际,论"道"不限于老、庄。老、庄之学的精髓在于强调"自然",倡导"无我",主张"无为",在中国文化中形成了一种有别于儒家文化的价值取向,具备了一种独有的超越意识。

　　道家文化是荆楚文化中最具代表性的成分,道家的传统也是对世代生活在荆楚大地的人们影响最深的文化传统。在这种文化传统的影响之下,荆楚儿女历来追求在哲理的层面探寻世界,思考人生。熊十力、汤用彤、徐复观、殷海光这些中国现代史上的哲学代表人物,能够从荆楚大地走向全国,走向世界,与他们曾受到长于哲思的荆楚文化的影响是分不开的。因此,当我们思考新时代的武汉城市精神特质时,应当倍加珍视荆楚文化的这种独特传统。因为,面对新的时代生活,人们仍然需要好学深思,需要谨严清奇,也需要对现实的清醒与超越;"上与造物者游,下与外生死者为友","宏大而辟,深闳而肆"的道家文化,仍可成为培植武汉人精神风貌的重要文化资源。

　　"楚地楚学"是从实学传统的角度思考武汉城市精神的特质。荆楚文化中除了老、庄的超越,屈、宋的浪漫,也不乏实学的传统与科学的精神。就中华文化的发展而言,历史上,南方文化曾落后于北方文化,荆楚文化曾落后于齐鲁文化。相比较于黄河流域的华夏先民,历史上的楚人曾被视为"南蛮鴃舌之人"。但由于其多江河湖泊的生活环境,荆楚儿女在求生存,求发展,改造大自然的生产活动中,好学深思,不囿成说,勇于创新,历史地形成了自己求真务实的科学精神。历史上,楚人在冶炼、染织、天文、建筑、音乐等方面留下了自己的辉煌成就,为中国科学技术的发展作出过重要贡献;楚人修建的"期思陂"、"芍陂"等水利工程,则构成了古代中华文明重要的组成部分。步入近现代以来,武汉更是开风气之先,开办学堂,兴建工业,在现代工业与科学技术方面都曾走在全国前列。同时,实学传统与科学精神的熏陶,也使荆楚大地走出了李四光等享誉海内外的现代科学巨匠。

荆楚文化中蕴含的实学传统与科学精神,是我们思考武汉城市精神特质时应当珍惜的又一文化资源。人生境界真、善、美,真是基础,真是前提。真的本质即是科学与自由。求真需要自由思考,求真需要科学探索。人类只有具备求真的科学精神,才能不断地认识自然,改造自然,创造丰富地物质文明,满足人类自身生存发展的需要;人类也只有具备求真的科学精神,才能不断地求善求美,丰富、发展自己的精神生活,获取圆满的人生价值。当今世界,科学技术已成为人们在自然王国中求取自由的重要工具,科学精神已成为现代人必须具备的文化素质与人格特征。毫无疑问,武汉城市精神,武汉人的精神风貌,都应当包含与体现科学精神。我们思考武汉城市精神的培植与建设时,特别应留意的是如何沿袭荆楚文化中的实学传统,使武汉人以自己特有的实学传统与创造能力,活跃在有中国特色的社会主义物质文明建设与精神文明建设中。

"楚人楚貌"是从楚人精神的角度思考武汉城市精神的特质。楚人精神是一个内容宽泛的概念,清奇玄远,好学深思的哲学传统,求真务实的科学精神,可以说都是楚人精神的重要组成部分。这里所说楚人精神主要是指荆楚儿女对国家民族强烈的忧患意识与责任意识。屈子"问天"是其对大自然奥秘的思考;但是,作为荆楚文化的重要代表人物,屈原留给后人的精神遗产中更多的是其爱国情怀与责任意识。屈原一生,痛恨统治者的骄奢淫逸,昏庸愚昧:"怨灵修之浩荡兮,终不察乎民心";愤世嫉俗,同情生活在苦难之中的民众:"长太息以掩涕兮,哀民生之多艰";坚定地追求自己的政治理想:"路漫漫其修远兮,吾将上下而求索"。他向往"遵道而得路"的社会生活,并且为追求自己的政治理想献出了自己的生命。从屈原的人生经历和他留给后人的文化遗产中,我们可以看到一位"志洁""行廉"的荆楚儿女形象,能够感悟到有别于好学深思、求真务实传统的另一种楚人精神。历史证明,荆楚儿女这种关怀国家民族的忧患传统,不仅源远流长,而且从未中断。这就是为什么在中国现代史上,荆楚大地能够走出大批革命志士的历史缘由,这也是为什么武汉在中国众多城市中成为"首义之城"的历史缘由。因此,楚人的忧患传统也是我们思考武汉城市精神特质时,应当特别留意的文化资源。

总之,在承袭好学深思,谨严清奇,务实求真,忧国忧民这些荆楚文化中优秀传统的基础上,再以"楚声汉调,江韵夏风"的形式容纳现代的科学精神与人文精神,武汉城市精神即会以自己独特的风格展现在中华大地上,融入中华文化中;具体展现武汉城市精神的武汉人,也会具备独特的人格魅力与崭新的精神风貌;在新的历史时期,文明、现代的武汉人又会以自己全新的创造能力,把武汉这座中国的特大城市建设得更加美好。

三、武汉城市精神的培植与建设

在新的世纪中培植与建设武汉城市精神,是武汉人面临的一道历史课题,肩负的一项历史使命。要完成这一伟大的历史使命,需要我们武汉人倾注自己的热情,发挥自己的聪明才智,共同努力奋斗。

当前,我们在培植与建设武汉城市精神的实践中,首先,应意识到武汉的城市文化建设相较于沿海兄弟省市的城市文化建设滞后,激发自己的危机意识。应当肯定,自党的十一届三中全会以来,武汉市在全中国改革开放的大潮中,无论是物质文明建设还是精神文明建设都取得了巨大的成就,武汉的市容市貌,武汉人的情趣追求,都已今非昔比。但是,我们也应当看到,相比较于上海、北京这类大城市的建设,武汉落后了;相比较于深圳、青岛这类沿海城市的建设,武汉也落后了。这种落后首先表现在经济建设方面,武汉的经济发展水平同其特大城市的地位还不相称。经济建设的相对滞后必然会影响到人们的思想观念,这使得武汉人在思想观念的现代性方面也较沿海城市的市民逊色。武汉城市的脏、乱、差,不仅与武汉市政建设滞后关联,同时,也与武汉市民的文化素质、生活习俗联系在一起。因此,我们只有意识到自己落后,才能够更深刻地领会邓小平同志发展是硬道理这一论断的深刻意蕴,蓄积力量,振奋精神,发展武汉经济;在加强武汉城市物质文明建设的基础上,加大精神文明建设的力度,培植武汉城市精神。

其次,在培植与建设武汉城市精神的实践中,我们应利用武汉城市的区位优势,自觉地加大文化整合的力度。文化整合是将不同的文化成果整合为一个有机的整体,而不是让不同的文化成果平列或并存。武汉地处中国中部,水路交通方便,被誉为"九省通衢"。今天,武汉因地理区位带来的交通优势已经不多了。但是,武汉作为中部城市,汇集南北经济文化成果的优势仍然存在。我们应当利用这一优势,吸收容纳不同类型的文化成果,形成自己的城市文化。过去,在北京人眼中武汉人是南方人,在广州人眼中武汉人是北方人。不南不北的尴尬,表明武汉文化缺乏自己的个性。要避免这种尴尬,唯有通过文化整合,建设自己的文化,使武汉文化有南有北,既南既北,南北合一,兼具南北文化之长,形成自己中部城市的文化特色。因此,文化整合,不仅是武汉城市文化建设的重要途径,同时,也应当是武汉城市精神的一种体现。

城市文化是一个包含不同层面的整体和系统,不同层面的文化之间是相互影响和相互制约的。在城市文化系统中,制度文化属于城市文化系统的中间层次,这一文化层面的主要体现者是城市政府。作为城市的领导机构与管理机构,城市政府在城市文化建设中具有其他层面的文化无法替代的功能与作用。懂得这个道理,我们在培植与建设武汉城市精神的实践中,就应自觉地维护党的领导,支持政府的工作。只有在武汉市委和武汉市政府的领导下,武汉的城市文化建设才会有组织,有计划地持续与发展。我们坚信:有党中央的关怀与支持,在武汉市委市政府的正确领导下,经过武汉全体市民的奋斗,武汉一定会以自己辉煌的建设成就汇入振兴中华的大潮,武汉人一定会以自己崭新的气质与风貌展现武汉的城市精神。让我们用自己的双手把武汉建设成一座美丽的现代化国际都市;在武汉城市精神的陶冶下,把自己锻炼成新时代的武汉人。

(原载《学习与实践》2003 年第 8 期)

中国现代哲学主题刍议

——关于 20 世纪三四十年代中国哲学发展的一些回顾与思考

  在中国现代哲学转型与建构的历史进程中,是否存在一个基本的且与中国社会发展的现实要求密切关联的理论课题呢? 或者说有没有其他理论无法替代且能够不断地从方法学的层面,为中国社会的现代化道路提供理论支持的主要课题呢? 在笔者看来,对这个问题的回答应当是肯定的。因为,在中国现代哲学的转型与建构中,实际上存在这种基本的或主要的理论课题。这种理论课题的基本内容即是对事物共殊关系的探讨与辨析。在中国现代哲学史上,围绕这种基本的或主要的理论课题而展开的哲学活动,主要出现在 20 世纪的三四十年代。在这一时期的哲学活动中形成的关于事物共殊关系的理论系统,不仅在不同的层面上对于中国社会的现代化具有重要的方法论意义,同时,也为我们全面了解中国现代哲学的转型与发展提供了一个重要的关切视阈。基于这样的理解,本文对 20 世纪三四十年代的中国哲学运动做一些历史的回溯,并围绕中国现代哲学主题及其相关问题做一些论析与解释。

一、三部哲学论著与同一个哲学论题

  在中国现代哲学发展的历史上,曾经在同一时间段内出现过三部以不同的研究方法、不同的思想资源,不同的理论系统探讨同一个哲学对象的哲学著作:这就是 1937 年毛泽东发表的《矛盾论》,1939 年正式出版的冯友兰的《新理学》,1940 年出版的金岳霖的《论道》。在同一时间段内,围绕共同的哲学问题,即探讨事物的共相与殊相的关系而形成三种不同的认识成果,这在中国现代哲学史上,是一个十分有趣的文化现象;中国现代哲学史上的这段历史,也是一段值得人们高度关注的历史。对于这段历史,任何一位治中国哲学史的学者皆不陌生,人们对于出现在这一历史时期的三部哲学著作的内容,大都非常熟悉。但是,在中国现代哲学史研究中,人们或注意对文化思潮的研究,着力探讨文化保守主义、自由主义与马克思主义之间的歧异与争锋,将中国现代哲学的发展,理解为不同社会思潮相互交错,排拒与发展的历史;或注重对专人专著的研究,人们关于毛泽东、冯友兰、金岳霖哲学研究的专门成果即十分丰富;或注重于专门问题的研究,专探有关中国现代哲学史上的知识论问题、本体论问题等。但是,由于各种各样的原因,人们很少从中国现代哲学基本的或主要理论课题的角度,将毛泽东、冯友兰、金岳霖的三部哲学著作联系起来进行理论的考察,并通过这样的考察,来了解中国现代哲学发展的历史轨迹与发展前景,辨析构成中国现代哲学的传统资源、西学因素与现实要求。这种状况是应当改变的。因为,1937年毛泽东发表《矛盾论》,1939年冯友兰正式出版《新理学》,1940年金岳霖出版《论道》,这些看似偶然的历史事件,实际上反映了中国现代哲学发展的一种内在趋向与时代要求,表明中国社会与中国文化的现代化需要,规定与确立了中国现代哲学需要解决的基本的或主要的理论课题。

从《矛盾论》、《新理学》、《论道》问世的历史背景来看,当年毛泽东、冯友兰、金岳霖以不同的方式辨析事物的共殊关系,实际上即是以对于现代中国哲学主要的理论课题的领悟与自觉为思想前提和认识基础的。冯友兰晚年论及他的《新理学》时曾经说过"新理学"的自然观的主要内容,是共相和殊相的关系问题。并认为自己探讨的问题是一个古老的哲学问题,但自己的探讨是"接着讲",而不是"照着讲"。对于一个在中外哲学史上人们都曾经涉猎的古老的哲学问题,冯友兰为什么要"接着讲"? 这除了冯友兰认定共相与殊相,一般与个别的关系问题"是一个真正的哲学问题"之外,一个更为重要的原因,即是冯友兰意识到在步入现代历史以后的中国继续探讨这个"真正的哲学问题",仍然是中国社会文化发展的现实要求。在《新理学·自序》中,冯友兰曾以哲学家的语言表达自己对于这种时代要求的理解:"此书虽'不着实际',而当前有许多实际问题,其解决与此书所论,不无关系。故虽知其中必仍有需修正之处,亦决及早印行,以期对于当前之大时代,即有涓埃之贡献"。①

金岳霖对待社会现实生活的态度有别于冯友兰,更不同于毛泽东。金先生实际上是一位比冯友兰更为典型的学院派哲学家。但其《论道》的理论重心同样是辨析事物的共殊关系。作为一个专业方向重在知识论与逻辑学领域的学者,金先生为什么会对形上学问题产生兴趣? 用金先生自己的话说即是"一个向来不大谈超现实的思想的人何以会忽然论起道来"。这值得人们深入思考。因为金先生自己也认为:"有好些书有那何为而作底问题。"②金先生论及《论道》的写作缘由,没有像冯友兰那样直接与解决中国社会发展的现实问题联系起来,而是首先说到自己对于哲学的兴趣:"我最初发生哲学上的兴趣是在民国八年底夏天。那时候我正在研究政治思想史,我在政治思想史底课程中碰到了 T. H. Green。我记得我头一次感觉到理智上的欣赏就是在那个时候,而在一两年之内,如果我能够说有点子思想的话,我底思想似乎是徘徊于所谓'唯心论'底道旁。民国十一年在伦敦念书,有两部书对于我的影

---

① 冯友兰:《三松堂全集》第4卷,河南人民出版社2000年版,第3页。
② 参见金岳霖:《论道·绪论》,商务印书馆1987年版,第1页。

响特别的大：一部是罗素底 principles of Mathematics，一部是休谟底 Treatise。罗素底那本书我那时虽然不见得看得懂，然而它使我想到哲理之为哲理不一定要靠大题目，就是日常生活中所常用的概念也可以有很精深的分析，而此精深的分析也就是哲学。"①在我们今天看来，金先生当年对于哲学的兴趣，其实也是可以纳入当时中国的知识精英出于改变国家民族积贫积弱的现实，发奋学习西方科学文化这种时代背景来加以解释的。

金先生写作《论道》另一原因，实际上是他的民族情节与文化使命感，他曾说过："中国思想中最崇高的概念似乎是道。所谓行道、修道、得道，都是以道为最终的目标……国人对之油然而生景仰之心的道，万事万物之所不得不由，不得不依，不得不归的道才是中国思想中最崇高的概念，最基本的原动力。对于这样的道，我在哲学底立场上，用我这多少年所用的方法去研究它，我不见得能懂，也不见得能说得清楚，但在人事底立场上，我不能独立于我自己，情感难免以役于这样的道为安，我底思想也难免以达于这样的道为得。"②这里所谓情感上"以役于这样的道为安"，思想上"以达于这样的道为得"，即可以理解为金先生在心灵深处仍将自己的工作与生活纳入中国人主张的"行道、修道、得道"的范围。他要基于哲学的立场，以自己的方法论释作为"中国思想中最崇高的概念，最基本的原动力"的道，目的似也在于参与中国人的"行道、修道、得道"。而在 20 世纪三四十年代，中国人"行道、修道、得道"的具体内容则不可能游移于中国社会文化的现代化这一时代课题之外；中国人"行道、修道、得道"的目标只能是振兴中华，复兴自己的民族文化。只不过金岳霖先生论及《论道》写作的缘由时没有如此直白的表达而已。他仅以哲学家的语言论释了自己对于复兴民族文化的关切与期盼。

毛泽东写作《矛盾论》，目的更是在于指导中国革命实践。冯友兰晚年认为《矛盾论》中论析的真正的哲学问题之一即一般与个别，共相与殊相的关系问题，并认为毛泽东的《矛盾论》实即是他《中国革命战争的战略问题》一文的哲学表述："《中国革命战争的战略问题》和《矛盾论》这两篇文章，前者发表于 1936 年 12 月，后者发表于 1937 年 8 月。就发表时间说，前者早于后者八个月，但不能说《矛盾论》中那两个要点只是毛泽东在这八个月中才发现的；只能说毛泽东在 1936 年前后的几年之间，就已形成这一套思想。他先用军事学的形式发表出来，那就是《中国革命战争的战略问题》；后来又用哲学的形式把它发表出来，那就是《矛盾论》。这两篇文章互相发明，互为表里。"③冯友兰关于毛泽东因革命实践的需要而意识到现代中国哲学的理论课题，并形成自己哲学思想的见解是合于实际的。在中国现代哲学史上，毛泽东对事物

---

① 金岳霖：《论道》，商务印书馆 1987 年版，第 3—4 页。
② 金岳霖：《论道》，商务印书馆 1987 年版，第 16 页。
③ 冯友兰：《三松堂全集》第 10 卷，河南人民出版社 2000 年版，第 599 页。

一般与个别、共相与殊相的探讨与辨析,确实典型地体现了哲学自身的实践性品格。

冯友兰认定毛泽东在 1936 年前后的几年之间形成了自己关于事物共殊关系的理论,则向人们揭示了中国现代哲学史上另一个重要的发展线索:即人们意识并领悟中国现代哲学的理论主题,并围绕这一理论主题形成系统的哲学理论,只能出现在20 世纪的三四十年代。因为,中国现代哲学的这种理论课题的确立,以自鸦片战争以来中国人对"中国向何处去"这一问题的探讨形成基本答案为前提。这种答案,要而言之,即是中国要强盛,中华民族要复兴,必须使自己的民族文化由古典形态转换为现代形态,实现中国社会文化的现代化。尽管人们对于中国社会文化现代化的具体道路的理解有所不同,但探讨中国社会文化的现代化,都必须思考所谓中、西、古、今的矛盾,解决东西方不同民族文化之间的矛盾,以及中国传统文化与现时需求之间的矛盾。人们探讨事物的共殊关系,即是从哲学的层面探讨如何解决中、西、古、今的矛盾,探讨如何实现中国文化的现代化。因为,当现代化乃国家民族强盛的必由之路成为人们的共识之后,如何使中国社会文化实现现代化即成为人们急需解决的实践课题与理论课题。而这种实践课题与理论课题的确立,正是毛泽东、冯友兰、金岳霖等人得以建构自己的哲学系统的现实基础与时代根据。

二、同一个哲学论题的三种诠释路向

在中国现代哲学史上,毛泽东的《矛盾论》、金岳霖的《论道》、冯友兰的《新理学》大体上形成于同一个历史时期,且都以事物的共殊关系作为自己的诠释对象,但其诠释方法各具特色,并不相同。具体考察毛泽东、金岳霖、冯友兰对事物共殊关系的辨析及其辨析方式,对于我们了解中国现代哲学的历史发展,揭示中国现代哲学发展的内在趋向是十分有益的。

冯友兰晚年论及自己的哲学活动,曾经认为:"中国哲学家的著作大都是因事见理,而西方哲学家的著作大都是就理论理。这就是说,中国哲学家的著作大都是从殊相讲到共相,从特殊讲到一般,从具体讲到抽象,西方哲学家的著作大都是从开始就讲一般,从共相到共相。"[①]冯友兰曾经留学美国,熟知西方的哲学方法。但是,他辨析事物的共殊关系,建构自己的"新理学",仍然始于对经验的释义,而非始于对概念的分析。所谓始于对经验的释义,是说冯友兰辨析事物的共殊,首先仍是肯定"事物存在",在肯定事物存在的基础上,进而分析事物的存在,推导事物何以存在,从而引申出共殊的观念,辨析事物的共殊关系。

---

① 冯友兰:《三松堂全集》第 1 卷,河南人民出版社 2000 年版,第 233 页。

　　冯友兰在"新理学"中辨析事物的共殊,主要是通过"理"与"气","实际"与"真际"等范畴进行的。其中"理"与"气"又是冯友兰表述事物共殊的主要范畴。在"新理学"中,"理"与"气"即是通过对经验的释义建立起来的。在冯友兰看来,事物存在是经验中的事实。对于经验的释义,即是解释经验中的事物为什么总是这样的存在或那样的存在,或说解释现实的事物何以"各如其是"。冯友兰的解释首先是肯定凡事物必都是某种事物,进而由"某种事物是某种事物",肯定"必有某种事物之所以为某种事物者"。他将这种推导的结论表述为"有物有则"。所谓"有物有则",亦即有物有"理"。"理"是使某种事物成为某种事物的根据或必要条件,是事物的本质属性,或说事物的共相。

　　在"新理学"中,"气"这一范畴是通过对"存在底事物必都能存在"的肯定与推导建立起来的。因为,在冯友兰看来,"能存在底事物必都有其所以能存在者"。这种使"存在底事物""所以能存在"的东西是作为现实事物存在基础的"质料"。他将这样的"质料",称之为"气"。"理"与"气"同为事物存在的基本条件。"理"为事物存在的"依照","气"为事物存在的"依据";"依照"决定事物"是什么","依据"决定事物成为实际底的'是什么'者;从"理"、"气"对于事物存在的作用看,"理"、"气"不存在先后的问题。但是,从共殊的作用看,"理"、"气"则是不能等同的。因为"气"本身仍是存在,是存在则须具备存在之性,具备存在之性,即需依照存在之理。这种观念使冯友兰实际上肯定"理"在"气"先,强调共相高于殊相。

　　"实际"与"真际"也是冯友兰表述殊相与共相的重要范畴。"实际"乃作为形而下者的"器世界","真际"则是作为形而上者的"理世界"。"器世界"可说是殊相的集合,"理世界"则是共相的集合。冯友兰在辨析"实际"与"真际"关系时的基本观念是"有实者必有真。但有真者不必有实"。所谓"有真者不必有实",实际上是认定共相可以离开殊相而有;"有实者必有真",则是说实有必为真有,实际只是真际中本有的各种事物之理的具体显现。这样的理解,使冯友兰断言"理世界在逻辑上先于实际的世界",从一个更高的层面上肯定共相独立于殊相,高于殊相。

　　冯友兰辨析事物的共殊,表明他自觉地意识到了时代为中国现代哲学规定的理论课题。但他对于事物共殊关系的理解,又偏离了事物共殊关系的实际。对于自己辨析事物共殊时的理论失误,冯友兰晚年曾认为其认识根源,在于不了解共相的具体:"如果了解了具体的共相那个道理,'理在事中'的道理就不难了解了……这是一个关于认识的问题,并不是一个关于存在的问题。就存在说,本来没有谁先谁后、谁上谁下的问题。其所以有这些问题,就是因为把关于认识的问题与关于存在的问题混淆了。"①冯友兰的这种自省是深刻的。混淆认识问题与存在问题,确实是导致冯

---

①　冯友兰:《三松堂全集》第 1 卷,河南人民出版社 2000 年版,第 215 页。

友兰有关事物共殊关系的结论出现片面的重要原因。

但是,冯友兰在《新理学》中关于事物共殊关系的结论,与他在《新事论》和《新原人》中对事物共殊关系的理解,似有不同。《新事论》探讨社会文化问题,讲文化的类型,论释中国文化的现代化道路,强调文化的民族性,已经注意到事物共殊之间的联结。《新原人》中讲"大全","大全"即宇宙或"群有",也可以说是殊相的总名。"如果把'有'了解为'群有','有'就是'群有','群有'是殊相,'有'这个共相就寓于这一群殊相之中……不过照这样的了解,'有'这个共相就不是一个抽象的共相,而是一个具体的共相了。"①《新理学》所讲之"理"是抽象的共相,《新原人》所讲"大全"已涉及具体的共相。尽管冯友兰当时没有清楚的意识到自己思想的差别,但这种差别实际上已经存在。由这样的差别,我们似可看到冯友兰辨析共殊的思想变化。

金岳霖辨析事物的共殊,开始于对命题的分析。《论道》的第一章名为"道,式—能",第一章中的第一个命题则是"道是式—能"。"道"与"式"、"能"是金岳霖辨析事物共殊关系的基本范畴。金岳霖肯定共相的实在,与他对"可能"与"能"的分析关联。《论道》曾通过对"共相是个体化的可能,殊相是个体化的可能底各个体"这一命题具体论释作为共相的"可能"的实在。在金岳霖哲学中,"可能"虽与共相有关,但"可能"并非定是共相。金岳霖对"有能"、"有可能"曾有专门的辨析,论及"有可能"时,曾说"这里所谓可能是可以有而不必有'能'的'架子'或'样式';一部分是普通所谓空的概念,另一部分是普通所谓实的共相。"②所以,"共相虽是可能,可能可不一定是共相。可能虽可以有能,而不必有能。"③金岳霖对"可能"的这种分析,认定"空的概念"与"实的共相"都属于"可能",同时也肯定有无具体的表现乃"空的概念"与"实的共相"的区别,这种肯定实际上即是要肯定共相的实在与具体。他所谓"共相是个体化的可能,殊相是个体化的可能底各个体"的命题正是以这样的"可能"观念为基础而形成的。他具体诠释这一命题,则进一步肯定了共相的实在与具体:"照本文底说法,共相当然是实的。相对于任何同一时间,可能可以分为两大类:一是现实的,二是未现实的。未现实的可能没有具体的、个体的表现,它根本不是共相;因为所谓'共'就是一部分个体之所共有,未现实的可能,既未现实,不能具体化,不能个体化,本身既未与个体相对待,所以也无所谓'共'。"④在金岳霖看来,所谓共相的具体与实在,即在于其为现实的"可能"。金岳霖也不否认共相有别于殊相:"共相当然实在,不过它没有个体那样的存在而已。一方面它是超时空与它本身底个体的,另一方面它既实在,所以它是不能脱离时空与它本身底个体的。"⑤对共殊关系的这种理

————————

①　冯友兰:《三松堂全集》第1卷,河南人民出版社2000年版,第228页。
②　金岳霖:《论道》,商务印书馆1987年版,第21页。
③　金岳霖:《论道》,商务印书馆1987年版,第21页。
④　金岳霖:《论道》,商务印书馆1987年版,第73页。
⑤　金岳霖:《论道》,商务印书馆1987年版,第74页。

解，使得金岳霖既肯定共相的普遍，认为"共相超它本身范围之内的任何个体"，同时也强调共相的实在，认为"它又不能独立于本身范围之内的所有的个体"。冯友兰曾经高度评价金岳霖以逻辑分析的方法辨析事物共殊关系所作出的这种结论。认为他肯定殊相与共相的联系与区别，强调共相的具体与实在，既正确的论释了共相的实在与具体，又深刻地指出了共相的内在与超越；实际上总结了中外哲学史上关于事物共殊关系的论争，克服了论争中出现的思想片面。由于金岳霖以分析的方法深刻地论释了事物的共相与殊相的联系与区别，可以说他在中国现代哲学史上，围绕时代为中国现代哲学规定的理论课题，建构起了一种最具理论特色的哲学系统。这种哲学系统在中外哲学发展史上，都具有重要的历史地位和理论价值。

毛泽东论析事物共殊的思想方法，既不同于冯友兰，也不同于金岳霖。他基于唯物辩证法的观念，在肯定事物即是矛盾，"没有矛盾就没有世界"的基础上辨析矛盾的普遍与特殊，深刻地论析了事物的共性与个性、普遍与特殊的关系："矛盾的普遍性与矛盾的特殊性的关系，就是矛盾的共性和个性的关系。其共性是矛盾存在于一切过程中，并贯穿于一切过程的始终，矛盾即是运动，即是事物，即是过程，也即是思想。否认事物的矛盾就是否认了一切。这是共通的道理，古今中外，概莫能外。所以它是共性，是绝对性。然而这种共性，即包含于一切个性之中，无个性即无共性。假如除去一切个性，还有什么共性呢？因为矛盾的各各特殊，所以造成了个性。一切个性都是有条件地暂时地存在的，所以是相对的。"①从这种论述中我们可以看到，毛泽东认为矛盾的普遍与特殊的关系问题即是事物的共性与个性的关系问题，肯定"共性即包含于一切个性之中，无个性即无共性"；同时也认为共性不同于个性，强调共性的普遍性、绝对性，个性的暂时性与相对性。毛泽东这种"无个性即无共性"的论断，也可以说是既肯定共相的具体，又肯定共相的实在，揭示了事物共殊关系的联结与实质。肯定共相的具体，本是唯物辩证法的一大理论传统。列宁在其《谈谈辩证法》一文中曾经指出："个别一定与一般相联而存在。一般只能在个别中存在，只能通过个别而存在。任何个别（不论怎样）都是一般。任何一般都是个别的（一部分，或一方面，或本质）。任何一般只是大致地包括一切个别事物。任何个别都不能完全地包括在一般之中，如此等等。"这里所谓"任何一般都是个别的（一部分，或一方面，或本质）"即是强调具体的共相。毛泽东吸纳唯物辩证法的这种思想资源，运用中国传统的哲学概念，论释矛盾的普遍与特殊，正确地解析共殊之间的联结，也为解决时代赋予中国现代哲学的理论课题作出了重要贡献。

与冯友兰、金岳霖这类职业哲学家身份不同，毛泽东是革命家。冯、金二人依凭哲学家思想的敏锐，领略时代对哲学的呼唤而辨析事物的共殊，毛泽东作为革命家则

---

① 《毛泽东著作选读》上册，人民出版社 1986 年版，第 159—160 页。

因直接感受到实践的需要而探讨事物的共殊关系。他在领导中国革命的实践中,之所以强调"必须将马克思主义的普遍真理和中国革命的具体实践完全地恰当地统一起来",正是由于他从哲学的层面认识到了"共性即包含于一切个性之中",形成了自己关于事物共殊关系的理论。这种理论从思想方法的层面帮助他领导中国人民取得了革命的胜利。因此,就毛泽东的《矛盾论》对于中国社会文化现代化的理论价值与实践价值而言,不论冯友兰的《新理学》,还是金岳霖的《论道》,都无法与其同日而语。

三、三种解释路向留给人们的思考

冯友兰在《三松堂自序》中论及哲学史研究与哲学创作,认为"哲学史的重点是要说明以前的人对于某一哲学问题是怎么说的;哲学创作是要说明自己对于某一哲学问题是怎么想的。"这是他的经验之谈。毛泽东的《矛盾论》,冯友兰的《新理学》,金岳霖的《论道》,在中国现代哲学史上的同一个时间段内探讨事物的共殊关系,并各以自己的思想方法形成了自己的理论系统,解释了事物共殊之间的区别与联结,形成了中国现代哲学史上最具理论深度的认识成果。对于这一历史文化现象留给我们的启示,不论是从哲学史研究的角度,还是从哲学创作的角度,都值得深入思考与总结。

从哲学史研究的角度来看,毛泽东、冯友兰、金岳霖等人在 20 世纪三四十年代基于不同的学术立场探讨事物的共殊关系,并能形成各具思想特色的认识成果,这表明现代中国哲学的创建与发展,既存在不同的理论追求、思想方式,也存在共同的理论课题与发展方向。《周易·系辞传》中有"天下同归而殊途,一致而百虑"之说。此说也可用于概括中国现代哲学发展的某些特色。就"同归"与"一致"来说,现代化当是现代中国社会文化发展的趋势与方向,这样的方向也是现代中国哲学的发展方向;就"殊途"与"百虑"来说,现代中国哲学的发展,则实际上是在多种哲学理论和哲学方法的交流碰撞、融会互补、改造创新的过程中进行的。

从毛泽东、冯友兰、金岳霖等人的哲学活动来看,时代的要求以及他们对于时代要求的自觉,使他们的理论活动旨趣都指向事物的共殊关系。不同的政治立场、不同的学术背景及人生态度,又使得他们探讨事物共殊关系的思想方式、理论目标以及对于事物共殊关系的理解有所不同。毛泽东作为现代中国革命的领导人物,在哲学资源方面,除了有选择地利用某些中国传统的哲学观念外,理论上自觉地吸纳了马克思主义哲学的认识成果。马克思主义哲学强调唯物论与辩证法的有机统一,并基于这样的观念,肯定共相的具体,正确的揭示了事物共相与殊相的联系与区别。毛泽东结合自己的革命实践,继承马克思主义的理论传统,以中国哲学的语言对事物的共殊关系作出了简略又不失深刻的理论阐释,建构起自己的哲学系统。冯友兰论释事物的共殊关系,理论方面存在片面。但他在辨析事物共殊关系的过程中,不仅传介和借鉴了西方哲学的理性主义传统,而且对中国哲学的理性主义传统实际上也进行了系统的清理与辨析,这对于改变中国哲学传统的思维方式,是极为有益的。金岳霖的《论道》,则不仅在关于事物共殊关系的理解方面达到了很高的认识层次,并且为人们系统地借鉴和运用西方的逻辑分析方法提供了一个范例。

因此,从哲学史研究的角度来看,毛泽东、冯友兰、金岳霖等人的哲学活动与理论成果给予我们的启示有二:其一,现代中国哲学的发展,不可能滞限于传介西方的哲学理论、哲学思潮与哲学方法,也不可能滞限于诠释我们民族自有的哲学资源与哲学传统。只有从时代要求出发,具备清晰的问题意识,既妥善地解决利用中国哲学传统资源、继承中国优秀哲学传统与中国哲学现实需要之间的矛盾,又正确地处理继承利用民族的哲学传统与吸纳他民族优秀哲学成果之间的关系,使古、今、中、西贯通整合,才可能实现中国哲学自身的更新与发展。其二,现代中国哲学史研究,只有充分顾及到时代对于哲学的要求,以及在现代中国哲学发展中具体理论课题的确立与解决,才有可能真实地揭示中国现代哲学发展的历史轨迹,正确地评断不同的哲学家对于现代中国哲学发展的理论贡献,确立其在现代中国哲学史上的历史地位。从而完成冯友兰所说的哲学史所应担负的考察历史上人们"对于某一哲学问题是怎么说的"这种特殊的学术理论任务。

从哲学创作的角度来看,毛泽东、冯友兰、金岳霖等人探讨事物的共殊关系,各以自己的理论与方法,为解决中国现代哲学面临的这一理论课题作出了重要贡献。但关于事物的共殊关系问题,并没有因为中国现代哲学史上已经形成多种关于事物共殊关系的理论而不再是一个"真正的哲学问题"。人们对于事物共殊关系的探讨,也不会因为中国现代哲学史上已经出现多种有关事物共殊关系的理论而止步不前。因为,中国社会文化的现代化是一个漫长的历史过程。在这个历史过程中,中国人民始终面临着正确处理传统与现代,本民族的文化成果与他民族的文化成果之间的关系这一理论课题与实践课题。当我们确定了自己的民族和文化的现代化目标以后,即必须努力使这种目标成为现实。而要使这样的目标成为现实,有关事物共殊关系的问题即不会游离于我们的思想之外。因为,从哲学的层面正确地理解与诠释事物的共殊关系,可以不断地为我们的现代化实践提供思想方法的指导。在我们的现代化事业中,当人们过于看重一般性的原则和经验的时候,我们应当冷静地意识到自己的民族和文化所具有的特殊;当人们过于强调自己的民族和文化的特殊的时候,我们又应当对作为一般的民族和文化的发展方向、目标保持清醒的头脑。唯有正确地理解事物的共殊关系,科学的追求民族文化的发展,才会不断地将我们的现代化事业推向前进。事物的发展,需要不断地从旧的形态走向新的形态。中华民族和中华文化的发展也是如此。在我们民族和民族文化的发展中,辨析事物的共殊关系,将会是一个常探常新的哲学课题。因此,在我们回顾与考察形成于中国 20 世纪三四十年代的几种有关事物共殊关系的理论之后,需要我们直面的另一个问题当是:回答自己对于这一哲学问题是"怎么想的"。而当人们在新的历史条件下,再以不同的思想理论具体诠释自己对于这一哲学问题是"怎么想的"的时候,那将是新的中国哲学发展历程的开始。

（原载《社会科学》2009 年第 4 期）

陈黻宸与中国哲学史

考察现代中国哲学史学科的创设与发展,陈黻宸是一位不宜忽略的历史人物。因为,陈黻宸是中国近现代史上较早进入北京大学任教,并在北大中国哲学门讲授中国哲学史课程的学者之一。陈黻宸,字介石,生于清咸丰九年(1859 年),卒于民国六年(1917 年),浙江瑞安人。其孙陈德曾在《书瑞安陈黻宸先生全集》中曾说:陈黻宸"于学无所不窥,言性理宗陆九渊、王阳明,以为人心不为私欲所蔽,则顺应万事,无不曲当,若求于外,必支离而无归。其言经制,以治史为主,谓不通史学,则于民生习俗,与夫世运推移之际,不能洞澈本原。"①陈德曾的这种记述,较为全面地揭示了陈黻宸学术活动的趣向与追求。依陈德曾的记述,陈黻宸一生博学广识,学养深厚,"言性理"尊从陆、王心学,"言经制"则"以治史为主",不论史、论,都达到了很高的造诣,都有所建树。陈德曾对陈黻宸学术活动的这种记述并非溢美之词。相较于同时代的学者,陈黻宸的人品与学问确在出类拔萃者之列,其史学方面的成就尤为人们所称道;而其在史学领域的成就,又以他在现代中国哲学史学科的创设方面所做的工作最具时代的价值。基于这样的观念,本文对陈黻宸的学术活动特色及其在中国哲学史学科史上的贡献做一些具体考察。

一、陈黻宸的教学生涯与史学志趣

陈黻宸之所以在现代中国哲学史学科的创设方面能够有所贡献,既与他生活的时代、幼时的学习兴趣及其对学问的理解相关,也与他学识渊博,科举考试不顺而长期从事教育工作相关。因此,考察陈黻宸在中国哲学史学科发展史上的学术贡献,首先应注意陈黻宸的生活道路中学问与事功的矛盾及其学术活动的个性与特色。

宋恕论及陈黻宸的史学成就时,曾认定陈黻宸"文追班、马,学绍郑、章",其《独史》一文,则"意在发渔仲之孤怀,补实斋之有待"。② 宋恕谓陈黻宸"发渔仲之孤怀,

---

① 陈黻宸:《陈黻宸集》上册,中华书局 1995 年版,第 2 页。
② 陈黻宸:《陈黻宸集》下册,中华书局 1995 年版,第 1193 页。

补实斋之有待"，是说陈黻宸在学术上有意继承、推进郑樵、章学诚的学术事业，获取新的学术成就。宋恕所言不虚。郑樵、章学诚都是陈黻宸心仪的学者。陈黻宸推重郑樵、章学诚，有意推进郑、章两位史家的学术事业，与他幼时的学习志趣是有联系的。章学诚曾谓自己幼时读书，不擅长经训词章之学，对于传统史籍则有独到的解读兴趣与能力。陈黻宸幼时随其兄燃石念书，刻苦自励，厌世俗浮薄之学，也在解读传统史籍方面表现出极高的悟性。据陈谧编《陈黻宸年谱》中记载：陈黻宸八九岁时读《春秋左氏传》，"至'晋杀杨食我'，辄取笔注其上曰：'杨食我之罪不至死，以叔向之贤而无后，冤哉！'读《尚书·武成》至'前徒倒戈，血流漂杵'，亦曰：'纣之亡也宜矣！然不为人用则已，若既食其禄，势去而遂背之，其倒戈之前徒亦非人也。'见者咸大惊，先伯父以是知先君之必有成也。"①当陈燃石看到陈黻宸小时候即有如此超众的学习能力，不能不推断陈黻宸日后在学术方面"必有"所成。

陈黻宸自幼聪颖好学，学力过人，但其成年之后的科举考试却并不顺利。这种科举考试的不顺，为陈黻宸致力教育，专心学术提供了条件。据《年谱》记载，陈黻宸18岁即开始在浙江应乡试，但未取，后又多次参考，均未取，直到35岁时才"中式浙江乡试，榜第八十九名举人"②。乡试成绩也不算出众。陈黻宸获得进士身份的时间更晚，时在清光绪二十九年（1903年）。其时，陈黻宸已经45岁。科考不顺，陈黻宸只能更加勤于学问，不能踏入仕途，则使他很早即投身教育工作，以教书为业。在未获得进士身份之前，陈黻宸曾已先后在乐清梅溪书院、平阳龙湖书院、永嘉罗山书院、青山书院、三溪书院等学校任教。由于陈黻宸对心学与史学的价值有自己独到的理解，他在长期的教学工作中，也以教授诸子学与史学为主，尤以史学方面的造诣为人们所称道。他在杭州养正书塾任史学教习期间，"学者惊其博通"，更是名动一时。马叙伦曾忆及自己在养正书塾的学习与陈黻宸的学问及其影响："先生之主养正书塾也，以教授历史，即陈夷夏文野之义，于五胡、金、元之迹，反复而不厌；又以孟轲、邓牧、黄宗羲之说，敷引于讲席之间，于是杭之学者莫不盛张排满革命，而谈民治，风浸被于全浙及诸暨。"③从马叙伦的这种回忆来看，陈黻宸当年在杭州教学活动的影响，已不限于学术领域，而是已经影响到浙江的社会思想风气。

科举考试的曲折，使陈黻宸未能过早踏入仕途，长时期从事教育工作，则要求陈黻宸在学问方面不断追求进步。这样的生活方式实际上为陈黻宸在史学领域，特别是后来在中国哲学史学科建设方面有所贡献提供了一个非常重要的条件。陈黻宸生活的时代，正是中国新旧文化交替转型的时代。在这样的时代，陈黻宸要能长期在教育领域立足，在学问方面追求进步，除了"学宗阳明、梨洲，博古通今"，还必须兼顾中

---

① 陈黻宸：《陈黻宸集》下册，中华书局1995年版，第1159页。
② 陈黻宸：《陈黻宸集》下册，中华书局1995年版，第1167页。
③ 陈黻宸：《陈黻宸集》下册，中华书局1995年版，第1229页。

西。因此,陈黻宸在自己的学术活动中,十分注意对西方学术文化的了解。他在上海参与创办《新世界学报》,撰写的《经术大同说》、《独史》、《伦始》、《地史原理》、《辟天荒》等文章,都曾多方面涉及东西方的学术文化。

学问的进步一方面为陈黻宸坚持参与科举考试继续准备条件,另一方面也使其人品与学问的影响逐步从南方扩展到北方。早在陈黻宸进入杭州养正书塾任教之前,宋恕即曾推荐陈黻宸远赴天津育才学堂任教,其时陈黻宸38岁。宋恕,字平子,亦晚清学界名人,乃瑞安孙锵鸣之婿。孙锵鸣在清同治元年为侍读学士,晚年曾在平阳、永嘉等地讲学。宋恕、陈虬、陈黻宸都曾受到孙锵鸣学术活动的影响。宋恕因为钦佩陈黻宸的人品学问而与其定交,成为挚友。天津育才学堂的创办人为孙宝琦。孙宝琦与其父孙诒经,其弟孙宝瑄在晚清学界、政界也都是成名人物。孙宝琦办学,本拟托孙宝瑄邀请宋恕赴育才学堂任教,宋恕则极力推荐陈黻宸。宋恕信告孙宝瑄:陈黻宸"品行极优,胜恕十倍。志大识超,恕心中上五名人物。学宗阳明、梨洲,博古通今,不屑章句;文似黄河、长江,不饰门面;素业授徒,帖括、市井二气毫无。"宋恕在介绍陈黻宸的为人为学,肯定其长之后,还直言陈黻宸的"粗处":"不能说官话,书法极劣,酬酢客套全无。"孙宝琦得悉陈黻宸的学识人品之后,曾复信其弟:"津中实无品学兼优之师,如介翁者最为难得,虽言语小碍,笔谈亦无妨。"①表示可以不计较其"不能说官话,书法极劣,酬酢客套全无"之类的"粗处",欢迎陈黻宸赴天津任教。陈黻宸后来虽然未赴天津任教,但从孙宝琦邀请其在育才学堂任教一事,已可见其在教育界之影响。

同时,陈黻宸能够在中国哲学史学科的创设过程中作出自己的贡献,又得益于他坚持参加科举考试,并最终获得进士身份。因为,进士身份的获得与他能够进入京师大学堂任教是联系在一起的。清光绪二十九年(1903年),陈黻宸进士及第,授户部贵州司主事。陈黻宸在殿试中得二甲五十二名进士,他对于这样的考试结果并不十分满意。考前他曾忧虑自己的书法影响自己的考试成绩。试后被授贵州司主事,他信告其弟醉石:"我果以主事用,书法不佳为考试累。"②也将考试结果与自己书法不佳联系在一起。陈黻宸自认为书法不佳影响了自己的殿试成绩与朝廷对自己的任用,但其试卷内容实际上得到了会试主考孙家鼐、张百熙等人的赏识。孙家鼐曾因陈黻宸的答卷"才气泛滥","痛发时弊,兀然不顾忌讳"而"亟称其文",肯定其文为"寿时之文,非荣世之文"。而就在陈黻宸在京参加会试的这一年冬天,孙家鼐、张百熙等人奉命总理学务,议论京师大学堂教习人选。张百熙十分欣赏陈黻宸的人品学问,力荐陈黻宸为京师大学堂教习。他告诉孙家鼐:"余闻东瓯名士有陈介石者,品学纯粹,余观其所著《经术大同说》、《独史》、《德育》、《地史原理》诸篇,辄抚摩不释手,叹

① 陈黻宸:《陈黻宸集》下册,中华书局1995年版,第1171页。
② 陈黻宸:《陈黻宸集》下册,中华书局1995年版,第1058页。

为一代绝作！惜余未识其人,余欲延为大学堂教习,于今日学界庶有益欤!"①张百熙的提议获得孙家鼐支持,使陈黻宸于同年底进入京师大学堂任教。

陈黻宸进入京师大学堂执教时在 1903 年 11 月。京师大学堂原本计划聘其讲授经学、史学两门课程,后因陈黻宸到校较晚,经学另聘人讲授,陈黻宸仅讲史学。陈黻宸在京师大学堂任教几年后,曾一度离京,赴两广优级师范学堂等校任教。1911 年爆发的辛亥革命,终结了满清帝制。陈黻宸于民国二年(1913 年)初当选为众议院议员,重新回到北京,并兼职北京大学文科教授。民国二年在北京大学兼职,是陈黻宸能够参与现代中国哲学史学科创设工作的重要的历史缘由。因为,民国成立,不仅使满清时期的京师大学堂变成了北京大学,且哲学门也正式成为北大设置的专门学系。这使得陈黻宸民国三年专任北大文科教授时,能够在中国哲学门讲授中国哲学史和诸子学等课程。陈钟凡、黄建中、稽文甫、冯友兰等在中国哲学史领域先后有所建树的学者,皆为陈黻宸当年在北京大学的学生。陈钟凡曾忆及在北京大学哲学门的学习:"任诸子学者为瑞安陈介石先生……介石先生授温州语,非吾辈所能尽了,而先生每至教室,挥粉笔急书,累千百言,一闻钟声,戛然而止,录出读之,洋洋洒洒,韩潮苏海,无以过也"。② 回忆中对陈黻宸的学问与敬业精神十分敬佩。陈黻宸辞世以后,陈钟凡曾有《哀辞》怀念自己的业师,认为陈黻宸对自己在学业方面"论难发蒙","启悟者甚众","师生之谊,不减天伦";对自己这位业师的病逝深感悲痛。

冯友兰也曾忆及自己的老师陈黻宸。冯友兰曾说 1915 前后的北京学术界,陈黻宸在中国哲学史方面的影响,类似于章太炎在文学领域的影响。并忆及陈黻宸在北大讲授中国哲学史课程的情况:"在我们中国哲学门里,有一位受同学尊敬的教授,叫陈黻宸(介石),他给我们讲中国哲学史、诸子哲学,还在中国历史门讲中国通史……他讲的是温州那一带的土话,一般人都听不懂,连浙江人也听不懂。他就以笔代口,先把讲稿印出来,当时称为发讲义……最难得的,是他有一番诚恳之意,溢于颜色,学生感觉到,他虽不说话,却是诚心诚意地为学生讲课。真是像《庄子》所说的'目击而道存矣'的那种情况,说话倒成为多余的了。他的课我们上了一年,到 1916 年暑假后我再回到北大的时候,听说他已经病逝,同学们都很悲伤。"③从冯友兰的回忆中,我们同样可以看到陈黻宸的博学与敬业,看到冯友兰一类的学生对陈黻宸学问的肯定与人品的景仰。

1917 年 6 月,陈黻宸因其弟陈醉石病逝悲恸过度致疾,在瑞安老家病逝。陈黻宸一生的学术活动,大都在经学与史学的范围。他曾先后写成《京师大学堂中国史讲义》、《中国通史》、《诸子哲学》、《中国哲学史》等重要著作。就这些著作的内容来

---

① 陈黻宸:《陈黻宸集》下册,中华书局 1995 年版,第 1190 页。
② 陈黻宸:《陈黻宸集》下册,中华书局 1995 年版,第 1216 页。
③ 冯友兰:《三松堂全集》第 1 卷,河南人民出版社 2000 年版,第 268—269 页。

看,《诸子哲学》、《中国哲学史》与现代中国的学术文化的发展趋势联系更为紧密。因此,可以说是时代的机缘,生活的际遇,使陈黻宸得以较早在北京大学开设诸子学课程和中国哲学史课程,为中国哲学史与中国哲学史学从古典形态向现代形态的转变,作出了自己的贡献。

二、陈黻宸的史学观念与哲学观念

中国哲学史与中国哲学史学由古典形态转变为现代形态,形成独立的现代中国哲学史学科,一个重要的前提和基础是人们学术观念的更新,接受西方的哲学观念,吸纳现代西方的学术方法。就学科的形成而言是如此,就个人的工作与贡献而言也是如此。陈黻宸研究中国哲学史,也以其接纳现代西方的学科观念,特别是史学的观念和哲学的观念,主张和追求学术的更新为前提。

作为一个主要由中国传统学术文化培育起来的学者,陈黻宸早年对于中西学术的态度与取向,多侧重于中学。晚清以来,由于中西学术交流、经济往来日渐密切,学术界曾出现少数人盲目地崇奉西学,忽视传统的不良风气。陈黻宸对这样的社会风气十分不满。他在为友人陈虬的《报国录》所做的"序"中曾指出:"通商以来,风气稍移,浮浅之徒,侈谈西学,剿窃失据,转或刍狗《诗》、《书》。"[①]在他看来,在具有数千年历史文化传统的中国,不知弘扬传统,发展自己优秀的民族文化,延续本土的"圣人之治",反倒推崇"异域杂霸功利之见",其结果只能是儒术的衰落,国家的贫弱;或者说中国社会文化的落后。"侈谈西学","刍狗《诗》、《书》",忽视传统的另一个严重恶果是学术人才的断裂与匮乏,在众多的中国知识分子中,缺少真正能够融会中西,贯穿古今的治国人才。用他的语言表达即是"求其融会中西,贯穿古今,通经致用,蔚为一代儒宗者盖鲜"。因此,在陈黻宸看来,改变这种不良的学术风气,培育优秀的学术人才,担当起振兴中国文化的历史重任,正是晚清以来的中国知识分子所面临的时代使命。

陈黻宸对于学术界浅薄、浮躁风气的批评,是在一种理性的、全面的视阈中进行的。对"侈谈西学"、"刍狗《诗》、《书》"的批评与否定,使他极力主张传统学术文化的更新;对"融会中西,贯穿古今"的追求与肯定,则使他并不绝对地排斥西学。因此,陈黻宸主张的学术更新,实际上是一种融会中西的学术建设。在他主张的这种学术建设中,一项重要内容即是建立新的史学,他将这样的史学称之为"独史"。在陈黻宸看来,所谓"独史",基本要求有二。其一为"独识",其二为"独例"。"独识"是

---

① 陈黻宸:《陈黻宸集》上册,中华书局1995年版,第511页。

指史家独立的史识,即关于史学的独立见解。"独例"当是指合理的史书体例。在陈黻宸看来,"独识"与"独例"是相互联系的。"独识"是"独例"的前提。史家只有具备关于史学的独到见解,才可能以独立的合理的史例去记述解释历史。这即他所谓的"史必有独识,而后有独例"。与这种"独识"、"独例"的观念相联系,陈黻宸还提出过"独权"的观念。陈黻宸所谓"独权",实际上是主张赋予史家独立的真实地记述历史的权力。陈黻宸认为,在中国传统的史籍中,"曲笔阿时"、"谀言媚主"、"言必忌讳"、"直道无存"的现象之所以层出不穷,重要原因之一,即"无史家之独权",史家的工作实际上要受到制度的限制。因此,他主张国家不仅应该配备专门的史官,设立专门的修史机构"太史馆",而且应当向东西方邻国学习,赋予史官应有的地位与工作中应有的权力:"今拟位太史公于诸王公上,于京师辟一太史馆,以太史公主之。太史公有参政之责,议政之任,如东西邻之司法大臣然。国有大事,则议而决之,且书而垂之。忤上意者,勿得罪。如是,斯可以言史之独权矣。"①陈黻宸这种"史家之独权"的观念,既留存着传统观念的印迹,也包含新时代的思想成分。

在中国史学理论发展史上,刘知几曾主张"史才"、"史学"、"史识"三者兼具才能成为史家,章学诚也曾肯定史家治史,非识无以断其义,非才无以善其文,非学无以传其事,并强调"史德"、"史意"。陈黻宸主张的"独识"、"独例"、"独权"等观念,大体上可说即是对刘知几、章学诚等人史学理论的演绎。但这种演绎体现了陈黻宸对于史学更新的独立思考,也包含他对刘、章史论学说的丰富拓展。在这种拓展中,尤以陈黻宸主张的"史质"说最具现代学术特色:"刘氏之所谓才学识者,固未足以尽史才史学史识矣。夫必才学识三者具而后成史。而所谓才学识者,又不仅如刘氏所称,史亦不易言矣。而我谓史之所以为史,又不徒以其才也,而必以其质也;不徒以其识也,而必以其德也;不徒以其学也,而必以其情也。"②陈黻宸所谓"史德"大体上仍是章学诚认定的史家之心术,不过陈黻宸看重史学本身的道德垂范作用,认为史中记述,事关"毁誉之准,是非之宗,善恶之归,荣辱之衡"③。因此,他更加强调"史者,道德之权舆也"。论及"史情"时陈黻宸则认定"史者乃以广我之见闻而迫出其无限之感情者也"④。这样的"史情",似不单指作为解释者的史家的主观情感,也包括史籍传递引发的人的情感。"史质"是一个较为新颖的史学观念。陈黻宸提出"史质"的问题,是要追问史学的性质,思考史学的学科归属与定位。他说:"东西邻之凡言学者,必首问其学之性质若何,其学之种类若何。种类者,因性质而分者也,此亦读史者荦荦一大问题也。"⑤正是这种"史质"观念,使陈黻宸主张从现代学科的角度思考史

①　陈黻宸:《陈黻宸集》上册,中华书局 1995 年版,第 568 页。
②　陈黻宸:《陈黻宸集》下册,中华书局 1995 年版,第 682 页。
③　陈黻宸:《陈黻宸集》下册,中华书局 1995 年版,第 685 页。
④　陈黻宸:《陈黻宸集》下册,中华书局 1995 年版,第 686 页。
⑤　陈黻宸:《陈黻宸集》下册,中华书局 1995 年版,第 683—684 页。

学的更新与发展。

陈黻宸认为,东西方的一些优秀民族之所以"强且智",一个重要原因,就在于他们"人各有学,学各有科,一理之存,源流毕贯,一事之具,颠末必详"①。而近代中国的学术文化落后则因其有"学"无"科":"我国固非无学也,然乃古古相承,迁流失实,一切但存形式,人鲜折中,故有学而往往不能成科。即列而为科矣,亦但有科之名而究无科之义。"②因此,中国学术文化要在新的时代条件下更新发展,即应吸纳现代学科观念,去除中国传统学术有"学"无"科"的局限。具体到史学的更新,也在于将其视为一个具体的学科而把握其特质。在陈黻宸看来,史学作为一个专门学科,其特质首先在其"能合"。研究史学,会涉及政治、法律、教育、心理、伦理、物理、舆地、兵政、财政、术数等诸多领域。这种涉及多学科的史学,实际上是"合一切科学而自为一科者"。没有多种形式的具体科学,史学不能成立。反之,具体科学考察具体领域或具体事物的理则,这种考察,也需要具体考察事物发展的历史。因为,"其穷理也,不问其始于何点,终于何极。其论事也,不问其所致何端,所推何委。"③不了解事物的历史,科学也无法成为科学。这样的"史质"观念,使得陈黻宸强调:"史学者,合一切科学而自为一科者也。无史学则一切科学不能成,无一切科学则史学亦不能立。故无辨析科学之识解者,不足与言史学,无振厉科学之能力者,尤不足与兴史学。"④主张中国欲兴科学应从重视史学开始。

陈黻宸的"史质"说是他后来从事中国哲学史研究的重要思想基础。因为,按照陈黻宸对史学特质的理解,依史学"合"的特质,人们可作通史研究,依史学"分"的特质,人们可作专史的研究,考察某事物、某学科的发展历史。哲学史即属专门史。1902 年,陈黻宸主编的《新世界学报》,因为哲学的译名与学科的分类与《新民丛报》社员曾有过讨论。《新民丛报》的社员认为《新世界学报》对心理学的理解欠妥,其心理学所论皆哲学,主张设立哲学学科,将心理学、伦理学归于哲学。陈黻宸则主张将西方的哲学译为理学:"中人向解哲学颇狭,鄙意如英文之 Philosophy,日人虽译为哲学,中人宜译为理学。古书'理'字范围甚大,鄙人尝谓世人专指宋儒为'理学',荒谬无其伦比。"⑤但陈黻宸也承认中国人言及"理学",多与宋代的儒学相联系,要将东西方哲学家的思想全面纳入"理学"的范围,人们难以接受。所以,当他进入北京大学以后,很快即接受了日本学者的哲学译名。而正是这种学术观念的转变与他对史学追求的结合,促使他把西方的哲学与中国的"道术"联系起来,研究诸子哲学,研究中国哲学史,将自己的史学由通史研究转向了专史研究,并使自己的专史研究构成了

---

① 陈黻宸:《陈黻宸集》下册,中华书局 1995 年版,第 675 页。
② 陈黻宸:《陈黻宸集》下册,中华书局 1995 年版,第 675 页。
③ 陈黻宸:《陈黻宸集》下册,中华书局 1995 年版,第 675 页。
④ 陈黻宸:《陈黻宸集》下册,中华书局 1995 年版,第 676 页。
⑤ 陈黻宸:《陈黻宸集》下册,中华书局 1995 年版,第 1019 页。

现代中国哲学史创设阶段的一个重要环节。

三、陈黻宸的诸子学研究与哲学史研究

陈黻宸 1903 年年底即开始在京师大学堂讲授史学,其时所讲史学内容,包含先秦诸子中的孔、墨之学,也有一般的中国通史的内容。1913 年,陈黻宸兼任北京大学文科史学教授,开始主讲诸子哲学。他的《诸子哲学》、《老子发微》、《庄子发微》成稿时间即在 1914—1915 年间,其《中国哲学史》则在 1916 年正式成稿。陈黻宸在北京大学讲授中国哲学史,由讲授诸子哲学开始,再进入通史性的中国哲学史教学。从现存陈氏的《诸子哲学》、《中国哲学史》等著作来看,其《诸子哲学》可说是一部先秦哲学史,属断代史性质的哲学史著作,《中国哲学史》实际上是一部尚未完成的通史性的哲学史著作,但内容还只是"上古"哲学部分。这两种性质有别的哲学著作,不论是其内容,还是其体例方法,都具有中国哲学史由古典形态向现代形态转换时期的特色。

《中国哲学史》实际上是陈黻宸在北大讲授中国哲学史的讲义。全书内容除"总论"之外,涉及的历史人物包括伏羲、神农、仓颉、力牧、风后、岐伯、鬼臾区、容成子、蚩尤、少皞、颛顼、帝喾、帝尧、帝舜、大禹、皋陶、契、益、稷、商汤、伊尹、仲虺、武丁、傅说、箕子、伯夷、泰伯、鬻熊、文王、武王、太公等。从这种内容来看,陈黻宸当时讲授的中国哲学史内容还限于上古。他将自己的讲义名之为《中国哲学史》,表明他当时已有从通史的角度考察中国哲学演生、发展历史的计划。这样的考察视角与基点,使得陈黻宸的中国哲学史研究与黄宗羲写作《明儒学案》之类的著作已有所不同。其具体表现是陈黻宸对于西方哲学已有所了解,开始以西方哲学为参照来解释中国的传统学术文化,并在中国学术史上正式以中国哲学史作为书名来指称自己的学术研究成果。他在《中国哲学史·总论》中曾论及自己中国哲学史的研究原则、对象和范围:"欧西言哲学者,考其范围,实近吾国所谓道术。天地之大,万物之广,人事之繁,唯道足以统之。古之君子尽力于道术,得其全者,是名为儒。杨子云曰:'通天地人谓儒,通天地而不通人者之谓伎。'伎亦不足言矣。然则儒术者,乃哲学之极轨也。庄子论百家之学,自墨翟、禽滑厘以下十一家,不列孔孟诸人。盖以儒家为道术所由著,故于首,备述《诗》、《书》之用。所谓配神明,醇天地,育万物,和天下,泽及百姓,小大精粗,其运无乎不在者,惟儒庶几近之。内圣外王之道,惟儒家或足以当之。"从这段文字来看,陈黻宸肯定中国传统学术中的"道术"部分,类似于西方的哲学,说明他对于西方哲学的理解已包含正确的思想成分。他对于西方哲学的具体论述虽然不多,但他依据自己理解的哲学观念,考察中国的传统学术,且在国家的最高学府把中国哲学史作为正式课程讲授,这对于现代中国哲学史学科的建立,无疑具有开创的性

質和時代的意義。

　　陳黻宸《諸子哲學》的內容遠比其《中國哲學史》的內容豐富，其中包括關於老子、莊子、列子、管子、商君、韓子、墨子、屈原、荀子及《呂氏春秋》的思想研究。在這些研究中，尤以其對老子思想的研究最值得關注。陳黻宸考察老子思想，不僅廣羅古籍，詳考老子其人其事，而且對老子思想的評斷也不無獨到的地方。譬如，他認為老子"薄禮"，但並非"棄禮"或"絕"禮。老子"薄禮"，一是因其生活的時代"文勝道蔽"，"上禮為之而無以應"，"復下于禮而法術刑名鳴于世"；二是老子以"薄禮"作為自己論禮的一種思想方式。"故老子薄禮愈甚，而其謹于禮也亦愈甚。如《曾子問》所載之辭，焉以稍系天下之人心于什百千萬之余。倘由此而進焉，又進焉，其終返于大道之歸也有日矣。故曰：老子言修身治人之術，至禮而上。嗚呼！孰知其后為刑名法術之世哉！"①同時，陳黻宸認定，老子主張"無為"，是要以"無為"求其無不為，主張"不治"則是要以"不知"求"治"。因此他認同明代李贄對老學的評價："夫老子者，非能治之而不治，乃不治以治之者也。故善愛其身者不治身，善愛天下者不治天下。凡古聖王所謂仁義禮樂者，非所以治之也，而況一切刑名法術欤？故其著書專言道德，而不言仁義。以仁雖無為而不免有為，義則為之而有以為，又甚矣。是故其為道也，以虛為常，以因為綱，以善下不爭為百谷之王，以好戰為樂殺人，以用兵為不得已，以勝為小美，以退為進，以敗為功，以福為禍，以得為失，以無知為知，無欲為欲，無名為名，孰謂無為不足以治天下乎？"②對老子學說旨趣的這種理解，構成了陳黻宸評斷定老子後學的思想基礎。在陳黻宸看來，"后來老學之弊，其流有二：一楊朱氏之為我，一申不害韓非之無為。"③楊朱學派主張的"為我"，申不害、韓非所主張的"無為"，實際上都已經離開了老子學說本來的旨趣。故老子後學的弊病，在其自身而不在老學。"清談玄虛之流，學老子而流于渺矣，然不足為老病也。神仙丹訣之說，襲老子而近于誕矣，然不足為老疚也。"④陳黻宸對老子後學價值與成因的這種理解，對于我們今天考察老子的學說，仍然具有借鑒的價值。

　　總之，陳黻宸的《中國哲學史》與《諸子哲學》，都是現代中國哲學史學科創設時期重要的學術研究成果，都有其歷史的地位與價值。但是，陳黻宸的《中國哲學史》與《諸子哲學》，作為現代中國哲學史學科創設時期的早期研究成果，也存在自身的局限，這種局限主要表現在其研究方法。從現存的陳黻宸哲學史著作來看，他除了吸納西方的學科觀念，以中國哲學史作為書名之外，其研究方法基本上仍局限于中國傳統的學術研究方法。他講中國哲學史，始于"三皇五帝"，即是其囿于正統學術觀念

---

① 陳黻宸：《陳黻宸集》上冊，中華書局 1995 年版，第 17 頁。
② 陳黻宸：《陳黻宸集》上冊，中華書局 1995 年版，第 15 頁。
③ 陳黻宸：《陳黻宸集》上冊，中華書局 1995 年版，第 17 頁。
④ 陳黻宸：《陳黻宸集》上冊，中華書局 1995 年版，第 17 頁。

的集中体现。他单方面推崇儒学，视儒学为"哲学之极轨"，认定"内圣外王之道，惟儒家或足以当之"，这些观念也大都在传统学术观念的范围。《中国哲学史》成书之后，陈黻宸具体论释自己的中国哲学史研究方法时曾说："不佞上观于《庄子》道术方术之辨，而下参诸太史公《六家要旨》与刘氏父子《七略》之义，辑成是篇，自伏羲始。其略而不存者多矣！"①这种论述表明，他的中国哲学史研究方法，仍在司马谈、刘向、刘歆父子的学术研究方法范围之内。今天，我们考察陈黻宸的现代中国哲学史研究，应当肯定陈黻宸的学问根基在于中国传统的学术文化，其对于西方学术的了解实际上还十分肤浅。由于陈黻宸对于西方哲学的了解有限，他当年虽曾在北大讲授中国哲学史，但对于西方哲学与哲学史的定义，以及西方哲学函括的基本内容和西方哲学的历史演变，都缺乏深入的了解，这使得他还没有可能从现代哲学史学科的角度确定中国哲学史所应当探讨的问题的范围和内容。因此，当年曾经听过陈黻宸讲授中国哲学史的北大学生，不论对其讲授的内容还是其授课方法，不少人曾表示不满。但正是陈黻宸在中国哲学史研究方法方面的局限，启发冯友兰等后辈学者追求对西学的了解，深化对现代中国哲学史研究方法的思考，促进了中国哲学史学科的创立与发展。因此，可以说"早期形态"与"不成熟性"既构成了陈黻宸中国哲学史研究成果的学术特色，又体现了陈黻宸中国哲学研究成果的学术价值及其历史的贡献。

（原载《武汉大学学报》2010 年第 1 期）

---

① 陈黻宸:《陈黻宸集》下册，中华书局 1995 年版，第 1217 页。

张岱年与中国哲学问题史研究

在中国现代学术史上,张岱年先生(1909—2004)是少数既建构了自己的哲学理论系统,又在中国哲学史研究领域具有独特建树的学者之一。张先生的哲学思考与中国哲学史研究都始于他的青年时代。其思考与研究的思想动力,除了家庭影响以及他自己对于学术的兴趣,也缘于他对国家民族的忧患。张先生晚年曾经说过:"我探索哲学理论问题和研究中国哲学史,始于三十年代。当时民族危机非常严重,蒿目时艰,心境难宁。"①和大多数生活在 20 世纪三四十年代的中国学者一样,与国家民族共度时艰的心境,激励张先生走上了学术研究的道路。张先生的哲学思考,使他先后写成了《哲学思维论》、《知实论》、《事理论》、《品德论》、《天人五论》等重要论著,建立了自己的哲学理论系统。这种哲学系统的思想内容与理论价值与熊十力的《新唯识论》、冯友兰的《新理学》、金岳霖的《论道》均有所不同。张先生有关中国哲学史研究的学术成果也十分丰富,曾先后写成《中国哲学大纲》、《宋元明清哲学史提纲》、《中国哲学史史料学》、《中国哲学史方法论发凡》、《中国古典哲学概念范畴要论》等重要论著。在这些论著中,最具特色者当推《中国哲学大纲》一书。此书以中国哲学问题为线索考察中国哲学的历史发展,旨趣在于探寻中国哲学讨论的基本问题,清理有关中国哲学诸问题的思想理论的历史演变过程,对中国古典哲学进行分析的研究。这种以中国哲学问题为基本线索的哲学史研究,构成了 20 世纪三四十年代中国哲学史研究中一种独特的理论形式,其体例与方法不同于以冯友兰的《中国哲学史》为代表的研究成果,其学术价值,也与冯友兰一类学者的中国哲学史研究成果有所不同。这里,我们仅从中国哲学史学科发展史的角度,以《中国哲学大纲》为中心,对张岱年先生的中国哲学问题史研究做一些研探与解析的工作,以了解其内容并评断其研究方法及其理论价值。

一、以哲学问题为纲清理中国哲学的发展

张岱年先生曾在《中国哲学大纲·再版序言》中自述《中国哲学大纲》一书成书

---

① 张岱年:《求真集》,湖南人民出版社 1983 年版,第 3 页。

与出版经过:"这部以哲学问题为纲叙述中国哲学发展过程的拙作《中国哲学大纲》,是一九三五年开始撰写的,一九三七年完成初稿,一九四三年曾在北平私立中国大学印为讲义,一九五八年由商务印书馆正式出版。"①《中国哲学大纲》成书于 1937 年,1958 年才由商务印书馆正式出版,有其历史的原因。张先生在《中国哲学大纲》1958年版的"新序"中说过,《中国哲学大纲》成书之后,商务印书馆即决定出版此书,但因抗日战争爆发,此书印行一再延迟,1958 年商务印书馆出版此书,即以旧版纸型为基础付印。后来中国社会科学出版社于 1982 年又重新出版此书。因此,我们今天解读张先生《中国哲学大纲》的学术价值,应当注意《中国哲学大纲》实际的成书年代与学术环境。

《中国哲学大纲》实际的成书年代与出版年代均应是 20 世纪的 30 年代。在 20世纪 30 年的中国学术环境中写成《中国哲学大纲》,体现了张岱年先生一种独特的哲学史研究方法意识。在中国哲学史学科发展史上,中国哲学史由古典的、历史的形态转变为科学的现代形态,成为独立的现代学术门类,经历过长期的历史的转化过程。但就中国哲学史现代学科的创设而言,大体上完成于五四前后。1905 年,刘师培写成《周末学术史序》(其中含《哲理学史序》),由《国粹学报》连载。刘师培的《哲理学史序》是中国现代学术史上,较早参照西方学术观念形成的有关中国哲学史研究的认识成果。其后,陈黻宸于 1913 年开始在北京大学讲授诸子哲学与中国哲学史课程,并于 1916 年撰写《中国哲学史》。陈黻宸的《中国哲学史》只完成其"上古"部分的写作。1917 年,陈黻宸病逝于浙江瑞安,年仅 57 岁。天不假年,陈黻宸未能继续自己的学术事业。1916 年,谢无量曾出版自己的《中国哲学史》。谢著《中国哲学史》含"上古哲学史"、"中古哲学史"、"近世哲学史"三编,是中国现代学术史上最早出现的系统的中国哲学史研究成果。谢著方法的局限与内容的失真,受到过胡适的严厉批评,对后世中国哲学史研究的影响有限。胡适进入北京大学以后,其讲授中国哲学史的方法,曾让人们耳目一新;1919 年胡适的《中国哲学史大纲》(上卷)出版之后,在中国学术界更是风靡一时。但胡适的《中国哲学史大纲》并非一部完整的中国学史著作。近十年之后,钟泰出版了自己的《中国哲学史》(商务印书馆 1929 年出版)。钟泰的《中国哲学史》含"上古哲学史"、"中古哲学史"、"近古哲学史"、"近世哲学史"四编,也是较为系统的中国哲学史研究成果。但钟泰声称:"中西学术,各有统系,强为比附,转失本真。此书命名释义,一用旧文。近人影响牵扯之谈,多为葛藤,不敢妄和。"②钟泰的中国哲学史研究排斥现代西方的学术方法,实际上是对胡适一类学者的中国哲学史研究方法的反动,对于中国哲学史学科建设的正面价值不多。此后,1931—1934 年冯友兰出版两卷本《中国哲学史》,终于出现参照西方哲学观念,

---

①　张岱年:《中国哲学大纲》,中国社会科学出版社 1982 年版,第 1 页。

②　钟泰:《中国哲学史·凡例》,辽宁教育出版社 1998 年版。

具有现代学术特征的系统研究中国哲学史的认识成果,使中国哲学史成为独立的现代学术门类,完成了中国哲学史由古典形态向现代形态的转换。

通过对现代中国哲学史学科创设过程的简单回顾,我们可以看到,在现代中国哲学史学科创设时期,除了刘师培的《哲理学史序》属于断代的中国哲学史研究范围,其他研究成果均着眼于通史性的中国哲学史研究。尽管陈黻宸与胡适都未能写成完整的中国哲学史著作,但其研究中国哲学史的旨趣在于通史性的中国哲学史研究不容置疑。而当冯友兰的两卷本《中国哲学史》问世以后,可以说在中国现代学术史上,已经形成系统研究中国哲学史的学术成果。在这样的学术背景下,要进一步推进与深化中国哲学史研究,不论是研究形式还是研究方法,都需要人们新的探索。张岱先生正是在这样的学术背景下,开始中国哲学问题史研究的。因为,在张先生看来,在已有的中国哲学史研究中,尚缺少以问题为线索清理中国哲学历史发展的研究形式与研究成果。张先生曾在《中国哲学大纲·自序》中论述自己的这种问题意识与方法的自觉:"近年来,中国哲学史的研究颇盛,且已有卓然的成绩。但以问题为纲,叙述中国哲学的书,似乎还没有。此书撰作之最初动机,即在弥补这项缺憾。此书内容,主要是将中国哲人所讨论的主要哲学问题选出,而分别叙述其源流发展,以显出中国哲学之整个的条理系统,亦可以看做一本中国哲学问题史。"①从这种论述中,我们可以看到,张先生不仅意识到在 20 世纪 30 年代的中国哲学史研究领域,还缺乏以问题为纲,考察中国哲学发展历史的研究形式,而且认定中国哲学史问题史研究有助于发掘、展示"中国哲学之整个的条理系统"。

张先生肯定中国哲学问题史研究形式与研究价值的重要根据,是将中国哲学问题史研究理解为对已有中国哲学史研究的补充与发展,这种补充与发展,既表现在容纳西方的哲学观念,借鉴西方学术方法,又表现在兼顾中国哲学的特点与实际。但是,容纳西方的哲学观念,形成自己对于哲学的理解,仍然是张先生进行中国哲学史问题史研究的方法与前提。张先生认为,西方哲学虽有爱智之义,但西方哲学家对于哲学的理解,"一家一说",并不一致。因此,他在综观西方哲学家哲学观念的基础上,认定"哲学是研讨宇宙人生之究竟原理及认识此种原理的方法之学问"②。正是这样的哲学观念,使他在总体上将中国哲学问题区别为"宇宙论"、"人生论"、"致知论",并具体在"宇宙论"中探讨"本根论"、"大化论",在"人生论"中探讨"天人关系论"、"人性论"、"人生理想论"、"人生问题论",在"致知论"中探讨"知论"、"方法论",勾画出了中国哲学问题史的基本线索与理论框架。

在张先生看来,中国学术史上,以问题为基本线索,考察记述哲学家的思想学说,也曾有先例。南宋朱熹曾先撰《伊洛渊源录》,考察理学源流,后与祖谦合编《近思

①　张岱年:《中国哲学大纲》,中国社会科学出版社 1982 年版,第 17 页。
②　张岱年:《中国哲学大纲》,中国社会科学出版社 1982 年版,第 1 页。

录》,辑录周濂溪、程明道、程伊川、张横渠等人的著述文字,以便人们对理学一系的思想系统"粗见其梗概"。《近思录》全书共十四卷,朱熹曾将其篇目区分为:(一)道体,(二)为学大要,(三)格物穷理,(四)存养,(五)改过迁善,克己复礼,(六)齐家之道,(七)出处、进退、辞受之义,(八)治国、平天之道,(九)制度,(十)君子处事之方,(十一)教学之道,(十二)改过及人心疵病,(十三)异端之学,(十四)圣贤气象。可以说朱熹、吕祖谦编辑《近思录》也有自己的问题意识,且曾注意到思想层面的不同。但张岱年先生认为,《近思录》"各部分互相出入的情形颇甚",其以篇目归纳的北宋早期哲学家的思想,也谈不上对整个中国哲学问题的提炼归纳。因为朱熹一类古代的哲学家,虽然意识到道体部分乃哲学家思想中最为重要的部分,但还不可能具备现代的哲学观念。而在中国哲学史研究中,要科学地归纳总结中国哲学所涉及的理论问题,具备现代的哲学观念应是思想前提与认识基础。

同时,张先生认为,中国哲学的实际也需要人们从问题的史角度对其开展现代性的研究。关于中国哲学的实际,张先生认同冯友兰先生的观点,即认为传统的中国哲学文献缺乏形式上的条理与系统。有学者认为,在中国哲学史研究中,应注意保留中国哲学的"本来面目",无需为中国哲学添加形式的系统。张先生不认同这样的学术理念。他认为,现代中国哲学史研究,必须注意清理中国哲学的形式系统。因为,"中国哲学实本有其内在的条理",给中国哲学以形式的系统,"实乃是'因其固然',依其原来隐含的分理,而加以解析,并非强加割裂。"①而以问题为基本线索的中国哲学史研究,对于清理中国哲学的形式系统的助益,正在于使中国哲学内在的条理外在化。因此,当我们今天重新审视与解读张先生的《中国哲学大纲》的时候,会发现清楚的问题意识与方法意识,为张先生的中国哲学问题史研究提供了成功的基础与保证,而且可以肯定,张先生从问题史的角度考察中国哲学的历史发展,在研究形式与研究方法方面,都极大地丰富与拓展了中国哲学史研究的领域与进路。

二、对中国古典哲学进行分析的研究

张先生论及《中国哲学大纲》的理论追求时曾经说过:"本书写作的原意是想对于中国古典哲学作一种分析的研究,将中国哲学中所讨论的基本问题探寻出来,加以分类与综合,然后叙述关于每一个问题的思想学说的演变过程。在探寻问题的时候,固然也参照了西方哲学,但主要是试图发现中国哲学固有的问题,因而许多问题的提法与排列的次序,都与西方哲学不尽相同。"②张先生所说"对于中国古典哲学作一种

---

① 张岱年:《中国哲学大纲·序论》,中国社会科学出版社 1982 年版,第 4—5 页。
② 张岱年:《中国哲学大纲》,中国社会科学出版社 1982 年版,第 6 页。

分析的研究",表明了他写作《中国哲学大纲》时最基本的理论追求。这种理论追求,
包含两方面的具体内容:其一,对于中国古典哲学问题的"分析的研究";其二,对于
中国古典哲学概念范畴的分析研究。第一种理论追求,使张先生探寻、综合中国古典
哲学探讨的基本问题,分析有关中国古代哲学基本问题的理论的历史演变。这种
"分析的研究",构成了《中国哲学大纲》全书的大纲。对中国哲学问题的分析的研
究,困难之处在于对中国哲学问题的归纳,或者说对于中国哲学问题的理解。中国哲
学涉及的问题很多,哪些问题在中国哲学的基本问题之列? 如果不具备深厚的西方
哲学与中国哲学的知识背景,是很难回答这样的问题。张先生也曾意识到这种
"分析的研究"的困难之处:"作哲学史,当然也有其种种困难,然依人的时代顺序叙
述,在纲领组织上,或尚无多少问题。而以问题为纲,叙述中国哲学之整个系统,则部
门之分划,问题之厘别,在在须大费斟酌。更以事属草创,困难尤多。"①从方法的角
度来看,这是张先生从事中国哲学问题史研究的经验之谈。尽管张先生对于自己在
《中国哲学大纲》一书中,在有关中国哲学问题的"抉择与排比"、"分判与命名"方面
"仍不能尽惬意",但应当肯定,张先生在《中国哲学大纲》中对于中国哲学问题的"抉
择与排比"、"分判与命名"都是成功的。成功的原因正在于他对中国哲学问题"抉择
与排比"、"分判与命名"的"分析的研究"。这种研究方法使张先生力图参照西方的
哲学观念,对"浑融一体,原无区分"的中国哲学从问题的角度加以总结,归纳出不同
的哲学理论问题,使中国哲学内含的理论问题清楚明晰。而在以西方哲学为参照的
同时,张先生又强调中国哲学自身的实际,主张对于中国哲学问题的归纳应对于中国
哲学的"原来面目无所亏损"。这种理论追求识使张先生在《中国哲学大纲》中辨析
中国哲学中的宇宙论,没有一般性的套用本体之类西方哲学术语,而是以"本根"、
"大化"之类的传统概念解析有关宇宙论的问题。讲到知识论问题时,也未直接运用
知识论之类的术语,而是以"致知论"来概述中国哲学中涉及的知识论问题,对其他
中国哲学问题的总结也是如此。张先生对中国哲学问题的这种"分析的研究",不是
简单的以西方哲学概念来比附中国的传统哲学,而是参照西方的哲学观念,"考察中
国哲学之固有脉络",不仅注意对于中国哲学问题归纳的系统与准确,而且注意以中
国传统的哲学概念范畴来表述中国哲学问题,体现了张先生对于中国哲学问题的
"分析的研究"的方法特色。

　　张先生在《中国哲学大纲》对于中国古典哲学概念范畴的"分析的研究"同样展
现了其研究方法的特色。在早期现代中国哲学史研究成果中,对中国古典哲学概念
范畴的分析较具特色者当推冯友兰的两卷本《中国哲学史》。例如,冯友兰论及中国
古代哲学中的"天"这一范畴时,曾指出在中国文字中,"天"有"五义",即所谓"物质

---

① 张岱年:《中国哲学大纲》,中国社会科学出版社 1982 年版,第 17 页。

之天"、"主宰之天"、"运命之天"、"自然之天"与"义理之天"。①较为全面地解析了"天"这一范畴的意涵。冯友兰对"天"等中国传统哲学范畴的分析,在学术界曾为人们称道不已,并对后人的中国哲学史研究产生过深远的影响。但就对于中国古典哲学概念范畴的分析而言,张先生的《中国哲学大纲》相较于冯友兰的两卷本《中国哲学史》可说是毫不逊色。张先生在《中国哲学大纲》中对"本根"、"大化"、"天人"、"仁"、"诚"、"义利"、"理欲"等中国哲学传统范畴都有非常细密精到的分析。譬如张先生在"宇宙论"部分论及"本根"时,先考辨"本根"范畴的文献出处,认为"本根"语出《庄子·知北游》:"惛然若亡而存,油然不形而神,万物畜而不知,此之谓本根。"其后认定"本根"之"意谓"有三:其一为"始义",其二为"究竟所待义",其三为"统摄义"。而所谓"始义","究竟所待义","统摄义"正是中国古代哲学家论释宇宙演化时,所要探寻的"本根"的意涵与作用。对"本根"意涵的这种解析,不仅可以使中国哲学中的"一"、"独"、"本体"等范畴联结起来获得准确的解释,而且可以使中国古代哲学家所持的"本根"概念与印度和西方哲学家所持的本体概念具体区别开来:"印度哲学及西洋哲学讲本体,更有真实义,以为现象是假是幻,本体是真是实。本体者何?即是唯一的究竟实在。这种观念,在中国本来的哲学中,实在没有。中国哲人讲本根与事物的区别,不在于实幻之不同,而在于本末、原流、根支之不同。万有众象同属实在,不惟本根为实而已。以本体为唯一实在的理论,中国哲人实不主持之。"②

在区别中国哲学的"本根"概念与西方哲学的本体概念的基础上,张先生进一步将哲学的"本根"的"性征"概括为"不生或无待"、"不化或常住"、"不偏或无滞"、"无形或形上"。"不生或无待"是说"本根"为万有之本,万物所府,自身非从生、无所依待;"不化或常住"是说"本根"乃万化之源,自身为永存、无化;"不偏或无滞"则是指"本根""不偏滞于一端","通乎一切",这样的"不偏或无滞"实际上是指"本根"的普遍性与绝对性;"无形或形上"是说"本根"非有形之物,作为有形之物的始基,"本根"乃超乎形体者。这种解析,可说详尽地论释了中国哲学中的"本根"概念的"意谓"与"性征"。但是,在张先生看来,对中国哲学问题的考察,并不能止于对具体哲学概念的辨析,还必须依据历史与发展的观点,考察其历史的演变与发展:"发展或历史的观点,是永远有用的;想深切了解一个学说,必须了解其发展历程,考察其原始与流变。而在发展历程之考察中,尤应注意对立者之互转,概念意谓之变迁与转移,分解与融合;问题之发生与发展,起伏及消长;学说之发展与演变,在发展中,相反学说之对转,即学说由演变而转入其相反,这都是应注意审勘的。"③因此,张先生基

---

①　参见冯友兰:《三松堂全集》第 2 卷,河南人民出版社 2000 年版,第 281 页。

②　张岱年:《中国哲学大纲》,中国社会科学出版社 1982 年版,第 9 页。

③　张岱年:《中国哲学大纲》,中国社会科学出版社 1982 年版,第 19 页。

于对"本根"概念详尽的论析,进而具体考察了中国哲学中的"道论"、"太极阴阳论"、"气论"、"理气论"、"唯心论"、"多元论",从而使中国哲学史上的涉及"本根问题"的思想理论,得到了全面系统的清理与辨析。在《中国哲学大纲》中,张先生对于其他哲学问题的总结解析,同样贯彻和体现了这样的方法意识,并取得了同样的学术效果。可以说,张先生在《中国哲学大纲》中对于中国哲学问题的归纳与总结,解析与评断,均达到了很高的理论层次和认识层次,他对中国古典哲学的这种"分析的研究",不论其思想的深度还是其思想的密度,至今无人能出其右。张先生对中国哲学问题的"分析的研究",所以能够取得重要的学术成果,除了他的哲学史方法意识与他对于哲学问题史研究在理论方面的追求,与他自身的哲学兴趣与哲学素养也是联系在一起的。张先生早年从事哲学思考,即主张对理论问题的"条分缕析"与"缜密的论证",主张对历史上的各派哲学思想,"融会贯通,别囿解蔽"。应当说早期的哲学训练与追求,也是张先生在对于中国哲学问题的"分析的研究"方面取得重要学术成就的基础与前提。这样的基础与前提,对于我们今天的中国哲学史研究,同样具有重要的启发意义。

三、从哲学问题的角度论析中国哲学的特点与价值

张岱年先生对于中国哲学特点与价值的论析与评断也是极富创意的。现代中国哲学史研究,是以西方的哲学观念与哲学史研究方法为主要参照的。而且,在现代中国哲学史的创设阶段,人们研究中国哲学史,除了追求学科的建设与学科研究方面的价值之外,还有一个重要的学术追求,即通过中国哲学史研究来比较中西文化,理解中西文化的特点与传统,以思考中国哲学发展的方式,探寻中国文化的现代化道路。20 世纪二三十年代,冯友兰写成两卷本《中国哲学史》时,即曾由哲学而论及中西文化的差别:"直至最近,中国无论在何方面,皆尚在中古时代。中国在许多方面,不如西洋,盖中国历史缺一近古时代。哲学方面,特其一端而已。近所谓东西文化之不同,在许多点上,实即中古文化与近古文化之差异。"①冯友兰基于自己理解的中西文化差异,也曾具体论析中古哲学的特点。譬如他认定中国哲学家不重著述,论证方法不如西方哲学家谨严,知识论在中国未能得到充分发展;又譬如他认为中国哲学文献少"精心结撰,首尾贯串"之作,哲学理论缺乏形式的系统;但中国哲学关注"人事",推崇"内圣"之道,在"我"与"非我"之间不设定绝对的界限,这些特点也体现出中国哲学固有的价值。冯友兰对中国哲学特点的这些见解,给人多有启发。海内外学术

---

① 　冯友兰:《三松堂全集》第 3 卷,河南人民出版社 2000 年版,第 9 页。

界还有其他学者论及中国哲学的特点与价值。相比较而言,张岱年先生对于中国哲学特点的理解与总结也不无自己的特点。

张岱年先生从中国哲学问题史的角度考察中国哲学的历史发展,也基于这样的视角来思考总结中国哲学的特点与价值。在张先生看来,中国哲学探讨的问题,不论思想内容还是理论形式,都与西方哲学、印度哲学有所区别,对于中国哲学特点的思考总结,应当是中国哲学史研究必须涵括的内容:"我们必须了解中国哲学的特色,然后方不至于以西洋或印度的观点来误会中国哲学。"①所谓通过了解中国哲学的特色,以免以西方哲学或印度哲学的观点来误会中国哲学,实即是说要通过总结中国哲学的特色,更真实、更深入地把握中国哲学自身。这样的学术追求,使张岱年先生从六个方面总结概括了中国哲学的特点。在张先生对中国哲学特点的概括中,前三点为:"合知行"、"一天人"、"同真善"。所谓"合知行"是说中国哲学家主张"思想学说与生活实践,融成一片"②,既将生活实践作为其思想理论活动的出发点,又将生活实践作为其思想理论的归宿。因此,要正确地了解中国哲学,把握中国哲学的特质,"必须在实践上作工夫,在生活上用心体察"③。换言之,离开了生活行为,即很难真实地把握与理解中国哲学。因为,中国哲学家一般都将生活理解为"理论的表现",将理论视为"生活的解说";在中国哲学家的理论追求中,身心必须兼顾,知行必须"兼赅"、"合一"。

所谓"一天人",是说"天人合一"的观念乃中国哲学的根本观念。张先生认为,在中国哲学家的思想观念中,天与人,物与我"本属一体","原无判隔";天、人、物、我一体,内、外、主、客合一,其间没有绝对的界限;自然的法则,即是人行为的规范,天的属性亦即人的属性,保持或恢复这样的人性,即能实现人生的理想,获取人生的意义。因此,在中国哲学家的思想系统中,研究宇宙,亦即研究人生。而研探中国哲学,若不能理解与把握中国哲学这种"一天人"的特质,同样无法正确了解中国哲学的内容,把握哲学的精神实质。"同真善"是说中国哲学家认定"真善非二",求真与求善统一。在中国哲学家的思想系统中,"穷理即是尽性,崇德亦即致知"。④ 知识问题与价值问题总是密切联系,人们将对于宇宙奥秘的理解,视做对人生真谛的领悟。因此,中国哲学家们所论释之道,即涵括自然界的规律,也当是人们在生活中必须遵循的原则;中国哲学家所主张的求道,则既包含求真,同时也包含求善。张先生认为,了解与把握中国哲学这种"同真善"的理论特质,同样是了解中国哲学精神实质的必备条件。

① 张岱年:《中国哲学大纲》,中国社会科学出版社 1982 年版,第 5 页。
② 张岱年:《中国哲学大纲》,中国社会科学出版社 1982 年版,第 5 页。
③ 张岱年:《中国哲学大纲》,中国社会科学出版社 1982 年版,第 6 页。
④ 张岱年:《中国哲学大纲》,中国社会科学出版社 1982 年版,第 7 页。

　　张先生对中国哲学特质的另外三点概括是"重人生而不重知论"、"重了悟而不重论证"、"既非依附科学亦不依附宗教"。所谓"重人生而不重知论",在某种意义上可以说是对于中国哲学"合知行"这一特征的进一步论释与拓展。由于中国哲学重视"知行合一",其哲学思考的出发点与归宿都在于人的生活自身,这使得中国哲学注重探索人的行为准则,思考人生的应有价值,既不重主体与外物界线的界定辨析,也不怀疑外界的实在,其结果是使得中国哲学中未能形成系统的逻辑理论与认识理论。"重了悟而不重论证"这一特征则正是中国哲学"不重知论"这种特征的具体表征。"重了悟"是说中国哲学家以"经验上的贯通"与"实践上的契合"来证明真、善,而这样的证明实际上是生活的实证或内心的"冥证"。中国哲学重视"了悟"的直接结果是不重视逻辑方法,不重视分析解释,这使得中国哲学家的著作,多为对"了悟"的记述,而非对自然、社会、人生理则的分析论证。这种"重了悟而不重论证"的特点,实际上也表明了中国哲学"重人生而不重知论"的特点。"既非依附科学亦不依附宗教"这一特点则是说中国古代宗教不是特别发达,科学也不是十分成熟,批判"迷妄","破斥神鬼"乃中国哲学家主要的思想方式,这种思想方式使得"既非依附科学亦不依附宗教"构成了中国哲学演生发展的独特的途径与方式。从张先生关于中国哲学特点的论释中,我们可以看到他所理解的中国哲学的特点,既集中地展现了中国哲学与西方哲学的差别以及中国哲学自身的价值,也多层面地论释了中国哲学自身的局限与弊端。在张先生看来,在中国哲学史研究中,从不同的侧面去考察并理解中国哲学的特点是十分重要的,因为,"想了解中国哲学,必先对于中国哲学之根本性征有所了解,不然必会对于中国哲学中许多思想感觉莫名其妙,至多懂得其皮毛,而不会深悟其精义。"①张先生对于了解中国哲学"根本性征"的意义的理解,既是对于自己学术活动的经验总结,也表明了他对于中国哲学史研究的理性思考。

　　总之,张岱年先生中国哲学问题史研究,探讨了一种有别于一般的中国哲学发展史研究的形式与方法,并以这样的形式与方法在现代中国哲学史研究中形成了别具一格的学术成果。这种研究方法及其依据这样的方法所形成的学术成果,不仅丰富了现代中国哲学史研究的形式与内容,也极大地影响了现实的中国哲学史研究。自张先生的《中国哲学大纲》问世以后,学术界曾先后出现过多种以问题为线索,考察中国哲学发展的学术成果,这些成果实际上都在方法的层面受到过张岱年先生的影响,从这种影响中我们可以体认到张先生中国哲学问题史研究的另一重价值。而从中国哲学史研究的现实情况来看,张先生的中国哲学问题史研究,不仅有助于我们在对传统的中国哲学的考察中"深悟其精义",启发我们对于中国哲学内容的正确理解;同时,也能够给予我们许多方法层面的启示,有助于我们从中国哲学问题的角度

---

　　① 张岱年:《中国哲学大纲》,中国社会科学出版社 1982 年版,第 9 页。

去关注、总结中国哲学的历史发展,拓展中国哲学史研究的路径与方法,促进中国哲学史学科的发展与建设。

(原载《周易研究》2009 年第 6 期)

《近思录·道体》解读

朱熹与吕祖谦合作编辑的《近思录》是一部辑录北宋周敦颐、张载、程颢、程颐等人思想言论的重要文献。《近思录》中所辑录的周、张、二程等人的著作,内容十分广泛,全书区划为十四卷,其第一卷名为"道体",内容涉及周、张、二程等人学术思想中形上学部分。阅读《近思录》不仅可以全面地了解周、张、二程等人的学术思想,也有助于我们从思想源流上考察、理解朱熹的理学。本文基于深入了解朱熹理学的思想资源这一目的,对《近思录》做一些粗浅地介绍,并对其《道体》篇做一些梳理与解读。

一、朱熹与宋明道学

在中国学术文化史上,宋明时期是值得我们高度关注的历史时期,也是需要我们下工夫去深入地探究的历史时期。因为,中国社会历史的发展,到了宋明时期,社会经济、科学技术均得到了长足的进步与发展。与此相应,中国哲学也开始走向成熟。在中国哲学的历史发展中,古典哲学的高峰实即是在宋明时期形成的。此后,中国哲学才开始向自己的近现代形态转变和发展。

就宋明时期哲学发展的具体情况而言,北宋年间,中国哲学继汉魏年间的儒、道、佛三家之学兼容互援之后,又一次开始了对中国传统思想资源的改造重释以及中国传统思想资源与外来思想资源的大融合。对中国传统思想资源的改造重释,融会传统思想资源与外来思想资源,其结果是形成了中国历史上著名的道学。因此,元人修宋史,列传中在"儒林"之外专辟有"道学"。《宋史》中论及"道学"时说:"'道学'之名,古无是也。三代盛时,天子以是道为政教,大臣百官有司以是道为职业,党、庠、术、序师弟子以是道为讲习,四方百姓日用是道而不知。是故盈覆载之间,无一民一物不被是道之泽,以遂其性。於斯时也,道学之名,何自而立哉。"《宋史》中视"道"为人据以生活,物赖以存在者;认为这样的"道",通过孔子的学术活动而"昭明于无穷",孔子的后学曾子、子思、孟子也曾继承和拓展孔子的事业。但"孟子没而无传"。汉唐时期,儒者论"道",或"察焉而弗精",或"语焉而弗详",终至"异端邪说"蜂起,进一步影响了人们对于"道"的传承与弘扬。中国学术文化史上的这种状况,直到北宋中叶才得到改观,其具体表征即是通过周敦颐、张载、程颢、程颐等人的学术活动,兴起了道学。在道学的形成与发展中,朱熹是作出过独特贡献的学者。《宋史》中,也明确肯定朱熹承继二程之学,其学"以格物致知为先,明善诚身为要",使得"颠错于秦火,支离于汉儒,幽沉于魏、晋六朝"的"六艺之文"、"孔、孟之遗言""焕然而大明"。从《宋史》的这种记述中,我们不仅可以看到朱熹在道学发展中的历史作用与历史地位,而且可以看到,北宋道学的兴起,实即是儒学的复兴。或者说,道学实即是吸纳了佛、道之学以后,具备了新的理论形态的儒学;所谓北宋中叶,关于"道"或关于"道"的学说重新得到阐明和发展,实际上是儒学以新的理论形态开始了自己新的历史发展。宋代学术文化发展的这种历史情状,曾使梁启超认定宋代哲学既不是纯正的儒学,也不是纯正的佛学,而是融会儒、佛思想以及道家理论之后形成的新学派。梁启超对宋代哲学的这种理解不无道理,值得咀嚼、借鉴。道学在中国历史上,作为融会儒、佛、道三家之学而出现的一种新的学术形态,在理论上确有自己的个性与特质。这种特质集中体现在其开始使中国人对自然、社会、人生的思考系统化、理论化、一元化,探讨人的道德根性与终极关怀,或者说使中国人的生活态度、价值观念本体化。这种特征也可以说是道学共同的理论追求。

作为儒学的新形态,道学有其共同的理论追求与理论旨趣,探讨着相同的学术理论问题。但是,在道学内部,人们对于相同学术理论问题的探讨,学术方法有别,思想结论也有所不同。因此,道学的内容十分丰富,实际上包含多种学术思想系统或者说多种形式的理论形态。在两宋道学所包含的多种学术思想流派中,最具理论特色者当推以程颢、程颐、朱熹所代表的理学、陆九渊所创建的心学,以及张载所主张的气学。了解宋明哲学,当重点把握这三家之学。在把握这三家之学的基础上,旁及其他,会有助于我们加深对于宋明哲学的了解与理解。在道学所包含的理学、心学、气学这三家之学中,又以理学的思想方法最为细密,理论系统最为庞大,著述最为繁富。因此,深入地了解理学,又有助于我们更好地了解心学、气学,乃至整个道学和宋明哲学。这样的观念,正是我们关注朱熹与吕祖谦编撰的《近思录》一书的认识前提与思想基础。

二、朱熹与《近思录》

在中国学术史上,朱熹是最博学的学者之一,著述最为繁复的学者之一,也是真正具有国际影响的学者之一。朱熹生于宋高宗建炎四年(1130年),卒于宋宁宗庆元六年(1200年)享年七十有一。朱熹的一生,除了少量时间参与政事,大部分时间都在从事教学与著述。因此,就学术活动中涉猎的学术领域之广泛,编撰的学术著作之丰富,在中国历史上,少有人能出其右。可以说朱熹不仅是宋代道学的代表人物,也是对整个中国传统学术文化的延续与发展作出过重大贡献的历史人物。

在朱熹卷帙浩繁的著述中，有一种类型的著作，是他依据自己的理学思想，编订和校释的前人的著作。在这种类型的著作中，有两部最为重要和著名，其一是他的《四书章句集注》，一部则是他与吕祖谦合作编辑的《近思录》。《四书章句集注》是他对儒家经典《大学》、《中庸》、《论语》、《孟子》所作的校订注释。朱熹作《四书章句集注》，一是要帮助人们更好地阅读儒家的基本典籍，把握儒家的思想学说。在朱熹看来，人们要了解儒家学说，需要阅读"四书"。因为，"四书"乃儒家最基本的典籍，阅读"四书"，可以为人们了解儒学，提供最为直接、便利的途径。朱熹曾具体论及阅读"四书"对于了解儒学的作用："某要人先读《大学》，以定其规模；次读《论语》，以立其根本；次读《孟子》，以观其发越；次读《中庸》以求古人之微妙处。"（《朱子语类》卷十四）这里朱子较为集中地讲到了他自己所理解的《四书》的特点与价值。他所谓读《大学》"以定其规模"，是说通过阅读《大学》可以了解儒学基本的理论框架。因为，《大学》提出了"明明德"、"亲民"、"止于至善"，以及"修身"、"齐家"、"治国"、"平天下"、"格物"、"致知"、"正心"、"诚意"等思想内容。在儒家后学看来，这些思想内容体现了儒家学说的基本纲领与条目。所谓读《论语》"以立其根本"，是说阅读《论语》，可以了解早期儒家学说的基本观念，为人们承袭儒家学说奠定思想基础。读《孟子》"以观其发越"，是说人们阅读《孟子》可以了解儒家学说的发展。读《中庸》"以求古人之微妙处"，则是认为人们阅读《中庸》这部著作，才能够了解高层面的儒学。因为，在《中庸》这部著作中，儒家所主张的人伦原则、道德观念已经被形上化，上升到了本体的层面。朱熹对"四书"的理解，表明了他对于儒学理论架构、核心内容及其思想价值的理解。朱熹校释"四书"，写成《四书章句集注》另一个重要目的，当然是为了建构他自己的理学思想系统，发展儒家理论学说。应当说，《四书章句集注》一书是朱熹集中阐释自己理学思想的重要著作。这也是朱熹的《四书章句集注》自问世之后，即受到海内外学者长期关注的重要原因。

朱熹与人合作编辑《近思录》也与"四书"关联。因为，朱熹编辑《近思录》的理由之一，即是要帮助人们更好地阅读"四书"。依照朱熹的说法，人们由阅读《近思录》开始，进而阅读"四书"，在逐步进入到对"诗"、"书"、"易"、"礼"、"春秋"等儒家经典的阅读，即可以全面深入地领悟与把握儒家学说。所以朱熹有"《近思录》，'四子'之阶梯"（《朱子语类》卷一〇五）的讲法。

《近思录》是朱熹与吕祖谦合作编辑的。吕祖谦（1137—1181）号东莱，字伯恭，是金华学派的代表人物，南宋时期，浙江金华为婺州，吕祖谦的理学被称为浙东婺学。南宋时期，湖湘学派的代表人物张栻（1133—1180）号南轩，字敬夫，因为主张理学，与朱熹在学术方面也有交往。朱熹、吕祖谦与张栻，在南宋时被称为"东南三贤"。朱熹与吕祖谦合编《近思录》时在公元 1175 年，这一年，朱熹 46 岁。据朱熹的《书〈近思录〉后》记述，朱、吕编辑《近思录》，直接的目的是要帮助人们阅读道学先驱周敦颐、张载、程颢、程颐等人的著作："淳熙乙未之夏,东莱吕伯恭来自东阳,过予寒泉精舍,留止旬日。相与读周子、程子、张子之书,叹其广大宏博,若无津涯,而惧夫初学者不知所入也,因共掇取其关于大体而切于日用者,以为此编,总六百二十二条,分十四卷。盖凡学者所以求端用力,处己治人之要,与夫所以辨异端,观圣贤之大略,皆粗见其梗概。以为穷乡晚进,有志于学,而无明师良友以先后之者,诚得此而玩心焉,亦足以得其门而入矣。"在朱熹看来,人们以阅读《近思录》为基础,系统阅读周子、二程、张子的著作,能"致其博而反诸约",得其"宗庙之美,百官之富",深入地把握四子之学;进而系统阅读早期儒家经典,即可以全面地把握儒家的思想理论。

如同编撰《四书章句集注》一样,朱熹编辑《近思录》的更为重要的学术原因,仍在于阐释自己的理学。在着手编辑《近思录》之前,朱熹曾有一部专门记述理学思想源流的著作问世,这就是《伊洛渊源录》。《伊洛渊源录》成书于1173年,时年朱熹44岁。朱熹编撰《伊洛渊源录》,目的是要记述周敦颐、程颢、程颐等理学前驱的"行实"、"文字",而朱熹记述理学前驱的"行实"、"文字",实际上是要考察理学发展的历史脉络与思想资源,进而论释自己的理学。《伊洛渊源录》一书,对周、程诸子的言论已有所辑录,《近思录》则通过选择,更为系统地辑录了周敦颐、程颢、程颐、张载等人的言论文字。如果说,考史与释论均为朱熹建构自己的理学的重要方法,那么《近思录》即在考史的范围之内。因为,《近思录》中辑录的周敦颐、程颢、程颐、张载等人的言论文字比《伊洛渊源录》更加全面、更加丰富,可视为朱熹欲系统辑录周程诸子"行实"、"文字"工作的继续,或者说可视为朱熹通过考史来建构其理学的重要途径。由于朱熹辑录周程诸子言论文字与自己的理学思想资源具有直接联系,他对于周程诸子言论文字的选择是费了相当功夫的。因此,他与吕祖谦于1175年开始编辑《近思录》,直到1178年以后,《近思录》才最终成形。《近思录》的编辑历时数年之久,由此也可见朱熹对于选择辑录周程诸子言论文字的谨慎与重视。

三、《近思录》的基本内容

《近思录》书名源于《论语·子张》篇。《子张》篇第六章中有"子夏曰:博学而笃志,切问而近思,仁在其中矣。""切问"是问与自身有密切关系的问题。子夏的观念用今天的语言来表述大意是:广泛地学习而且能够坚持自己的志向,提出与自己相关的问题并能够联系自己进行反省,那么,仁即在其中了。朱熹与吕祖谦将辑录周程诸子言论文字的集子名之为《近思录》,蕴含帮助人们由切己处进行反省,再对照儒家代表人物的思想言论,来提高自己思想境界的用意。

《近思录》一书,选录周程诸子的著述600多条,这600多条分辑为十四卷,这是《近思录》早期的编纂情况。早期的《近思录》虽分为十四卷,并无篇名。后来,朱熹论及《近思录》的内容,说到了各卷的主题与旨趣:"《近思录》逐篇纲目:(一)道体;(二)为学大要;(三)格物穷理;(四)存养;(五)改过迁善,克己复礼;(六)齐家之道;(七)出处、进退、辞受之义;(八)治国、平天之道;(九)制度;(十)君子处事之方;(十一)教学之道;(十二)改过及人心疵病;(十三)异端之学;(十四)圣贤气象。"(《朱子语类》卷一〇五)朱熹关于《近思录》"逐篇纲目"的讲法,实际上简要地概述了《近思录》全书的内容,这些内容可说包含了周程诸子著作中最为精粹的部分,其中既包括宋代儒家学说的道德形上学,也包括宋儒所主张的人生论、政治哲学、教育理论。对于人们了解宋儒的思想乃至整个儒家学说的基本理论都是极有助益的。

南宋叶采作《近思录集解》,依据朱熹《近思录》"逐篇纲目"之说,开始为《近思录》各卷增添篇名,各卷内容编排如下:卷一,道体;卷二,为学;卷三,致知;卷四,存养;卷五,克己;卷六,家道;卷七,出处;卷八,治体;卷九,治法;卷十,政事;卷十一,教学;卷十二,警戒;卷十三,辨异端;卷十四,观圣贤。叶采的《近思录集解》流传较广,颇具影响。美籍华人学者陈荣捷著《近思录详注集评》,论及叶采《近思录集解》多达一百多处。国内学者程水龙等考释《近思录》的版本源流,对叶采《近思录集解》的版本源流也有详细考订。但是,近年来国内出版《近思录》,或不用篇名,或沿用朱熹的"纲目"以为篇名,或沿用叶采的篇名,情形不尽相同。陈荣捷的《近思录详注集评》,各卷篇名除了沿用朱熹的"纲目",也附有叶采的篇名,这对于人们了解《近思录》的基本内容较有帮助。

四、《道体》题解

朱熹论及《近思录》的"逐篇纲目",将卷一谓之"道体"。何谓"道体"?钱穆在其《宋代理学三书随劄》一书中曾论及《近思录》,并论释了"道体"。依照钱穆的理解,中国学术历经四变:一变指中国学术文化由官府到民间,由学在王官而为学在民间,其结果是兴起了先秦的百家之学;二变指汉武帝表彰五经,独尊儒术,罢黜百家,其结果是学术归于一统;三变指隋唐时期,政治一统,学术三分,儒、释、道三家之学并列;四变即儒、释、道三家之学合流,兴起了宋明道学。但在中国学术的历史发展中,不论儒学还是佛、道之学,都注重对道的追求。老、庄所持之道为宇宙本源,佛学所讲之道与老、庄所主张的道有相近之处;儒学与佛、道有所不同,儒学主张求道、明道、传道,其思想重心在人群治平。《近思录》所辑录的是宋代儒学早期代表人物的思想言论,其思想重心当然也在人生,在人群治平。因此《近思录》中"道体"一卷,"为讲究周、张、二程四家言者,一最重要纲领所在"。同时,钱穆认为,道也可以指理想人生。具体的人生,古今中外,人各不同,但可以有一种超越时空的理想境界。这种境界融会天地万物而"和通为一",这样的境界亦即理学家们"所谓之道体"。

在中国现代学术史上,钱穆是大师级学者,他对于"道体"的理解与论释,给予我们很多启发。但是,"道体"作为《近思录》卷一的篇名,如何理解更接近文本的本意,是值得我们再思考的。那么,究竟何谓"道体"呢?我们可以先从文字探析。"道体"涉及中国古代哲学中两个重要范畴,一个是道,另一个是体。在中国古代典籍中,道有多层含义,道可以指事物的法则、规范,这种意义上的道是由道的本义引申出来的,道的本义是道路,是当行之路;道也可以理解为道理或者政令、法规、法度,古人所谓的"王道"即有这方面的含义;同时,道也可以被理解为理论、思想、学说。怎样理解古代典籍中道的语义,要看人们在怎样的语言环境中使用道这一概念。体这一范畴可以指实体也可以指本体。在古代典籍中,体与用常常连用。体用连用时,可以指事物的本质与其功能、作用的关系,也可以指事物的本质与现象、内在根性与外在显现的关系。而当道与体连用,道体作为一个范畴时,一般则多指事物的根据、本体。譬如,《论语》中有"子在川上曰:'逝者如斯夫,不舍昼夜'"的记述,宋代儒家以为这是孔子见"道体"之言。这里的"道体"即有自然事物的本性、法则方面的含义。因为孔子所谓"逝者如斯夫,不舍昼夜",是说事物的变化,像河水一样,永远不会停息;而对事物变化的这种理解,已经触及了事物的本性。但是,在《近思录》中,道体作为第一卷的篇名,似乎不宜直接理解为事物的本性或本体。这里的道实际上可以理解为思想、理论、学说,具体而言即是朱熹所肯定的理学;体则可以理解为理学这一思想理论系统的基础、核心部分;这样的基础、核心部分,实际上即是理学的形上学,其中既包含宇宙论方面的内容,也包含本体论方面的内容。换言之,在《近思录》中,《道体》的内容,当是《为学》、《致知》、《存养》、《克己》、《家道》、《出处》、《治体》、《治法》、《政事》、《教学》、《警戒》及《辨异端》、《观圣贤》等各篇内容的理论基础。

这样理解《近思录》中卷一的篇名"道体",似乎比钱穆的理解更接近文本的本义。按钱穆的理解,肯定"道体""为讲究周、张、二程四家言者,一最重要纲领所在",这样的"道体"并不能与后面的"为学"、"致知"、"存养"、"克己"、"家道"、"出处"、"治体"、"治法"、"政事"、"教学"、"警戒"及"辨异端"、"观圣贤"等内容真正区别开来。因为,我们同样可以说"道体"以后的各卷也是"为讲究周张二程四家言者,一最重要纲领所在",事实也是如此。因此,我们将《近思录》中的"道体"部分,理解为对周张二程四家学说中的形上学主要内容的辑录,是较为符合朱熹所说"道体"的本义的。

五、《道体》篇原文解读

如前所述,《近思录》的"道体"部分,涉及周张二程四子之学的理论基础,这种理论基础,除了宇宙论、本体论方面的内容以外,还涉及儒学的理、性、诚、仁等基本观念,这些观念在"道体"部分所辑录的文献中都有所反映,为了不破坏朱熹与吕祖谦编辑《近思录》的基本思路,我们对"道体"部分的内容依照文献编辑的顺序做一些详略不等的解析,目的除了诠释周、张、二程四子的学术思想,也为了深入理解朱熹自己的理学。

　　1.1　濂溪先生曰:"无极而太极。太极动而生阳,动极而静;静而生阴,静极复动。一动一静,互为其根。分阴分阳,两仪立焉。阳变阴合,而生水、火、木、金、土。五气顺布,四时行焉。五行,一阴阳也;阴阳,一太极也;太极,本无极也。五行之生也,各一其性。无极之真,二五之精,妙合而凝,乾道成男,坤道成女。二气交感,化生万物,万物生生而变化无穷焉。惟人也,得其秀而最灵。形既生矣,神发知矣,五性感动而善恶分,万事出矣。圣人定之以中正仁义而主静,立人极焉。故圣人与天地合其德,日月合其明,四时合其序,鬼神合其吉凶,君子修之吉,小人悖之凶。故曰:'立天之道曰阴与阳;立地之道曰柔与刚;立人之道曰仁与义。'又曰:'原始反终,故知死生之说。'大哉《易》也,斯其至矣!"

解读:濂溪先生即周敦颐。周敦颐是后世学者认定对于宋明道学的兴起有"发端之功"的人物。周敦颐晚年讲学的地方名为濂溪学堂,故人称濂溪先生。《近思录》所选《太极图说》是周敦颐重要的哲学著作。现存周敦颐的主要著作一为《太极图说》,一为《通书》。旧说周氏著作有《太极图》、《易说》、《易通》等。朱熹校释周敦颐著作,即开始怀疑《通书》即是《易通》,非《通书》之外另有《易通》。现代学者邱汉生考察周氏著作,认定周氏的《太极图》与《易说》实为一体,现存的《太极图说》有图有说,故《太极图说》实即《太极图易说》。邱先生的考订,持论有据,对于我们了解周敦颐的著作,不无助益。

　　"无极而太极"是周氏《太极图易说》中最富哲理的一个论断,也是朱熹最为欣赏的一个哲学命题。朱熹推崇周敦颐的太极图,一个重要原因,即在于他认为周敦颐,"默契道体,建图属书,根极领要"。(《江州重建濂溪先生书堂记》)所谓"建图",是说周敦颐独创太极图,"属书"大概与周敦颐的"图说"有关。但就图而言,后世学者多认为朱熹的评断与事实不符,清代学者即多认为周敦颐的太极图源于道家。肯定周敦颐"属书"则有一定根据,因为周敦颐在《太极图易说》中将"无极"与"太极"两个范畴联系起来解释宇宙万物的生成与演化,实为宋明道学的兴起,开启了端绪。

　　但是,有史籍记载,《太极图说》中的第一句原本为"自无极而为太极",周敦颐将道家的"无极"观念与儒家的"太极"观念联系起来,目的在论释宇宙万物的生成演化。朱熹肯定"无极而太极",认定这一论断对理学家所主张的"理"范畴作出了最精辟的规定,实际上删去了"自"、"为"二字。了解这样的思想背景,我们阅读《太极图说》,以"自无极而为太极"为首句,可以看到《太极图说》的大义是:宇宙万物的生成演化,始于"无极",再到"太极"。"无极"是世界的本原,"太极"源于"无极"。在周敦颐的学说中,"太极"实际上是气,所以《太极图说》中紧接着说"太极""动而生阳"

"静而生阴"。阴、阳都是气。气分阴阳,而后有"两仪"或说有天地。阴阳之气的交合变化,产生水、火、木、金、土"五行","五行"即"五气"。"五气"依次展开,有春、夏、秋、冬四时的运行。

在周敦颐看来,宇宙的演化,从"无极"到"太极"、"阴阳"、"五气"、"四时",这是一个统一的演化过程,这个过程的源头在"无极",所以他明确地肯定"五行,一阴阳也;阴阳,一太极也;太极,本无极也"。以"自无极而为太极"为基本观念解读周敦颐的《太极图说》,所谓"太极,本无极",不是说"太极本来即是无极",而是说"太极"本来源于"无极"。"五行"产生之后,各有自身的属性,为万物的产生提供了具体条件。"无极"、"阴阳"、"五行"的最好的成分交合凝聚,形成了人,并区分出男女;阴阳二气的交合感应,形成了万物,使万物的生成演化永不止息,没有穷尽。

在阴阳二气交合凝聚的过程中,人"得其秀而最灵"。"秀"是优异,"灵"是灵巧。"得其秀"是说人由"无极之真"和"二五之精"妙合而成,集本源与"气"之精华;"最灵"是说人最为灵巧。人的形体一经形成,即有自己的精神活动,并具有喜、怒、欲、惧、忧五种性情,人的情感活动使人的行为有了善恶的区别,引发人的多种活动,出现与人的性情相关的各种事情。圣人制定中正、仁义作为人的行为准则,提倡"静"的生活方式与价值取向,从而确立了做人的标准。圣人的德性与天地相符,智慧像日月一样光明,行为像四时一样有序,对吉凶祸福的把握如同气的屈伸往来一样准确。君子遵循圣人确立的做人标准得到良好的收获,小人背离这种标准受到惩罚。所以《周易·说卦》中说:确立天的法则谓阴与阳,确立地的法则谓柔与刚,确立人的法则为仁与义。《周易·系辞》中又说:考察事物的起源,探求事物的结果,即可以理解生死之理。《周易》了不起呀,理论上已经达到最高的认识层次。

1.2 诚无为,几善恶。德:爱曰仁,宜曰义,理曰礼,通曰智,守曰信。性焉安焉之谓圣,复焉执焉之谓贤,发微不可见,充周不可穷之谓神。

解读:这段文字选自周敦颐的《通书》,文中论释了"诚"、"仁"、"义"、"礼""智"、"信"、"圣"、"贤"、"神"等重要的儒学概念。其中最值得注意的是周敦颐对"诚"的解释。在早期儒学中,"诚"为真实、"无妄"、"毋自欺"。周敦颐强调"诚"乃"无为"。"无为"多为道家语言,道家所说"无为"是自然,自然即自然而然。道家以"无"、"自然"规定"道",论定"道"为事物的本根。周敦颐的"诚无为"说也表明他力图吸纳道家的观念论释儒家的"诚"这一范畴。后来,儒家所谓"诚体"之类的观念与周敦颐的"诚无为"说不无联系。"诚体"之"诚"的意蕴不限于伦理道德,实际上已被宋明时期的儒家理解为整个事物的本体。

1.3 伊川先生曰:"'喜怒哀乐之未发,谓之中',中也者言寂然不动者也。故曰:'天下之大本','发而皆中节,谓之和'。和也者,言感而遂通者也。故曰:'天下之达道'。"

解读:这段文字选自《河南程氏遗书》,是程颐对《中庸》"中"、"和"之说的解释。

《道体》篇中还收录有二程论"中"、"和"的其他文字,可联系起来阅读、理解。

1.4　心一也者,有指体而言者,有指用而言者,惟观其所见何如耳。

解读:这段文字选自《河南程氏文集》,是程颐对"心"的论析。程颐认为心有体有用,以体言心是指性,以用言心是指情。只有根据人们的具体了解才能够见其所言之心的意涵。

1.5　乾,天也。天者乾之形体;乾者天之性情。乾,健也,健而无息之谓乾。夫天,专言之则道也,"天且弗违"是也。分而言之,则以形体谓之天,以主宰谓之帝,以功用谓之鬼神,以妙用谓之神,以性情谓之乾。

解读:这段文字见于《周易程氏传·乾传》,是程颐对《周易》中乾卦的解释。在《周易》中,乾代表天,所以说"乾,天也"。就具体意涵而言,天与乾又有区别:天为乾的形体,乾则表示天的性情;表示性情的乾的具体意蕴为刚健、不息。总括地说天,天即是道,即是法则;作为道的天,其意在于天也不能违背,这样的天实为自然;分别言之,以形体意言谓天,以主宰意言谓帝,以功用意言谓之鬼神(鬼神指气屈伸往来的变化),以妙用意言谓之神,神指气屈伸往来的不易观测,以性情言谓之乾。

1.6　四德之元,犹五常之仁,偏言则一事,专言则包四者。

解读:选自《周易程氏传·乾传》。程颐以元、亨、利、贞为乾、坤之德,肯定元为"四德"之首,并将元与儒家主张的仁、义、礼、智、信"五常"中的仁相提并论(因为仁为"五常"之本),具体而言元是"善之长",总括地说则包含元、亨、利、贞四德。

1.7　天所赋为命,物所受为性。

解读:选自《周易程氏传·乾传》。程颐认为天所赋予者谓命,物所禀受者谓性。天所赋实际上是自然禀赋,物所受相对于天所赋而言;天所赋与物所受是统一的,并非上天先有所赋,然后物有所受,我们从后面二程对生之谓性的肯定中还可以进一步了解二程的这种命、性观念。

1.8　鬼神者,造化之迹也。

解读:选自《周易程氏传·乾传》。宋儒多以鬼神为归伸,为气运行变化的形式,所以程颐认定鬼神乃自然造化之迹。

1.9　《剥》之为卦,诸阳消剥已尽,独有上九一爻尚存,如硕大之果不见食,将有复生之理。上九亦变,则纯阴矣。然阳无可尽之理,变于上则生于下,无间可容息也。圣人发明此理,以见阳与君子之道,不可亡也。或曰:"剥尽则为纯《坤》,岂复有阳乎?"曰"以卦配月,则坤当十月。以气消息言,则阳剥为《坤》,阳来为《复》,阳未尝尽也。剥尽于上,则《复》生于下矣。故十月谓之阳月,恐疑其无阳也。阴亦然,圣人不言耳。"

解读:选自《周易程氏传·剥传》。这段文字是程颐对《周易》中剥卦的解析。剥是剥落、腐蚀,剥卦为坤下艮上,除了艮卦中尚有一爻为阳外,全为阴爻,故《周易》中说:"剥:不利有攸往。"这是一个不利的卦象。程颐在论析中,肯定剥卦的卦象虽然

"诸阳消剥已尽",但"上九一爻尚存","阳无可尽之理",所以此卦表明事物仍可向好的方向转化,并认为"圣人发明此道,以见阳与君子之道不可亡也"。

1.10 一阳复于下,乃天地生物之心也。先儒皆以静为见天地之心,盖不知动之端乃天地之心也。非知道者,孰能识之?

解读:选自《周易程氏传·复传》。周易中复卦与剥卦相反,为震下坤上,唯一的阳爻在下,程颐谓此为"天地生物之心",在程颐看来,先儒主静,以为见"天地之心",实际上阳气主动,乃动之端,动之端才是"天地生物之心"。所以他又说未见道之人,谁能理解这个道理呢?

1.11 仁者,天下之公,善之本也。

解读:选自《周易程氏传·复传》。这里程颐以公为仁,肯定仁为是善的源头、根本。

1.12 有感必有应。凡有动皆为感,感则必有应,所应复为感,所感复有应,所以不已也。感通之理,知道者默而观之可也。

解读:选自《周易程氏传·咸传》。这段文字中,程颐肯定感、应是事物的运动形式,且感应之间是必然联系的。

1.13 天下之理,终而复始,所以恒而不穷。恒非一定之谓也,一定则不能恒矣。惟随时变易乃常道也。天地常久之道,天下常久之理,非知道者,孰能识之?

解读:选自《周易程氏传·恒传》。这段文字中程颐论释了自己对于恒的理解。在程颐看来,终而复始,是事物变化的理则,所以事物变化恒而不穷。恒不是常态,不是不变,只有随时变化才是常道。关于天地事物之所以有序、长久的道理,不是对于事物的这种理则具有深刻了解的人怎么能够理解呢?

1.14 "人性本善,有不可革者,何也?"曰:"语其性,则皆善也;语其才,则有下愚之不移。所谓下愚有二焉:自暴也,自弃也。人苟以善自治,则无不可移者。虽昏愚之至,皆可渐磨而进。惟自暴者,拒之以不信;自弃者,绝之以不为;虽圣人与居,不能化而入也,仲尼之所谓下愚也。然天下自弃自暴者,非必皆昏愚也,往往强戾而才力有过人者,商辛是也。圣人以其自绝于善,谓之下愚。然考其归,则诚愚也。""既曰下愚,其能革面,何也?"曰:"心虽绝于善道,其畏威而寡罪,则与人同也。惟其有与人同,所以知其非性之罪也。"

解读:选自《周易程氏传·革传》。在这段文字中,程颐论析了人性本善,但有不善者且不能改变的原因。程颐认为,就人的本性而言可谓本善,就人的材质而言,则有所谓下愚者不能改变。下愚有两种类型,一为自暴者,二为自弃者。一个人如果以善来要求自己,则没有什么不能改变,虽昏愚到了极致,都可以通过不断地磨砺而得到进步。只有自暴者拒绝向善而不诚信,自弃者绝对不为而放弃向善,这样的人即使与圣人住在一起,也无法影响和感化他们向善。这就是孔子所说的下愚。所有自暴、自弃者,不一定都是昏庸而愚顽者,这些人往往强戾且才力出众,帝辛即是这样的人。圣人因其自己断绝了向善的道路,称其为下愚。考察这些人的人生归宿,则确为下愚。有人说,这些人谓之下愚,也能改过,是什么原因呢? 程颐的回答是:下愚者虽内心拒绝向善,但他们因畏惧权势而减少犯罪与一般人是一样的。由下愚者与人之相同处,也可以了解他们的不善并不是本性的过错。

1.15　在物为理,处物为义。

解读:选自《周易程氏传·艮传》。程颐在文中讲到了理与义的区别:理为事物存在的根据,所以说"在物为理",义乃处理事物的原则,所以说"处物为义"。

1.16　动静无端,阴阳无始。非知道者,孰能识之?

解读:选自《河南程氏经说·易说》。程颐文中讲动静没有开端,阴阳没有开始。

1.17　仁者天下之正理,失正理,则无序而不和。

解读:选自《河南程氏经说·论语解》。文中程颐强调仁为天下之正理,失去这样的理,天下即会无序。

1.18　明道先生曰:"天地生物,各无不足之理,常思天下君臣、父子、兄弟、夫妇,有多少不尽分处。"

解读:选自《河南程氏遗书》卷一。程颢认为,天地产生万物,没有不完全的道理。因此,人们应当经常思考社会生活中的君臣、父子、兄弟、夫妇关系尚有哪些不完备的地方。

1.19　"忠信所以进德"。"终日乾乾"。君子当终日"对越在天"也。盖"上天之载,无声无臭",其体则谓之易,其理则谓之道,其用则谓之神,其命于人则谓之性,率性则谓之道,修道则谓之教。孟子去其中又发挥出浩然之气,可谓尽矣。故说神"如在其上,如在其左右",大小大事而只曰:"诚之不可掩如此夫。"彻上彻下,不过如此。"形而上为道,形而下为器",须著如此说。器亦道,道亦器,但得道在,不系今与后,己与人。

解读:选自《河南程氏遗书》卷一。程颢认为,《周易·乾·文言》中讲"忠信所以进德",《周易·乾中》说"君子终日乾乾",君子应始终注意自己的修养与天相配。天所具有者无声无臭,其本质谓易,其理则谓道,其功用为神,其赋予人者为性,人遵循此性谓道,修养此道谓教。孟子深入这种理论,主张浩然之气,思想更加完备。所以《中庸》中说神"如在头顶,如在左右",很多大事,只说"诚性如此无法掩藏"。天地事物,不过如此。形上者为道,形下者为器,认识上必须这样说。实际上器亦是道,道亦是器,且不限于现在与将来,自己与他人。

1.20　医书言手足痿痹为不仁,此言最善名状。仁者以天地万物为一体,莫非已也。认得为己,何所不至? 若不有诸己,自不与己相干。如手足不仁,气已不贯,皆不属己。故"博施济众",乃圣之功用。仁至难言,故止曰:"已欲立而立人,已欲达而达人。能近取譬,可谓仁之方也已。"欲令如是观仁,可以得仁之体。

解读:选自《河南程氏遗书》卷二。这是程颢论释儒学中的仁范畴的一段文字。中医以人体的某一部分功能的丧失为痿,由风寒引起的肢体疼痛、麻木为痹,且以人的手足痿痹为不仁,程颢认为,这一论断是对于仁的最好的描述。具有仁这种美德的人,视天地万物为一体,强调自身与天地万物的统一,理解人自身与天地万物为一体,即没有做不到的事情。如果天地万物不内存于己,天地万物与人自身自然不存在任何关系。这就像手足痿痹一样,血气已不贯通,实际上已非自己的手足。所以"博施济众"是圣人才能具备的作用。仁是最难以解释的儒学范畴,所以对仁的界定只能是:"自己希望站得住,也要允许他人站得住;自己希望生活得好,也要允许别人生活得好。凡是能够设身处地,推己及人,可以说是实行仁德的最好的方法了。"如果能够帮助人们这样看待仁、理解仁,可以把握仁的实质。

1.21 "生之谓性"。性即气,气即性,生之谓也。人生气禀,理有善恶,然不是性中元有此两物相对而生也。有自幼而善,有自幼而恶,是气禀有然也。善固性也,然恶亦不可不谓之性也。盖"生之谓性","人生而静"以上不容说,才说性时,便已不是性也。凡人说性,只是说"继之者善也",孟子言性善是也。夫所谓"继之者善也"者,犹水流而就下也。皆水也,有流而至海,终无所污,此何烦人力之为也?有流而未远,固已渐浊;有出而甚远,方有所浊。有浊之多者,有浊之少者。清浊虽不同,然不可以浊者不为水也。如此,则人不可以不加澄治之功。故用力敏勇则疾清,用力缓怠则迟清。及其清也,却只是元初水也。不是将清来换却浊,亦不是取出浊来置在一隅也。水之清,则性善之谓也。故不是善与恶在性中为两物相对,各自出来。此理,天命也。顺而循之,则道也。循此而修之,各得其分,则教也。自天命以至于教,我无加损焉。此舜有天下而不与焉者也。

解读:选自《河南程氏遗书》卷一。在中国学术上,较早明确地提出"生之谓性"说的是告子。这段文字中,程颢肯定、认同告子的"生之谓性"说。程颢讲"生之谓性",是要沿袭孟子的观念,肯定人性本善,这与告子论性有所区别。程颢认为,性即气、气即性,都是讲生。人禀气而生,理应有善有恶,然而又不是人的本性中原有善恶相对而生。有人幼时即善良,有人自小即不善,这是由禀气的差异造成的。在这样的意义上,善为性,恶也不能不称之为性。但"生之谓性"、"人生而静"以上是不容许说的,因为才这样说性的时候,便已经不是原来所指的性了。因此,凡人说性,都只说"继之者善也",孟子所说的性善即是这种意义上的性善。所谓"继之者善也",就像水靠近低下的地方流一样。都是一样的水,有的可以流到大海,始终不被污染,这哪里需人力的作用呢?有的流出不远,就渐渐浑浊,有的流出很远,才有所浑浊。有浊流多者,有浊流少者。清流浊流虽然不同,但不可说浊流不是水。正因为这样,人们不能不对浊流做澄清治理的工作。所以用力及时而勇猛会使浊流很快澄清,用力缓慢懈怠浊流的澄清即会迟缓。及至水清,则仍是原初之水。既非以清水置换浊水,也不是取出浊水放置一边。水清为性善之喻。所以不是说善与恶在人性中两相对立,各自形成。这样的理,即是天命。顾及这样的天命并因循这样的天命,即是道。因循这样的道去修养,尽到各自的本分,即是教。从顺从天命到自身的教育,既没有增加,也没有减损。这即是舜拥有天下也不加干预的原因。

　　1.22　观天地生物气象。

　　解读:选自《河南程氏遗书》卷六。程颢讲过"天地生物,各无不足之理",他主张人们观察天地生成万物的气象,仍是要人们依天道以行人道,注意自己在社会生活中"有多少不尽分处"。

　　1.23　万物之生意最可观,此元者善之长也,斯所谓仁也。

　　解读:选自《河南程氏遗书》卷十一。程颢认为万物初生的意向最值得观察。这是《周易》所谓的元者善之长,这也是儒家所谓的仁。

　　1.24　满腔子是恻隐之心。

　　解读:选自《河南程氏遗书》卷三。程颢主张生之谓性,人性本善,所以他说人心充满了同情、怜悯之心。

　　1.25　天地万物之理,无独必有对,皆自然而然,非有安排也。每中夜以思,不知手之舞之,足之蹈之也。

　　解读:选自《河南程氏遗书》卷十一。程颢认为,天地万物的普遍法则,表现为事物无独有对,且这种现象自然而然,不是靠人力的安排而形成的。每当半夜想到自己对事理的这种了解,都会不自觉地手舞足蹈。

　　1.26　中者,"天下之大本",天地之间,亭亭当当,直上直下之正理,出则不是,惟"敬而无失"最尽。

　　解读:选自《河南程氏遗书》卷十一。程颢认为,中是天下的"大本",是天地之间均匀、恰当、直上直下的"正理",过则不是中,只有敬畏这种"正理",没有遗漏地遵循这种"正理",才是最完美的。

　　1.27　伊川先生曰:"公则一,私则万殊。人心不同如面,只是私心。"

　　解读:选自《河南程氏遗书》卷十五。程颐认为,为公是相同的,为私则有各种各样的表现。人心的不同如同人面相的不同,只是由于人的私心。

　　1.28　凡物有本末,不可分本末为两段事。洒扫应对是其然,必有所以然。

　　解读:选自《河南程氏遗书》卷十五。程颐认为,事物有本末之分,本末是统一的,不可将事物的本末区分成两件绝对不同的事物。对人来说,洒扫应对只是其然,只是人的具体行为,一定还有决定人的这种行为的东西,这是其所以然。

　　1.29　杨子拔一毛不为,墨子又摩顶放踵为之,此皆是不得中。至如子莫执中,欲执此二者之中,不知怎么执得?识得则事事物物上皆天然有个中在那上,不待人安排也。安排著,则不中矣。

解读:选自《河南程氏遗书》卷十七。程颐认为,杨朱贵生、为我,拔一毛以利天下而不为,墨子主张兼爱,故磨伤头皮、走伤脚跟也要追求兼爱。这都没有把握中道。至于像子莫那样执中,想在杨朱、墨子二者之间执中,不知道怎么执得? 真正认识了中道,凡事物都自然有一个中在,不依靠人力安排。人力安排则不是中。

1.30　问:"时中如何?"曰:"'中'字最难识,须是默识心通。且试言:一厅则中央为中;一家则厅中非中而堂为中;言一国则堂非中而国之中为中。推此类可见矣。如三过其门不入,在禹、稷之世为中,若居陋巷,则非中也。居陋巷,在颜子之时为中,若三过其门不入,则非中也。"

解读:选自《河南程氏遗书》卷十八。有人请教程颐,如何理解、践履时中。程颐说,中字最难识别,需要默默地领悟,透彻地理解。譬方说厅,厅的中间为中,以一家言,则厅中非中而是以堂为中,以国言,则堂亦非中而只能以国之中为中;以此类推即可理解何为中道了。例如,三过家门而不入,在大禹、后稷之时为中,大禹、后稷之时,若身居陋巷则不是中了。反之,身居陋巷在颜回生活的时代为中,而三过家门而不入则非中。从程颐对中的这种理解中,我们可以看到宋儒对儒家所主张的中道的拓展,程颐所理解的中道,实为现代伦理学中所主张的应该。

1.31　无妄之谓诚,不欺其次矣。

解读:选自《河南程氏遗书》卷六。程颐认为,诚的意涵有二:首为无妄,次为不欺。

1.32　冲漠无朕,万象森然已具,未应不是先,已应不是后。如百尺之木,自根本至枝叶,皆是一贯。不可道上面一段事,无形无兆,却待人旋安排引入来教入涂辙。既是涂辙,却只是一个涂辙。

解读:选自《河南程氏遗书》卷十五。这是程颐释理的一段文字,很著名,但人们的解释存在差异,依照理学家的基本观念来解读这段文字,大意应是:程颐说,理世界广大而无形迹、无征兆,但理世界本来即涵括所有事物之理;现实事物的存在,实是理世界所含之理的具体实现。理未实现于物或说未与物相应,并不意味其先在于理世界中,理实现于物或说已与物相应,也不表明其在理世界中为后有者。就像百尺之木,树根与枝叶都是统一的整体。不能说到前面的一段事(即理世界"冲漠无朕")时,强调其无形迹、无征兆,然后依待人随即安排,使其"万象森然已具",涵括事物之理。既然是事物之理,就只是统一的事物之理。在这段文字中,程颐反对将理世界的抽象性与实有性分裂开来,强调理乃抽象与实有的统一,理世界也为抽象与实有的统一。

1.33　近取诸身,百理皆具。屈伸往来之义,只于鼻息之间见之。屈伸往来只是理,不必将既屈之气,复为方伸之气。生生之理,自然不息。如《复》卦言"七日来复",其间元不断续。阳已复生,物极必返。其理须如此。有生便有死,有始便有终。

解读:选自《河南程氏遗书》卷十五。程颐认为,理是一切事物存在的根据,近取之于自身,即可见到许多事物之理。事物屈伸往来变化的理则,只要在人的鼻息之间即可发现。屈伸往来只是事物的变化之理。不必将既屈之气,再当做刚刚伸展之气。生生之理,自然而然,不会停止自己作用的发挥。就像《周易·复卦》中说的"七日来复",阳在其中并没有中断其消长。阳既已复生,发展到一定的时候,必定会走向自己的反面。阴阳消长的理则必须如此。就事物的生成变化而言,有生成就有死亡,有开始便有终结。

1.34　明道先生曰:"天地之间,只有一个感与应而已,更有甚事?"

解读:选自《河南程氏遗书》卷十五。宋儒所讲感应指阴阳之间乃至于由气凝聚而成的事物的相互作用,是事物运行变化的一种普遍的形式,所以程颢说天地事物之间只有感与应而已,此外再无甚事。

1.35　问仁。伊川先生曰:"此在诸公自思之,将圣贤所言仁处类聚观之,体认出来。孟子曰:'恻隐之心,仁也。'后人遂以爱为仁。爱自是情,仁自是性,岂可专以爱为仁? 孟子言:'恻隐之心,仁之端也。'既曰'仁之端',则不可便谓之仁。退之言'博爱之谓仁',非也。仁者固博爱,然便以博爱为仁,则不可。"

解读:选自《河南程氏遗书》卷十八。有人向程颐请教有关仁的问题。程颐说:这个问题在于各位自己的思考,应当将前贤论释仁的文字集中并分类考察,体认出前贤论仁的本义。孟子说:"恻隐之心"是仁。后世学者遂以爱为仁。实际上爱为情,仁乃性,怎么能仅仅以爱为仁呢? 孟子说:"恻隐之心"是仁的开始,既然说"恻隐之心"是仁的开始,那么"恻隐之心"即不能称之为仁。韩愈说"博爱就是仁",也不对。仁者固然会追求博爱,然即据此以为仁即博爱,那也是不可以的。程颐在这段文字中对秦汉以来的儒家仁说多有评断,但是他并没有论述自己对仁的具体界定,阅读这段文字可联系前面程颢对仁的论述。程颢肯定"仁至难言",主张回到孔子对仁的界定,因为孔子对仁的论释,后人已经无法超越。

1.36　问:"仁与心何异?"曰:"心譬如谷种,生之性便是仁,阳气发处乃情也。"

解读:选自《河南程氏遗书》卷十八。有人问仁与心有什么不同。程颐说:人心犹如谷的种子,谷种有生长之性,此即是仁,而阳气发动的地方则是情。

1.37　义训宜,礼训别,智训知,仁当何训? 说者谓训觉、训人,皆非也。当合孔孟言仁处,大概研穷之,二三岁得之,未晚也。

解读:选自《河南程氏遗书》卷二十四。在这段文字中,程颐讲到了对仁的界定,可以联系他前面论仁的文字一起阅读。程颐认为,儒家所主张的义可以宜来解释,礼可以别来解释,智可以知来解释,仁应当怎样解释呢? 有解释者说解释为觉、解释为人,都不确切。释仁应当综合孔子、孟子论仁的文字全面深入地研究,通过两三年时间得到准确的理解也不算晚。

1.38 性即理也。天下之理,原其所自,未有不善。喜怒哀乐未发,何尝不善?发而中节,则无往而不善。发不中节,然后为不善。故凡言善恶,皆先善而后恶;言吉凶,皆先吉而后凶;言是非,皆先是而后非。

解读:选自《河南程氏遗书》卷二十二(上)。程颐说:性就是理。世界上的理,推究其自在的特质,未有不善者。喜、怒、哀、乐之情尚未表现,哪里曾有不善?表现出来而又受到中道的规制,则无论怎样表现都是善;表现出来之后不受中道的规制,然后才为不善。所以,凡是言及善恶,都是先言善而后言恶;言及吉凶,都是先言吉后言凶;言及是非,都是先言是后言非。

1.39 问:"心有善恶否?"曰:"在天为命,在义为理,在人为性,主于身为心,其实一也。心本善,发于思虑,则有善有不善。若既发,则可谓之情,不可谓之心。譬如水,只可谓之水。至如流而为派,或行于东,或行于西,却谓之流也。"

解读:选自《河南程氏遗书》卷十八。有人问:人心有善恶之分吗?程颐说:就其自然而有说谓命,就其活动适宜说谓理,就其在人说谓性,就其对人身的主导说谓心,称谓有别,其实是统一的。心本来为善,形成具体的思虑活动以后则有善有不善。如果已经表现为具体的思虑活动,则可谓之情,不可谓之心。譬如说水,只可谓之水,到水因流动而形成不同的河流,或流向东,或流向西,即称做流了。

1.40 性出于天,才出于气。气清则才清,气浊则才浊。才则有善有不善,性则无不善。

解读:选自《河南程氏遗书》卷十九。程颐说:人之性自然而有,故说源于天,人的才智与气禀有关,故说才出于气。气清则人的才智清,气浊则人的才智浊。由于人的才质有别,所以有善有不善,源于自然的人性,则无有不善。

1.41 性者自然完具,信只是有此者也,故四端不言信。

解读:选自《河南程氏遗书》卷九。程颐说(陈荣捷《近思录详注集评》中认为朱熹谓此句为明道语):人性自然完备,信只是相信人自然具有这种完备的人性,所以四端说只论及仁、义、礼、智,而不言信。

1.42 心,生道也,有是心,斯具是形以生。恻隐之心,人之生道也。

解读:选自《河南程氏遗书》卷二十一(下)。程颐的这段文字不太好解释,可以直接就字义理解:"心,生道也",是说心体现事物产生的常则,"有是心,斯具是形以生"是对"生道"的进一步说明:具有这样的心,事物才会具备与其相应的形态而形成。"恻隐之心,人之生道也",是说恻隐之心应是人们为人处事的原则,因为,只有依据这样的原则,人们的行为才会是合理的、道德的。

1.43 横渠先生曰:"气块然太虚,升降飞扬,未尝止息。此虚实动静之机,阴阳刚柔之始。浮而上者阳之清,降而下者阴之浊。其感遇聚结,为风雨,为霜雪,万品之流形,山川之融结,糟粕煨烬,无非教也。

解读:选自张载《正蒙·太和》。张载的这段文字大意是说:气充盈于太空之中,升降飞扬不曾止息。《周易》中所说的"细蕴",《庄子》中所说的"生物以息相吹"、"野马",都是对气升降飞扬状态的描述。这是形成虚实、动静的契机,是区分阴阳、刚柔的开端。阳气清轻浮而上扬,阴气重浊降而下降。阴阳二气的相感相遇,凝聚消散,形成风雨、霜雪等自然现象。宇宙中多样的事物,糟粕灰烬,无不是气飞扬升降的变化所形成的结果。

1.44 游气纷扰,合而成质者,生人物之万殊;其阴阳两端,循环不已者,立天地之大义。

解读:选自张载《正蒙·太和》。按照王夫之在《张子正蒙注》中的解释,"游气"指"气之游行","纷扰"是指"无心之化,无择于施","游气纷扰"实际上是说气充盈于太空,自然的多样的感遇聚散,形成并决定具体的人与物的特质,使人与物的形质都表现出多样性。"游气纷扰","无一成之轨",完全是自然的、无目的的;但"游气纷扰"的终极原因又在于气自身所含阴阳之间的相互作用;是阴阳之间的相互作用,使气"飞扬升降",相感相应,化生万物,这确立了了天地间事物生成变化的法则。

1.45 天体物不遗,犹仁体事而无不在也。"礼仪三百,威仪三千",无一物而非仁也。"昊天曰明,及尔出王;昊天曰旦,及尔游衍"。无一物之不体也。

解读:选自张载《正蒙·天道》。对张载这段文字中的"天体物不可遗"之说有不同的解释。《中庸》中有"鬼神之为德,其盛矣乎! 视之而弗见,听之而弗闻,体物而不遗"之说,汉人郑玄认为"体犹生也","不有所遗"是说"万物无不以鬼神之气生也"。郑玄对"体"字的训释可以借鉴。若训"体"为"生",张载的这段文字大意是:天产生万物而没有遗漏,就像仁德发生的事无处不在一样。"礼仪三百,威仪三千"也是《中庸》中的说法,礼仪是所谓"经礼",是礼制的主要规则,"威仪"是所谓"曲礼",是礼的细目。这里是说《中庸》中所说的经礼、曲礼内容很多,无一不是以仁为据来确立、制定。《诗经》中说:"上天眼明亮,与你一同来往,上天眼明亮,和你一起游逛。"没有一物不涵括在天所产生的事物之内。

1.46 鬼神者,二气之良能也。

解读:选自张载《正蒙·太和》。张载认为鬼神乃气所具备的一种自然的性能。

1.47 物之初生,气日至而滋息;物生既盈,气日反而游散。至之谓神,以其伸也;反之谓鬼,以其归也。

解读:选自张载《正蒙·动物》。张载说:物刚刚形成的时候,气不断地使其得到滋养生长,物生长发展到鼎盛时,气不断返原为其本来状态促使物体解体、消散。气不断滋养物谓神,根据是此为气的伸展扩张,气消散返原谓鬼,因为这意味着气向其本来状态的回归。

1.48 性者万物之一源,非有我之得私也。惟大人为能尽其道。是故立必俱立,知必周知,爱必兼爱,成不独成。彼自蔽塞而不知顺吾理者,则亦未如之何矣。

解读:选自张载《正蒙·诚明》。张载说:性是万物统一的本质,不是人所能独自具有的。只有那些思想学识很高的人能够完全懂得这个道理。因此,懂得这个道理的人,主张达到必须所有人都能达到,理解必须所有的人都能够理解,爱必须爱所有的人、物,成功不能只追求个人的成功。对那些自我蔽塞不知道接受我所论释的道理的人,则也没有办法怎么样。

阅读这段文字时应当注意:张载主张气为万有之源,万物之性实即气之性;二程讲性即理,前提是认定理为万有之源,所谓性即理,是说事物之理实现于物,体现为事物之性。张载的学说与二程的学说有所区别。朱熹肯定张载"性者万物之一源"说,是因为这种论断可以与理学的性、理观念联系起来。

1.49　一故神。譬之人身,四体皆一物,故触之而无不觉,不待心使至此而后觉也。此所谓"感而遂通","不行而至,不疾而速"也。

解读:选自张载《横渠易说·系辞上》。张载认为,统一所以神妙。譬如人的身体,四肢一体,触及任何部分,人体都自会有所感觉,不必待心想到此事而后有所感觉。这就叫"感而遂通"、"不行而至,不疾而速"。

1.50　心统性情者也。

解读:选自张载《性理拾遗》。张载认为,心可以统一性与情。朱熹十分推崇张载心统性情的说法。因为,理学肯定心、性、情的统一,也承认心、性、情的区别。这与心学有别,心学强调心即理,不太重视心、性之间的差别。

1.51　凡物莫不有是性。由通、蔽、开、塞,所以有人物之别;由蔽有厚薄,故有知愚之别。塞者牢不可开,厚者可以开而开之也难,薄者开之也易,开则达于天道,与圣人一。

解读:选自张载《性理拾遗》。张载认为,凡物没有不具备自然的本性的。由于通、蔽、开、塞的不同,所以出现了人、物之间的差别。因为障蔽的程度有厚有薄,故有智慧与愚蠢的不同。自然本性被堵塞者牢不可开,障蔽很厚可以打开而打开也难,障蔽薄者打开则容易,打开障蔽则可以符合天道,与圣人一样。

六、《近思录·道体》篇解读小结

如前所述《近思录》卷一所选编的内容,朱熹谓之"道体",从文字上直讲,"道体"可以说是"道之体","道之体"也可以说是"大本"。朱熹在《中庸章句》中论释"中也者,天下之大本也,和也者,天下之达道也"这段文字时说:"大本者,天命之性,天下之理,皆由此出,道之体也。达道者,循理之谓,天下古今之所共由,道之用也。"《中庸》中所说的"中"、"和",可以从事物理则、属性方面去理解,这种意义上的"道之体"应是理则的根本或主干。《近思录》中的"道体"则可以从学问、思想系统的角度去理解。以这样的视角去审视《近思录》卷一的内容,可以说其内容主要涉及周、张、二程等道学先驱有关宇宙论、本体论、人性论方面的思想理论,而这些理论又可说大都在形上学的范围之内。

《近思录》卷一的内容虽属周、张、二程四子在形上学方面的理论,但是,这些理论不仅为朱熹所认同,而且受到朱熹的推崇。在朱熹看来,《近思录》卷一的内容,集中了周、张、二程四子思想理论中最为精粹的部分,这也应是朱熹将《近思录》卷一名之为"道体"的重要原因。而朱熹的理学,在相当大的层面上正是通过吸纳、改造周、张、二程四子的思想理论形成和建构起来的。因此,我们读完《近思录·道体》篇以后,对朱熹哲学中的"道体"部分也应当有所思考。朱熹哲学主张理本论。这种理本论是怎样建构起来的?其中包含哪些层面的内容?阅读《近思录·道体》篇,都应当对我们的理解有所帮助。

朱熹的理本论涵括多方面的内容,其主要论断有"理先气后"、"理在事上"、"理一分殊"等,其中尤以"理在气先"说最为重要,也最为系统周全。在朱熹看来,世界上最基本的存在当是理与气,现实世界中,任何存在都是理与气结合的结果。用他的话说即是:"人物之所以生,理与气合而已。"(《朱子语类》卷四)任何人、物的存在形成,必有其形体,形体是禀气的结果;具体人、物的存在必有其属性、特质,规定人、物属性、特质的则为人、物之理;换言之,任何事物的存在或成立,自身都必须具备有别于他事物的规定性,这种规定性即该事物之理。朱熹关于气的观念,在相当多的层面上吸收了张载气学中的思想,同时,对周敦颐"二五之精"说,二程的"性即气,气即性"说等也有所发挥。但朱熹没有止步于张载等人的气化理论。在朱熹的理学中,人、物之所以存在成立,除了因为"气禀",还需要"理禀"。朱熹所论之理,具有不同层面的含义,但他确立自己的理范畴,则主要是通过继承二程关于"道非阴阳,所以阴阳者道也"的思想,改造发挥周敦颐"自无极而为太极"的观念来完成的。

在朱熹看来,论万物之原可以说理同气异,观万物之异可以说气相近,但理绝对不同。朱熹所说的这种理,是"所以生万物之原理",而气则只是"率理而铸型之原料"。在理气之间,唯有理对于事物存在的作用是第一位的,也是最根本的。因此,朱熹认为,作为事物存在根据的理,不能简单地说是有,因为理不同于实际的具体的事物,理没有"物事"的外形,就理的这种特点说,可以肯定其为无;但理为事物之所以然,乃物存在的根据,在这样的意义上理又绝对是有,而且是最丰富、最普遍、最实在的有。对理的这种理解和规定及其理论追求,是朱熹欣赏周敦颐《太极图说》的重要原因。周敦颐"自无极而为太极"的论述,表明他在新的时代条件下,力图将道家的观念与儒家的观念结合起来,论释宇宙的生成演化,这种学术追求,开启了宋代道学的端绪;朱熹删"自"、"为"二字,将周敦颐的这一论述更改为"无极而太极",是他认为这样的表述是对理范畴最好的规定与诠释:"无极"规定了理的抽象性、普遍性,

"太极"规定了理的实在性、至上性;"无极而太极"正好表明无形有理,而"非太极之外,复有无极也"。

"太极"表明理的实在性与至上性,在这种意义上"太极"也即是理,朱熹实际上也持这样的观念。但朱熹肯定"太极只在阴阳之中",同时也强调"至论太极",那么,"太极自是太极,阴阳自是阴阳"。肯定"太极只在阴阳之中",是肯定"理不离乎气",强调"太极自是太极"则是强调理的至上性。朱熹的"理在气先"说正是顺着这样的思路推导出来的。因为,"至论太极"是从事物得以存在的根据上看,在这样的视阈中,可以说"未有此物,已有此理"。朱熹论理,实际上既包含宇宙论方面的内容,又包含本体论方面的内容。宇宙论方面的内容表现为"在物上看",以这样的视角可说理气相依,"阴阳函太极";本体论方面的内容表现为"在理上看",以这样的视角可说理气有别,或说"太极生阴阳",此说实际上肯定了理在气先。通过对朱熹理本观念的简单回溯、辨析,我们可以看到,是周敦颐结合无极、太极观念论释宇宙生成演化的尝试,启发朱熹以"无极"与"太极"的结合论释规定了自己的理范畴,并建构了自己的理本论。由此,我们也可理解朱熹为什么要将周敦颐的《太极图说》作为《近思录·道体》第一篇的思想原因。《近思录·道体》篇中,还选录了周、张、二程四子论及天、道、性、命以及诚、仁、中等儒学范畴的重要文献,对这些文献我们也可以结合朱熹的理学来阅读,在阅读中加深对于朱熹理学的主题、资源、价值的理解。

(收入丁四新编:《黉门菊灿——萧汉明教授七秩华诞纪念文集》,吉林文史出版社 2010 年版)

萧萐父先生与现代中国哲学史学

　　现代中国哲学史学科形成于 20 世纪的二三十年代,经过近 20 年的发展,到 20 世纪 50 年代开始了又一个新的历史发展时期。在这一历史时期内,不仅出现了大批新的中国哲学史研究成果,也涌现了一批在中国哲学史研究领域颇具影响的哲学史家,萧萐父先生即是其中较具代表性的人物之一。萧萐父先生(1924—2008)出生于一个知识分子家庭,其父萧中仑早年投身反清革命,后曾任四川大学、华西大学等校教授,其母杨励昭曾长期担任中小学教员,在父母的影响下,萧萐父先生从小即开始接受中国传统文化的熏陶教育。1943 年萧先生考入国立武汉大学,1947 年大学毕业后,他回到成都参加地下党组织活动,和成都人民一起迎接全国解放。解放初,萧先生曾受党组织派遣,参与接管华西大学,后留任该校马列主义教研室主任,为学生讲授《辩证唯物论》等课程。1956 年,党组织决定萧先生进入中央党校高级理论班深造。同年,萧先生接受武汉大学校长李达邀请,回母校参与哲学系的建设,并转赴北京大学进修中、外哲学史。从此,萧萐父先生走上了专业的中国哲学史研究道路。在其数十年的学术活动中,先后写成了《我对研究中国哲学史的几点意见》、《关于继承祖国哲学遗产的目的和方法问题》、《怎样理解马克思主义哲学的继承性》、《关于历史科学的对象——冯友兰史学思想的商兑之一》、《历史情感与历史科学》、《中国哲学史方法论问题刍议》、《中国哲学史研究中的纯化与泛化》、《中国哲学范畴研究中的史论结合问题》、《古史研究与马克思主义理论的拓展——马克思、恩格斯对人类学研究的方法论启示》以及《古史祛疑》、《秦汉之际学术思潮简论》、《禅宗慧能学派》、《刘禹锡的“天与人交相胜”学说》、《黄宗羲的真理观片论》、《略论晚明学风的变异》、《中国哲学启蒙的坎坷道路》、《中西文化异同辨》等重要学术论著,出版《中国哲学史史料源流举要》、《明清启蒙学术流变》、《王夫之评传》等学术专著,主编两卷本《中国哲学史》、《中国辩证法史稿》第一卷等重要学术著作,其主要的单篇学术著作辑为《吹沙集》三卷由巴蜀书社出版,又有诗文集《萧氏文心》由武汉大学出版社出版。萧先生丰富的学术论著,不论是对于中国哲学发展的历史考察,还是对于中国哲学史方法论的理性思考,都独具匠心,自成一家。其中,尤以他为主编,由人民出版社于 1983 年出版的上下卷《中国哲学史》最为集中地体现了其中国哲学史研究的方法意识与理论和价值,也较为典型地展现了中国哲学史在 20 世纪七八十年代的研究成果与历史情状,构成了中国哲学史学科建设中的一个重要环节。因此,不论是萧萐父先生的中国哲学史研究著述,还是其有关中国哲学史学方面的著述,都需要我们在考察中国哲学史学科发展史过程中系统总结,也值得我们在新的时代条件下从事中国哲学史研究时具体地解读与借鉴。

一、历史与历史科学

萧萐父先生的中国哲学史研究及其对于中国哲学史研究方法的思考,在不同的历史时期,思想的重心以及研究成果的形式内容均有所不同。20世纪五六十年代,新中国的学术领域开始系统研探马克思主义的基本理论,全面学习运用马克思主义的思想方法。由于中国哲学史学科的特殊性,人们对于学习运用马克思主义的思想方法尤为关注,在这一领域,人们对学术研究方法的探讨也最为热烈。受时代的影响,在这一历史时期,萧先生不仅努力学习马克思主义的基本理论,且开始系统思考中国哲学史研究的方法论原则。他的这种思考,涉及的理论层面十分广泛,但其思考中较为集中的问题则是:当现代中国哲学史学科成立之后,如何使中国哲学史学科的建设更臻科学。在萧先生看来,要使现代中国哲学史学科的建设臻于科学,需要全面地探讨中国哲学史研究的方法论问题,而对于中国哲学史方法论问题的全面探讨,首要的问题又是中国哲学史的研究对象问题;深入地探讨中国哲学史的研究对象并正确地把握中国哲学史的研究对象,这是确立中国哲学史研究的方法论系统,科学地考察中国哲学的历史发展的理论基础。同时,中国哲学史学科的特殊性也使他意识到,要正确理解、论析中国哲学史的研究对象,无法回避对于一般的历史学科研究对象的思考与回答。因为,中国哲学史虽已在现代学术史上成为一个独立的学术门类,但从大的学科门类来看,中国哲学史仍归属于历史学科。萧先生早期对于中国哲学史研究方法的思考,正是以思考、论释一般历史学科的研究对象为认识基础的。

萧先生对历史学科研究对象的思考,以其认同马克思主义的"历史科学"观念为思想前提。因此,他在讨论历史学科的研究对象时,直接探讨的问题即是"历史科学的对象"问题。他认为"历史科学"观念的形成,与马克思主义理论的创立联系在一起。因为,"人类创造自己的历史,但在很长的历史时期内,并不能真正了解自己的历史。由于剥削阶级的偏见、生产规模狭小和人们实践水平的限制,在马克思主义产生以前,人们不可能对人类社会及其发展做全面的、历史的了解。社会历史的研究,不可能成为科学。"[1]马克思主义诞生以前,历史研究之所以不能够成为科学,根本原

---

① 萧萐父:《吹沙集》,巴蜀书社2007年版,第423页。

因在于人们无法正确地理解历史研究的对象。而马克思主义诞生以后,历史研究之所以能够成为科学的重要原因则在于其科学地论释了历史研究的对象。在马克思主义看来,历史研究的对象"既不是抽象的'个体',也不是抽象的'公式',而是具体的社会发展过程所固有的特殊矛盾及其所规定的特殊本质。"①或者说,马克思主义理解的历史研究对象只能是历史上发展着的人与人之间现实的社会关系,这样的社会关系既包括经济关系,也包括以经济关系为基础的政治关系和思想关系。在萧先生看来,马克思主义正确地规定历史研究的对象,是历史研究成为科学的重要前提;而正确把握马克思主义的"历史科学"的观念,也应是我们思考中国哲学史研究对象问题的思想基础和理论基石。因为,能不能正确地把握和理解马克思所主张的历史科学的研究对象,直接关涉我们能否正确地理解中国哲学史的研究对象。

　　萧先生强调基于马克思主义的"历史科学"观念探讨中国哲学史研究对象,同时,对于将马克思主义的思想方法具体运用于中国哲学史研究的困难也十分重视。在他看来,在 20 世纪五六十年代的中国,要把马克思主义的理论具体贯彻到中国哲学史研究中去,既需要"带的求矢",也需要"以石攻錯"。"带的求矢"是针对中国哲学史研究的问题,去学习、寻求中国哲学史研究的方法学武器;"以石攻錯"则是主张通过中国哲学史研究,深入开展中国哲学史研究方法的探讨,熔铸、磨砺中国哲学史研究的方法学武器。这些观念曾促使萧先生系统考察马克思主义论释历史科学对象的理论基础。萧先生认为,马克思主义科学地论释历史研究的对象,有两个重要前提:其一,是正确揭示人的本质与社会的本质,创立唯物史观。马克思主义认为,"历史人物不是抽象的'个体'而是一定的社会阶级集团的代表人物,不是孤立的个人而是作为某一阶级的成员处于一定的阶级关系之中。也就是说,他们都是'个体'和'类'的统一。"②社会也不是人类个体的集合,更不是在人之外的"孤立存在",社会是人类在生产活动中结成的各种人与人之间的关系,是社会关系的总和。在马克思主义诞生以前,旧史学不了解"每个人在社会物质生活中必然和其他的人结成一定的社会关系,这种关系便决定了人们的一定社会地位,会赋予各个人以他的本质属性"③。因此,旧史学总是否认人的社会属性,从历史的现象形态出发或者利用某些历史现象的外部联系来理解人的本质,将抽象的、孤立的"个体"的人作为其研究对象。这使得旧史学始终处于非科学的理论形态。其二,是马克思主义通过总结以往的史学研究成果,从方法学的层面批判 18 世纪法国哲学中的史学理论与19 世纪德国哲学中的史学理论和史学方法,以及其他非科学的历史研究理论与方法,全面地论释了历史发展中个别与一般、偶然与必然、个人的历史作用与社会历

　　①　萧萐父:《吹沙集》,巴蜀书社 2007 年版,第 433 页。
　　②　萧萐父:《吹沙集》,巴蜀书社 2007 年版,第 473 页。
　　③　萧萐父:《吹沙集》,巴蜀书社 2007 年版,第 434 页。

史发展规律之间的真实联结,克服了旧史学或重"个别记述",或重"公式推演"的方法局限,在方法的层面使历史研究从"停留于历史现象形态的表面观察",转变为科学地揭示"社会发展过程所固有的特殊矛盾及其所规定的特殊本质"。在萧先生看来,马克思主义在方法学的层面批判旧史学对于理解历史科学的对象十分重要。因为,重复与不重复的统一是历史现象的特点。就个体而言,不可能出现完全重复的历史现象,但在具体历史现象的多样性中所存在的共同性,又使得历史现象具有重复性。马克思主义历史研究的基本要求,正是在复杂的历史现象中"概括出它们之间的本质联系,揭示出它们的个性和共性的统一,偶然性和必然性的统一,不重复性和重复性的统一。因为如此,发现历史规律才成为可能,历史研究也才能成为科学。"①

　　在考察回溯马克思主义对于西方哲学中旧的史学观念及其研究方法的批判改造的同时,萧萐父先生对于胡适之、冯友兰等人的史学观念及其所主张的研究方法也有所批评。萧先生对于胡适之的批评集中于胡所主张的考证方法。萧先生认为,在西方史学中,"'个体'史观及其'个别化'的记述方法,是'抽象的经验论'在史学方法论上的表现。"②以"个别化"的记述方法研究历史,要么只能停留于历史的表面现象,对社会历史现象作出错误的评断,要么只能以非科学的考证来注释非科学的历史观念,而胡适所主张的考证方法,即是这种西方史学方法在中国史学研究中的具体表现。这种认识使萧先生断言:"资产阶级史学思想的这一个侧面,与中国封建史学中的所谓专门汉学,曾被胡适等把它们嫁接在一起,在旧中国史学界曾经喧器一时。"③萧先生对冯友兰的批评则主要集中于冯所理解的历史研究的对象。萧先生认为,冯友兰对历史学研究对象的理解可以概括为:"历史学是研究'个别'的","研究的方法,主要是对'文字史料'进行'考据',历史研究的任务,不是也不必要去揭示历史规律,总结历史经验,而主要是叙述个体事物、扩展知识领域等。"④这种史学观念使冯友兰认定"历史学不能成为、乃至不能称为科学"⑤。而在萧先生看来,冯友兰的这种观念和结论,不仅"与马克思主义的史学观点毫不相干",而且"事实上是在重复着旧史学阵营中早有人千百次讲过的东西"⑥。

　　毋庸讳言,萧先生当年对胡适之、冯友兰等人的史学观念与史学方法的归纳、评断打上了鲜明的时代印迹,这种归纳、评断是否合于胡适之、冯友兰思想的实际,人们在新的时代条件下,完全可以见仁见智,重新思考。但就萧先生对历史科学研究对象

----

① 萧萐父:《吹沙集》,巴蜀书社 2007 年版,第 440 页。
② 萧萐父:《吹沙集》,巴蜀书社 2007 年版,第 427 页。
③ 萧萐父:《吹沙集》,巴蜀书社 2007 年版,第 428 页。
④ 萧萐父:《吹沙集》,巴蜀书社 2007 年版,第 421 页。
⑤ 萧萐父:《吹沙集》,巴蜀书社 2007 年版,第 422 页。
⑥ 萧萐父:《吹沙集》,巴蜀书社 2007 年版,第 422 页。

的集中思考而言,对于我们确定中国哲学史的研究对象在方法的层面则不无借鉴的价值。因为,当我们认同历史研究的对象"是具体的社会发展过程所固有的特殊矛盾及其所规定的特殊本质"这种结论以后,可以将这样的结论转换为对于中国哲学史研究对象的理解。依照萧先生对历史科学的理解,哲学史研究也不能停留在以"个别化"的记述方法研究哲学发展历史的水平,而应当深入探讨哲学发展"过程所固有的特殊矛盾及其所规定的特殊本质"。但是萧萐父先生在20世纪五六十年代对于中国哲学史研究对象的理解与论释尚不系统。到20世纪七八十年代,萧先生开始在新的时代条件下思考中国哲学史的研究方法,才系统地论释了自己对于中国哲学史研究对象的理解。当我们具体考察他在20世纪七八十年代的中国哲学史研究成果及其对于中国哲学史研究方法的思考的时候可以发现,他在新的时代条件下对于中国哲学史研究对象的理解,实际上仍然是他有关历史科学研究对象的思考的继续。

二、哲学与哲学问题矛盾发展史

20世纪70年代末,萧萐父先生开始更加深入地思考中国哲学史研究的方法论问题,其时,"文革"结束不久,学术文化领域开始全面拨乱反正,教育部也决定重新编写大学《中国哲学史》教材,并委托南方的武汉大学等高校的教师具体承担编写任务,由萧萐父先生担任主编。在组织编写这部通史性质的《中国哲学史》教材的过程中,萧先生承担了大量具体的写作任务,在新的时代条件下形成了自己通史性的中国哲学史研究成果,组织编写工作的需要,也促使他更深入地论释了中国哲学史的研究对象及其与之相关的方法论原则。

在新的时代条件下,萧先生对中国哲学史研究方法原则的思考与论释,以其对于以往中国哲学史研究成果的反思与估价为前提。在他看来,自近代开始,人们吸取西方的哲学观念,对中国古代哲学和哲学史进行独立研究,"经过章太炎、刘师培、梁启超等人的钩稽撰述,到'五四'前夕出现了胡适的《中国哲学史大纲》(上);其后,一些学者如冯友兰、萧公权、范寿康、唐君毅、钱穆等以类似论著踵事增华,颇有发展。他们的研究成果,比之古代学术史论大有进步,为中国哲学史适应近代学术分工的要求而独立成科,作出了历史贡献。但是,他们在研究中所采取的哲学史观及其方法,却落后于'五四'以后整个文化思潮的迅猛发展而具有极大的局限性。总的说来,这些论著,往往陷入浅薄的唯心史观,停留于对历史上某些学派分合、思潮起伏的现象形态的描述,谈不上对哲学发展的本质矛盾和内在规律的阐释,在方法上还未能达到黑格尔演述西欧哲学发展所显示的思维水平,也未能真正跳出中国古代学术史论的某些陈旧的窠臼。"①从这种论述中我们看到萧先生对于以往的中国哲学史研究成果作出了两点基本的估价：一是认定以往的中国哲学史研究成果没有真正超越中国古代学术史论的形态，二是认定以往的中国哲学史研究仍然"停留于对历史上某些学派分合、思潮起伏的现象形态的描述"；同时，萧先生认为，造成以往中国哲学史研究这种状况的原因在于人们的哲学史观及其研究方法的"极大局限"；而这种局限最为集中的表现即在于以往的中国哲学史工作者未能科学地理解中国哲学史的研究对象，使得中国哲学史研究范围难定，"模糊了自己的特定任务"。

因此，在新的历史条件下，要推进中国哲学史学科建设，获取新的研究成果，仍需辨析中国哲学史的研究对象，确定中国哲学史自身的工作范围，明确中国哲学史所应当担负的研究任务。基于这样的学术追求，萧先生在 20 世纪 80 年代初，依据马克思主义的理论具体论释了哲学史的研究对象："哲学史研究的特定对象，简括地说，就是哲学认识的矛盾发展史。"②萧先生将哲学史理解为"哲学认识的矛盾发展史"，以他对于哲学本身特殊性的认识为基础。萧先生认为，哲学是人们以理性思维形式表达的关于自然、社会和思维运动的一般规律的认识，也可以说是对于客观世界的本质和人对于客观世界认识和改造、怎样认识和改造的总括性认识。这样的哲学认识，在自身的发展中充满矛盾，这种矛盾集中表现为"思维和存在的关系问题引起的思想原则的分歧和对立。而中国哲学史研究的特定任务正在于"揭示出这些哲学的本质矛盾在中国哲学发展中的表现形态和历史特点，揭示出矛盾的普遍性与特殊性的具体联结。"③

萧先生在 20 世纪 80 年代对于哲学与哲学史的理解，没有也不可能离开马克思主义的哲学观念与哲学史观念。但是，应当肯定，他依据自己对于马克思主义的理解，对有关哲学的研究对象和哲学史的研究对象所作出的概括与论释是有其理论价值的。在他对于哲学研究对象的理解中，既肯定哲学认识与非哲学认识的联系，又强调"就哲学认识成果的形式和内容而言，就其在人们认识和实践中的作用而言，都与其他非哲学的认识有质的区别"④，突出哲学认识的一般性、普遍性特征；并在这种哲学观念的基础上，进而肯定"哲学史研究的是既区别于宗教、艺术、道德，又区别于各门科学而专属于哲学的'一般认识'的历史"⑤，强调"哲学史与各门科学史的分工，正取决于研究对象所具有的特殊的矛盾性"⑥。这样的哲学史观，适应当时净化中国

---

① 萧萐父：《吹沙集》，巴蜀书社 2007 年版，第 362 页。
② 萧萐父：《吹沙集》，巴蜀书社 2007 年版，第 364 页。
③ 萧萐父：《吹沙集》，巴蜀书社 2007 年版，第 368 页。
④ 萧萐父：《吹沙集》，巴蜀书社 2007 年版，第 365 页。
⑤ 萧萐父：《吹沙集》，巴蜀书社 2007 年版，第 365 页。
⑥ 萧萐父：《吹沙集》，巴蜀书社 2007 年版，第 366 页。

哲学史研究对象的学术要求,为人们正确理解中国哲学史的研究对象,提供了方法论根据,同时,也为萧先生当时主编上下卷《中国哲学史》确立了具体的方法论原则。

在主编两卷本《中国哲学史》的过程中,萧先生始终坚持自己所理解的中国哲学史研究对象,围绕中国哲学史特定的研究对象来指导史料的筛选,确定论述的重点,选择中国古代典籍中那些有关社会历史发展原则、方向以及社会矛盾运动形式、根由的文献作为哲学史的研究对象,将那些应属于社会学史、政治学史、法学史的文献史料与哲学史史料区别开来;同时,从中国古代大量有关人性善恶、伦理规范、道德境界、“性情”关系、“理欲”关系的文献中和理论中,筛选出那些有关人的本质、道德根性的理论作为中国哲学史的研究对象。这种研究方法,使得萧先生主编的这部中国哲学史在时代允许的条件下,厘清了哲学史与社会学史、政治学史、法学史、伦理学史、美学史、教育学史等专门学科史的界限,比以往的哲学史研究成果,更加真实地展现了中国哲学发展的历史实际,使人们改变中国哲学史研究中“越俎代庖”,哲学史与其他专门学科史研究的界限模糊不清状况的期望初步变成了现实。从这样的意义上看,可以说萧先生主编的这部两卷本《中国哲学史》,乃 20 世纪 80 年代最具典范性质的中国哲学史研究成果之一,其在理论与实践两个层面上正本清源,剔除教条主义的影响,促进中国哲学史学科健康发展的历史贡献,是少有其他研究成果可以替代的。

三、哲学史研究的特定对象与特殊的研究方法

萧先生在 20 世纪 80 年代对哲学史研究方法的探讨是全方位的,在他看来,哲学史研究方法本身应当是一个包含多层面内容的理论系统,这种方法理论系统,涉及哲学史研究对象的理解、确立,哲学史史料的考订、选择,哲学理论的比较、鉴别,哲学思潮演变的历史考察,哲学家历史贡献的分析、评断等。因此,在实际的哲学史研究中,构成哲学史方法系统的任一环节,对于哲学史研究的指导作用都不宜忽略。只有具备全面、系统的哲学史方法原则和理论,才有可能科学地考察哲学发展的历史,形成优秀的哲学史研究成果。在全面思考哲学史研究方法的同时,萧先生也强调哲学史学科的特殊,重视与哲学史学科特殊性相适应的特殊的哲学史研究方法。如何理解哲学史学科的特殊?或者说,作为一个独立的专门学科,哲学史学科的特殊具体表现在哪里呢?萧先生的理解是哲学史学科的特殊表现为历史学科与哲学学科的交叉,并认定具备这种特殊性的哲学史学科所要求的特殊方法只能是历史与逻辑统一的方法,用他自己的语言表述即是:哲学史方法系统所包含的不同的方法原则都是哲学史研究中必须坚持的方法,“但就哲学史这个特殊领域来说,历史和逻辑的统一,是一个具有特别重要意义的指导原则和方法。这是由于哲学史这门科学既属史学又属哲

学这种特殊的性质所决定的。"①

　　萧先生对于哲学史的特点对象与特殊方法的理解,同样植根于他对于马克思主义哲学史观的理解。马克思主义主张的历史与逻辑统一的方法学原则,源自于黑格尔的哲学史观。黑格尔曾经明确地表示:"我认为,历史上的那些哲学系统的次序,与理念里的那些概念规定的逻辑次序是相同的。……如果我们能够对哲学史里面出现的各个系统的基本概念,完全剥掉它们的外在形态和特殊应用,我们就可以得到理念自身发展的各个不同的阶段的逻辑概念了。反之,如果掌握了逻辑的进程,我们亦可从它里面的各主要环节得到历史现象的进程。"②在这一论述中,黑格尔肯定历史上"哲学系统的次序"同于"理念里的那些概念规定的逻辑次序",主张由"逻辑的进程"得到"历史现象的进程"。黑格尔的这种哲学史观念以其理念论为思想基础。马克思主义对于黑格尔哲学史观的改造,在于还原历史与逻辑关系的实际,肯定哲学发展的历史过程是哲学逻辑发展的现实基础,强调在哲学的发展中,历史的发展与逻辑的发展辩证统一。在萧先生看来,这样的历史与逻辑统一的方法,对于哲学史研究有其特殊的意义。因为,哲学史作为哲学发展的历史,表现为客观现实的历史发展过程,考察哲学发展的历史,需要如实地再现哲学发展的历史实际,这种学术追求与理论目标,在方法的层面需要人们从历史实际出发,或者说需要人们运用历史的方法;在哲学史研究中,如果离开历史的方法,实际上意味着离开哲学发展的客观历史进程本身去考察哲学发展的历史,这样的哲学史研究,根本没有可能承担起揭示哲学发展历史的客观进程这一理论任务。

　　但是,在哲学史研究中,历史的方法并不排斥逻辑的方法,历史的方法也不能替代逻辑的方法。哲学史研究之所以需要逻辑的方法,原因同样在于哲学史研究对象本身。哲学史研究哲学认识的矛盾发展史,哲学认识的矛盾发展,最为集中的体现是哲学概念、哲学范畴的产生、发展和演变。在哲学认识的历史发展中"由普通概念精炼成为哲学范畴,哲学范畴的内涵由贫乏到丰富、由朦胧到清晰、由简单到复杂、由抽象到具体,哲学范畴之间的联系、对立、依存、转化的关系由零散而逐步形成明确的系统,都标志着人类哲学认识一步步提高和深化的过程"③。这一过程既是一个客观的现实的历史过程,也是一个必然的有序的逻辑过程,哲学史研究的基本任务即在于考察哲学发展的客观的历史过程,也需要考察哲学发展的逻辑过程,辨析两者的差异与统一,揭示哲学认识发展的一般律则。这种观念,使萧先生主张把"研究哲学范畴的历史联系和逻辑发展"作为哲学史研究的一个重要课题,因为,在他看来,"科学的哲学史应当分析概念和范畴的发展与运用,分析每个哲学家的中心范畴,分析一些重要

①　萧萐父:《吹沙集》,巴蜀书社 2007 年版,第 370 页。
②　黑格尔:《哲学史讲演录》第一卷,商务印书馆 1995 年版,第 34 页。
③　萧萐父:《吹沙集》,巴蜀书社 2007 年版,第 368 页。

的哲学家的范畴体系,特别要研究不同历史阶段哲学矛盾运动中哲学范畴的逻辑发展。只有通过这样的分析和研究,才可能真正揭示出哲学思维发展的进程和规律"。①

萧先生认为,由于哲学发展的历史进程有其自身的逻辑,哲学史上某些思想环节的缺失,有的可通过史料的发掘加以填补,有些则只有通过逻辑的分析来加以填补;哲学发展的历史进程与逻辑进程大体上同步,这正是哲学史研究中需要重视历史与逻辑统一这一方法学原则的现实根据。但是,萧先生并不否认社会历史现象的复杂性。在他看来,在社会历史的发展中,实际上存在大量的偶然性因素,充满了曲折性、跳跃性,哲学发展的历史同样如此。因此,所谓历史与逻辑的统一,并非历史与逻辑"简单的重合",而只能是历史与逻辑的辩证统一。哲学史研究"既要看到历史现象的偶然性、跳跃性、曲折性,又要把作为认识史的合规律的逻辑进程及其客观意义揭示出来"②。换言之,他认为在哲学史研究中运用历史与逻辑统一的方法,最需要注意的应当是在复杂的历史现象中,探索、揭示其符合逻辑的发展进程;同时,在实际的哲学史研究中,也只有坚持历史与逻辑的统一,才能够不受研究者个人情感的干扰,排除偶然,发现必然,从而按照"人类认识史的逻辑"来区划哲学发展史上的不同环节、发展阶段,确定不同的哲学家、不同的哲学理论的理论价值与历史地位。

萧先生不仅从哲学史的特定对象出发,思考哲学史研究方法的特殊,系统考察论释马克思主义主张的历史与逻辑统一的方法学原则,而且自觉地将这种方法学原则运用于中国哲学史研究的实际,并取得了重要的认识成果。在萧先生看来,"源远流长的中国哲学史,并不是什么'百家往而不反'的可悲战场,也不是什么千古心传的'道统'记录,而是中华民族的哲学智慧在艰苦曲折中发展的合规律的必然历程。"因此,中国哲学史研究的任务,不仅需要考察中华民族哲学智慧发展的历史,也需要总结中华民族哲学认识中的逻辑,这种方法意识使得历史与逻辑统一构成了萧先生主编两卷本《中国哲学史》时最为重要的方法学原则。在具体运用这种方法学原则的时候,萧先生又尤为重视逻辑的方法。因为,他认为在实际的中国哲学史研究中,不少疑难问题的形成,原因即在于依据历史的方法无法对问题作出让学术界普遍认同的结论。譬如,关于老子哲学的历史定位,学术界争论即很多。依据现存文献记载,有学者认定老子哲学当在孔子之前,也有学者认定老子哲学当在孔子之后,结论不同,但各有所据,长期论争,难有定论。萧先生主编的《中国哲学史》中将老子哲学置于孔子、墨翟之后,孟子、庄子之前,其根据即是《老子》一书中出现的哲学范畴及其关于天道的理论、认识的理论、发展的理论依哲学发展的逻辑只能出现在这样的时代:"《老子》所代表的道家哲学,与并世的儒、墨显学同时发展,班固说它'盖出于史

---

①　萧萐父:《吹沙集》,巴蜀书社 2007 年版,第 369 页。
②　萧萐父:《吹沙集》,巴蜀书社 2007 年版,第 396 页。

官,历记成败、存亡、祸福、古今之道'(《汉书·艺文志·诸子略》);司马迁称它'其学以自隐无名为务'(《史记·老庄申韩列传》)。这些具体条件,都使《老子》能够达到较高的思想水平,在哲学思维发展的逻辑进程上能够以其较完整的形态殿居孔、墨之后而总其成。"①以逻辑的方法肯定老子哲学"是我国奴隶制时代哲学发展圆圈的一个逻辑终点",这种结论不无新意。在萧先生主编的《中国哲学史》中,对《易传》的论释,对荀况、刘禹锡、王船山等人的哲学思想的考察,也较为集中地体现了其对逻辑方法的运用。正是因为萧先生重视逻辑的方法,使得他主编的《中国哲学史》不仅对荀况、刘禹锡、王船山等人哲学思想的考察评断达到了新的认识层次,而且对整个中国哲学发展历史的解释评断也能够自成一家之言,成为 20 世纪 80 年代传介最为广泛,影响最为深远的中国哲学史通史性著作。

应当肯定,在 20 世纪 80 年代,萧先生对于马克思主义哲学史观的考察、理解、论释是多层面的,且达到了相当高的认识层次。他由肯定哲学史特定的研究对象,进而探讨哲学史研究的特殊方法,强调哲学史研究必须坚持历史与逻辑的辩证统一,抓住了哲学史方法学的核心内容和本质特征。他将历史与逻辑统一的方法学原则运用于实际的中国哲学史研究,主编《中国哲学史》,则具体地体现了历史与逻辑统一的方法学原则的实用价值。在实际的中国哲学史研究中,围绕历史与逻辑统一的方法学原则建构现代哲学史研究的方法学系统,将有利于推进中国哲学史学科的建设与发展,这是萧先生思考哲学史特定的研究对象与特殊的研究方法,并依据这样的思考取得中国哲学史研究的重要成果带给我们的启示,而这样的启示也体现了他关于哲学史的特定对象与特殊研究方法思考的特有的学术价值。

四、文化史研究与哲学史研究

萧先生关于现代中国哲学史学的思考,并没有止步于对哲学史的特定对象与特殊研究方法的思考。自 20 世纪 70 年代末叶开始,人们即不断反思新中国成立以后中国哲学史研究中正反两个方面的经验教训,进入 20 世纪 80 年代以后,人们在反思中意识到教条化地理解和运用马克思主义的哲学史观,已经严重地阻碍着中国哲学史学科建设的健康发展。在这样的思想背景下,萧先生在其主编的两卷本《中国在哲学史》问世之后,又重新开始思考中国哲学史学科的建设与发展。

萧先生认为,新中国成立以来,中国哲学史研究虽然也取得了不少有价值的学术成果,但人们在学习运用马克思主义的哲学史观的过程中,确实存在简单化的教条主

---

① 萧萐父、李锦泉主编:《中国哲学史》上卷,人民出版社 1991 年版,第 126 页。

义倾向,而要在中国哲学史研究中,克服教条主义,避免思想简单化、僵化、绝对化,首先应当清除苏联哲学界的"左"倾思潮对于中国哲学史学科建设的影响。苏联哲学界,从 20 世纪 30 年代开始批判德波林的哲学思想,认为德波林的哲学思想忽视了马克思主义发展中的列宁阶段,忽视了唯物辩证法同黑格尔唯心辩证法的本质区别,忽视了理论与实践的联系,全面否定德波林哲学的理论价值与历史贡献。到 40 年代,苏联哲学界又开始批判亚历山大诺夫的《西欧哲学史》。苏共中央书记日丹诺夫在一次有关亚历山大诺夫《西欧哲学史》的讨论会上发表长篇讲话,批评亚历山大诺夫的哲学史著作没有坚持贯彻哲学的党性原则,对马克思主义以前的哲学批判、否定不彻底,主张"科学的哲学史,是科学的唯物主义世界观的胚胎、发生与发展的历史。唯物主义既然是与唯心主义派别斗争中生长和发展起来的,那么,哲学史也就是唯物主义与唯心主义斗争的历史",提出了自己理解的哲学史定义。日丹诺夫对于哲学史的这种理解,强调批判与变革,否定优秀哲学成果的继承与发展。因此,在我们今天看来,不论是日丹诺夫关于哲学史的定义,还是其对于亚历山大诺夫的批评,实际上都存在思想理论的片面与局限。但从 20 世纪 50 年代开始,中国学者即开始借鉴日丹诺夫关于哲学史的定义,指导自己的研究工作。尽管当年也曾有中国学者指出过日丹诺夫哲学史观的局限,但人们有关日丹诺夫哲学史观的不同看法,并没有能够阻止人们在实际的研究工作中对日丹诺夫的哲学史观的全面认同与吸纳。因此,到 20 世纪 80 年代,人们反思中国哲学史学科建设的经验教训,又重新集中到对日丹诺夫有关哲学史的定义的审视与批评。萧先生没有简单地否定日丹诺夫的哲学史定义,而是主张全面清理当年苏联学术界的"左"的倾向对于中国学术界的影响,他曾经明确地表示:日丹诺夫关于哲学史的定义,"虽有缺陷,当未大错。头一句讲'科学的世界观胚胎、萌芽,发生和发展的历史,似乎还多少吸取了一点黑格尔的哲学史观的味道,后边那一句,也基本上抓住了哲学史发展的线索,只是有片面性,强调了对立面的斗争,忽视了对立面的统一,强调了两军对战,忽视了螺旋前进……所以问题不全在那个定义,而在他的整个报告的指导思想是'左'的,代表了当时苏联哲学界的总的倾向,这个倾向是违反列宁的哲学遗训的。"[①]在萧先生看来,全面清除苏联哲学界的"左"倾影响,应是改善中国学术环境的重要条件。

要改善中国的学术环境,必须真正回到马克思主义的立场,要真正回到马克思主义的立场,则必须重新学习马克思主义。这样的学术理念,促使萧先生晚年开始重新阅读马克思主义的经典著作,在阅读中,萧先生尤为关注马克思、恩格斯有关人类学研究的认识成果,因为萧先生认定古史研究、史论结合,是马克思、恩格斯拓展其思想理论的重要途径。在研探马克思、恩格斯的人类学研究成果的过程中,萧先生又特别

---

① 萧萐父:《吹沙集》,巴蜀书社 2007 年版,第 387 页。

注意马克思晚年写下的大量的人类学笔记,认为这些人类学笔记意味着马克思理论研究重点的转向,体现了"马克思晚年思想的新动向",这种研究重点的转向与"思想的新动向",首先表现为"在文化视野上,马克思超越了摩尔根、恩格斯的西方中心或只把西方社会作典型的局限,而扩大到东方,扩展到亚、非、拉广大地区"①,这样的超越,使马克思肯定"人自身的生产及相应的血缘亲属关系在一定时代和一定地区对社会制度的重要决定作用",而这样的思想理论不仅可以帮助我们正确对待摩尔根和恩格斯在人类社会发展问题上的"单线进化的阶段说",改变我们对进化论的"狭隘的理解",而且为我们提供了"打开东方社会和东方文化的哑谜的钥匙"②。其次,马克思的理论研究由经济学转向人类学,更加全面的考察人类文化发生发展的多样性与统一性,时代性与区域性,肯定人类文化的发展乃"多元产生,多线进化",既有一般规律,又有特殊途径,并提出了东方社会在特定历史条件下的跨越式发展问题,即所谓"卡夫丁峡谷"问题。在萧先生看来,马克思晚年思想的"新动向",特别是其关于跨越"卡夫丁峡谷"的设想,可以使我们获得许多方法学的启示,这些启示的核心内容告诉我们:在学术文化研究中,只有"摆脱东方中心或西方中心的封闭思考模式,走向多元化,承认异质文化的相互交融"③,具备开放的学术胸襟和广阔的学术视野,才有可能在新的时代条件下去深入地探讨人类文化的结构和类型,正确地理解人类社会发展的必然与趋势。

萧先生晚年论及哲学史研究的纯化与泛化、历史情感与历史科学,主张在中国哲学史研究中"正视中国哲学启蒙的特殊道路",都与其对于马克思晚年思想中的"新动向"的重视、理解关联。哲学史研究的纯化与泛化涉及哲学史研究与文化史研究的关系。在萧先生看来,不论是纯化的哲学史研究还是泛化的哲学史研究,都是深化哲学史学科建设的需要。对哲学史作纯化的研究,有利于厘清哲学史特定的研究对象,揭示哲学矛盾运动的特殊形式与律则。对哲学史作泛化的研究,则有助于哲学与文化关系的诠释,"文化是哲学赖以生长的土壤,哲学是文化的活的灵魂,哲学所追求的是人的价值理想在真、善、美创造活动中的统一实现。"因此,"以哲学史为核心的文化史或以文化史为铺垫的哲学史,更能充分反映人的智慧创造和不断自我解放历程。"④从萧先生的这种论述中,我们可以看到,他所主张的泛化的哲学史研究,并非以文化史研究替代哲学史研究,而是说哲学史研究的形式、视阈不必单一化、更不可僵化;哲学史研究中的"纯化与泛化"、"微观与宏观"、"纵向与横向",都有助于我们拓展、深化哲学史研究。萧先生晚年在重新研读马克思主义经典的基础上主张

---

① 萧萐父:《吹沙集》,巴蜀书社2007年版,第464页。
② 萧萐父:《吹沙集》,巴蜀书社2007年版,第465页。
③ 萧萐父:《吹沙集》,巴蜀书社2007年版,第467页。
④ 萧萐父:《吹沙集》,巴蜀书社2007年版,第417页。

"我们必须正视中国哲学启蒙的特殊道路、中国式的社会主义的特殊道路等问题"①，实际上也是主张将文化史研究与哲学史研究结合起来，以论释中国哲学发展的特殊，解释中国社会文化的发展道路，从哲学的层面探寻中国社会文化现代化的内在根据，发掘中国社会文化现代化的源头活水。而他之所以提出历史情感与历史科学的问题，同样是因为马克思、恩格斯人类学研究方法方面的启示。他在具体论及恩格斯的《家庭、私有制和国家的起源》的方法论启示时，首先肯定的即是其学术研究中的科学态度，其次才是其系统的方法，思想的深度与影响的广度。在萧先生看来，在学术活动中，具备科学的态度，才会尊重他人的学术研究成果，将历史感与现实感、革命性与科学性统一起来，排除研究者个人非科学的主观情感。萧先生否定学术研究中个人的"偏爱偏恶"，但并不否认学术工作正常的历史情感。在他看来，主观的"偏爱偏恶"是一种"私情"，正常的历史情感是有别于这种"私情"的"公情"；这样的"公情"是"一种具有历史感的价值判断，即符合历史趋向，与历史固有前进性相一致的褒贬"。这样的历史情感，既不会削弱哲学史研究的严肃性，也无碍于哲学史研究的科学性。这样历史情感观念，使萧先生既重视明清之际的哲学思潮在中国哲学发展史上的特殊地位与历史作用，也毫不隐晦地赞扬王夫之等活跃于明清之际的历史舞台上的哲学大师，从而使自己的哲学史方法意识与具体的中国哲学史研究实践得到了有机的统一。

　　萧萐父先生是自 20 世纪 50 年代初叶至 21 世纪初叶近六十年间，在中国哲学史研究方面取得过重要学术成果的哲学史家之一，也是在这六十年间为中国哲学史学的建设作出过重要贡献的哲学史家之一。他从 20 世纪 50 年代开始思考中国中国哲学史研究的方法论问题，由思考历史与历史科学开始，系统地考察哲学史特定的研究对象，哲学史特殊的研究对象与研究方法，论释哲学史研究与文化史研究的关系，辨析中国哲学史研究中的"私情"与"公情"，主张在中国哲学史研究中追求感与现实感、革命性与科学性的统一，科学地考察中国哲学乃至于整个中国文化发展的特殊道路，揭示哲学发展的普遍原则。这些思考不仅使他对于中国传统哲学发展的历史道路与现实价值的理解别具一格，也使他在中国哲学史学方面构建了严谨的理论系统。今天，当我们在新的历史条件下，思考中国哲学史研究的深化与拓展的时候，萧先生的中国哲学史研究成果与中国哲学史学的研究成果，都需要我们去认真研究、总结、借鉴、消化；当我们在萧先生的中国哲学史研究成果和中国哲学史学的研究成果的基础上有所前进的时候，将意味着中国哲学史学科建设取得新的成就。

（原载吴根友主编：《多元范式下的明清思想研究》，生活·读
书·新知三联书店 2011 年版）

---

①　萧萐父：《吹沙集》，巴蜀书社 2007 年版，第 467 页。

民族主义与文化复兴

    在 20 世纪的中国学术文化舞台上,胡秋原先生是一位具有重要影响的历史人物。胡先生从 20 世纪 30 年代即开始关注、思考、探索中国文化的建设与复兴,在对中国文化建设与复兴的长期思考与探索中,积累了大量有关中国文化建设理论的研究成果,构成了中国现代文化理论系统的一个颇具特色的组成部分。台湾学术界分类整理、编辑、出版的胡先生学术论著中,《文化复兴与超越前进论》(上、下册)即为较集中地展现了胡先生自 1931 年以来至 1979 年近五十年间以不同的文化视角,在不同的理论层面上对于中国文化建设的思考。这些思考,具有不同的历史文化背景,也包含不同的学术旨趣与理论追求,但其总的指向都集中于中国文化的建设与复兴,记载了胡先生对民族文化深沉的挚爱之情,读后令人感佩不已。胡先生青年时代曾立志以"科学报国",后又坚定地致力于国家的统一和民族文化的复兴,毕生追求国家民族的强盛,代表了 20 世纪初叶登上中国学术文化舞台的一代知识分子独有的思想品格与人生追求。今天,中华儿女正以前所未有的步伐前进在富强与复兴的历史大道上。在这样的历史条件下,我们重新阅读胡先生有关中国文化建设的理论著述,不仅可以领略胡先生的思想风貌,人格情操,从中得到鼓励,获取教益,而且可以从胡先生的文化理论中汲取思想营养,帮助我们在新的时代条件下深化对于民族文化建设的理论思考,促进现实的民族文化建设。下面记下自己阅读胡先生《文化复兴与超越前进论》的一些感悟,并对胡先生的文化理论做一些粗浅地梳理与评析。

一、以民族主义的立场考察中国文化的历史与现实

    胡秋原先生的《文化复兴与超越前进论》(上、下册)为胡先生"文章类编"之九。此书内容由第一部、第二部、第三部等不同板块组成,不同的板块中都收有胡先生论及中西文化问题的文稿。其中,论及中西文化较为集中者又数第二部中的《中西文化与文化复兴》和第三部中的《中国文化之前途》;《中西文化与文化复兴》中的《中西文化论》,《中国文化之前途》中的《论中西文化》等又是胡秋原先生较为集中地论析中西文化的文字。此外,在《文化复兴与超越前进论》中收录的《纯粹民族主义》、

《民族主义即国民主义，为今日所必需》、《略评台湾三种反民族主义的怪声》等也是令人比较感兴趣的文字。读胡先生的这些文章，能使人感受到胡先生的文化理论与其民族主义的立场存在一种内在的联结。这是笔者选读胡先生的《文化复兴与超越前进论》，并以这部文集为据评析胡先生文化理论的重要缘由。

胡秋原先生探讨中国文化问题，源于他因近代中国的贫弱而引发的爱国情怀，也源于他因自己的民族文化落后于西方先进民族的文化而产生的文化忧患。因此，可以说胡先生思考中国文化问题的思想源动力即是其民族主义。这种民族主义，胡先生自己谓之"纯民族主义"，也谓之"绝对的民族主义"。在胡先生看来，近代中国之所以贫弱、落后，饱受东西方帝国主义势力的侵侮欺凌，一个重要的原因即在于我们没有"近代民族国家之基础"，缺乏"民族主义的精神，爱国主义的精神"。因此，中国人要复兴自己的民族与文化，急切地需要"一种纯民族主义的精神，一种绝对的民族主义的精神，一种彻底的民族主义之精神"①。因此，可以说民族主义既是胡秋原先生所秉持的基本的人生理念与价值取向，也是胡秋原先生在其长期的学术活动中始终坚持的理论原则与思想前提。

五四以来，人们对文化问题进行理论的思考，除了从理论的层面论析何谓文化以及文化的形成，更多的是辨析中西文化的异同优劣。胡秋原先生的《中西文化论》也曾专门论析中西文化异同，这种论析的特色即在其基本立场与思想基础都根源于民族主义。在胡先生看来，中国自步入近代以来，人们不论是对于本民族文化的评估，还是对于西方民族文化的了解都存在片面。鸦片战争以前，满清政府以西方民族为"蛮"为"夷"，导致盲目的自大与虚骄。鸦片战争失败后，中国人开始意识到西方科学技术的先进，对西方的社会政治制度也逐步有所了解，在文化心态方面开始出现"自卑感"。西方文化的大量传介，进一步使人们的"民族自信心日益淡薄，向之妄自尊大，一变为妄自菲薄"②。而当第一次世界大战结束之后，中国学术界又有人认为西方物质文明的破产，凸显了中国精神文明的价值，"以为中西文化一重精神，一重物质，各有所长，未可偏废"③。在胡先生看来，所有这些有关中西文化异同的观念都是片面的甚至是错误的。因为，这些关于中西文化的观念不仅未能正确地论释中西文化异同，使人们对于中西文化特质的理解达到科学，更为严重地是这些观念极大地妨碍着我们从文化的层面去确立自己的"民族自信心"。因此，胡先生将科学的认识中西文化的异同优劣与有利于增进自己民族的自信心看做是我们思考中西文化的出发点，理解为我们思考中西文化的理论追求与价值目标。

为什么说五四以来的文化讨论中，人们对于中西文化异同的理解既不科学，也不

---

① 胡秋原:《文化复兴与超越前进论》,(台北)学术出版社1980年版,第27页。
② 胡秋原:《文化复兴与超越前进论》,(台北)学术出版社1980年版,第72页。
③ 胡秋原:《文化复兴与超越前进论》,(台北)学术出版社1980年版,第73页。

利于增进民族的自信心呢？胡先生曾有自己的辨析与论证。首先，在胡先生看来，以精神的或物质的两个层面来区划文化或文明本身即是非科学的。胡先生曾针对这种非科学的文化观念指出："所谓文明及文化者，都是人类的创造。普通将物质的创造叫做文明（civilization），而精神的创造叫做文化（culture）。但文明文化之区别本无鸿沟。金字塔是物质文明的代表，也是精神文明的代表。而政治的制度，也不容易划分其所属。随着人类学之进步，我们知道向之所谓野蛮（savage）与未开化（barbarian），亦不过文明之初期阶段。而原始民族之武器工具之类，现在也称之谓物质文化（material culture）了。所以在今天，文明与文化已经成为可以互用的术语。"①从现实的文化形态来看，物质层面的文化与精神层面的文化也应当是一个整体，而非绝对分离或相互脱节的两个部分，或者说文化本身即是一个涵括物质文化与精神文化的统一体。在一个国家或一个民族的文化中，物质文化与精神文化大体上是同质的或说齐一的。在现实中，不可能存在"一个国家物质文明异常落后而精神文明特别进步"的情形。反之，现实中也不可能存在"一个国家物质文明异常进步而精神文化特别落后"这种情况。② 基于这样的文化观念，胡先生进而认为，中国的固有文化之长也并非如人们所理解的那样专在精神文明方面。事实上中华民族在长期的历史发展中，也曾创造出绚丽多彩的物质文明，或者说在物质文明方面，我们的民族也曾取得其他民族不曾取得的辉煌成就。譬如说，中国生产的丝绸、茶叶、药材、瓷器以及始于中国的轮种方法等很早即开始传入西方，并受到西方民族的赞赏与欢迎；而中国的火药、印刷术、指南针由阿拉伯传入意大利、西班牙以后，更是对人类文明的进步产生过巨大影响，如果没有中国人的三大发明，西方的航海发现与文艺复兴在时间上很可能延后。因此，在胡先生看来，"迅速使欧洲中世闭幕现代开幕者，是中国人和阿拉伯人之功。"③

胡先生肯定中国历史上在物质文明方面取得过巨大成就，当然也肯定中国历史上在精神文化方面取得的巨大成就。因为，文明或文化本身即是物质文明与精神文化的统一体，以这种观念推断，中国既可取得物质文明方面的巨大成就，也可在精神文化方面获取巨大的成就，事实上也是如此。胡先生不仅在理论上将文化、文明理解为物质文明与精神文明的统一，肯定中华民族创造的物质文明与精神文明对于人类进步都产生过巨大影响和作出过重要贡献，而且将肯定物质文明与精神文化的统一，强调精神文明不能脱离物质文明的思想传统视为"中国的本来精神"。胡先生认为，清人章学诚"道不离器"的学说，即是中国学者主张精神文化不能脱离物质文明的思想结晶。如果中国人能够坚持和弘扬这种"本来精神"，中国步入近代以后，其发展

---

① 胡秋原：《文化复兴与超越前进论》，（台北）学术出版社 1980 年版，第 73—74 页。
② 参见胡秋原：《文化复兴与超越前进论》，（台北）学术出版社 1980 年版，第 75 页。
③ 胡秋原：《文化复兴与超越前进论》，（台北）学术出版社 1980 年版，第 77 页。

情形将会与中国的现实情况截然不同。近代中国贫弱,一个非常重要的原因即是人们丢弃了中国文化的"本来精神";或者说近代中国的贫弱,实乃物质文明与精神文化脱节与分离的结果。换言之,在胡先生看来,步入现代以后的中国,不仅物质文明落后于西方,即使在精神文化方面,现代中国与西方发达国家之间也存在巨大的差距。因此,胡先生断言:"今天中国文化问题,并非精神文化甚优,唯有物质文明落后,而是我们固有文明文化在今天都未能有效的保障我们的生存,增进我们的福利。如果我们的文明文化不能有效的抵抗侵略,则不仅证明我们的物质文明应该改进,而精神文化也应该改进了。"[1]

应当肯定,胡先生当年对于文化、文明的界定,及其对于中国文化现实的解析评断,既充满理性,也比较符合中国文化的实际。在我们今天看来,胡先生当年对于文化以及中国文化的理解之所以能够充满理性,较为实际,除了胡先生在学术理论方面的素养之外,最根本的原因应当是他坚定的民族主义立场与强烈的民族主义情感。坚定的民族主义立场与强烈的民族主义情感,使得胡先生不能不去如实地审视自己民族文化的历史与现实;坚定的民族主义立场与强烈的民族主义情感,也让胡先生意识到了自己对于民族文化的历史责任,使得他不能不去探寻现实的中国文化发展道路。从而使得他在思考中国文化问题的时候,能够确立起自己的视角与方法,形成自己有关中国文化问题的思想认识成果。在胡先生的文化理论活动中,这种民族主义立场与其关于中国文化的认识成果之间无法分离的内在联结,是值得我们今天认真总结与解析的。

二、基于民族主义的立场辨析西方现代文化的价值

胡先生基于民族主义立场解析历史的中国文化与现实的中国文化,认定中国文化之长不限于精神文化方面,强调中华民族在物质文明方面对人类文明的进步也曾作出自己的贡献。这种考察,目的在于提振民族的自信心,探寻中国文化现实的发展道路。而要具体思考中国文化的现实发展,则又无法回避中西文化的比较。这使得胡先生也不能不考察西方文化。但在胡先生看来,考察西方文化的目的仍在于帮助我们探寻和确立自己民族文化的发展方向和具体道路。在这种意义上也可以说胡先生对于西方文化的考察,同样是以其民族主义的立场为基础的。而考察西方文化的这种立场与目的,也使得胡先生对西方文化的考察同样充满理性,并力求使自己的论释符合西方文化的实际。

----

① 胡秋原:《文化复兴与超越前进论》,(台北)学术出版社 1980 年版,第 81 页。

　　胡先生对西方文化的解析与五四前后的一些学者对西方文化的评估有两点不同。其一是他认为西方文化同样是涵括物质文明与精神文化的整体,如果尊重西方文化的实际,就既不能否定西方民族在物质文明方面取得的成就,也不能否定西方民族在精神文化方面同样取得了重要成就。近现代学术史上,一些学者视西方文化为"动"的文化,"认定西方文化之长在物质文明。胡先生认为,这种观点背离了西方文化的真实。实际上西方民族在精神文明方面同样具有自己优秀的成果与传统。胡先生曾经在比较中国和西方国家历史上的精神文化以后认为:"精神文化中,最精神的部分可以数道德、文艺和哲学,中国过去在文艺上诚有很高的成就,但知道西方文学的人,一定了解西洋人之文艺,也绝不劣于我们。哲学也是一样。先秦哲学水准并不超过希腊,而中国固有哲学,也绝没有超过培根、笛卡尔以后的水准,更不要说康德和斯宾塞了。"①胡先生从中西文化的实际出发,克服人们在比较中西文化时存在的主观与片面,否定那些以为中国文化在精神文化方面优越于西方文化的文化观念,实事求是地看待中西文化中的精神文明成就,不仅形成了自己别具一格的中西文化异同论,实际上也深化了人们有关中西文化异同优劣的辨析与认识。

　　胡先生比较中西文化,最有价值的内容还不在于他对西方文化价值的一般肯定,而在于他针对中国学术界对于西方道德文化的误解,较为正确地论释了现代西方道德文化的价值。胡先生认为,中国学术界对西方道德文化的非难,一是针对其个人主义,二是针对其功利主义。但是,人们对于西方的个人主义和功利主义的理解都存在误区,其具体表现即是人们将西方的个人主义理解为自私自利,西方的功利主义则被人们定义为"唯利是图"。其实,这两种理解都不符合西方道德文化的实际。实际上西方的个人主义与功利主义所体现的正是西方道德文化的核心价值。依胡先生的理解,在西方,"个人主义的意思是:全体国民各尽其义务,各享其权利。现代西方人尊重个人权利,同时尊重个人责任。个人的自由与财产不容他人侵犯,然个人对于全体,必尽其应有义务。"②胡先生对西方个人主义的这种解释,实际上是将西方的个人主义理解为权利和义务、责任的统一,这样的解释是比较符合现代西方个人主义的意涵的。在胡先生看来,在现代西方形成这种权利与义务统一的个人主义,与西方社会的进步、发展有关。这样的个人主义是西方民族在克服"家族主义"、"地方主义"与"教派主义"的基础上形成的一种文化观念,这样的文化观念也可以纳入民族主义。因为,民族主义保护个人权利,个人对民族国家尽其义务。基于对西方个人主义的这种理解,胡先生反对简单地否定西方的个人主义,并认定近代中国尚未形成超越西方个人主义的道德文化观念。西方个人主义实际上蕴涵国家、民族的观念,中国人用以否定西方个人主义的思想观念实为家族主义,而中国人在现代社会仍然尊崇家族主

----

① 胡秋原:《文化复兴与超越前进论》,(台北)学术出版社1980年版,第81页。
② 胡秋原:《文化复兴与超越前进论》,(台北)学术出版社1980年版,第82页。

义,是因为中国人的生存仍主要依靠家族而非依靠国家。因此,胡先生主张:"如果我们不否认中国家族主义在政治上发生很大的流弊,而国家对人民之保护尚未能更普遍而有效,我们就不要望文生义的反对个人主义。"胡先生的理由和根据是"西方的个人主义爱国,除个人外,就是国家;而中国的非个人主义则爱家,因家对于个人主义最为亲切。"①应当肯定,胡先生的对西方个人主义的这种理解,是有其理论价值的。

同时,胡先生认为,在近现代学术史上,中国人对西方人的功利主义同样存在误释与误解,其表现是人们简单地将西方的功利主义归之于"唯利是图"。其实,西方的功利主义作为一种道德文化观念,远非中国人所批评的那样简单。在西方,功利主义实际上表现了理想主义的一个方面,这种理想主义一方面主张尊重个人利益,另一方面也主张尊重社会利益。因为在功利主义者看来,"没有共同利益,也就没有个人利益"②。在社会生活中,如果每个人都尊重自己的利益,国家又保护个人利益,那么,则不存在实际的"损人利己"。因为,"功利主义尊重个人幸福,但尊重个人幸福以不侵犯全体幸福为条件,而在个人利益与全体利益不调之时,更要牺牲个人利益。"③胡先生基于自己对西方功利主义的这种理解,肯定"功利主义的真精神是求最大多数之幸福",将功利主义与个人主义理解为最有价值的现代西方的道德文化观念,他说:"个人主义提高了人格观念,消灭了主奴观念。功利主义提高了职务精神,增进了人生福利,而因人权之提高,使压迫他人为非法。这在社会生活及政治上便是群己权界,权利义务之分明,于是而有法治的有组织的国家,并使人事弊端贪污病象减少到最低限度。"④这种以个人主义与功利主义为代表的西方精神文化的价值表明,西方的道德文化的水准"绝不低于我们,而甚至高于我们"。由于胡先生比较中西文化,理解中西文化异同,与不同民族的社会生活条件、生产方式联系在一起,这使得他不仅对中西文化的实际具有较为真实的理解,而且使得他对中西文化的差异也作出了较为合理的判断。在胡先生看来,中西文化的不同,既不能简单地以"物质"和"精神"来作出区划,也不宜以"进取"与"保守"、"法治"与"人治"、"征服自然"与"调和自然"、"向前的"与"持中的"等观念来进行区划。中西文化的根本区别在于文化进化阶段之不同:"古代中国文化与中古的欧洲文化,纵有地方色彩与国民色彩之差异,但大体相似;而今日中西文化之不同,只是西方现代化了,而我们尚未现代化之故。"⑤作为现代形态的西方文化,其基本精神是理性精神。这种基本精神的要素是个性的观念与法则的观念。个性的精神要求独立与自尊,法则的观念要求科学的

① 胡秋原:《文化复兴与超越前进论》,(台北)学术出版社1980年版,第82页。
② 胡秋原:《文化复兴与超越前进论》,(台北)学术出版社1980年版,第83页。
③ 胡秋原:《文化复兴与超越前进论》,(台北)学术出版社1980年版,第82—83页。
④ 胡秋原:《文化复兴与超越前进论》,(台北)学术出版社1980年版,第84页。
⑤ 胡秋原:《文化复兴与超越前进论》,(台北)学术出版社1980年版,第85页。

态度与方法。只有具备个性的观念与法则的观念,才有可能培养出健全的国民,也只有具备个性的观念与法则的观念,才能够建立法治的国家,实现真正的民族主义。因为,真正的民族主义,既追求民族的独立,国家的自主,同时也主张维护正常的国际秩序,反对侵犯别的民族和别的国家。从胡先生对西方文化的解析和中西文化异同的理解中,我们可以发现,胡先生一方面将合理与合法理解为西方现代文化的精神,另一方面又将合理与合法理解为"我们今天检讨自己和改进自己的一个标准",这样的标准实际上是胡先生理解的现代中国文化的发展方向。在胡先生看来,中国文化唯有沿着这样的方向更新与发展,才有可能改变自己的落后形态,加快自己的进步,重新回到先进文化的行列。因此,可以说从胡先生对西方现代文化价值的辨析和理解中,我们仍然可以清晰地发现他思考中西文化问题时所秉持的鲜明的民族主义立场。

三、从民族主义出发探讨中国文化创新

现代中国文化的发展方向是中国文化的现代化,那么,如何实现中国文化的现代化呢? 或者说通过什么样的途径或说通过什么方式来实现中国文化的现代化呢? 近代以来,人们的回答很多,胡先生将人们对于发展中国文化的这些回答称之为"四个口号",即"中学为体,西学为用"、"中国本位文化"、"全盘西化"和"学术中国化"。胡先生认为,中国现代学术史上的各种文化建设理论或主张(即他所谓的"四个口号")都是非科学的,都存在其自身的认识误区与理论片面,同时,这些文化建设理论也存在共同的理论局限。在胡先生看来,"这些口号的共同缺点有二:一是对于学术文化之内容妄分界线。二是不了解重要的问题要中国创造自己的新学术,适应世界的水准,能有益于中国之富强。"①就"对于学术文化之内容妄分界线"而言,张之洞的"中学为体西学为用"的理论可说是将中国文化与西方文化绝对对立,他不了解中国文化作为一个整体,其内容并不限于纲常名教,同理,西方文化作为一个整体,其内容也并非没有纲常名教。张之洞将中西文化理解为绝对对立且永久不变者,当然是错误的。胡适的"全盘西化"论也存在对学术文化"妄分界线"的片面,其表现是这种文化建设主张不了解西方文化的内容和精神,中国人同样可以创造与拥有。同时,在胡秋原先生看来,胡适的"全盘西化"论完全忽视文化创造者自身的"心思才力",这种片面也集中地显露了胡适文化理论的错误。

"中国本位文化"论源自20世纪30年代中叶何炳松、萨孟武、陶希圣等人的《中国本位文化建设宣言》。在论及"中国本位文化"论时,胡先生认为这派理论"其主要

---

①　胡秋原:《文化复兴与超越前进论》,(台北)学术出版社1980年版,第130页。

之缺点,首先在其是消极的而不是积极的。所谓以中国为本位吸其所当吸收,固为不易之理,然充其量不过说我们要一个批评取舍之标准而已。然即能吸其所当吸收亦不足言创造。我们纵能取舍得宜,亦不过如开一百货店,贩卖之物,能适应需要而已。但这和'文化建设',还隔的很远。商店只能贩卖,工厂才能建设。所以,该宣言之主要缺点,是忽略了创造。"①文化的创造所体现的是作为文化主体的民族的实践活动能力,忽视文化的创造,实即忽视中国人自身的文化创造能力。因此,在胡秋原先生看来,"无创造即无建设"。"中国本位文化"论作为一种无视自己民族文化创造能力的文化理论,不可能对于中国现实的文化建设具备有价值的指导作用。

"学术中国化"作为一种文化建设理论,也受到了胡先生多方面的批评。在中国现代学术史上,"学术中国化"问题是与马克思主义中国化问题联系在一起的,大陆学术界即有学者专门研探《二十世纪三四十年代"学术中国化"与"马克思主义中国化"的思潮互动》这类课题,并已形成系统的研究成果。据大陆学者研究,"中国化"、"马克思主义中国化"、"学术中国化"这类概念或提法的形成与出现,在现代中国学术界有一个历史的发展过程,"中国化"这种概念在 20 世纪 20 年代的中国学术界即已经出现了②,其后,瞿秋白、陈序经等学者的文章中也曾出现过"中国化"的提法。"学术中国化"作为一种文化思潮,则主要是 20 世纪 30 年代中国学术界一些学者为因应中国共产党"马克思主义中国化"的号召而提出来的。大力提倡并积极论释"学术中国化"的学者主要有李达、侯外庐、艾思奇、胡绳、沈志远、潘梓年、潘菽、柳湜等。这些学者主张"学术中国化",并认为"'学术中国化',正确的了解是将世界学术理论底最新成果,应用于中国各种现实问题之解决,要使理论的研究与发展,适应于现在和将来的中国民族和社会的需要"③。

在我们今天看来,"学术中国化"作为中一种文化建设的理论或思潮,主张吸纳世界上最新的学术文化成果以解决现代中国存在的各种实际问题,提倡学术研究适应"中国民族和社会的需要",这在理论与实践两个层面上应当都是可以成立的。胡秋原先生批评"学术中国化",一是他认为所谓"学术中国化"实为"马克思主义中国化",但马克思主义并不适用于中国。他说:"所谓学术中国化,乃将马克思主义中国化通俗化之意。但是,第一,马克思主义不过是学术之一部分。第二,马克思主义是欧洲发生的东西,今天中国人用不着,也就没有法子'中国化'了。"④胡先生批评"学术中国化"的另一个理由是他认定"马克思主义中国化"即是"俄化"。胡先生曾经说过:在抗日战争年代,为中国的胜利和富强,为了中华民族文化的复兴和创造,自己

---

① 胡秋原:《文化复兴与超越前进论》,(台北)学术出版社 1980 年版,第 126 页。
② 参见张静如:《关于"中国化"》,《党史研究与教学》2006 年第 5 期。
③ 《理论与现实·创刊献词》第 1 卷第 1 期(1939 年 4 月 15 日)。
④ 胡秋原:《文化复兴与超越前进论》,(台北)学术出版社 1980 年版,第 128 页。

"批评当时有代表性的四个口号:'中学为体,西学为用'、'中国本位文化'、'全盘西化'、'学术(马克思主义)中国化'。此即传统、西化、俄化之三派"。① 胡先生对他理解的"俄化"可谓深恶痛绝。因为,在胡先生看来,苏俄也在帝国主义国家之列,中国文化建设中的"俄化",实即意味俄国文化对中国的入侵。直到晚年,胡先生都未能改变这样的文化观念。"学术中国化"是否即可以等同于马克思主义中国化,马克思主义中国化是否即等同于"俄化",这类问题直到今天仍可讨论。今天,大陆学者仍然主张马克思主义中国化,历史也已证明马克思主义中国化确使中国文化走上了现代化的发展道路。但是,政治方面的歧见并不影响胡秋原先生对中国文化建设思考的价值。胡先生当年对"学术中国化"思潮的批评,有他自己对现代中国文化建设道路的理解,也有他自己的思想认识基础。这也值得人们去深入地研究探讨。因为,在这种研探中我们会更深入地了解胡先生在中国文化建设思考中所始终坚持的民族主义的立场,以及他基于这种立场所表达的对于国家民族强盛的期盼。

胡先生毕生思考现代中国文化的建设问题,批判各种他所不能认同的文化建设理论,那么,胡先生自己如何理解现代中国的文化建设呢? 胡先生在不同的历史时期对于如何建设现代中国文化的回答内容不尽相同。譬如,胡先生在抗战年代批评他所认定的各种错误的文化建设理论之后曾经提出:"提高民族精神,科学精神,以加强抗战建国力量及效率,使我们能达到现代水准,这是今日一般任务。政治经济军事都应如此,学术也应如此。"②胡先生在抗战年代所主张的"民族精神"、"科学精神"、"现代水准",大体上可视为他对现代中国文化建设方向和内容的最基本的理解。从总体上来看,胡先生在现代中国文化建设理论方面坚持一种"超越论"。在胡先生看来,文化建设的"超越"是一种"会通超胜"。这种"会通超胜"既意味着民族文化的复兴,也意味着民族文化的创造;不论是其理论的层面还是其实践的层面均与他所批评的"传统派"、"西化派"有别,也与他所反对的"俄化派"不同。通过"会通超胜"而形成的中国文化才是中国的现代文化,或说中国的现代文明,才意味着实现中国文化的现代化。

同时,胡先生认为,在现代中国文化建设中,要求超越与创新,实现中国文化的现代化,有两个基本点必须兼顾,其一是中国现代文化在形式上应当是民族的;其二是中国现代文化在内容上必须是科学的。这种观念使得胡先生在抗战年代将"发扬民族主义"与"发展科学技术"看做现代中国文化建设中必须努力坚持的方向,并提出过自己对于"发扬民族主义"和"发展科学技术"基本内容的理解。在胡先生看来,"发扬民族主义"应当涵括以下内容:一、"民族主义的文化运动要发扬我们文化固有的伟大精神";二、"民族主义文化运动是独立自主的文化运动";三、"民族主义文化

---

① 胡秋原:《文化复兴与超越前进论》,(台北)学术出版社 1980 年版,第 12 页。
② 胡秋原:《文化复兴与超越前进论》,(台北)学术出版社 1980 年版,第 130 页。

运动要提倡民族的道德";四、"民族主义文化运动要提倡尚武精神";五、"民族主义文化同时是民主主义;六、"民族主义同时是全民主义,民族主义文化运动同时不能不是国民文化运动、民众教育运动。""发展科学技术"的内容则主要是"要在建立国防产业中培养科学人才"、"充实高深科学研究机构"、"要整顿教育"、要造就"抗战建国的干部,同时要派遣真正有相当程度的人赴外国真正深造"、"必须传播科学知识"。胡先生曾经说过:"罗马不能成于一日,树木也要十年。"他强调要使"发扬民族精神"与"发展科学技术"的内容变成现实,需要一个长期的历史的过程,但胡先生也主张为现代中国文化建设尽责尽力应从当下做起。用他的语言表达即是"今日要广为种树"。因为,"今日辛勤之培植,就是将来新文化花园之基础"。因此,"今日一切从事于文化教育事业者,也必须立志做中国文化花园中的一个辛勤的园丁,用心血来灌溉未来中国文化之根苗。"①胡先生对于"发扬民族精神"与"发展科学技术"的这些理解写成于抗日战争时期,有其具体的历史的内容,但在今天仍能给予我们许多启示,值得致力于中国文化复兴的人们借鉴与思考。

　　胡秋原先生对于现代中国文化建设的思考,可以说伴随了他的整个学术人生。在不同的历史时期或说不同的历史条件下,他对于中西学术文化价值的认同、评断在不断变化。但就胡先生思考现代中国文化建设的思想路数和认识成果而言,有两个特点最为显著,这就是他所始终坚持的民族主义立场,他所始终提倡的科学精神。民族主义的立场要求他关注一般的文化理论,了解中国文化的现状,也激励他追求对西方文化的学习、考察、理解。科学精神则使得他不断考察中西文化的历史与现实,不断深化自己对于中西文化的比较研究,不断调适自己对于中西文化价值的理解与认同,努力使自己对中西文化的了解合于实际,并力求使自己对于中国文化建设的思考有益于现实的中国文化建设。也正是这种民族主义的立场和科学精神,使得胡先生晚年坚决反对台独,极力主张通过海峡两岸的中国人共同努力,结束民族分裂,实现祖国统一。在胡先生的学术人生中,学术研究与学术理论,政治立场和政治主张,都服从于其民族主义的立场和科学精神。在胡先生的人生中,学术追求曾经改变,政治立场也曾经改变,其不变者则是他的民族主义立场,是他提倡的科学精神。我们今天研探胡先生的文化理论,应该肯定的也是他的民族主义立场以及他所倡导的科学精神。

　　因为,在我们看来,今天所有谋求中国文化现代化或说民族文化复兴的志士仁人,都应当高扬民族主义的旗帜,都应当弘扬科学的精神。现代民族主义作为一种思想理论,主张将自己的民族作为政治、经济、文化的主体,肯定民族利益的至上价值,强调个人对于民族和民族国家的忠诚超越于其他任何对象。今天,在我们建设现代

---

① 胡秋原:《文化复兴与超越前进论》,(台北)学术出版社1980年版,第59页。

中国文化的实践中,民族主义仍然应当是我们的一面旗帜。因为,我们高扬民族主义的旗帜,有利于团结所有的中华儿女,为共同的文化建设目标而不懈地奋斗。当然,在我们为复兴中华文化而奋斗的过程中也需要科学精神。科学精神不仅有助于解决我们所面临的各种现实问题,不断地为我们民族的文化建设增添思想的动力,也将会帮助我们不断开辟新的文化建设领域,形成新的文化学术成果。同时,科学精神也有助于我们正确地坚持民族主义的立场。因为,我们主张的民族主义与民粹主义具有本质的不同。我们主张的民族主义既反对文化的自闭与守旧,也反对文化的排外与侵略。在我们看来,中华文化的复兴只能实现于多民族文化成果的交会与融合之中。这样的文化复兴不仅有益于我们自己的民族,也会有益于整个人类文明的发展与进步;也只有这样的中华文化,才真正可以说既是民族的,也是世界的、人类的。总之,回顾胡秋原先生对于中国现代文化建设的深沉思考,给人的感受与感悟是:我们必须坚定不移地朝着中国文化现代化这一伟大目标,不断地推进自己的民族文化建设,不断地获取现代的优秀的民族文化建设成果。唯有如此,才足以告慰胡秋原先生,告慰胡秋原先生这类为中华文化的复兴终生奋斗的前辈学者,告慰历史上所有为中华文化的复兴而抛头颅洒热血的仁人志士。

　　以上是为笔者阅读胡秋原的文化论著之后的一些感想。胡秋原先生有关文化问题的论著卷帙浩繁,思想内容十分丰富。但笔者对胡先生论著的阅读范围有限,加之本文于匆促中写成,文中对胡先生文化理论的评析不可能是全面的、深入的,而只能是初步的、粗浅的。因此,文中的不妥处甚或失误处,诚挚地期望大家指正。

　　　　　　　　(收入武汉大学哲学学院编:《哲学评论》第 9 辑,武汉大学出
　　　版社 2011 年版)

中　篇

冯友兰文化类型说刍议

在近代中国,比较中西文化,反思民族传统,确立中国文化发展的方向道路,始终是人们面临的重大理论课题。一百多年来,人们围绕这一课题,见仁见智,作出过种种选择和回答。冯友兰的文化类型说即是这一历史课题的答卷之一,其中得失,发人深省,对于我们在新的历史条件下探讨中国文化的过去和未来仍有借鉴的价值。

一

冯友兰的文化类型说是在长期的东西文化比较工作中建构起来的。他六十多年来的学术生涯所讨论的问题,"笼统一点说,就是以哲学史为中心的东西文化问题"[①]。对文化现象的理解所经历的不同认识阶段,构成了他的文化类型说酝酿、成型的演化历程。

从文化角度看,1919 年爆发的五四运动,既是中西文化矛盾的结果,又标志着中西文化矛盾的加剧。面对剧烈的中西文化冲突,人们更急切地需要了解中西文化异同,理解中西文化冲突的性质、根源,探求解决矛盾的方法和途径。冯友兰就在这年踏上美国本土,进入哥伦比亚大学研究院,在直接领略西方文化的氛围中开始了比较中西文化的工作。在美国,冯友兰曾告诉印度诗人泰戈尔,说五四以后,人们"想把中国的旧东西、哲学、文学、美术,以及一切社会组织,都重新改造,以适应现在的世界"[②]。这反映了五四以后,中国的社会心理,也是冯友兰研究中西文化的主观动机。因此,冯友兰对中西文化的思考首先即是如何"比较中西"。他认为文化是一种"总合体","中国文化,就是中国之历史、艺术、哲学……之总合体"[③]。基于这种观点,冯友兰将始于近代并日渐激化的中西矛盾都看做两种文化的矛盾。不仅将从前的"兵战商战"比喻为中西文化的"先锋队斥候队"之间的接触,视为表层文化之间的冲

① 冯友兰:《三松堂学术文集》,北京大学出版社 1984 年版,第 2 页。
② 冯友兰:《三松堂学术文集》,北京大学出版社 1984 年版,第 11—12 页。
③ 冯友兰:《三松堂学术文集》,北京大学出版社 1984 年版,第 43 页。

突,而且肯定自五四以后,中西文化的冲突已扩展到了文化的深层结构,这是主力军之间的"决战",其结果对中国文化的存亡关系重大。因此他认为,比较中西文化,并非"文章题目",而是中国人面临的"真问题"。比较中西文化的原因,"不在理论方面,而在行为方面;其目的不在追究既往,而在预期将来"①。

在冯友兰看来,比较中西文化,首先"要以中国人而谈中国文化及民族性"。谈论中西文化的人应以实际行动驳斥对我们民族性的歪曲诽谤,同时要了解自己对中国文化应负的责任。以局外人的身份谈中国文化及国民性优劣,无补于民族的振兴和文化的发展。文化是活的,是创造中的东西。只要有中国人,中国文化及国民性即在创造中。繁荣中国文化,造就优秀的国民性,只能靠中国人自己的"此时此地"。这就是冯友兰比较中西文化的态度。在确立了比较中西文化的态度后,冯友兰开始思考在中西文化冲突中中国文化"节节大败"的原因。他思考的结论是:"中国落后,在于她没有科学。"②冯友兰认为,中国没有科学标志着中西文化的差异,这种差异又根源于中西文化的根本思想即哲学不同。为此,冯友兰在中西比较中,对中国的哲学传统、价值观念进行了深刻的反省。

他认为,"自然"、"人为"代表中国哲学的两种致思趋向,儒、道、墨三家理论代表早期中国哲学的三种理论形态。道家执著"自然",代表"自然"趋向的极端;墨家"非命"、"尚力",主张"人为",儒家则介于两者之间,主张"中道"。儒家分化后,孟轲一派主张"幸福和真理都在我们心里",接近道家。荀况一派反对"蔽于天而不知人",主张以征服自然代替向自然复归,发展了"人为"路线。在中国,如果墨家和荀况的人为路线继续发展,也许早就产生了科学。但墨学未能发展,荀况一派的理论也随着秦王朝的覆灭而消亡了。其后,极端"自然"型的佛教传入中国,致使中国人长期游移于儒、释、道三家之间。到宋代,儒学复兴,中国才形成新的主体思想。但宋代道学中一派以为物是外在的,一派以为物是心存的。后者所讲之物,更易在"格物"中实行。这派理论一度广为流行,使人为路线未能在中国哲学中真正复兴。

欧洲情况完全不同,欧洲哲学家大都假定人性本身是不完善的,他们需要知识和力量,征服自然。因此,西方人强调的是"我们有什么",重视科学,使科学得到了长足的进步和发展。而中国"自从她的民族思想中'人为'路线消亡之后,就以全部精神力量致力于另一条路线,这就是,直接地在人心之内寻求善和幸福"③。因此,中国人强调的是"我们是什么"。人们感兴趣的是"知觉的确实",而不是"概念的确实"。可以说,"中国没有科学,是因为按照她自己的价值标准,她毫不需要"④。"内向"的哲学传统,决定了中国

---

① 冯友兰:《三松堂学术文集》,北京大学出版社 1984 年版,第 44 页。
② 冯友兰:《三松堂学术文集》,北京大学出版社 1984 年版,第 23 页。
③ 冯友兰:《三松堂学术文集》,北京大学出版社 1984 年版,第 39 页。
④ 冯友兰:《三松堂学术文集》,北京大学出版社 1984 年版,第 24 页。

没有产生关于自然及其相互关系的系统理论。冯友兰对中国为什么没有科学的理解，使他早期关于中西文化差异的认识具体化了，这就是：东西文化根本思想的不同，导致人们价值观念不同，从而使两种文化发展的结果也截然不同。这种理解虽然没有超越当时依地理环境视西方文化为物质文明，视东方文化为精神文明这种认识层次，但冯友兰依致思趋向、价值观念区别中西哲学的不同，以及由此导致的文化差异，这又有其特色。这种理解是他后来打破地域界限，辨析东西文化的前奏。当我们今天重新思考科学与哲学的关系、科学与振兴中华的关系时，冯友兰早年的反思是值得咀嚼的。

二

　　随着对中西文化深入地比较研究，冯友兰开始从中西文化的差别中认识两者的同一。对中西文化之同，冯友兰是通过比较历史上各种人生理想揭示的。

　　冯友兰认为，人类不仅生理构造，心理活动存在许多相同之处，而且面临共同的人生问题。就人生理想而言，西方民族能想到的，东方民族也可以想到，区别是各民族对某一人生理想发挥不同，某一人生理想在不同民族历史上影响不一样。这种认识使他打破东西地域界限，对历史上各种人生理想比较辨析，以见其同。

　　在冯友兰看来，人生理想源于人生经验。经验的事物一是天然的，一是人为的，与此相应，有"天然境界"与"人为境界"。从哲学上看，无论中国关于人性善恶的争论，希腊关于道德根源的争论，还是欧洲哲学中关于有神、无神的讨论，本质地讲都与"天然"、"人为"这类问题存在某种联系。现实的世界有"好"与"不好"，实际的人生有"苦"有"乐"。冯友兰依对"好"与"不好"、"苦"与"乐"等成因的不同理解，将人生理想区别为"损道"、"益道"、"中道"三个系统，将三个系统中的人生理想又分为十派，这十派人生理想不分东西，各有见蔽。

　　老庄哲学、佛教、柏拉图、叔本华哲学都属"损道派"。这派以世界"好"为固有，"不好"源于人为，把"天然境界"理想化，以为追求幸福在"损"，实即主张去掉人为。在这一系统中，老庄讲"极小大之致，以明性分所适"，不否定现实世界，主张真正无为，只反对有意的、做作的行为，追求一种本能的自然状态，柏拉图讲"好"不在现实世界，而在彼岸的理智世界中，与老庄所求之"好"有别；叔本华以为概念世界是存在的，但并非"好"的理想世界，以为人生有苦痛，在于意志肯定自己，"无意志"、"无观念"、"无世界"的境界才是最好的境界。为示区别，冯友兰名老庄为"浪漫派"，柏拉图为"理想派"，叔本华为"虚无派"。

　　"益道"一派以现存之不好为世界本来面目，现在之好，则全由于人为。故这派哲学家提倡奋斗，主张求幸福于将来，建乐园于人间。冯友兰将杨朱、墨翟、笛卡尔、培根等人都纳入"益道派"。杨朱哲学以"且趣当生，奚遑死后"为主旨，简单地理想化"人为",是快乐派,墨家以为"吾人非勤工节用,不足自存",为功利派,笛卡尔、培根等人都以为人掌握了知识、权力,即可战胜天然,得一好的境界,属"益道"中的"进步派"。

儒家、黑格尔等人属"中道派"。这派以为人为是对天然的补充,"现在之境界,即是最好。现在活动,即是快乐"①。其趋向是融合"损道"、"益道"两派的理论,力图在融合中得出一理想的人生境界。

五四以后,人们比较中西文化,多注意其差别,冯友兰打破东西方界限,将各种人生哲学比较研究,不以地域分别,而依理论本身分派,这种以平等心态研究中西文化,有利于增强对民族文化的自信心。同时,将文化作为一个统一的整体进行研究,有利于科学地了解中西文化。

20 世纪 30 年代,冯友兰对中西哲学异同进行了更具体的比较。他认为,中国哲学中关于天道问题的理论为宇宙论,关于性命问题的理论属人生论,与西方哲学在总体上有其同。但中国哲人重"立德"、"立功",轻"立言",少首尾贯穿的哲学著作;讲"天人合一","我"与"非我"间无绝对界限,知识论未成为中国哲学的重要内容;中国哲人对思想辩论的程序方法研究不够,逻辑在中国哲学中也未得到发展;由于不重对"非我"的认识,中国哲学中宇宙论极为简略。西方恰恰相反,"我"与"非我"的界限在西方极为分明,如何认识"非我"是西方哲学的主要课题,这使得西方注重逻辑,知识论极为发达,这是中西哲学之异。经过总体的比较分析,冯友兰断定中国近代哲学尚在萌芽中,尚未形成类似西方的近代哲学,其原因是"直至最近,中国无论在何方面,皆尚在中古时代"。② 由中西哲学之别,冯友兰进而认为:"所谓东西文化之不同,在许多点上,实即中古文化与近古文化之差异。"③以历史区别中西文化异同,比起依地域解释中西文化差别来,是一个进步。而且冯友兰以为中国要产生类似西方的近代哲学,有待于中国从时代环境方面走向近代。把文化的产生与"物质的精神的环境"联系起来,这是开始从文化产生的根源去探讨文化现象了。依时代环境不同理解中西文化矛盾,比依地域环境不同理解中西文化冲突要高明得多。当然这种理解并不是科学的,冯友兰也没有停留在这种理解上,否定这种理解后,他提出了依文化类型解释文化现象的观点。

三

冯友兰的文化类型说形成于 20 世纪 40 年代,是建立在他对事物共相和殊相关

---

①　冯友兰:《三松堂全集》第 1 卷,河南人民出版社 1985 年版,第 581 页。

②　冯友兰:《中国哲学史》下卷,中华书局 1947 年版,第 495 页。

③　冯友兰:《中国哲学史》下卷,中华书局 1947 年版,第 495 页。

系理解的基础上的。他认为事物有共殊之别,殊相是具体事物,具有许多属性;共相是一类事物依照之理,是事物的类型。在共殊关系中,共相是具体事物之所以成为具体事物,并归属于某类事物的根据。人们考察事物的时候,可以把具体事物当做一类事物之例,考察其所以为这类事物的某种性质。这种考察方法是知类。比较中西文化,也必须知类。即必须把文化作为一个统一的社会现象,通过对某种具体文化的了解,来了解文化的类型,了解一种文化之所以归属于某种文化类型的深层原因。

冯友兰认为五四以来,人们比较中西文化,对中西文化理解歧异,重要原因是考察文化现象的方法不科学。五四以后,胡适否定儒家的权威意识,提倡个人奋斗,反对"无为",有全面否定中国文化传统的倾向,梁漱溟以为中国文化方向对头,错在"不合时宜",表现出对传统文化的同情;陶希圣等人则讲中国本位文化。在某种意义上说,这些主张都把西方文化当做一种特殊文化,所以才有"全盘西化"、"本位文化"、"部分西化"的分歧。"全盘西化"意味着将中国文化这种特殊文化,转变为西方文化这种特殊文化。一种特殊文化转变为另一种特殊文化,必将全面否定原有文化的特殊性,这在实际上是不可能的。"部分西化"论者,对于取西方文化之何部分以"化"中国文化,也难提出一个统一的标准。五四后人们视科学和民主为西方文化精髓,要引进"德先生"和"赛先生";也有人把基督教、天主教看做西方文化,简单地将西方文化看做一种特殊文化,这种歧异是无法解决的,因为谁也无法否认基督教是西方文化。"本位文化"论者主张以中国文化为本位,也主张对西方文化中可取者取之,对中国文化中当去者去之,把西方文化作为一种特殊文化,对其去什么,取什么也是讲不清楚的。而那种将西方文化看做近代文化或现代文化,肯定西方文化先进,不在其为西方的,而在其是近代文化或现代文化;中国文化落后,"并不是因为我们的文化是中国的,而是因为我们的文化是中古的",把"我们要西洋化"的说法变为"我们要近代文化或现代文化"的观点,虽然对西方文化的认识更接近实质,但"近代"和"现代"亦是特殊,而非类型,用近代文化或现代文化概念也难以科学地辨析东西文化。唯有以类型区别文化,才会使认识达到科学。

以文化类型考察文化,就可以看到西方文化先进,"不是因为他是西洋底,而是因为他是某种文化底"①。对中国文化的落后也可作如是观。确立了文化类型,就可分清一种文化中的主次成分,在文化建设中,对西方文化去取都有一标准。当我们把改造自己的传统文化,理解为由一种文化类型转变为另一种文化类型时,既可以说转变是"全盘"的,这种转变后的文化中许多固有的传统特征仍然保持着,故又可以说转变是"部分"的。对文化现象的同异转化,只有以类型来观察,才能从理论上得到说明。

---

① 冯友兰:《新事论》,商务印书馆1947年版,第15页。

冯友兰并未对人类文化的所有类型作出自己的说明。他所具体说明的文化类型,主要是中西近代文化。这种类型的划分是依社会生产方法来规定的。他把中国近代文化看做"生产家庭化的文化",把西方近代文化看做"生产社会化的文化"。所谓"生产家庭化",按冯友兰的讲法,是一种以家庭手工劳动为"本位"的生产制度,这实际上是指自给自足的封建生产方式。在这种社会里,人们的社会关系、文化观念都依存于家庭关系,这就是中国近代文化类型赖以存在的社会经济的土壤。所谓"生产社会化的文化",是一种以社会为"本位"的生产制度。这种生产制度是经过产业革命,打破以家庭为本位的生产方法和社会制度之后,形成和发展起来的。西方近代文化使西方近代经济发达,西方人都成了"城里人"。而中国乃至整个东方一些国家的近代文化却长期滞留于"生产家庭化"这种文化类型。文化落后,经济落后,东方不少地区成了西方列强的"庄子"。"庄子"即殖民地或半殖民地。在世界上出现了"乡下靠城里,东方靠西方"的局面。因此东方民族要摆脱受压迫、被掠夺的境地,必须改变自己的文化类型。改变文化类型的途径则是进行产业革命,在生产方法和社会制度上改革。中华民族只有走产业革命的道路,把自己民族的文化转变为以生产社会化为基础的文化类型,才能使民族振兴,使中国文化发扬光大。

冯友兰从以地域解释中西文化差别,到依历史时代区别中西文化,再到提出文化类型说,以社会生产方式解释中西文化的差异,终于在一个较高的层次上提出了自己理解中国文化发展的方向和道路。五四以来,像冯友兰这样对文化问题孜孜以求的知识分子不乏其人,但如冯友兰这样不间断地吸收新的思想方法,关注人们关于文化问题的认识成果,把对文化问题的探讨和理解建立在自己的哲学基础之上的学者却屈指可数,尽管冯友兰的文化类型说明显地吸收了唯物史观的某些原则和方法,但20世纪40年代的冯友兰并非是一个马克思主义者。他对中国文化建设的关心和热情,似乎主要是由一种民族意识决定和支配的。这种民族意识使他将中国半个世纪以来的各种活动都纳入中国人力图"从乡下变为城里",从半殖民地的地位,恢复从前东亚主人的地位"这一总趋势",并预言"真正底中国人,已造成过去底伟大底中国。这些'中国人',将要造成一个新中国,在任何方面,比世界上任何一国,都有过之无不及"①。同时,作为一个哲学家,由于他对文化问题持续冷静地理性思辨,使他在五四以后较明确地提出中国文化西洋化应当是中国文化近代化现代化,在文化建设理论方面,既否定"全盘西化",又否定"部分西化"和"中国本位"等各种错误观点。同他类似的学者比较,他的见解更具特色,更有理论深度。

当然,冯友兰指出的中国文化建设道路并不是科学的。他主张经过产业革命,将中国文化转变为以生产社会化为基础的文化,实际上是主张将封建文化转变为资本

---

① 冯友兰:《新事论》,商务印书馆1947年版,第230页。

主义文化。因为冯友兰理解的生产社会化社会有两种情形：一是生产社会化支配家庭化，二是生产社会化支配社会化，前者是资本主义，后者是社会主义。他并未明确主张将中国文化发展为社会主义文化。而实践已经证明，冯友兰主张的中国文化发展的道路是不现实的，走资本主义道路并不能真正解决中西文化矛盾，使中国人民摆脱半封建半殖民地的地位。冯友兰文化类型说表明他注重事物类型的一般，对文化现象的共性有一定程度的认识。但由于长期的书斋生活，冯友兰没有如实地了解中国国情，没有正确地总结近代人们前赴后继、救亡图存的历史经验，加上个人的社会生活地位，使得他不可能完全接受马克思主义，没有认识到只有社会主义才能救中国，因而在思考文化建设问题上，不可能达到科学地比较中西，认识中国文化建设的方向道路。今天，我们又在比较中西文化，审视民族的文化传统。冯友兰当年探讨东西文化的主观动机、价值尺度、思维方法与理论归宿从正反两方面为我们的工作提供了一个参照系，给我们启示和借鉴，其中主要之点则是要科学地思考文化问题，必须全面地坚持和运用唯物史观的方法和原则。

（原载《江汉论坛》1987 年第 8 期）

旧邦新命，真火无疆

——冯友兰先生学思历程片论

冯友兰先生是 20 世纪中国对传统哲学文化的现代化作出了重要贡献的哲学家。他锲而不舍的学术活动，几乎跨越了整个世纪。20 世纪初，当新文化运动在神州大地崛起之时（陈独秀主编的《新青年》创刊于 1915 年），冯先生正踏入北京大学的中国哲学之门。从此，他在中国哲学这片丰饶而荒芜的田野上辛勤耕耘了七十五个春秋。七十多年心血，浇灌出的一批又一批优秀学术成果，不仅以其会通中西、融贯新旧的独特理论贡献，在中国现代文化思想史上享有特定的地位，并且以其扎根于传统文化土壤，具有强烈民族性格因而得以蜚声海外，对世界哲学论坛发生一定的影响。

年届耄耋后，冯先生对于祖国的前途，民族文化的命运，仍然魂萦梦绕，以一个中华哲人特有的忧患意识和历史责任感进行着深沉的哲学思考。如陈来同志默观所记："冯先生虽年至九旬，哲学思维却一天也没有停止过。正古人所谓'志道精思，未始须臾息，亦未始须臾忘也'。他常常语出惊人，提出与时论有所不同的种种'新意'，他每戏称之为，'非常可怪之论'……"①当我们正努力作跨世纪的哲学思考的时刻，研探冯先生哲学活动的历程，对于审视和总结 20 世纪中国哲学的发展进程及其成果，展望 21 世纪中国哲学发展的前景，都会有一定的意义。冯先生从事哲学耕耘的七十多年间，中国大地上风雨如磐，中国社会的革命代谢几经曲折，是什么力量推动冯先生与时偕行，无视坎坷，著述不倦？是什么精神促使冯先生不断地吐故纳新，推陈出新，常葆学术生命的青春？冯先生曾在三松堂题联自勉："阐旧邦以辅新命，极高明而道中庸"，从中我们似乎可以探得某些解答问题的信息。

冯先生生当中西文化在中国会聚——冲突、矛盾——融合的时代，曾充分自觉到："我生活在不同的文化矛盾冲突的时代，我所要回答的问题是如何理解这种矛盾冲突的性质；如何适当地处理这种冲突，解决这种矛盾，又如何在这种矛盾冲突中使自己与之相适应。"②追求对中西文化矛盾的理解，探寻解决中西文化矛盾的方向道路，这本是近世中国知识分子，乃至全体中国人民所面临的共同的历史使命。但在崇

---

① 《读书》1990 年第 1 期。
② 冯友兰：《三松堂全集》第 1 卷，河南人民出版社 1985 年版，第 338 页。

洋与复古两种思潮迭相煽惑之下，不少人陷入迷途，或失所皈依。冯先生却体贴出"旧邦新命"四字，并以"阐旧邦以辅新命"自勉，表明了他对于这种历史使命的深刻理解和高度自觉，体现了一个经历过五四风雨的知识分子深沉的民族意识和炽热的爱国情怀；同时，也表明了冯先生作为优秀的中国知识分子群体的一员，对于改造旧中国，建设新中国的伟大实践的强烈的参与意识。应当说，民族意识和爱国情怀是造就冯先生"造次必于是，颠沛必于是"的学术生命韧性的重要基因；或者说，是近代中国知识分子在深重民族苦难中唤起的文化觉醒，为冯先生常葆学术生命的青春提供了活水源头。

促使冯先生数十年如一日学思健动不息的另一个重要因素，当是冯先生充分自觉到哲学活动的要求，不是"索隐行怪"或概念游戏，而是"极高明而道中庸"。冯先生以哲学史家名世，但冯先生首先是真正的哲学家。他把哲学看做是人们对于宇宙全体的看法，是对人生的反思，是对生活的理解；认为从理性的层面看，哲学的思考体现了最高层面的"思想"，他要求尽力达到"极高明"；从功能价值的角度看，哲学是要通过自身而让人们了解人生，在现实中追求理想的生活，提高人们的精神境界，这又要求哲学所讲的内容近人情，或说是"道中庸"，要求哲学家建构符合时代要求的哲学理论。冯先生曾说："真正的时代哲学，系将过去的思想与当时的事实问题接近，把活的事实问题与思想打成一片"，并认为"这才是哲学家应有的责任，也就是新哲学的正鹄"。① 这种既"极高明"又"道中庸"的新哲学，体用兼备，本末一贯，在冯先生看来，是中国哲学固有的最优秀传统的继承和发扬。这样继往开来的哲学，不可能一蹴而就，其建构需要一个漫长的历史行程。对哲学工作性质及其正鹄的这种理解，使得冯先生对哲学真理的执著追求，仰高钻深，终身不渝。

同时，冯先生对于我们民族的哲学智慧终将孕育出全新的系统，抱着无比坚定的信念。他认为中国历史上，每经过一个大朝代，政治统一了，民族融合了，以后就会出现一个包容广泛的伟大哲学体系。现在我们已经有了马列主义在中国的胜利，不过马列主义还要进一步中国化，毛泽东思想还要向前发展，建构新的哲学体系的工作尚没有完结；从 19 世纪开始的中国社会的大转变，还只是"开始的终结"，而不是"终结的开始"，新的中国和新的中国文化的发展路程还长。因此，他对"旧邦新命"的信念，老而弥笃，心之所系，意之所在，始终是为新的中国哲学的诞生培育土壤，增添营养。如冯先生深情自白："智山慧海传真火，愿随前薪作后薪。"他愿用自己的生命，用自己"呕出心肝"的学思创造，来充作燃料，以传这团"真火"！由此看来，冯先生对哲学性质的理解，对哲学真理的追求，正是他学术生命长盛不衰的重要原因；而这种理解和追求中所燃烧着的是一颗炽热的爱国心。他对民族文化复兴，国家发展前途

---

① 冯友兰：《三松堂学术文集》，北京大学出版社 1984 年版，第 297 页。

的眷恋如此真挚，像丹柯燃心为炬的圣火一样，任何风雨也不可能使之熄灭。读冯先生书，其中有冯先生其人。冯先生正是爱国主义意识和丰厚文化传统所培育出的中国知识分子之一员。

冯先生治学的途径方法，也值得体察和借鉴。大体说来，冯先生治学，是由论入史，而又因史成论；由"通古今之变"而"成一家之言"，换言之，是本哲学以论哲学史，即哲学史以论哲学。

冯先生成名著作是他 20 世纪 30 年代写作的《中国哲学史》。冯先生的这部哲学史之所以被海内外学人所称道，认为足以在中国哲学史的学科史上区划一个时代，重要原因之一，是冯先生在五四时期的文化选择，本当时流行的新实在论观点，借以诠释传统的中国哲学，对先秦名家、魏晋玄学、宋明理学的论析，令人耳目一新；但是，冯先生撰写这部中国哲学史，目的并非仅为考史，实是为了立论；冯先生曾说："研究哲学须一方面研究哲学史，以观各大哲学系统对于世界及人生所立之道理；另一方面须直接观察实际的世界及人生，以期自立道理。故哲学史对于研究哲学者更为重要。"冯先生因史立论，实际上又并非自《中国哲学史》始。早在 20 年代，他因研究中西文化问题而写成的《人生哲学比较研究》（又名《天人损益论》），就是一部贯通中外的哲学思想史著作。在这部著作中，他以比较中西人生哲学异同的方式，表达了自己对中西文化异同优劣的看法；基于自己对中西人生哲学异同优劣的理解，才有他后来的《一种人生观》的系统立论。从比较中西文化，到《人生哲学比较研究》，是由论入史；从《人生哲学比较研究》到《一种人生观》的确立，则是因史成论。冯先生在讲到自己的《一种人生观》时，曾经认为，一种人生观，需要有一种宇宙观为根据，他写作《中国哲学史》，实是建构这种宇宙观工作的一部分，这在冯先生的学术活动中，是从一个更高层面上由论入史了。当他的《中国哲学史》完成之后，随即建构成庞大的新理学体系时，则又是另一个层面的因史成论。在冯先生的学术成果中，论和史当然有别，但就其致思经纬而言，则是浑然一体，交相渗透。他的《新原道》、《新知言》、《中国哲学简史》，是在释古考史，还是在阐释自己的哲学？应当说二者兼而有之。由论入史，依一定的理论原则，辨析历史传统；因史成论，从传统出发建构起自己的理论体系。冯先生治学，从来不曾放弃这样的方法和原则。解放后，冯先生经过严肃思考和自觉选择，力图依据马克思主义哲学的原则和方法，重新清理中国哲学传统，曾两度着手《中国哲学史》的新编工作，终于在 80 年代末，以惊人的智慧和毅力完成了七卷本《中国哲学史新编》的著述。《新编》中，最终以对事物的共相和殊相关系的理解探讨为主线，来清理中国哲学发展线索，新议新论，令人惊叹不已。王国维讲治学三境："昨夜西风凋碧树，独上高楼，望尽天涯路"；"衣带渐宽终不悔，为伊消得人憔悴"；"众里寻他千百度，蓦然回首，那人却在灯火阑珊处"。冯先生的治学实践和成果，正是对王氏之说的具体印证。冯先生笃学精思一生，实际上已经历了"论——史——论"的三次循环，而最后一次循环，尚未达到逻辑的终点。如果不是自然规律的限制，谁能料定他在《中国哲学史新编》七卷之后，不能再建构一个自己的全新的哲学体系，从一个更高的层面上因史成论，为新中国哲学的发展添加更多的营养呢？

从冯先生的治学方法和成就中，似乎可以得到这样的启示：马克思主义的哲学工作者，治学也须注意论与史的结合，也应该具有哲学家和哲学史家的双重素质。在我们的工作中，如果没有哲学史家的恢弘博大，即谈不上了解民族的文化传统，谈不上熟知人类文化发展中的精品和走向；如果缺乏哲学家的敏感和睿智，则不可能"推故而别致其新"，超越历史的成说和地域的局限，作出创发性理论贡献。唯有善于把两者有机地结合起来，才有可能多少承担起时代要求于我们的哲学工作任务。

冯先生把自己的学术活动，看做是"阐旧邦以辅新命"，把自己学术工作的特点，看做是"极高明而道中庸"，这不仅表达了冯先生的学术追求，实际上也反映了冯先生学术活动所达到的一种境界。

冯先生是主张人生境界体现人生价值的。他所推崇的人生境界是"天地境界"，以为在这种境界中的人，已经对宇宙全体，人在宇宙中的地位有所觉解；具有天地境界的人，已经经过思议，达到了对不可思议者的思议；经过了解，达到了对不可了解者的了解。我们难以衡断冯先生是否达到了他自己主张的这种人生最高的境界。但从冯先生七十多年的学术生涯中，和他对自己学术活动性质的概括中，强烈地感受到冯先生治学，在努力追求一种"超越"，即不断地超越自我，力图在自己的学术活动中，把"有我"同"无我"统一起来。当他肯定自己的工作是"阐旧邦以辅新命"时，意识到了自己学术活动的价值，是"有我"；当他主张"极高明而道中庸"时，强调的是必须"经虚涉旷"，无所沾滞，可以看做是"无我"。冯先生超越"自我"，更多地体现在他实际的学术活动本身，这就是工作中，个人得失可以不计，环境顺逆可以不计，荣辱褒贬可以不计，自觉其对者，则坚定不移，自觉其谬者，则敢于自我否定，把自己的学术活动自觉地纳入民族文化建设，把自己的真理追求看做是人类智慧之薪火相传。愈到晚年，冯先生的这种思想境界，似乎愈见明朗。时论以冯先生在新儒家之列，其实就冯先生学术活动体现的思想境界看，儒道、玄、禅，早已打通了。可以说，冯先生学术活动中，超越"自我"的意识所表明的，乃是他对历史文化中多维传统的统摄和融合。

陶行知先生当年说过："捧着一颗心来，不带半根草去。"这似乎不单指陶先生自己，而是概括了中国优秀知识分子不求私利，乐于奉献的美德和精神境界。在现实的理论工作中，如冯先生晚年这种超越"自我"的境界，是值得赞扬的。哲学工作旨在求真，只有无"我"，才能"去圈"，才能真正具备对真理的热情和信念，才能够促进哲学的繁荣和发展。

冯先生九十寿辰时，曾自称"何止于米，相期以茶；心怀四化，意寄三松"，表达了他的乐生心态和坦荡襟怀。本来学术界同仁都企盼冯先生能在新的生命历程中，氤氲生化出更多的逸想妙谛，为中国哲学发展的未来，播下更多的新的慧种。殊不料先生竟于 1990 年 11 月 26 日与世长辞了。哲人其萎,哀祭无仪。谨以本文,表示我们对冯先生的悼念。

　　　　　　　　（此文与萧萐父先生联名发表,原载《中州学刊》1991 年第 6
　　　　　　　期）

写在冯友兰先生逝世一年后

——关于冯友兰思想研究的几点感想

一、当代真正有国际影响的哲学老人

这些年由于教学工作的需要,我一直在研究冯友兰先生的哲学思想。因此,在冯先生辞世之后,总觉得自己应写点什么,以示对这位当代中国学人中真正具有国际影响的哲学老人的怀念,但一时又不知从何写起。思来想去,我想到了冯先生给予自己的指教,想到了冯先生对后辈学人评析其史、论著述的要求,也想到了冯先生辞世之后,人们研究"冯学"的现状。于是我决定写一点个人对冯先生的印象,写一点我对于怎么样客观地、实事求是地评估冯氏思想的思考和理解。

先谈对于冯先生的印象。

我任教的学校在南方,加上年龄、学识悬隔,使得我虽做中国哲学教员多年,却谈不上与冯先生有什么交往。但做我这种工作,不能不读冯先生的书,不能不知道冯先生。而且我和冯先生确曾谋面,所以印象还是有的。

第一次见冯先生,是 1979 年。其时我正在北京大学进修中国哲学史。一天课后,我同河北大学一位进修教师冒昧地到冯先生府上。在这位学界前辈面前,我们除自报家门之外,所谈不多,但冯先生却显出很愿意和我们交谈的样子。现在想来,大概是老先生当时心境不佳,愿意有人同自己说话吧。

第二次见冯先生,是 1985 年,这一次我是专门去北京向冯先生求教的,受到了冯先生热情接待。冯先生不仅连续几个下午解说我学习中的疑难问题,允许我把他的谈话录音;还表示欢迎我去北大,集中时间做自己的研究工作。虽然后来我未去北大做自己的研究课题,但对冯先生的帮助,我是心感的。因为我从冯先生对年轻人学习的关心中,看到了他自谓的"阐旧邦以辅新命"的情怀。他对于复兴民族文化的强烈愿望和责任感,给我留下了极为深刻的印象。

后来,我的研究工作,终于获得了一些认识成果:1990 年,武汉出版社出版了我的《冯友兰新理学研究》,台湾远流出版公司、香港天地图书公司分别出版了我的《冯友兰与新理学》。本来打算参加中国文化书院主办的"冯友兰哲学思想国际研讨会"

时,把两本书送给冯先生,得到他的指教,不料冯先生在会议开始前几天去世了。我只和与会者们在北京医院的一间小屋中,与冯先生见了最后一面。会上我把书送给了冯先生的亲属,以示对冯先生的怀念,了却了自己的一桩心愿。

冯先生人已作古,其言犹存。在中国现代思想史上,他先是以两卷本的《中国哲学史》成名,实际上继胡适之后,把中国哲学史研究推进到了一个新的历史阶段,进而他以"贞元六书"构成"新理学"的理论体系,对中国哲学现代化进行尝试和探索,从而使自己集哲学家和哲学史学家于一身。今天,任何人研究中国哲学或中国哲学史,都无法无视冯先生其人其学的存在。因为冯先生的史、论著述已成为中国现代哲学史中的重要内容。因此,怎么样评估冯先生其人其学,仍然是我们面临的一大课题。

过去海内外学人,对冯先生其人其学的评估,歧异甚多。这使得冯先生自己也希望人们对他的论著的研究,公平、如实。1985 年我见到冯先生时,他即对我说过,对人们研究其论著,别无所求,只求实事求是。事实上冯先生晚年是很关注人们对他的论著的态度的。冯先生逝世之后,涂又光先生的挽联中说:"誉之不加劝,非之不加沮,知我罪我,全凭四百万言"。联义仍关涉人们对冯先生人品学问的评价,表达了冯先生生前的心声。

那么,怎样评估冯友兰其人其学,才是科学的呢? 我以为应当求实、理性。

我们应当认同冯友兰哲学产生的社会历史背景,将其纳入基于中西文化矛盾而展开的中国文化现代化进程中考察。冯先生的"新理学"体系,在形上学方面的追求,是要辨析事物的共相与殊相及其相互关系。这种理论追求,绝非无缘无故,而是近代中国,人们在解决中西文化矛盾的实践中,呼唤哲学理论的一种表现。尽管冯先生没有从本体论与认识论既相区别又相统一的角度建构其形上学,在"新理学"中未能科学地回答事物的共殊关系,但他对于所要求回答的哲学课题的领悟与自觉,却是不应被否定的。因为,在中国现代哲学史上,具备冯先生这种悟性的哲学家,人数寥寥。五四以后的中国哲学界,力图建构自己的哲学体系者不少。为了这个目的,不少人将自己的思想嫁接在陆王学派的思想基础上,唯有冯友兰先生要"接着宋明道学讲",把自己的思想嫁接于程朱学派。这种差异的根源,不在于对哲理的意趣,不在于对传统的选择,而在于对时代规定的主要的哲学课题不同的理解。就对于时代对哲学要求的理解而言,冯先生的悟性似乎比与他同时代的学者要略高一筹。因为,直到今天,正确地理解事物的共殊关系,仍然对于中国的文化建设,具有方法论意义。

二、"以知识之思辨取代与道德之笃行"

冯先生对于变革传统的哲学方法的自觉,也应当肯定。因为这种变革与自觉也顺应了中国哲学现代化的要求。中国哲学,之所以在 20 世纪初叶仍停留在古代形态,一个重要原因,就是哲学思维方法还没有脱离传统的窠臼。冯先生在建构"新理学"时,努力使自己的方法符合逻辑思维的规则,使自己的哲学范畴清晰、明确,并强调在中国哲学传统中理性主义的重要。同时,冯先生又通过改造传统,把直觉理解为对于理性的超越,主张以理性的直觉来达到哲学的最高境界。冯先生之所以在讨论中西文化问题时,能注意明层次,讲类型;在讨论社会人生问题时,能提出"尊理性",并论释自己的人生境界,这都与他主张变革思维方法关联在一起。尽管冯先生的哲学方法,也有许多不符合现代理性的东西,但对于他对变革哲学方法的自觉,我们是应当肯定的。

　　按照我的理解,肯定冯先生对时代哲学主题的自觉和变革哲学方法的自觉是客观地评估其哲学理论的前提。因为,只有在这个前提下,我们才能将冯友兰哲学,作为中国哲学现代化进程中一个环节来理解、辨析和扬弃;而不是简单地将其作为多余的、荒谬的东西,加以排斥与否定。换言之,我们只有肯定冯先生对于时代哲学主题的自觉,对于变革哲学方法的自觉,才能够确立评析冯友兰哲学的客观依据,排除在冯友兰思想研究中的主观臆断和简单的以政治态度作为评价其思想的准绳。

　　应当承认,在过去有关冯友兰学说的评析中,海内外学人都或多或少的存在这方面的问题。20 世纪 50 年代初,张君劢在香港责难冯先生,曾认定冯先生"服从马氏列氏之说","朝秦暮楚","翻云覆雨","不知人间有羞耻事",这种评价即是纯粹依据政治态度。后来台湾学界以为冯先生"代表一种知识主义之越分而虚骄之发展方向","其所谓道德、所谓理学非真道德,真理学;而其所谓知识,则自陷于无本之假知识"。这也不应是全面考察冯先生的史、论著述之后得出的结论,其依据实仍是冯先生"以知识之思辨取代道德之笃行",向共产党"乞怜"。台港学者正是依据自己的标准断定"冯氏之所为者,斯亦可怜可鄙,抑且可惕可惧"。这样的评判,情感成分之重,是十分明显的。50 年代以后,大陆学界对冯先生的批判,也主要是以政治作为标准的。人们评估"新理学",主要的不是从理论上探讨其得失,而是要论定"新理学"为谁服务。结论当然不言而喻。因为,当时冯先生自己也承认他是一个"狡猾的唯心主义者",他在自己的著作中,是用"隐蔽的方式,反对马克思主义"。

　　今天看来,过去人们对冯先生哲学的研究,确有简单化和主观主义的片面。可喜的是,当中国人民恢复了实事求是的文化传统,一心一意地复兴自己的民族和文化的时候,海内外学人对冯友兰哲学的评析,都趋向求实和理性了。这从冯先生辞世之后,人们对冯先生其人其学的态度中看得十分清楚。

三、"尝有嘉言遗我辈"

　　冯先生逝世后,中国大陆的新闻媒介作出了迅速反应。《光明日报》曾两次报道冯先生逝世的消息,称冯先生为"著名哲学家、教育家、爱国人士",认为他的"学术成就在国内外均有重大影响","一生致力于研究和传播中国文化","为促进中外文化交流作出了重要贡献"。《人民日报》、《博览群书》等报刊都曾发表有关冯先生逝世的文字。钟肇鹏先生在其悼念文章中,有一副挽联:

伤老残凋谢,犹忆虎观谈经,尝有嘉言遗我辈;

痛哲人其委,遥望燕园吊祭,空留热泪哭先生。

说冯先生"尝有嘉言遗我辈",实际上肯定了冯先生论著中,确有不少有价值的东西,这代表了学术界人们对冯先生学说的基本态度。一年来,人们正式发表的有关冯友兰哲学的文字不少。仅河南《中州学刊》所辟"冯友兰研究"专栏,就发表了八篇论文。另外《哲学研究》、《孔子研究》、《读书》、《哲学动态》等刊物上都刊发过有关冯友兰哲学研究的文章。这些文章不仅具有一定的理论深度,而且立论平实、公允,同 20 世纪五六十年代,国内有关冯氏思想的文字迥然不同。

海外情况也大体如此。日本《读卖新闻》报道过冯先生的逝世,香港《法言》报道过《冯友兰哲学思想国际研讨会》实况,《明报月刊》刊发过纪念冯先生的文章,台湾《海峡评论》也刊发过关于冯先生的文章。更为难得的是在冯先生逝世前两个月,台湾有学人评价《冯友兰与新理学》一书时,认为冯先生无论怎么看都是"大师级"的人物。并认为对其思想,应在新的历史条件下,作出客观评价。台、港学术界对冯友兰先生一向颇多微词,今天对于冯友兰其人其学能有这样的认识,即使不是共识,也不能不说是人们认识上的一大进步。看来随着时代的前进,人们不仅没有因为冯先生去世而冷漠他,反而因其年迈或去世,对其人品学问采取了更加冷静的分析态度,这是中国学术界的一大幸事。

四、不应主观贬损,也不应不恰当褒扬

对于冯友兰先生的学术思想,我们不应主观地漠视甚至否定其基本价值,同时,我们也不能主观地夸大其功用与贡献。冯友兰先生自己就说过,他一生的学术活动中,"有的时候独创己见,有的时候随波逐流。独创己见则有得有失,随波逐流则忽左忽右"。冯先生的这种自我解剖,是合于他思想实际的。实事求是地说,冯先生建构的"新理学",并非一个科学的理论系统。如前所述,他在其形上学中,把认识论问题混同于本体论问题,主张"理在事先",共相先于殊相,实际上是从认识论问题,推导出了违背客观实际的本体论结论。在方法论上,他同样是把逻辑原则,等同于客观事物的存在,把逻辑上的真假,等同于事实上的有无。这些理论上的失误冯先生晚年自己作过分析。今天,我们没有理由,也没有必要为这些失误去作别的诠释。

冯先生的人生哲学,也是近年来人们谈论较多的话题。学术界不少人认为《新

原人》应是《贞元六书》中最重要的著作,研究"冯学",应重在其人生哲学。冯先生关于人生的理论,重视人生境界,强调觉解宇宙,获取人生的意义和价值;并把理想的人生境界,表述为"极高明而道中庸",这在中国现代思想文化史上,确实自成一家之言。但细读冯先生的著作,总觉得他有或明或暗地把儒学道家化的倾向,他的人生理论,并没有担负起指导人们现实生活的责任,也没有为人们指示一条"安身立命"的正确道路。因此,我们对冯先生的人生理论,既不宜主观地贬损,也不应不恰当地褒扬。

五、"俯首无愧怍,海阔天空我自飞"

冯先生逝世之后,人们对冯先生晚年完成的《中国哲学史新编》十分关注。《中国哲学史新编》是冯先生晚年完成的学术巨著,目前已出六卷,七卷也已经完稿。人们关注《中国哲学史新编》,其原因有二:一是冯先生生前曾说"新编"有许多"可怪之论"。二是冯先生声称《中国哲学史新编》的写作,在方法上"不依傍别人"。

对冯先生晚年的学术见解和学术方法,我们当然要深入探究,但同样应求实、理性。

"不依傍别人",是冯先生在《中国哲学史新编》第一卷的"自序"中提出来的。冯先生说:"吸取了过去的经验教训,我决定在继续写《中国哲学史新编》的时候,只写我自己在现有的马克思主义水平上所能见到的东西,直接写我自己在现有的马克思主义水平上对于中国哲学和文化的理解和体会,不依傍别人"。从冯先生这种表述看,"不依傍别人",无非是说他吸取了过去的经验教训,撰写《中国哲学史新编》时要独立思考,写出自己对中国哲学和中国文化的独立见解。蔡仲德先生编辑冯友兰年表,其中讲到冯先生夫人任载坤去世后冯先生有一副挽联:

> 在昔相追随,同荣辱,共安危,出入相扶持,碧落黄泉君先去;
>
> 从今无牵挂,斩名关,破利索,俯仰无愧怍,海阔天空我自飞。

把冯先生这些讲法联系起来看,冯先生晚年,思想中确乎有摆脱某些束缚的感受,这其中也包括克服学术工作中的教条主义。只不过冯先生将其谓之"不依傍别人"。对冯先生的这种讲法,我们应根据冯先生的具体论述全面理解,而不应主观揣测,甚至随意引申。那样会离开冯先生思想的实际。冯先生所谓的"可怪之论",即是他"不依傍别人",独立思考的结果。例如他在《中国哲学史新编》中对太平天国的看法,对洪秀全、曾国藩一类历史人物的评价,即不合于时论,学术界也有人持不同看法。但冯先生依然是根据自己理解的唯物主义的原则,去论述这些结论的。对冯先生的论点,我们应在学术问题的范围内,进行讨论研究。对于认识中的歧异,则只能依凭历史与事实本身,去求取共识,获得解决。

六、"有反斯有仇,仇必和而解"

　　冯先生的《中国哲学史新编》第七卷尚未出版,但海外已有刊物刊发了该书自序和有关毛泽东思想的章节。该书的最后一章,则作为论文,提交给了1991年在南京召开的"中国传统思想文化与二十一世纪讨论会"。由于冯先生去世,论文是由清华大学思想文化研究所一位先生代为宣读的。所以《中国哲学史新编》第七卷的内容,人们已多少有了一些了解。就《中国哲学史新编》第七卷最后一章而言,冯先生论及了他对辩证法的理解,并对张横渠所说的"仇必和而解"进行了具体诠释。冯先生认为,客观的辩证法只有一个,但马克思主义的辩证法以为矛盾斗争是绝对的、无条件的,"统一"是相对的、有条件的。而中国古典哲学中则是把"统一"放在第一位。冯先生自己实际上是维护中国古典哲学中这种观点的。张载讲"有象斯有对,对必反其为,有反斯有仇,仇必和而解"。冯先生认为,张载讲的前三句,马克思主义的辩证法也会同意,第四句就不会那样说。怎样说? 冯先生说:"照我推测,他可能会说'仇必仇到底'。"冯先生实际上认为,"仇必和而解"是客观的辩证法,人类社会是朝着"仇必和而解"这个方向发展的,人不会永远走"仇必仇到底"那样的道路,他断言:"仇必和而解"就是中国哲学的传统和世界哲学的未来。把张载"仇必和而解"之"和"看做是讲矛盾的统一,这并不是什么新观点,但以张载这句话来表述中国哲学的传统和世界哲学的未来,这确实是冯先生的见解。这种见解,同人们对辩证法乃至中国哲学传统的理解,都不尽相同。冯先生的论文曾在会上散发,知道冯先生论文的人不少,对冯先生的这些论点,没有必要愤慨,也不应盲目地附和。正确的方法,仍然是诉诸理性,深入思考。"歧路论歧空有感,青史凭难论是非?"恐怕唯一的依据还是历史自身。对辩证法的理解,唯有深入地研探事物的辩证性质。当我们科学地理解了矛盾,自然会对冯先生的论点作出科学的评说。

　　总之,求实,是我们民族文化的优秀传统,也是我们民族文化复兴的希望;在研究冯友兰先生的学术思想时,我们应当弘扬这个传统,使我们的工作日臻科学。尽管冯先生的学术思想中存在有价值的东西,也存在局限与失误。但是,他热爱自己的国家民族,热爱自己民族的文化,并孜孜不倦地为其复兴而辛勤耕耘,是一个敢于对历史和民族的发展承担责任的人。对一个敢于对历史和民族的发展承担责任的人,我们研究其学术思想,也应当意识到历史的责任:在冯友兰学术思想的研究工作中,唯有坚持实事求是的原则,才会结出科学的认识之果。

[原载《海峡评论》(台湾)1992年第5期]

冯友兰文化观刍议

冯友兰先生的学术活动,起步于五四时代的风雨里,终结在 20 世纪 90 年代改革开放的大潮中,历经 60 多年。冯先生晚年曾将自己 60 多年学术活动概括为:以哲学史为中心的东西文化比较工作。这是合于实际的。因为,对于文化问题的思考,确是冯友兰先生学术活动的中心线索;关于文化建设的主张和理论,构成了冯先生学术思想的一个重要层面。

中国近现代社会发展的历史,从文化的角度讲,可以说即是广义的文化形态转换的历史。五四以来,中国知识分子致力于文化问题的探索和思考,正是这种历史进程的要求和表征。在这样的历史条件下,中国知识分子对文化问题的思考,视角多集中在对东西文化异同优劣的比较,对中国近代文化落后根源的反思,对复兴中国文化的方向道路的探求等问题上,冯友兰先生的文化理论,就其内容而言,也涵括对于这些具体的现实的问题的回答。

但是,冯友兰先生是一位哲学家和哲学史家。他对于文化问题的思考,不仅以从哲学的层面系统了解东西文化的传统为前提,而且建立了自己的哲学理论体系,为自己的文化理论提供了形上学根据。这是中国现代文化思想史上的一般理论工作者所无法企及的。因此,冯友兰先生的文化理论,相较于五四以来形成的其他文化理论,在认知层面、思维方法以及理论的系统和结构方面,都能够具备自身的特色。

冯友兰文化理论的特色,集中表现在他以文化类型说解析文化现象。冯友兰的文化类型观念,源于他对事物共相的肯定和理解。冯友兰认为,事物有共殊的区别。共相是事物的"有以不同",规定事物的类型。殊相是个体事物的多方面的非本质的属性,体现事物之间的差别。文化作为一类事物,同样有共殊的区别。文化的共相表现文化之成为文化的共同本质,这种本质,使文化区别于其他事物。同时,在文化这类事物中,还可以把不同民族在不同历史条件下所创造的文化,区别为不同的文化类型,探讨某种类型的文化之所以为某种类型的文化,可深化人们对文化的认识。这样的观念使冯友兰认定,局限于对文化殊相的考察,对文化现象的理解,不可能臻于科学。要科学地考察人类创造的文化,必须"知类",即考察文化的类型,辨析文化的共相。

冯友兰正是以文化类型的观念,来阐释人们关注的各种文化理论问题的。

首先,冯友兰把中西文化的差别理解为文化类型的不同。冯友兰早年比较中西文化,也曾主张东方文化和西方文化的差别在地理环境不同,以地域区别来辨析中西文化。后来又曾断定中西方文化之别,实是古今文化之异。认为西方文化是近代文化,中国文化是中古文化。但是他逐步意识到,依地理和时代的区别来理解中西文化的差别都是非科学的,而代之以文化类型来理解中西文化的异同。在冯友兰看来,五四以来,许多人介入中西文化比较,在比较中,把西方文化归结为物质文明,把中国文化归结为精神文明,认为近代中国落后,根源于文化落后,文化的落后表现为近代中国没有形成类似西方的近代科学。这种认识,虽然也触及了中国文化的现实,但并未涉及本质,究其原因,即在于持这种认识的人们不懂得依文化类型来辨析中西文化。事实上,中国步入近代以后,文化落后,受列强欺侮,并不是因为中国文化是中国的,也不是因为中国文化是中古的;西方文化的先进,也不是因其文化是西方的,是近代的。人们对中国文化落后或说对中国没有科学的认识,再深化一步,就应该看到中西文化的差异,在于文化类型不同。西方近代科学昌盛,中国近代科学落后,正说明中国文化和西方文化各属于不同的文化类型。只有把中西文化的差异理解为文化类型的不同,才不至于在中西文化的比较中专注于中西文化之异,而注意到文化的共相;而只有注意到文化的共相,才能科学地理解文化的发展,找到改变中国文化落后状况的方向和道路。

冯友兰正是以文化类型来阐释中国文化建设的。他把中国文化的发展,看做中国文化的现代化,把中国文化的现代化理解为文化类型的转换。冯友兰认为,中西文化在近代的差别根源于社会生产方法的不同。近代西方是以社会为本位进行生产,近代中国的生产方法则是以家庭手工劳动为特征的。他把西方近代文化称之为生产社会化的文化,把近代中国文化称之为生产家庭化的文化。生产方法的不同导致了近代中国和西方在经济制度、教育制度、政治制度以及人们思想观念上的不同,从总体上形成了中国和西方文化上的差异。这种文化上的差异使得近代中国积贫积弱,民族灾难深重。因此,要改变国家民族的贫弱状况,必须发展自己的民族文化;要使自己民族的文化真正得到发展,唯有改变自己的文化类型。即将自己以家庭为生产特征的文化类型,转变为以社会化生产为基础的文化类型。这样,冯友兰实际上既论释了中国文化发展的方向,又论释了中国文化建设的具体道路。使自己对中西文化的差异和中国文化建设的方向和道路的理解,都升华到一个较高的理论层面。

冯友兰自20世纪20年代开始比较中西文化的工作,从开始以地域差别解释中西文化异同,中经以时代区别中西文化,再到提出文化类型说,终于在一个较高的认识层面上形成了自己的文化理论。这种理论,是具有其时代的认识价值的。

首先,冯友兰的文化类型说强调考察文化的方法,以文化类型的观念,从认识根源上否定了五四以来形成的"全盘西化"、"中国本位"、"部分西化"等文化建设理论。在冯友兰看来,要科学地考察文化现象,必须辨析文化的共殊。五四以来,人们比较中西文化,探讨中国文化建设的方向和道路,在认识上之所以出现歧异,其根源都在于不了解文化的共相和殊相。主张"全盘西化"的人们,看重人的个体价值,提倡个性的自由发展,因而否定儒家的权威意识,也反对道家的自然无为,对于民族的传统文化,表现出一种全面否定的思想倾向,把中国文化的发展寄托于"西化"。"部分西化"论者主张部分地采纳西方文化,"中国本位文化"论者则提出在中国文化建设中,对中国文化共存其当存者,对西方文化则取其当取者,介于"全盘西化"和"东方文化派"的文化主张之间。这些文化理论,虽然有别,究其思想方法却有共通之处,在理论上实践上都是不能成立的。

"全盘西化"论者,把西方文化视为一种特殊的文化,当其主张中国文化"西化"时,是要将中国文化这一特殊的文化,转变成西方文化这种特殊文化。将一种文化全盘转变为另一种文化,需以全面否定这种原有文化为前提,事实上这是不可能的。因为任何一种文化都与创造这一文化的民族以及这一民族生活的地域等条件相关联。只要创造这种文化的民族还没有灭亡,那么这种文化总会以其民族性和地域特征,有别于其他民族和地域的文化。因此,在文化建设中,"全盘西化"的主张,是无法具体实现的。"部分西化"论同样不能成立,因为这种观点也是把西方文化理解为特殊文化,不知辨别文化的共相,分不清近代西方文化之所以为近代文化的决定性因素和非决定性因素。因此,"部分西化"论者对于汲取哪一部分西方文化没有一个理论的根据和具体的标准。"中国本位文化"论者提出的对中国文化存其当存者,对西方文化取其当取者,同样有这样的问题,在理论和实践上也是不能成立的。但若依文化类型的观念来思考这些问题,则不会出现所谓"中国本位"、"全盘西化"之类的歧异。因为,从文化类型转换这一角度去理解中国文化的发展,应肯定这种转换是根本性质的转换,这样的转换可以说是"全盘"的。但是,中国文化类型的转换,只意示中国文化发展为新的类型,这种新型的文化仍然是中国文化。在这个意义上又可以说中国文化建设是"本位"的,中国文化的转变是"部分"的。这样一来,冯友兰对人们思考中西文化关系时形成的"全盘"、"本位"、"部分"等观念又作出了新的说明。冯友兰如此否定五四以来形成的几种文化建设理论,是颇具匠心的。

冯友兰辨析文化的共殊,从一个较高的认识层面上思考中国文化建设问题,使得他对于文化建设中几个必须探讨的问题,如文化的民族性与时代性问题,民族文化传统与异民族文化成果的关系问题,文化与人的关系问题等,也都作出了理论的说明。

五四以来,中国知识分子思考中西文化问题,大多数人都是以一种强烈的民族意识为前提的。冯友兰也不例外。他主张改变中国文化的类型,目的在于改变中西文化矛盾中,中国文化的落后局面。因此,理论上,冯友兰从不否定文化的民族性,而是强调只要还有中国人,就会有中国文化。在文化的时代性问题上,冯友兰则十分理智。他承认中国步入近代之后,其文化形态尚属"中古"。肯定近代中国文化的发展不是与时代同步,而是滞后。这种文化形态的滞后,致使近代中国贫弱,给中国人民带来了巨大灾难,也给中国人民规定了艰巨的文化建设任务。因此,冯友兰毕生都坚持这样的信念:新型的中国文化建成之时,即是中华民族的强盛之日。

在对待民族的文化传统问题上,冯友兰的文化理论中也有合理的成分。他不像"西化"论者那样全面否定民族的文化传统,也不像"本位文化"论者那样对传统部分的肯定,而是对中西文化的传统进行具体分析。在冯友兰看来,造成中西文化在近代出现差异的一个重要原因,即在于中华民族与西方民族价值观念不同。西方文化追求对外在物的认识,注重认识的逻辑,致使西方科学和认识理论发达;中国文化则注重内心体认,忽视科学而强调直观,西方文化能给人们带来物质上的享受,中国文化能使人获得精神幸福。而最理想的文化,应使人身心都得到幸福。因此,冯友兰认为,文化的发展只能是不同民族文化的互补和融合。就中国文化而言,应当既保留自己民族的文化传统,又容纳西方民族文化优秀成果,才会建构起新的中国文化。冯友兰晚年曾以"旧邦新命"来概述自己文化理论的追求。认为自己的文化理论,一方面要努力保持旧邦的同一性和个性,另一方面又要促进实现新命。前者要维护民族文化传统和特点,后者是要促进民族文化的更新。这种追求,虽曾受到来自左翼或右翼的各种批评,但冯友兰自认为其追求是理性的,自己只能依自己的判断前进。有一种观点认为,五四以来的中国知识分子有两种不健全的文化心态妨碍中国文化的现代化建设。一是"优越意识"与"中国中心",二是"自卑意识"与"盲目崇新"。前者拒斥西方文化,后者导致民族虚无主义。这些讲法不无道理。冯友兰关于文化传统和文化的现代建设关系的主张,似乎对于中国知识分子的这两种文化心态都采取了超越的态度。应当肯定,冯友兰这种超越是建立在其对文化传统与文化的现代化建设关系的理性思考的认识基础之上的。

冯友兰文化理论中的另一个重要环节,是他对人与文化关系的理解,对人生价值的探讨。冯友兰肯定文化是人的活动的产物,但又认为人自身的发展要受文化的影响和制约。人生的价值决定于人自身对人、物的觉解,这种觉解能力的高下决定于人所受到的文化教育。所以冯友兰主张以不同的文化传统培养出"真正的中国人"。这样的中国人具有最高的人生境界,能够获取人生最大价值,体现中国文化的发展,把人性的完善,人的本质的深化,人生价值的实现,归之于人自身创造文化的作用,又以人的发展去评估文化的发展。这说明冯友兰对文化问题的思考,已触及现代文化理论所着力探讨的文化与"人化"的关系这类重要问题。

总之,冯友兰在数十年中对文化问题的思考,已触及现代文化建设问题的各个方面,形成了自己独立的理论系统。他关于中西文化差别的认识,对中国文化发展方向的理解;特别是他关于以变革生产方式的途径改变中国的文化的类型,造就新的中国人以显示中国文化发展的主张,以及他思考文化问题的理论方法和形上学根据,都值得我们思考现实的中国文化建设时借鉴和思考。近百年来,中国人民为复兴民族文化,曾经前赴后继,浴血奋斗。今天,我们仍然在继续着先辈们开创的这一事业。在新的历史条件下,我们重新回顾一下冯友兰这一辈知识分子对中国文化建设曾经有过的思考,也许会帮助我们在现实的文化建设中,少走弯路,不入歧途。

（原载《哲学研究》1998 年增刊）

写在冯友兰先生百年诞辰之际

　　光阴荏苒,转眼之间冯友兰先生辞世即 5 年了。冯先生辞世 5 年之际,也是他的百年诞辰。因为冯先生是在他 95 岁华诞的前几天去世的。

　　冯先生逝世一周年的时候,我写过一篇小文章,刊登在台湾《海峡评论》上。后来我又曾有过写点关于冯先生的文字的念头,但一直未能如愿。冯先生百年诞辰,学术界计划举办纪念活动,我也重新理起了过去曾有过的念头,想写一点关于冯先生其人其学的文字。我觉得自己作为中国哲学史界的后辈学人,写点这样的文字是应该的。我愿以自己这篇小文章作为一瓣心香,表达我对冯先生的怀念。

　　在当今中国哲学界,人们都公认冯友兰、金岳霖、熊十力三先生是最具代表性的中国现代哲学家。其实,应当说冯先生比金、熊二先生还多一重身份。因为冯先生不仅建构了自己的哲学理论体系,而且系统地清理过中国的哲学传统;他既是哲学家,又是哲学史家。这样的身份和地位,使冯先生在中国哲学界就像贺麟先生说的那样声名最广。中国的哲学工作者,不论治"史"还是治"论",也不论年长还是年轻,很少有不知道冯先生的。当然,年轻者大都是通过冯先生的著作来了解冯先生。我也是如此。我在学生时代,就读过冯先生 20 世纪 30 年代写成的两卷本《中国哲学史》。后来,因为工作原因,曾较广泛地研读冯先生的著作,并曾有幸当面向冯先生求教,对冯先生其人其学的了解也更加深入了。

　　我第一次见到冯友兰先生是在 1978 年。这年我在北京大学进修中国哲学史。我的住所离冯先生住地燕南园很近。有一天,我与河北大学在北大进修的一位老师相约去了冯先生家。没有预约,也没有什么准备,完全是一种好奇心理驱使我们闯进冯先生家的。但是,冯先生热情地接待了我们这两位不速之客。他不仅询问了我们个人在北大的学习情况,还问到了武汉大学哲学系的几位老师。当时,"文革"结束不久,人们戒备心理很重,人与人之间还没有正常的思想交流。我们虽然初见冯先生,和冯先生的交流并不多,很快就告别冯先生,回自己的宿舍去了。现在回想起来,冯先生当时心情是比较苦闷的。他正经受他一生中最后一次精神磨难。

　　20 世纪 80 年代以来,人们开始重新审视冯先生的学术活动。我也在这样的时代背景下开始研探冯先生的哲学思想。开始工作以后,曾计划去冯先生那里边学习边工作一段时间,后因各种原因,未能成行。但我一直在寻找向冯先生求教的机会。

1985年年初，我因参加中国文化书院举办的文化问题研讨班到了北京，终于得到了一个向冯先生请教的机会。征得冯先生同意，在讲习班期间，我每天下午都可以到冯先生家去，听他解答我学习中的疑难问题。这一次我和冯先生的谈话，持续了一个多礼拜，所谈内容也比较广泛，获益匪浅。

当时，在文化讲习班每天都有海内外学者的讲演，内容大都是关于中国文化建设问题的。我见冯先生，每次都先向他介绍一些这方面的情况。冯先生听得很仔细。他告诉我，中国学术界20世纪80年代还在重复五四以来的一些话题，这说明我们没有把自己的事情办好。但是，现在重新探讨中国文化建设问题，又是有意义的。因为中国社会正面临这样的现实问题。他还说，现在人们不一定注意他的著作，但现在人们研讨的问题，他都探讨过。我联系到人们对中西文化的不同评价，有学者不赞成把中国明末清初一些思想家视为启蒙思想家时，冯先生明确地告诉我，他也不赞成。他认为，对中国文化传统的清理，中国文化的现代化建设，这都只能由我们自己来完成。

这次谈话中，我请教得较多的是关于冯先生自己的著作和思想。我告诉冯先生，我认为他的"新理学"辨析事物的共相和殊相的关系，在当时的历史条件下是有意义的。因为从中国文化建设来看，这是一个必须探讨和解决的理论问题。只有解决这个问题，才可能从哲学的层面，为人们理解中国文化建设问题提供方法的指导和认识的根据。我没有正面讲自己不赞成冯先生对共殊关系的具体理解。冯先生告诉我，他对共殊关系的理解也有失误。但他接着说，对这个问题研究并没有错。因为这是中国哲学必须解决的课题。在中国现代哲学史上，除了他和金岳霖先生之外，还没有别人真正研究过这个课题。当我问到冯先生当年写作《新理学》的主观动机时，冯先生说，其实，他写作《新理学》时，对这类问题考虑并不多，只觉得应当写，只觉得应当那样写，"这可能是有普遍性的。当年曹雪芹写《红楼梦》，恐怕也是只想到要那样写，并没有过多考虑为什么那样写。为什么写，用什么样的方法写，这都是后来才总结的，而且多是旁人考查的。总结《新理学》写作的主观动机和方法，正是你们要做的工作。所以这个问题应当是我问你，而不应当是你来问我。"

当我讲到如何理解中国哲学的传统，冯先生仍然肯定自己对中国哲学精神的看法。他说20世纪三四十年代乃至于解放以后，学术界都有人对他关于中国哲学精神的看法提出了批评，这只说明批评者对中国哲学传统没有深入地研究和理解。

我也询问了冯先生对后辈学人研究他的著作和思想有什么要求。冯先生说只有四个字：实事求是。对他的著作和学术思想，一顾及事实，二顾及历史，并不需要顾及他这个人。他认为这样的研究，或许更能真实地了解他的思想。

这次去北京参加文化研讨班正值严冬。长时间打扰冯先生，我心里十分不安。但是，冯先生表示，他非常高兴和年轻人在一起讨论人们关心的中国文化建设问题。他还欢迎我去北大做自己的研究工作。其时冯先生已90岁了。我与他年龄学识悬隔，素昧平生。他如此热情地给我帮助和指点，使我十分感动。后来，我的工作终于取得了一点成绩,形成了一些认识成果。本拟于 1990 年去参加冯先生寿庆会时,把两部小书送给冯先生,请他指教。不料冯先生在会议开幕前几天去世了。当我和海内外与会学人一起,眼见冯先生无言地仰卧鲜花丛中,心中除了感激,只有遗憾。

人世间的事情纷繁复杂。有人死了,却仍活着;有人活着,却似死了。就思想言论而言,似乎确有这类情形。冯先生即属于人虽死了,却还活着的这一类。之所以这样说,其一,是因为冯先生一生在学术园地辛勤地耕耘,为人们留下了一笔丰硕的文化财富。他 20 世纪 30 年代写成两卷本《中国哲学史》,这不仅使他成名,而且标志着中国哲学史研究,继胡适的《中国哲学史大纲》(卷上)之后进入了新的历史时期。他三四十年代完成的"贞元六书",使他建构了自己的哲学体系,探讨了中国文化建设,也为人们提出了许多值得思考的理论课题。可以说,不论在现代中国的理论思维发展史上,还是在中国哲学史学科发展史上,冯先生都以自己的活动和著述构成了一个重要环节。在中国,人们研究哲学或哲学史问题,不论现在还是将来,很难不论及冯先生。而且,依笔者的理解,冯先生思想中有些部分在今天也确有存在的价值。他的"新理学"在形上学方面的追求是要辨析事物的共相,这表明了他对于时代所要求的哲学理论课题的领悟和自觉。这种自觉是十分可贵的。五四以来,具备这种悟性的思想家,人数寥寥。许多人为了建构自己的哲学体系,都看重中国传统哲学中的陆、王心学。只有冯先生"接着宋明道学讲",把自己的理论嫁接在程朱一派的理学基础上。对传统的这种不同选择,根源不在于对理论的意趣,而在于对时代哲学要求的不同理解。在今天,正确地理解事物的共殊关系,对于中国现代化建设,仍有其方法论方面的意义。

冯先生对哲学方法变革的尝试也是有意义的。他认定中国哲学的发展未能与时代同步,重要原因是人们的思维方法落后。所以他在哲学方法方面,努力使其符合逻辑思维的规则,主张改造中国传统思维方法,把直觉理解为对理性的超越,提倡用逻辑方法使思想明晰,用直觉来把握哲学对象。对思维方法变革的自觉,使冯先生探讨文化建设、社会人生问题时,能够注意别共殊,明层次,尊理性,讲类型,认识层面与一般研探文化问题的学者有所不同,在理论思维方面也给人们留下了更多的启示。

说冯先生还活着,其二是因为冯先生一生经历曲折颇多,这种曲折记录了中国文化发展的某些历史情状,冯先生的人生经历也会引发人们许多联想和思考。这也正是今天海内外学人对冯先生其人其学的认识仍然存有歧异的原因之一。而从人们对冯先生人生的不同的理解中,我们也可以看到冯先生确还"活"着。

冯先生还"活"着,正确地理解冯先生其人其学即是我们面临的一项学术任务。过去乃至现在人们对冯先生其人其学的认识不一,各有其社会的文化背景、学术的价值尺度以及认识的方法,短时间内还难以求得同一。但就了解冯先生其人其学的认识前提而言,则是可以趋同的。这个前提即是冯先生所要求人们的实事求是。实事求是是中华民族优秀的文化传统之一,也是繁荣民族学术文化的希望所在。从这个前提出发,我们对于冯友兰先生这个人以及他的理论成就,就既不会主观地贬损,人为地否定其实有的认识价值;也不会无原则地褒扬,夸大其历史的功用和理论的贡献。作为经过五四风雨洗礼过的中国知识分子一员的冯先生,热爱自己的民族,热爱自己的民族文化,一生追求和希望的都是中华民族的强盛,中华文化的繁荣。尽管他在自己的学术活动中也有过迷惘和失误,但他从来没有放弃一个知识分子所肩负的历史责任。对于这样一个具有强烈的时代责任感和民族责任感的人,我们研探其人生和思想,也应当担负起历史的责任。笔者深信,只要我们认同这样一些认识的前提,那么,对冯友兰先生其人其学的认识和理解,就会日臻科学。

（收入冯钟璞、蔡仲德编:《冯友兰先生百年诞辰纪念文集》,
清华大学出版社 1995 年版）

冯友兰与西南联大

在中国近现代教育史上,西南联合大学曾经创造自己独特的历史。这段历史承载了中华民族的苦难,也创造了中国教育史上的奇迹。西南联大只存在九年。在九年的办学历史中,这所学校不仅培养出了杨振宁、李正道两位诺贝尔物理学奖得主,并且为后来新中国的科技文化事业培养了大批优秀人才。1999 年,国家表彰 23 位为我国"两弹一星"的研制作出过重要贡献的科学家,其中竟有 8 位出自西南联大。西南联大的办学模式与办学精神已受到全世界的推崇与景仰。当年西南联大的创建者中,有朝气蓬勃的青年学子,也不乏德高望重的师长,冯友兰属于后者。冯友兰在西南联大拓展了自己的学术事业,也为西南联大的建设作出了历史的贡献。回顾冯友兰当年在西南联大的工作及其对创办西南联大的贡献,同考察他的学术思想一样会带给人们启迪与教益。

一、参与联大管理,实践民主办学理念

西南联合大学诞生在伟大的抗日战争年代,是在北京大学、清华大学、南开大学三校师生南迁湖南创办的长沙临时大学的基础上组建的。七七事变以后,南京国民政府开始组织北方高校南迁,并指令北京大学、清华大学、南开大学三校合并组建湖南长沙临时大学。长沙临时大学开办不久,南京失守,国民政府迁往武汉,战火漫及长沙。在这样的背景下,长沙临时大学决定西迁昆明继续办学。临时大学的师生们历经艰辛,于1938 年年初陆续抵达昆明,同年 4 月长沙临时大学正式改称西南联合大学。

早在 1938 年 2 月,冯友兰即由学校安排,计划乘汽车前往广西桂林,经越南河内转赴昆明,但途经广西凭祥时,不慎手臂骨折,后滞留河内疗伤,直到 1938 年 4 月上旬才抵达昆明。其时,西南联大文学院与法学院暂在云南蒙自办学。蒙自是一座美丽的边陲小城,蒙自人民像昆明人民一样把联大学生看做国家富强和民族文化复兴的希望,满怀热情地欢迎联大师生。冯友兰抵达蒙自时,文、法两院师生已经正式开课。

　　当年北大、清华、南开三校组建长沙临时大学后以常委会的形式组成全校领导机构，由北大校长蒋梦麟、清华校长梅贻琦、南开校长张伯苓担任常务委员主持校务，并组织多种专门委员会参与学校管理，胡适即曾受聘为文学院院长，冯友兰被推选为哲学心理教育学系教授会主席，并被聘为长沙临时大学图书设计委员会主任，课程委员会委员。西南联合大学仍然沿袭长沙临时大学的管理体制。西南联大成立以后，胡适因参与国民政府的外事活动，无法履行其文学院院长职责。西南联大在 1938 年 4 月举行的第一次常委会上决定胡适归国之前，由冯友兰代理西南联大文学院院长职务。冯友兰在长沙临时大学期间所任哲学心理教育学系教授委员会主席之职，则由北京大学汤用彤教授接任。冯友兰是在西南联大常委会决定其代理文学院院长职务以后才抵达蒙自的，因此，他抵达蒙自不久即开始参与联大的管理工作。1938 年 9 月，胡适正式出任南京国民政府的驻美大使，直到抗战结束，胡适始终未能回联大履行其教职。因此，直到西南联大结束自己的历史使命，冯友兰一直担任着西南联大文学院院长职务，并兼任西南联大建设设计委员会委员、图书设计委员会委员、西南联大校务会议司选委员会会议召集人等职务。可以说冯友兰对于西南联大的行政管理耗费了不少心力。因为，他身兼多职，实际上全面地参与了西南联大的管理工作。

　　冯友兰曾留学美国，接受过系统的西方文化教育，同时，他熟谙中国教育的传统与现状。早在 20 世纪 20 年代即开始思考"怎样办中国的大学"，并有志于自己管理一所大学。针对当时中国教育的状况，他曾认为，中国要输入新学术，清理旧传统，求取学术上的独立，必须发展高等教育，并把本科教育，研究机构，出版机构视为现代教育中必不可少的组成部分。经过后来在大学中的教学工作与管理工作，冯友兰又逐步从实践中体验到在大学教育中坚持学术至上，推行教授治校对于大学工作的极端重要性。

　　在西南联大，冯友兰主持文学院工作，除了贯彻自己关于"怎样办中国的大学"的一些思考之外，所着力推行的主要是民主办学的精神。作为一个接受过西方文明洗礼的知识分子，冯友兰对于西方的自由民主观念有过深入的了解。在联大期间冯友兰曾经说过："近代民主国家，无不以人民之自由为重"，在他看来，保障民众的民主自由乃"社会进步之常理，经世建国之要道"。① 应该说西南联大期间，冯友兰在自己的工作范围内，是全面实践了自己的民主办学理念的。冯友兰在西南联大完成自己的历史使命以后曾认为"联合大学以其兼容并包之精神"，才得以"内树学术自由之规模，外来'民主堡垒'之称号"。这种观念不仅是对联大工作的一种评断，实际上也可以看做冯友兰个人工作的总结与体验。

　　因为，西南联大文学院的中国文学系、外国语文系、历史社会学系、哲学心理学系

---

① 冯友兰:《三松堂全集》第 14 卷，河南人民出版社 1988 年版，第 151 页。

集中了北大、清华、南开一批著名学者。朱自清、陈寅恪、闻一多、吴宓、钱钟书、朱光潜、钱穆、汤用彤、金岳霖、贺麟等现代中国学术史上的知名人物,当时都是文学院教师队伍中的成员。作为文学院院长,冯友兰要带领这样一支教师队伍,建设西南联大文学院,除了以自己的才能学识争取教授们的信任与合作外,更重要的是尊重他们,团结他们,通过自己的工作,为他们创造必要的生活条件和工作环境,充分发挥这些教授在西南联大文学院的作用,才有可能在战争年代培养大批国家民族需要的人才。

当年在西南联大主持校务的常委梅贻琦,也十分强调学校行政人员的服务意识,注意发挥教授在学校工作中的主导作用。冯友兰与梅贻琦在清华即已共事多年,其办学理念是相通的。实践证明,冯友兰在西南联大的工作也体现了一种服务意识。他十分注意发挥教授会的作用,尊重各位教授的工作。在西南联大,中国文学系主任朱自清休假时,由闻一多代理主任之职。闻一多代理主任职务后,制订了中国文学系的发展计划。朱自清回到联大以后,十分欣赏这些发展计划,并坚持由闻一多继续担任中国文学系主任。作为文学院院长,冯友兰尊重朱自清的意见。闻一多不满国民党政府的统治,但自知其政治活动会为联大的工作带来困难,曾将自己的政治见解及学术研究计划都告诉冯友兰,并坚辞自己担任的中国文学系领导职务。冯友兰尊重闻一多的意见,又耐心地做朱自清的工作,让朱自清重新主持中国文学系的工作。冯友兰尊重教授的意见,坚持民主办学理念,是西南联大文学院在培养学生与学术研究两方面均取得重要成就的重要原因。

同时,冯友兰也注意关心教授们的生活。闻一多先生遇难时,冯友兰已离开昆明,但他仍与梅贻琦联系,争取学校对闻先生家属的帮助。联大解体后,清华北返,冯友兰对闻一多的家人的生活仍然给予帮助,直到闻一多先生的家人离开北京,投奔解放区。

因此,今天我们回顾西南联大的历史,应当肯定在西南联大时期,北大、清华、南开三校能够"八年之久,合作无间。同无妨异,异不害同;五色交辉,相得益彰;八音合奏,终和且平"①。并"内树学术自由之规模,外来'民主堡垒'之称号",除了三校师生顺应全民族同仇敌忾,抵御日寇的时代要求,也得益于冯友兰一类西南联大的管理者们实践其民主办学的理念,在对西南联大的管理与领导工作中发挥了重要作用。

二、建构哲学体系,培植联大人文传统

冯友兰在清华大学担任文学院院长以后,即十分注意吸纳新的学术方法,不拘泥

---

① 冯友兰:《三松堂全集》第14卷,河南人民出版社1988年版,第154页。

于"泥古"或"疑古",将"释古"作为一种学术追求,力求融会中西,贯通古今,改变中国传统文化的陈旧形态,创造具有清华特色的人文社会学科,并已取得巨大成就。他进入清华以后最终完成的两卷本《中国哲学史》,即是中国哲学史学科史上最早具备现代学术特色的中国哲学史著作。在西南联大担任文学院院长,参与联大管理以后,冯友兰仍然坚持自己的这种学术理念,并身体力行,苦心培植西南联大的人文精神与人文传统。

一个民族追求自身文化的革新,需要借鉴和吸纳异民族的学术文化成果;当一个民族面临外族的入侵,为民族的生存和发展而奋斗的时候,在思想观念上,则需要继承和弘扬自己的文化传统。在抗战年代,只有民族的文化精神,才会唤醒人们去为民族的生存而斗争,才会激发人们斗争的勇气和力量。冯友兰熟谙这种道理。1939年6月,冯友兰在《历史与传统》一文中认为,民国初年,人们以历史上中国的民族是多元的为依据,否定中华民族传统的一元,这是不正确的。其实,历史与传统既相联系,又有区别。我们说中国的民族多元,是依照历史说,说中国是一元的,则主要是依据传统说。一个民族,有自己在物质方面的连续,也有精神方面的连续。继承民族的文化传统,服务于伟大抗战事业,这种理念构成了冯友兰在西南联大工作的巨大动力。

在冯友兰的人生中,长沙临时大学、西南联合大学时期的生活,是环境最为艰苦,最不安定的生活,他曾将这段生活称之为"南渡"。但这样的生活环境,并没有影响他的学术研究,"南渡"反倒成了他一生中学术思想最为活跃,学术成就最为丰硕的时期。从长沙临时大学到西南联合大学,其间冯友兰除了写下大量学术论文之外,差不多一年出版一部学术专著。冯友兰的《新理学》、《新事论》、《新世训》、《新原人》、《新原道》、《新知言》大体上都成书于他的"南渡"生活期间。"贞元六书"的问世,标志着冯友兰形成了自己独特的哲学思想体系,这一思想体系在国内外学术界的巨大反响,也使冯友兰成为抗日战争年代中国学术界思想最为活跃,影响最为广远的学者。

冯友兰的《新理学》问世之后,曾经获得重庆政府颁发的学术一等奖。与冯友兰一同获奖的还有西南联大的华罗庚(其《堆垒素数论》获一等奖)、金岳霖(其《论道》获二等奖)、许宝录(其数理统计论文获三等奖)。冯友兰的《新理学》之所以得到学术界的肯定,并在当时获得学术奖励,除了其利用现代西方的学术文化观念,诠释中国传统哲学思想资源,在理论上具备其特有的价值之外,一个更重要的原因即是冯友兰在《新理学》中,以哲学的语言表达了自己的民族文化责任,表达了自己以学术服务于民族抗战的信念与追求。这种信念与追求,唤醒了人们的民族意识,增强了人们战胜日本帝国主义的勇气和信心。同时,也影响了西南联大的学术风气,滋润和培植了西南联大的人文精神与人文传统。

西南联大作为一所文理兼备的大学,在一段非常的历史时期,为国家民族培养了大批优秀人才。这些民族的优秀青年之所以能够在西南联大迅速成才,与西南联大文理兼重,注重人文精神与传统的培植是分不开的。西南联大成立不久,即成立编制校歌校训委员会,冯友兰即是成员之一。创作校歌校训,目的也在于激励学生的民族意识与爱国热忱。后来由冯友兰写成的著名的西南联大校歌,对于西南联大学生的成长发挥过重要影响和巨大作用。从西南联大毕业的学生,有在理工领域取得过重大成就的世界级科学家,在人文社科领域也不乏海内外知名的大家。在这些学者中,不仅人文社科专业的学生受到过冯友兰工作的影响,不少理工科毕业的高材生也曾高度评价冯友兰在西南联大的工作。对我国国防科技事业作出了卓越贡献的著名科学家朱光亚先生回忆自己在西南联大的生活,回忆自己的老师吴大猷时,即记得西南联大的校歌;诺贝尔物理学奖获得者杨振宁先生晚年也曾专门论及冯友兰为西南联大撰写的校歌。2000年11月底,杨振宁先生在台湾《中国时报》董事长余纪忠捐资在南京大学、东南大学设立的华英基金会上作过一次演讲,题目即是:"中兴业、需人杰。"他讲到西南联合大学校歌时说:

> 冯友兰教授写了一首校歌。他一生很得意此校歌歌词,晚年时候写《三松堂自序》时还将歌词录了进去。校歌是一首词,词牌是《满江红》。冯先生显然觉得宋朝的南渡和当时的西迁有相似的地方,所以不但用了岳飞的《满江红》词牌,还做了许多对比。校歌第一阕开头几句是:"万里长征,辞却了,五朝宫阙。暂驻足,衡山湘水,又成离别。"我于一九三八年秋考入西南联大,今天还记得当时唱此校歌时悲愤而又坚决的心情。岳飞的《满江红》的第二阕开头四句是:"靖康耻,犹未雪,臣子恨,何时灭。"冯先生把它改为:"千秋耻,终当雪,中兴业,需人杰。"幸而言中,联大前后培养了三千多个学生,为中国建设、中国学术与世界学术都作出了巨大的贡献。五十多年以后,中华民族的地位有了巨变。今天如果再讨论此四句,似应改为:"千秋耻,既已雪;中兴业,需人杰。"从"终当雪"到"既已雪",这是多么痛苦,多么困难的经历;这是20世纪几代中国人的浴火重生的血泪史。[1]

杨振宁先生晚年仍清晰地记得冯友兰所作的西南联大校歌,在20世纪30年代给予自己的深刻影响。他晚年的回忆告诉人们:一个能够在科学方面取得巨大成就的学者,常常成长在具有深厚人文精神底蕴的名校之中,西南联大的历史即是最有力的证明。人文科学与自然科学对于一个国家,一个民族乃至一所大学而言都是重要的,不可或缺的。今天,当人们回顾西南联大的历史,在怀念叶企荪、吴大猷等理科师长的同时,也会愈来愈敬佩冯友兰、朱自清、闻一多等人文社科领域的大师。他们在联大的杰出工作与卓越的学术成就,同样为西南联大的建设作出了贡献,同样应当载入我们民族的教育史册。因为,西南联大在战争年代培养的学生,既具备现代的科学

---

① 《光明日报》2001年1月11日。

精神,也有着高远的人生抱负与理想,具备优良的人文素质;而在对联大学生的人文素质的培植中,冯友兰等文科教授是作出了自己的独特贡献的。

三、教书育人,服务抗战伟业

西南联合大学诞生在抗日战争的硝烟烽火之中,教书育人,服务于民族的抗战伟业,是西南联大办学的重要目标。而对于民族文化强烈的责任意识,也是冯友兰与西南联大师生在艰难困苦之中,传承民族文化慧命,在学术园地辛勤耕耘的力量源泉。冯友兰期盼伟大的抗日战争能够使自己的民族走向文化复兴之路。他在写成《新理学》、《新事论》、《新世训》之后,曾在《新世训·自序》中说:"事变以来,已写三书。曰《新理学》,讲纯粹哲学。曰《新事论》,谈社会文化问题。曰《新世训》,论生活方法,即此是也。书虽三分,义则一贯。所谓'天人之际','内圣外王之道'也。合名曰'贞元三书'。贞元者,纪时也。当我国家民族复兴之际,所谓贞下起元之时也。我国家民族方建震古烁今之业,譬之筑室,此三书者,或能为其壁间之一砖一石欤? 是所望也。"为民族的复兴大业,增"砖"添瓦,当是冯友兰抗战期间学术活动的内在追求,这种追求促使冯友兰忠实地贯彻联大的办学宗旨,力图通过自己的具体工作,对民族的抗战事业尽一份责任。

冯友兰在西南联大,将自己的学术研究成果,转换成教学内容,以《新世训》、《新原人》等书作为教材,为西南联大学生开设伦理学课程,以大课堂的形式授课,听课学生有时达数百人之多。他主张人们理性地安排自己的生活,提倡人们在各自的岗位上,尽伦尽职,从现实中去理解人生的意义,实现自己的人生理想,求取自己的人生价值。这些观念,曾经在西南联大学生中,产生过积极的影响。原清华大学 1939 级外文系研究生李赋宁,20 世纪 90 年代写成的《怀念冯芝生先生》一文中,曾谈及冯友兰的人生哲学,对西南联大学生吴讷孙的影响:

> 吴讷孙(笔名鹿樵,60 年代在台湾发表小说《未央歌》,反映抗战时期西南联大学生生活)曾对我说他在联大上二年级时,有一个时期感到生命空虚,毫无意义,准备结束自己的生命。忽然想到要去拜访冯友兰先生,请教人生的真谛。经过冯先生的劝导,吴讷孙改变了他的消极厌世的人生观,从此积极努力,发愤读书,后来成为美术史专家。由此可见冯友兰先生的人生哲学对青年人所起的巨大感化和教育作用。①

李赋宁先生的文章,表达了人们对冯友兰在西南联大教学活动的正面评价。冯

---

①　冯钟璞、蔡仲德编:《冯友兰先生百年诞辰纪念文集》,清华大学出版社 1995 年版,第 326—327 页。

友兰在西南联大所讲的伦理学,内容是他理解的人生哲学;冯友兰的人生理论,在内容方面虽兼容各家之学,主体仍是对儒家伦理的诠释与拓展,体现的仍是中国文化传统的现实价值。

在西南联大的教学实践,增加了冯友兰以传扬中国传统文化精神的方式,服务于抗战的信心。因此,在西南联大期间,他除了为学生们讲授自己的人生哲学之外,还走向社会,去重庆宣讲《中国固有的道德》、《不变的道德与可变的道德》以及《人生的四种境界》。他也曾经利用休假,去成都华西大学等地演讲,演讲的内容,也主要是他对于人生的理解,对于中国文化传统的诠释。冯友兰在昆明、重庆、成都等地的讲学,目的都是要以自己的学术活动服务于当时中国人民的抗战事业。

冯友兰在西南联大,也极力支持青年学生奔赴抗战的前线。1944 年 11 月 17 日,冯友兰在出席西南联大教授会时,曾支持征调西南联大四年级男生做译员的议案;在同月 29 日的西南联大知识青年从军演讲会上,曾呼吁青年学生走上抗日的战场,肩负起自己对民族的责任。在这次演讲会上,表示支持西南联大学生从军的教授,除了冯友兰之外,还有西南联大常委梅贻琦,以及朱自清、闻一多等。冯友兰认为,只要是中国人,即不应当推卸自己对民族对国家应尽的责任。冯友兰基于民族主义的立场,主张西南联大学生从军,还把自己的长子冯钟辽送上了抗日战场。冯钟辽于 1941 年考入西南联大先修班,后来参军。1944 年 11 月,冯友兰呼吁西南联大学生参军的时候,冯钟辽已经走上了抗日战场。冯友兰在其《祭母文》中曾特意提及冯钟辽从军:"应盟军之东至,辽从军而远征,渡怒江而西进,旋奏绩于龙陵,继歼敌于遮放,今次师于畹町。斯吾母之遗体,为国家之干城,虽名位之微卑,亦告慰于尊灵。"冯友兰以冯钟辽从军抗日,告慰自己的母亲,表明了他忠于国家民族的意愿与心迹,也表明他作为西南联大教员,在以另外一种方式贯彻联大的办学宗旨,服务于民族的抗战。

在抗日战争胜利的凯歌声中,西南联合大学完成了自己的历史使命。1946 年 10 月 10 日,恢复建制以后的清华大学在北平正式开学。随着清华大学恢复建制,冯友兰也结束了自己的"南渡"生活。八年"南渡",使冯友兰的人生不断接受洗礼,不断经历考验。民族主义的立场与信念,支配冯友兰走过了八年艰苦的"南渡"之路,也使冯友兰在一个特殊的时代为西南联大的创建贡献了自己的一份力量。历史会记住西南联大的辉煌,记住西南联大的创造者,记住冯友兰这一辈知识分子为了国家的强盛,民族的复兴,在西南联大付出的艰辛,耗费的心血。而冯友兰这一辈知识分子当年在西南联大的办学理念与实践经验,又会给我们今天的工作提供许多有益的启示,激励我们在新的世纪,将新中国的高等教育事业发展到新的历史水平,培养大批"四有"新人,为社会主义现代化事业提供智力支持,早日实现我们振兴中华,复兴民族文化的宏伟目标,担负起我们对于民族,对于国家的历史责任。

(原载《南阳师范学院学报》2006 年第 1 期)

冯友兰与抗战文化

  抗战文化是中国人民在伟大的抗日战争中用热血浇灌和培植出来的一朵文化奇葩。这朵民族文化之花,涵括了所有中国知识分子在抗战期间的学术成果,既展示了中国知识分子对民族和民族文化生命力的坚定信念,也凝聚着中国知识分子对民族与民族文化生存发展的深沉思考;在民族和民族文化的发展史上,格外璀璨绚丽。冯友兰在抗战期间的学术成就即是抗战文化的一个重要组成部分。抗战时期,冯友兰不仅写成了由《新理学》、《新事论》、《新世训》、《新原人》、《新原道》、《新知言》构成的"贞元六书",形成了一个思想系统,以纯理论的形式"讲理"、"论事"、"原人",为中国人民的抗战救国提供思想理论的支持;而且写成了大量的时论性著作,为抗战救国服务。冯友兰后来将这些时论性著作也辑为一书,名之谓《南渡集》。《南渡集》中所收入的文章,从另一个角度记述了冯友兰在抗战期间的学术活动与学术成就。在纪念七七事变七十周年的今天,我们重读冯友兰的《南渡集》,将会从一个具体侧面更深刻地领悟抗战文化深沉的精神内涵,更全面地理解抗战文化普遍的历史与现实价值。

一、历史与传统

  《南渡集》是抗战胜利以后,冯友兰随清华大学迁返北平以后编定的,时间为1946年。当年冯友兰编定《南渡集》,曾计划由商务印书馆出版发行,后因内战爆发,《南渡集》的出版计划未能实现。新中国成立以后,《南渡集》曾作为内部资料印行,以供人们批判,其时在1959年。"文革"结束以后,《南渡集》纳入冯友兰全集正式印行。《南渡集》正式出版时,内容稍有调整,全书除"自序"外,包括上下两编和附录,共收入冯氏论著40多篇。冯氏当年编定此书,除了纪念自己的"南渡"生活,主要是要通过《南渡集》,让人们了解伟大的抗日战争,了解他以自己的方式参与抗战的经历与体验。他在"自序"中曾论及编定《南渡集》的这种追求:

  《南渡集》者,余自九一八以来所作短篇论文之选集也。文多发表于战时之大后方。中原人士,多未之见,故为此集,备观览焉。集而名曰南渡者,以此选集纪念此段之中国历史及个人经历也。稽之国史,历代南渡之人,未能有北返者。吾辈亲历南渡,重返中原。其荷天之休,可谓前无古人也已。

冯友兰的"南渡"生活是在抗日战争全面爆发以后开始的。卢沟桥事变之后,冯友兰随清华师生南迁至湖南长沙临时大学。其后长沙临时大学又迁往云南昆明,并更名为西南联合大学。冯友兰于1938年4月抵达昆明,不久即赶赴当时西南联合大学文学院的所在地蒙自任教,后以文学院院长的身份主持联大文学院的日常工作。

"南渡"期间,冯友兰除了以坚持在西南联大任教这样的方式支持抗战之外,另一参与抗战的方式即是以自己的学术活动为抗战服务。在这样的学术活动中,他在多次到重庆、成都等地作学术讲演,以自己的哲学思想,唤醒人们的民族意识,鼓舞人们的抗战斗志的同时,也十分关注抗战期间国民具体的思想问题,并力图通过自己的学术活动,为人们解决具体的思想问题提供方法和理论武器。《南渡集》收入的不少文章,即是基于这样的理论追求写成的。

抗日战争全面爆发以后,亟需唤醒全中国人民统一的民族意识,坚定人们抗战必胜的信念。这种现实需要,使得关于民族、历史、传统之类的问题,成为冯友兰在"南渡"生活期间极为关注的问题。在冯友兰看来,中国作为一个古老的东方大国,不仅历史悠久,幅员辽阔,而且是一个多民族的国家。中华民族在数千年的生存繁衍中,创造了自己的历史和文化,也形成了自己的文化传统。这种历史和文化传统,引导中华儿女沿袭相同的生活方式,坚守共同的价值理念,组成了中华民族大家庭。可以说,历史与传统,构成了维系中华民族团结与统一的重要力量。因此,当日本帝国主义发动罪恶的侵华战争之后,历史和传统即应当成为中国人民抵抗侵略,保家卫国的精神纽带和思想武器。

但是,在抗战期间,学术界对于民族、历史、传统之类的问题的理解并不一致。民国以来,人们关于中国民族是一元的还是多元的认识即存在歧见。一些历史学家,从历史的角度,否定人们根据中国人皆为炎黄子孙的观念而形成的民族一元论。在他们看来,中国的民族是多元的,以中国人皆炎黄之后为据的中国民族一元论,背离了历史和事实。这些历史学家,不但批判中国民族一元的传统观念,而且主张杜绝和废止这种传统的观念。后来这些历史学家又发现外国人常常以中国民族多元为由,离间自己民族的团结,损害自己民族的利益,危及自己民族的存亡,"遂又以为中国民族是多元底之说,又应该杜绝废止"[1],对自己的学术观念产生了动摇。针对文化学术领域的这种思想状况,冯友兰曾专门撰文,论释历史与传统的问题,解析人们理解中国民族多元还是一元问题时的思想片面。

冯友兰认为,探讨中国民族多元还是一元的问题,必须坚持两个基本原则:一是

---

① 冯友兰:《三松堂全集》第5卷,河南人民出版社2000年版,第373页。

尊重历史,二是坚持传统。在区别历史与传统的基础上,了解二者的功用,理解历史与传统的作用可以并行而不相悖。在冯友兰看来,对于中国民族多元还是一元的理解,本来即可以从两个角度立论,这就是既可以依据历史,也可以依据传统,但传统的观念与历史的事实并不一定要求统一。因为,有些传统的观念,不符合历史的事实,将传统作为历史,是不科学的。但是,也不能以历史来否定传统。因为,传统作为一种文化的象征,具有自身的社会功能和作用,这种功能和作用又是历史所不能代替的。否定传统,实即是忽视传统对于维系国家统一和民族团结的重要作用。用他的语言表述即是:"传统虽不合乎历史,而其本身却亦是历史。它本身是历史,它即有历史上底事实所有底地位与功用。如其不合乎历史,我们可以指出它是不合历史,但我们却不能因此不承认其历史上底地位与功用。"①因此,要解决中国民族是多元的还是一元的认识歧异,首先应肯定历史与传统的差别,探求中国民族多元论和一元论的成因。如果承认历史与传统的差别,探讨中国的民族问题时即可以发现,人们"说中国民族是多元底,是依照历史"。因为中国不论在历史上还是在现实中,本来即是一个由多民族组成的国家,对于这样的历史与现实,必须肯定和尊重。而人们"说中国民族是一元底,是依照传统"。对于这种传统的观念也不宜轻率地否定。因为,民族一元的传统观念表明了我们民族内部的团结,有其存在的理由:"中国民族是多元底,是历史上原始底事实。虽有此事实,而我们数千年来,对于精神团结,却有很大底努力。这个努力,表现为上述底传统。此传统虽与历史不合,但其本身亦是很古底历史。这个传统的很古底历史,表示我们内部数千年来底精神底团结。"②

传统体现了我们民族"内部数千年来底精神底团结"。这样的传统当然不容否定。在抗战时期,继续民族"内部数千年来底精神底团结",将激励和增进人们抗战的信心和勇气;从传统的角度,肯定"中国人都是炎黄之后",肯定中华民族一元,将在战争中形成巨大的精神力量。因此,冯友兰主张对于传统的肯定,不一定要依历史的事实来进行判断。他曾肯定抗战期间人们对汪精卫卖国行为的声讨,认为湖南各界的通电中"敢痛哭上告炎黄在天之灵"的说法"很有精神底力量",他不赞同仅以历史底事实判断人们的炎黄观念:"炎黄是中国民族数千年来精神团结的理想的象征。'痛哭上告炎黄在天之灵'一句的精神力量,来源在此,历史底判断,在此是用不着底。"③传统的成立,不能专依历史来作判断。但历史同样是维系民族团结的重要条件。一个民族的联续,既要依靠共同的生活环境,共同的物质生产活动,也要依靠共同的历史与传统。冯友兰曾说:"一个人有其物质上底联续,亦有其精神上底联续。一个民族也是如此。一个人若只有物质上底联续,而无精神上底联续,这个人虽是人

———————————

① 冯友兰:《三松堂全集》第 5 卷,河南人民出版社 2000 年版,第 373 页。
② 冯友兰:《三松堂全集》第 5 卷,河南人民出版社 2000 年版,第 373—374 页。
③ 冯友兰:《三松堂全集》第 5 卷,河南人民出版社 2000 年版,第 374 页。

而实无异于一般动物。一个民族,若是如此,亦即是野蛮民族。一个民族的精神上联续,大半靠历史与传统。传统虽可与历史不合,但可以与历史各行其是,并行不悖。"①传统的观念,虽然不一定合于历史的实际,但这并不影响其对于一个民族精神联续的作用。历史的事实不能判断传统观念能否成立,但历史同样对于民族具有精神的联续作用。换言之,传统与历史各以自己的功用维系民族的团结,促进民族的发展,同为影响一个民族精神联续的重要条件。

在人类历史上,我们的国家之所以是一个伟大的国家,就在于其"亘古亘今,亦新亦旧",从来不曾中断自身发展的历史。我们的民族之所以是一个文明的民族,除了为人类的物质文明作出过重要贡献,一个重要的原因即在于具有自己优秀的文化传统。冯友兰对于民族的历史与传统的这些理解不无合理之处。当年,民族的历史与传统,曾激励中国人民浴血奋战,打败了日本侵略者,取得了抗日战争的伟大胜利,使冯友兰一类学者亲历"南渡"而又能重返中原;今天,民族的历史与传统,继续鼓舞着中国人民迈步在民族复兴之路上取得了举世瞩目的现代化建设成就。回顾艰难的抗战生活,展望现代化建设的美好前景,我们可以深刻地感受到冯友兰在抗战期间论释民族历史与传统的良苦用心,体会到冯友兰这一辈知识分子对抗战事业所作出的重要贡献,从而倍加珍惜自己民族的历史与传统。因为,民族的历史和传统,将会激励我们的民族不断地发展和完善自身,开拓自己无限美好的未来。

二、理想与信念

20 世纪三四十年代的抗日战争,是一场敌我力量极不对称的战争。在敌强我弱的形势下,国内思想界速胜论者有之,亡国论者有之;悲观论者有之,乐观论者也有之。思想的混乱,对于全民族的抗战极为不利。抗战需要全中国人民建立必胜的信念,确立反映现实的共同理想。冯友兰在"南渡"期间先后写成的《理想与现实》、《论信念》、《论主客》等重要文章,讨论抗战时期的理想、信念问题,即是要服务于抗战时期的这种思想理论需要。

在冯友兰看来,理想与现实并不是对立的,理想实际上是对现实的反映;系统地表达某种理想,实即是论释某种主义。在战争年代,人们的理想,大都与国家民族的利益关联。基于这样的观念,冯友兰把战争时期的理想,理解为谋求国家民族的利益,理解为一种民族主义:"从民族主义的观点,以看现在国际局势,而虽波谲云诡,而却是'万变不离其宗底',其宗是'本国利益第一'。这是现在每一个国家的谋国底

---

① 　冯友兰:《三松堂全集》第 5 卷,河南人民出版社 2000 年版,第 374 页。

人的理想,也是每一个国家的谋国底人的道德。你可以不赞成这种理想,不赞成这种道德,但你不能说,世界上没有理想,没有道德。你可以说民族主义是旧式底主义,但你不能说它不是一种主义。"①抗战时期,"本国利益第一"是"谋国底人"的理想,也应当是全中国人民的理想。只有全中国人民都具备这样的理想,正视严酷的战争现实,才会促使全民族走上抗日的战场,使民族主义转换成现实的抗战力量,争取抗战的全面胜利。

理想是争取抗战胜利的力量,信念同样是争取抗战胜利的力量。在冯友兰看来,信念是人们争取自身行为成功的必要条件。必要条件是所谓"有之不必然,无之必不然"者。中国人民要取得抗战救国的胜利,需要创造多方面的条件,其中的必要条件之一,即是确立抗战胜利的信念:"我们现在抗战建国的工作,是中国四千年来一件最大底事,亦是一件最复杂底事,其成功所需要底条件,真是千头万绪。这些千头万绪底条件,可以都是必要底,而没有一条件是充足底。在这些许多必要而不充足底条件中,有一个条件即是:我们必须有'抗战必胜,建国必成'的信念。"②在抗战期间,必胜的信念之所以是争取胜利的必要条件,原因在于这种信念能够帮助人们在艰难困苦中得到安慰,在流血牺牲时增加勇气,面对失败与挫折不悲观失望,丧失战斗的信心。作为一个哲学家,冯友兰对于精神的力量的理解,有着一般人无法达到的思想层次,所以他特别强调确立抗战必胜的信念的重要。因为在他看来,"我们若相信我们必胜,我们虽不必胜,但已距胜近了一点,因为我们已经实现了胜的一个必要条件。"③

理想与信念是对现实的一种反映,但理想或信念又并非即是现实。因此,冯友兰在看重抗战信念的同时,又强调抗战不能仅停留于信念:"我们对于抗战必胜,建国必成,须有信念,而这种信念,即是抗战胜利及建国成功的一个必要底条件。但这并不是说,只要我们有这个信念,我们即可坐而达到我们的希望。"④战争是流血底政治。解决这样的政治问题,还需要运用战争的手段。中国人民只有秉持抗战必胜的信念,投身到实际的抵抗日本侵略者的战争中去,通过实际的战争,才能使抗战的胜利变为现实。

为了鼓励人们在抗战时期,既坚定抗战必胜的信念,又积极地投身于实际的抗日战争,冯友兰还探讨过"主""客"问题。他认为人们研探社会历史和人生问题,可有两种身份和态度,一是所谓"客外主",二是所谓"客中主"。"客外主"是旁观者。旁观者可置身事外,以隔岸观火的方式表达自己的所思所想。"客中主"则有所不同。

---

① 冯友兰:《三松堂全集》第 5 卷,河南人民出版社 2000 年版,第 371 页。
② 冯友兰:《三松堂全集》第 5 卷,河南人民出版社 2000 年版,第 323 页。
③ 冯友兰:《三松堂全集》第 5 卷,河南人民出版社 2000 年版,第 324 页。
④ 冯友兰:《三松堂全集》第 5 卷,河南人民出版社 2000 年版,第 324 页。

"客中主"是"当局者"。旁观者可以袖手,当局者则不能袖手。在中国历史上,人们关注国计民生,讨论社会治乱,从来都是置身事内的。他说:"'天下兴亡,匹夫有责',范仲淹做秀才时,即以天下为己任。就'天下'的兴亡治乱说,这是客中主应取底态度,应有底抱负。若客中主都没有这一种态度抱负,则一乱恐怕即不能复治了。客外主固然可以说如果乱极了,人人都'不聊生',则他们自然都要'起来'。他们都要'起来',天下自然即治了。我们说,客外主所谓'势所必至'的'势'及'必'包括整个底人力,正是谓此。不过客中主亦都是这样想,都以为别人'必'都'起来',我一个人'起来'不'起来',没有关系,则所谓'势所必至'的'势',亦即没有了,而其必亦即不必了。"①冯友兰对于所谓"客外主"与"客中主"的这种辨析,目的仍在于告诉人们,在抗日战争中,全体中国人民都是被侵略者。打败侵略者,维护国家民族的利益,是每一个中国人都应当确立的信念,也是每一个中国人都必须承担的责任。如果人们以旁观者的身份讨论抗战,空谈信念,不以自身实际的行为参与抗战,那么,抗战胜利就只能停留于口头,而不可能成为现实。因此,冯友兰强调:"'抗战必胜,建国必成。'这是我们底信念。有信念是必要底。不过我们同时要知道,我们都是抗战建国的事中人,都是客中主。我们说'抗战必胜,建国必成'的时候,我们要知道,这两个'必'字中间包括了我们每一个人的努力。我们若以为,既然胜是必胜,成是必成,我们何妨坐以待之,则这两个'必'即不必了。"②每一个中国人都以"客中主"的身份参与抗战,担负起自己的抗战责任,去争取抗战的胜利,这当是冯友兰讨论"主""客"问题所要达到的结论。

抗战期间,中国人民在不断地了解敌人,也在不断地了解自己。这种了解的一大收获,是民族自信心和自尊心的增强:"近百年来,国人始则妄自尊大,继则妄自菲薄。四年多底抗战,我们对于我们自己的力量,有真正底认识。清末民初以来,妄自菲薄底殖民地人的心理,才算逐渐廓清。民族自尊心及自信心,才算逐渐恢复。"③但是,一个民族应自尊、自信,却不可自满。冯友兰曾敏锐地觉察到,随着抗战局势的发展,中国人内部出现了自满。他说:"我们经过将及五年的抗战,恢复了民族自尊心及自信心,但同时大部分底人亦不知不觉地有了自满心。'满招损'。这次我军从缅甸撤退,恐怕与'满招损'不无关系。"④因此,他主张随着战争朝向有利于中国人民的方向发展,我们应当正确地区别自信、自尊与自满。在冯友兰看来。"不自暴自弃,相信'有志者事竟成',这是自信心。未成而自以为已成,成一成而却不求再成,这是自满心。"⑤我们唯有既保持对战争发展趋势的乐观自信,又不忘思想上的戒慎

① 冯友兰:《三松堂全集》第5卷,河南人民出版社2000年版,第327页。
② 冯友兰:《三松堂全集》第5卷,河南人民出版社2000年版,第328页。
③ 冯友兰:《三松堂全集》第5卷,河南人民出版社2000年版,第407页。
④ 冯友兰:《三松堂全集》第5卷,河南人民出版社2000年版,第407页。
⑤ 冯友兰:《三松堂全集》第5卷,河南人民出版社2000年版,第408页。

戒惧,才有望获取战争的最后胜利。因此,他告诫人们牢记"临事而惧,好谋而成"的古训,避免在战争中"成一成而却不求再成",克服盲目的自满与乐观:"如果我们戒慎、恐惧,兢兢业业,努力以求胜利,胜利是可以得到底。戒慎恐惧是我们对于前途乐观的一个条件,惟大家都戒慎恐惧,前途才可以乐观。"①乐观才可能坚持抗战必胜的信念,为战胜日本帝国主义提供必要条件;戒惧才能兢兢业业,努力以实际行动参与抗战,从而保证自信与乐观。冯友兰对于乐观自信与戒慎恐惧的这些思考,也非纯理论的思辨,而是同抗战需要紧密联系的,其目的都在于和全中国人民一道争取抗战的最后胜利。

冯友兰关于理想与现实、自信与自满、乐观与戒惧等问题的探讨,在《南渡集》中占有相当篇幅。从冯友兰对这些问题的多侧面的论释中,我们可以看到他在抗战的学术工作与现实生活的贴近,也可以看到他对于信念、理想、乐观、戒惧之类的问题的思考,不仅在抗战期间具有重要的理论意义和实际意义,即使今天,也仍不失其理论与现实的价值。因为,正确地理解、区别和处理信念、理想、自信、自尊、自满之类的问题,也会有益于我们今天的社会主义现代化建设。

三、抗战与人生

抗战期间,国家的前途,人生的意义也是冯友兰思考和探讨得较多的问题。保存在《南渡集》中的《战争与人生》、《抗战的目的与建国的方针》、《汪精卫的行为与先贤道德教训》、《蔡先生的一生与先贤道德教训》、《贫穷的哲学》、《论救国道德》等文献即体现了他对这些问题的思考。

冯友兰认为,对于战争,人们的态度截然不同。有人喜欢战争,认为战争能够使人最大限度地发挥自身的才能,促进人类的发明创造,有益于人类的进步;但也有人反对战争,认为"战争的主要性质是破坏",战争不仅毁坏人类文明,而且牺牲对人类文明作出过突出贡献的知识精英。但不论人们对战争的态度如何,战争都是一种事实。战争乃"人事在某种情形下所必有者"。战争作为一种特殊的"人事",之所以在一定条件下不可避免,是因为战争双方的矛盾非以战争的手段不能解决。这种不以战争手段不能解决的矛盾,实际上是根本利益上的冲突。他说:"两个国家间,发生战争,必是两国中间,有不可避免底根本上底利益冲突。"②抗日战争的爆发,即是因为两国存在"不可避免底根本上底利益冲突"。因此,中国人民从事抗战,除了确立战争的必胜信念,以战争制止战争,消灭侵略者,争取抗战的胜利,还必须了解中日两

① 冯友兰:《三松堂全集》第5卷,河南人民出版社2000年版,第408页。
② 冯友兰:《三松堂全集》第5卷,河南人民出版社2000年版,第402页。

国之间的根本利益的冲突,这种了解将有助于中国人民理解战后国家的建设与发展。

在冯友兰看来,中国步入近代之后,所面临的重大时代课题即是解决自身的生存问题。解决自身生存问题的途径是实现社会文化类型的转变,把中国建设成一个"近代式底国家"。中国如果不能成为一个"近代式底国家",即会危及自身的生存。日本的情况与中国相反。日本自成功地实现了社会文化的近代转型后,已经成为一个有能力掠夺亚洲各国资源以维持自身繁荣的国家。中国为了自身的生存,必须实现社会文化向近代的转型,日本为了自己的繁荣,则必然阻止中国社会文化的转型,阻止中国成为一个"近代式底国家"。正是这种国家根本利益的冲突,导致了中日两国之间的战争。他说:"中国若不能成为一个近代式底国家,则所谓中国,无论它是如何底地大物博,将来会只成一个地理上底名词,所谓中国人,无论他是如何底聪明优秀,将来会只成一个人种学上底名词。所谓中国文化,无论它是如何底光辉灿烂,将来会只成历史博物馆中底古董。所以中国非求成为一个近代式底国家不可。中国成为近代式底国家以后,必然而且自然恢复他在亚洲历史上底地位。此虽不必威胁日本的生存,但日本亦不过只能生存而已,这是与日本的根本利益冲突底。所以自鸦片战争以来,中国的各种运动的一致底目的,是建立一个近代式底中国,而自甲午中日之战以后,日本的对华一致底政策,是阻止中国,使之不能在此方面成功。"①冯友兰对中日战争的这种分析是相当深刻的,触及了抗日战争在社会历史文化方面的深层原因。依照冯友兰的这种理解,在抗日战争中,日本所谓"解决中国问题",目的是要保持其殖民者的地位,维护其殖民者的利益;中国人民的抗战则是要摆脱殖民地地位,争取国家民族的独立与富强。基于这样的观念,冯友兰强调抗战只是手段,建国才是目的,主张通过抗战,把中国建设成为一个以工业化为特质的"近代式底国家",在工业化的基础上建设中国的物质文明与精神文明。

抗战是建国的手段,也是检验人们人格品行,体现人生价值的重要途径。冯友兰不认同抗战时期出现的"救国道德"论。在他看来,不认同"救国道德",是认定道德中没有特别的"救国道德",但并非主张抗战时期不需要道德。恰恰相反,冯友兰十分看重抗战时期道德的力量和作用。他曾经严厉批判汪精卫背叛国家民族的无耻行径,并从道德的角度揭示了汪精卫成为民族罪人的思想缘由:"汪精卫的行为,倒行逆施,愈出愈奇。其何以要如此,有些人认为是不可解。但是在旧日底典籍中,对于这一类底行为,则颇有解释。孔子说:'鄙夫可与事君也哉? 其未得之也,患得之。既得之,患失之。苟患失之,无所不至矣'……朱子于孔子此言注云:'小则吮痈舐痔,大则弑父与君。'朱子注又引别人说:'士之品大概有三。志于道德者,功名不足以累其心。志于功名者,富贵不足以累其心。志于富贵者,则亦无所不至矣。志于富

---

①　冯友兰:《三松堂全集》第 5 卷,河南人民出版社 2000 年版,第 402—403 页。

贵,即孔子所谓鄙夫也。'朱子对于'无所不至'底注文,初看亦似太过。但我们看历史上为求富贵而做这一类底事底人,实亦无代无之。从这方面看汪精卫的行为,是没有什么难以了解。"①汪精卫背叛国家民族,重要原因之一即在于其"志于富贵","外以欺人,内以自欺",为求一己之私,"无所不至",不顾基本的人格操守,终至于丧失国格人格,成为民族的罪人。

在严厉斥责汪精卫道德沦丧的同时,冯友兰高度赞赏蔡元培先生的君子人格:"曾子说'可以托六尺之孤,可以寄百里之命。临大节而不可夺也。君子人欤?君子人也。'《礼记·儒行》说:儒,虽是'难进易退,粥粥若无能',但是'可亲而不可劫也,可近而不可迫也,可杀而不可辱也'。'身可危,而志不可夺也'。这样底人,才是君子。……蔡先生平时温良恭俭让,似乎是一个好好先生,'粥粥若无能'者。但是遇到重要底事,他的主张,是非常坚决底。所谓'临大节而不可夺',蔡先生足以当之。"②在冯友兰看来,蔡元培先生一生,"不逆诈,不亿不信",在事关民族大义的事件面前,"身可危,而志不可夺",所以备受国人的敬重。他虽然生活在一个风云变幻,国家民族灾难深重的时代,却以其志洁行廉的一生,实现了自己人生的价值。

鉴于人们不同的现实的人生,冯友兰主张人们在抗战时期正确地理解道德与救国的联系。在他看来,"所谓救国者,无非欲使国家存在,国民守道德,都是所以使国家存在,所以凡道德底事,都是救国底事。反之,凡不道德底事,都是祸国底事。"③只有道德的行为,才能担负起救国的责任,只有道德的行为,才能争取抗战的胜利,也只有道德的行为,才能实现人生的价值。冯友兰当年的这些论说,意境深远,读来发人深省。今天,我们的国家,已经远非 20 世纪三四十年代的旧中国所能比拟。但是,建设自己的国家,复兴自己的民族,弘扬自己的民族文化,仍然是我们每个中国人生活中的现实追求。因此,冯友兰在抗战时期对于道德与救国关系的理解,也仍然具有现实的意义。

总之,对历史、传统、理想、信念、人生、价值等问题的思考,构成了冯友兰《南渡集》的基本内容。这些内容从一个非常具体的侧面向人们展现了抗战时期中国知识分子的国家观念、民族情结、文化意识、价值标准及其人生追求,表明了抗战文化所蕴含的基本精神与普遍价值,值得我们今天在现实的社会生活中借鉴与思考。

(原载《长春工业大学学报》2008 年第 5 期)

---

① 冯友兰:《三松堂全集》第 5 卷,河南人民出版社 2000 年版,第 344 页。
② 冯友兰:《三松堂全集》第 5 卷,河南人民出版社 2000 年版,第 358—359 页。
③ 冯友兰:《三松堂全集》第 5 卷,河南人民出版社 2000 年版,第 392—393 页。

国立西南联大校歌歌词作者考辨

——重读冯友兰《国立西南联合大学纪念碑碑文》

在中国近现代教育史上,成立于抗日战争时期的西南联合大学,曾在极端艰苦的环境中,集聚中国的学术精英,培养出一批具有世界影响的学术人才,创造出人类教育史上的奇迹。冯友兰即是当年参与西南联大建设的重要历史人物之一。在西南联大期间,冯友兰不仅因为胡适不能到校履职而代理文学院院长职务,长期主持联大文学院工作,参与西南联大的管理与建设,而且在西南联大期间,写成"贞元六书",建构自己的"新理学"思想系统,探求中国社会文化的现代化道路,为国家的学术文化建设作出了重要贡献。尤为值得称道的是冯友兰在西南联大结束自己的历史使命的时候,总结西南联大的历史与经验,为人们留下了一篇脍炙人口的《国立西南联合大学纪念碑碑文》。碑文如诗如歌,如泣如诉,记载了抗战时期西南联大师生的艰难与困苦,成就与辉煌,体现了中华民族强大的生命力量与历史情怀。今天,西南联大成立已过去七十周年了。但人们仍在回顾西南联大的历史,探索西南联大的办学理念,总结西南联大成功的办学经验,也仍在阅读冯友兰的《国立西南联合大学纪念碑碑文》。

在新的时代条件下,阅读冯友兰的《国立西南联合大学纪念碑碑文》,不同的读者,会有不同的体悟,不同年龄段的读者,会有不同的心情。往日我阅读这篇文字,多着力欣赏其词句的隽永优美,体悟其文义的达观深邃,咀嚼冯友兰晚年对《国立西南联合大学纪念碑碑文》的自我评价。今天,重新阅读冯友兰的《国立西南联合大学纪念碑碑文》,我感受更多的是责任。因为,在阅读中,我想到了冯友兰与西南联大校歌。

鉴于西南联大的历史影响以及冯友兰先生崇高的学术地位,探讨与厘清冯友兰与西南联大校歌的关系,具有重要的学术价值。冯友兰先生生前说过,西南联大校歌的作者不是他人,而是他自己,但冯先生这一说法,在学术界并没有得到普遍认同;厘清这个问题,有助于人们真实地了解西南联大的历史,了解当年参与西南联大建设的前辈学者们真实的工作业绩与历史贡献。

笔者对西南联大校歌的作者问题重新做一些考辨工作,经历过一个思想过程。20 世纪 80 年代,笔者曾在有关冯友兰思想研究的著述中论及冯友兰的《国立西南联合大学纪念碑碑文》,也曾论及冯友兰与西南联大校歌的关系。当时的认识是关于西南联大校歌的作者已经不存在什么问题。自己意识到西南联大校歌的作者仍是一个需要厘清的问题,缘于2003年秋应邀参加云南师范大学举办的庆祝西南联大成立六十五周年学术研讨会。那一次学术讨论会氛围很好,云南师大曾组织与会学者赴蒙自考察。因为,当年西南联大成立以后,联大文学院曾一度在蒙自办学。考察蒙自,使与会学者增加了许多对于西南联大的感性认识,获益良多。记得当时心情特好,返回师大途中曾胡乱写下一首小诗,题为《蒙自纪趣》:

> 南湖过桥处,三角梅魂识。听风楼寻梦,偶识濂溪诗。歧论双金道,戏言阿昌痴。八仙品雕李,月伴归人迟。

诗中所记,无关学术,皆旅伴途中趣事。同行的西南民族大学徐希平教授看到诗稿后,也写成了一首五言,后觉得尚需润色,表示返校后再寄赠修改稿。这年年底,徐希平教授寄来了他改定的诗稿:

> 蒙自心仪久,群贤初相识。南湖秋月朗,品茗赏新诗。过桥迷归路,妙论令人痴。余兴竟无穷,酬答意恐迟。

拜读希平教授的诗作,觉得学术工作者,也可不拘泥于纯抽象的理性思辨,留意现实的生活情趣与享受,颇多感慨。徐希平教授在寄来诗作的同时,还寄来了郑临川教授记录、他本人参与整理,由上海古籍出版社出版的《笳吹弦诵传薪录——闻一多、罗庸论中国古典文学》一书。

这部书稿所收文献为闻一多、罗庸两位教授当年在西南联大讲授中国文学史的讲稿。书稿分为上下两编,上编收录"闻一多论先秦两汉文学与唐诗",下编收录"罗庸论魏晋南北朝文学与唐宋文学",各编附录分别收录《西南联合大学校史》中所列闻一多小传和罗庸小传。在介绍罗庸生平业绩时,小传中有"1932年任北京大学教授。抗战开始,北大南迁,他于年底才离开沦陷区,在长沙临时大学讲授大一国文。1938年,学校迁昆,他为西南联大制作校歌,调寄《满江红》,充分抒发师生爱国热情"等文字记述,书名中的"笳吹弦诵"正是西南联大校歌中的句子。徐希平教授在"校订附识"中论及书名时也特意指出:"当年罗膺中先生为西南联大所作校歌广为传唱,歌中'笳吹弦诵在山城,情弥切'一句,高度概括了抗战烽火中联大师生在西南边境昆明的生活与情怀:为祖国未来育英才,为中华崛起而读书。慷慨壮美,催人奋发。书名《笳吹弦诵传薪录》特取其义,用以激励后学,亦用以纪念身后寂寞的罗膺中先生,纪念中国现代教育史上那段难忘的岁月。"

罗庸传世的著作不多,加之治学领域不同,我对罗庸的著作知之甚少。阅读徐希平教授的赠书,是我第一次较为系统地阅读罗庸的著作。阅读中,除了初窥罗庸的学术建树,当然也会使我记起西南联大校歌的作者问题。实际上,在云南师大举办的学术研讨会期间,我即翻阅过张曼菱编撰、人民文学出版社出版的《照片里讲述的西南联大故事》一书。此书第三页收录的即是西南联大校歌,署名罗庸词,张清常曲。

《照片里讲述的西南联大故事》一书出版于 2003 年 4 月,《笳吹弦诵传薪录——闻一多、罗庸论中国古典文学》一书出版于 2002 年年底,冯友兰认定西南联大校歌的作者是他自己而不是罗庸则是在上个世纪的 80 年代。二十多年过去了,冯友兰关于西南联大校歌作者的说法,实际上并没有为人们所接受,这给我留下了较为深刻的印象。记得在昆明会议期间,我也曾同与会学者简单谈及西南联大校歌的作者问题,但并没有学者肯定冯友兰为西南联大校歌的作者。有鉴于此,笔者深感有厘清校歌真正作者之必要。

于是,我决定在重读冯友兰《国立西南联合大学纪念碑碑文》的同时,介绍一些冯友兰晚年论及西南联大校歌作者的文字,并记下一些自己对人们关于西南联大校歌作者歧见的联想与思考。

冯友兰介入西南联大校歌作者的论争,始于 20 世纪 80 年代初。依冯友兰自己在《三松堂自序》的记述,1980 年 4 月,清华大学举行校庆纪念会,其间,曾经在西南联大工作和学习的师生还举行了西南联大校庆纪念会,并合唱了西南联大校歌。由于对联大校歌反响热烈,人们提出了校歌作者的问题。从冯友兰的记述来看,由于岁月流逝,人事沧桑,到 20 世纪 80 年代,西南联大师生虽仍记得当年演唱过的校歌,但对于校歌作者的记忆已经模糊了。冯友兰正是在这种背景下通过记忆肯定自己为联大校歌作者。

冯友兰认定自己为西南联大校歌作者,并没有得到清华师生的普遍认同。公开否定冯友兰为西南联大校歌作者的是清华校友张清常。1980 年 11 月 1 日,张清常的《西南联大校歌的作者》一文刊于《北京晚报》。张文认为,西南联大校歌的作者并非冯友兰,作词者为罗庸,他自己则是西南联大校歌的作曲者。张文的刊发,距冯友兰认定自己为西南联大校歌作者仅半年左右的时间。

张文刊发之后,冯友兰十分重视。据蔡仲德《冯友兰先生年谱初编》中记载,张文刊发 5 天后,冯友兰即写成《致〈北京晚报〉》,回应张清常的《西南联大校歌的作者》一文。冯文刊发于 1980 年 11 月 23 日的《北京晚报》。文中冯友兰再次肯定西南联大校歌的作者是他自己而非罗庸。

冯友兰介入有关西南联大校歌歌词作者的争论以后,由于事关自己,感慨很多。1981 年 10 月,在杭州参加全国宋明理学讨论会期间,他曾游岳坟并写成《题西湖岳庙》:

> 荷去犹闻荷叶香,
> 湖山终古护鄂王。
> 冲冠怒发传歌久,
> 何事闲人道短长。

此诗后面附有"自注":"岳武穆'怒发冲冠'那首《满江红》词传世已久,但有人怀疑不是他作的;我曾为西南联大作校歌歌词调寄《满江红》,但也有人怀疑不是我作的,故云。"从"自注"看,冯友兰认定西南联大校歌歌词的作者是他自己,对人们的怀疑否定,可说是十分不满,因为,在冯友兰看来,人们否定其为西南联大校歌歌词的作者,背离了历史的真实。

应当肯定,冯友兰与张清常都是有资格回忆西南联大校歌歌词作者的历史人物。冯友兰是当年西南联大校歌校训编制委员会的重要成员。西南联大编制校歌校训是在 1938 年决定的。这年 10 月 6 日,联大常委会决定成立校歌校训编制委员会,聘请冯友兰、朱自清、罗常培、罗庸、闻一多为编制委员会委员,冯友兰为编制委员会主席。作为西南联大校歌编制委员会的主席,冯友兰当然有资格和条件回答联大校歌歌词的作者是谁,也不可能对联大校歌的编制过程和校歌歌词的作者没有自己的记忆。

但是,论及西南联大校歌歌词作者,人们也没有理由轻视张清常的意见。因为,张清常是联大校歌的曲作者。张为西南联大校歌谱曲,缘于朱自清的邀请。张认定西南联大校歌歌词作者为罗庸,根据是他当年接到过两份歌词,一首为《满江红》,即现今流传的联大校歌歌词:

> 万里长征,辞却了五朝宫阙,暂驻足衡山湘水,又成离别。绝徼移栽桢干质,九州遍洒黎元血。尽笳吹弦诵在山城,情弥切。

> 千秋耻,终当雪。中兴业,须人杰。便一成三户,壮怀难折。多难殷忧新国运,动心忍性希前哲。待驱除仇寇复神京,还燕碣。

另为一首新体诗:

> 西山苍苍,滇水茫茫,这已不是渤海太行,这已不是衡山潇湘。同学们,莫忘记失掉了的家乡。莫辜负伟大的时代,莫耽误宝贵的辰光。赶紧学习,赶紧准备,抗战建国都要我们担当。同学们,要利用宝贵时光。要创造伟大的时代,要恢复失掉了的家乡。

张清常认为两份歌词中,《满江红》为罗庸所作,新体诗则为冯友兰的作品。他谱曲者为罗庸的歌词,并认为 1939 年 6 月 30 日,由联大校歌校训委员会向联大常委会送呈并为联大常委会通过的校歌即是由他谱曲、罗庸作词的校歌。张说似也并非无据。但是,张清常的记忆不为冯友兰所认同。原因是冯友兰找到了能够支持和证明自己记忆的重要文献史料,这就是《朱自清日记》。

冯友兰在《三松堂自序》中列举了《朱自清日记》中有关联大校歌的记载,蔡仲德撰《冯友兰先生年谱初编》,也将冯友兰为西南联大校歌作词视为冯氏一生活动中的重要事件,并在三处记述中具体引用了《朱自清日记》:

其一是"1938 年 10 月":"30 日　下午主持校歌校训委员会议第一次会议,'接受了罗的词,但未通过曲'"。所谓"接受了罗的词,但未通过曲"的记述即源自《朱自清日记》。

其二是"1939 年 6 月":"14 日　下午主持校歌校训委员会会议,听校歌演唱。《朱自清日记》记此事云:'接受冯的歌词和马的谱。但谱嫌单调,因此决定有马、杨、沈负责修正。'"

　　其三是"1939年6月"："30日　下午主持校歌校训委员会会议,'讨论张清常谱的曲,三个委员同意张的曲子。他们认为曲调比歌词更重要。冯的歌词早为大家所接受'。"此处有关联大校歌的记述同样源自《朱自清日记》。在《朱自清日记》中,还记载了联大校歌校训编制委员会在这次会议上决定将已拟定的联大校歌词、曲呈报联大常委会"核定"。

　　从朱自清日记来看,西南联大校歌校训编制委员会审定校歌词、曲有一个过程。在这个过程中,曾先后审查过罗庸的词、曲,冯友兰的词,马约翰的曲及张清常的曲,最后审定时的情形则是"三个委员同意张的曲子","冯的歌词早为大家所接受"。以这个记载为据,编制委员会向联大常委会送呈的应是为多数人认可的冯友兰的词与张清常的曲。

　　朱自清当年为西南联大校歌校训编制委员会五名成员之一,当然了解联大校训校歌的制定过程,因为,他本人即是具体参与制定工作的成员;其日记是他当时对自己参与工作的记录,记录内容很难用误记加以解释。相较于朱自清,张清常为学生辈人物。当年以冯友兰、朱自清等人为成员的校歌校训编制委员会审定联大校歌词、曲向联大常委会送呈的时候,张还不是联大教员。张清常受聘为西南联大师范学院教员,时在1940年8月,先任讲师,1942年担任副教授。可以说,张对联大校歌的审定过程主要还是间接的了解而非直接的了解。因此,《朱自清日记》实为今天考订联大校歌词、曲作者最具可信度的原始的历史文献之一。

　　有人忆及联大校歌词、曲作者,认为1939年6月30日,联大校歌校训委员会向联大常委会送呈,并由联大常委会"核定"通过的校歌,作词者也为罗庸,这显然有违《朱自清日记》中对于1939年6月30日下午联大校歌校训编制委员会审定校歌词、曲的记录。联大常委会核定的校歌词、曲,由联大校歌校训编制委员会送呈,若获通过,其结论当与联大校歌校训编制委员会的审定结论一致,若不一致,只意味着联大校歌校训编制委员会送呈的校歌词、曲被否定,联大常委会不可能离开校歌校训编制委员会送呈的校歌词、曲,另定联大校歌词、曲。如果有关联大常委会核定的联大校歌词、曲的记录,与联大校歌校训编制委员会送呈的校歌词、曲的记录有别,误记当在前者,而非后者。冯友兰认定联大校歌歌词为自己的作品,《朱自清日记》中的有关记载确为其说提供了一个重要的历史文献根据。否定冯友兰为联大校歌歌词的作者,即必须对《朱自清日记》中的有关记载作出合理的解释。这是联大校歌非冯词说者面临的一个十分棘手但又十分现实的问题。若不能否定《朱自清日记》中有关联大校歌审定过程与结论的记载,则不能否定冯友兰为联大校歌歌词的作者。

　　在西南联大的校友中,也有肯定联大校歌为冯词者。诺贝尔奖获得者美籍物理学家杨振宁即为其一。2000年11月底,杨振宁在台湾《中国时报》董事长余纪忠捐资在南京大学、东南大学设立的华英基金会上作过一次演讲,讲到了西南联合大学校

歌。演讲题目是:"中兴业,需人杰",讲稿载于 2001 年 1 月 11 日《光明日报》,讲稿中说:

> 冯友兰教授写了一首校歌。他一生很得意此校歌歌词,晚年时候写《三松堂自序》时还将歌词录了进去。
>
> 校歌是一首词,词牌是《满江红》。冯先生显然觉得宋朝的南渡和当时的西迁有相似的地方,所以不但用了岳飞的《满江红》词牌,还做了许多对比。
>
> 校歌第一阕开头几句是:
>
> "万里长征,辞却了,五朝宫阙。暂驻足,衡山湘水,又成离别。"
>
> 我于一九三八年秋考入西南联大,今天还记得当时唱此校歌时悲愤而又坚决的心情。岳飞的《满江红》的第二阕开头四句是:
>
> "靖康耻,犹未雪,臣子恨,何时灭。"
>
> 冯先生把它改为:
>
> "千秋耻,终当雪,中兴业,需人杰。"
>
> 幸而言中,联大前后培养了三千多个学生,为中国建设、中国学术与世界学术都作出巨大的贡献。
>
> 五十多年以后,中华民族的地位有了巨变。今天如果再讨论此四句,似应改为:
>
> "千秋耻,既已雪;中兴业,需人杰。"
>
> 从"终当雪"到"既已雪",这是多么痛苦、多么困难的经历;这是二十世纪几代中国人的浴火重生的血泪史。

杨振宁晚年仍清晰地记得冯友兰所作的西南联大校歌,在 20 世纪 30 年代给予自己的影响。在演讲中,他不仅对联大校歌的歌词与岳飞的《满江红》进行了对比,而且谈及了冯友兰对联大校歌的态度。应当肯定,杨振宁对联大校歌以及校歌词作者的记忆都是较为深刻的。

但有学者认为,此为杨振宁教授记忆有误。西南联大校歌最终入选的是中文系教授罗膺中(罗庸)用《满江红》词牌所填写的歌词;冯友兰教授在抗战胜利后联大即将北归之时受全校师生委托撰写了《国立西南联合大学纪念碑碑文》,碑文后缀以歌词,时人往往将此词与联大校歌混淆。杨振宁教授对联大校歌的记忆是否有误,可以征询杨振宁教授,因为,杨振宁教授尚健在。冯友兰撰写的《国立西南联合大学纪念碑碑文》后面"缀以歌词"也是事实。但为什么时人往往将此词与联大校歌混淆呢?这倒是值得思考。依照冯友兰自己的解释,西南联大校歌的歌词是他撰写的,西南联大纪念碑碑文也是他撰写的,碑文后面的铭词与联大校歌的歌词本来即联系在一起。用他自己在《三松堂自序》中的表述即是:"碑文是我作的,碑文最后的铭词大部分用校歌的词句,可谓一稿二用。"若细读《国立西南联合大学纪念碑碑文》,应承认冯说不虚。实际上《国立西南联合大学纪念碑碑文》,也是我们今天考辨联大校歌词作者的又一重要的历史文献。

　　冯友兰认定联大校歌歌词与联大纪念碑碑文的铭词乃"一稿二用",但他并没有直接以《国立西南联合大学纪念碑碑文》来论证自己为联大校歌的歌词作者。较早主张《国立西南联合大学纪念碑碑文》可证明联大校歌词作者为冯友兰的是清华大学的沈刚如。据蔡仲德《冯友兰先生年谱初编》中记载,1980 年 11 月 7 日,"晚钟璞、仲德为联大校歌歌词事往清华大学访沈刚如。沈认为歌词与联大纪念碑碑文是一回事,碑文已写明作者是'文学院院长冯友兰',便可不必深究。"沈刚如此说对于厘清人们关于西南联大校歌词作者的歧见确有重要价值。西南联大校歌歌词与西南联大纪念碑碑文何以"是一回事",我们不妨做一些具体辨析。

　　冯友兰撰写的《国立西南联合大学纪念碑碑文》实际上涵括两个部分:前为正文,后为铭词。正文以文言写成。内容除了概述西南联大办学的背景与过程,主要总结联大办学的历史经验及价值。碑文中认为,联大办学八年,可纪念者有四:一是八年抗战,已为中华民族复兴的旷代伟业"开其规模,立其基础",而西南联大的使命"与抗战相终始";二是三校联合办学,"八年之久,合作无间。同无妨异,异不害同;五色交辉,相得益彰;八音合奏,终和且平";三是"联合大学以其兼容并包之精神,转移社会一时之风气,内树学术自由之规模,外来'民主堡垒'之称号,违千夫之诺诺,作一士之谔谔";四是联大师生亲历"南渡","能于不十年间,收恢复之全功",胜利北返。

　　铭词则与校歌一样,"始叹南迁流离之苦辛,中颂师生不屈之壮志,终寄最后胜利之期望。"旨趣与正文不尽相同,全文为:

> 痛南渡,辞宫阙。驻衡湘,又离别。更长征,经峣嶻。望中原,遍洒血。抵绝徼,继讲说。诗书丧,犹有舌。尽笳吹,情弥切。千秋耻,终已雪。见仇寇,如烟灭。起朔北,迄南越,视金瓯,已无缺。大一统,无倾折。中兴业,继往烈。维三校,兄弟列,为一体。如胶结,同艰难,共欢悦,联合竟,使命彻,神京复,还燕碣。以此石,象坚节,纪嘉庆,告来哲。①

　　今天,我们细读西南联大纪念碑碑文中的铭词,可以发现铭词实际上当是由广义的联大校歌的歌词构成的。在西南联大历史上,1939 年 7 月联大常委会核定校歌词、曲之后,还形成过《国立西南联大进行曲》。《国立西南联大进行曲》除校歌之外,还包括《引》、《勉词》和《凯歌词》,这些歌词亦为冯友兰撰写。

　　1946 年 5 月 4 日上午,西南联大举行结业典礼,会上,冯友兰宣读联大纪念碑碑文,学生曾合唱《国立西南联大进行曲》。据《冯友兰先生年谱初编》记载:1946 年 5 月 4 日:"典礼中有学生合唱《国立西南联大进行曲》,其《引》、《勉词》、《凯歌词》亦

---

① 冯友兰:《三松堂全集》第 14 卷,河南人民出版社 2000 年版,第 155 页。

为先生所撰:《引》为:'八年辛苦备尝,喜日月重光,愿同心同德而歌唱';《勉词》为:'西山苍苍,滇水茫茫,这已不是渤海太行,这已不是衡山潇湘。同学们莫忘记失掉了的家乡。莫辜负伟大的时代,莫耽误宝贵的辰光。赶紧学习,赶紧准备,抗战、建国,都要我们担当! 同学们要利用宝贵时光。要创造伟大的时代,要恢复失掉了的家乡';《凯歌词》为:'千秋耻,终已雪,见仇寇,如烟灭。大一统,无倾折,中兴业,继往烈。维三校,如胶结,同艰难,共欢悦。联合竟,使命彻,神京复,还燕碣。'"

从这个记载中,我们可以了解冯友兰所撰《引》、《勉词》、《凯歌词》的内容,并发现其《凯歌词》的句子,不少实即是联大校歌歌词下阕中的句子;有了这种了解,我们可更具体地了解冯友兰如何将联大校歌歌词与联大纪念碑文中的铭词"一稿二用"。现在看来,碑文铭词中所谓"痛南渡,辞宫阙。驻衡湘,又离别。更长征,经峣嵲。望中原,遍洒血。抵绝徼,继讲说。诗书丧,犹有舌。尽笳吹,情弥切",实是对联大校歌歌词上阕的改写;所谓"千秋耻,终已雪。见仇寇,如烟灭。起朔北,迄南越,视金瓯,已无缺。大一统,无倾折。中兴业,继往烈。维三校,兄弟列,为一体。如胶结,同艰难,共欢悦,联合竟,使命彻,神京复,还燕碣。以此石,象坚节,纪嘉庆,告来哲",则既有对联大校歌歌词下阕的改写引用,也有对《凯歌词》的直接引用,同时也有少量的增写。

通过简单的比较辨析,我们可以把话题再集中到关于联大校歌歌词的作者问题上来。西南联大纪念碑今天仍竖立在原西南联大校园中,涉及西南联大校歌歌词作者的冯友兰、罗庸两位历史人物都参与了建立联大纪念碑的工作,对纪念碑碑文的存世各有其贡献。但是,从碑文前面的署名我们可以看到,他们在纪念碑碑文形成过程中所做的工作并不相同,碑文由"文学院院长冯友兰撰文,中国文学系教授闻一多篆额,中国文学系主任罗庸书丹"。"文学院院长冯友兰撰文"这一记载告诉世人,冯友兰是碑文作者。

假如联大校歌歌词真如时人所说为罗庸所撰,冯友兰在撰写联大纪念碑碑文时大量改写、引用联大校歌歌词,是应有所交代的。当年梁启超总结清代学术,概括惠栋、戴震等人的治学方法特色,其中有"凡采用旧说,必明引之,剿说认为大不德"之说。撰写联大纪念碑碑文时,冯友兰身为文学院院长,在当时中国的学术界已是重量级人物,不可能不了解中国学人治学的这种基本原则,也不可能违反中国学人治学的这种基本原则,若违背中国人的这种治学原则,西南联大师生也不可能认同其为纪念碑碑文的作者。

事实也是如此。当年联大纪念碑揭幕之时,西南联大师生中,没有任何人对碑文署名提出异议。由此看来,西南联大纪念碑碑文的署名,不仅记载了冯友兰为碑文作者,实际上也记载了冯友兰为联大校歌歌词作者,为人们解决关于联大校歌歌词作者的歧见,提供并保留了最权威、最原始的历史文献。这一历史文献告诉世人:冯友兰认定西南联大校歌歌词是自己的作品,纪念碑碑文中铭词与联大校歌歌词是"一稿二

用",既是历史的事实,也有历史文献记载的根据;而认定西南联大校歌非冯词者,对
西南联大纪念碑碑文的署名与碑文中铭词的内容则很难作出合理解释。因此,从现
存的文献资料看,西南联大校歌的词作者为冯友兰而非罗庸应当成为今天学术界的
共识。

　　冯友兰先生的一生,著作等身,在其著作中多一首《满江红》词,加分不多;他自
己之所以介入联大校歌词作者的争论,无非是要追求历史的真实。罗庸也是现代中
国学术史上的成名人物,多一首《满江红》词,同样不会为其著述增添多少内容。认
定联大校歌为罗庸词者,其意也在追求历史的真实。同理,我们在西南联大成立七十
周年的日子里,由重读联大纪念碑碑文而对有关联大校歌词作者的歧见做一些回溯
与辨析的工作,也无非是为了追求历史的真实。历史并不等于解释,历史永远只能是
历史自身;解释历史的最终目的,无非为还原历史。这些观念当是本文写作的缘起与
初衷。

（原载《商丘师范学院学报》2009 年第 2 期）

冯友兰论比较中西哲学

　　五四前后,投身哲学比较研究的中国知识分子,名家辈出,不乏具有世界性影响的学者与学术研究成果。如果具体考察五四前后的中西哲学比较研究,不论是研究成果还是学术影响,梁漱溟、冯友兰都在必须考论的人物之列。梁漱溟 1916 年在《东方杂志》发表的《究元决疑论》,以佛学论释西学,实即是梁氏早期哲学比较研究的认识成果;1921 年,梁氏的《东西文化及其哲学》正式出版,此书系统论述东西文化的异同优劣,提出文化发展"三路向"说,表明了梁氏对于人类文化发展前景的理解和主张,是五四前后中西哲学比较研究的代表性成果之一。冯友兰在学术界成名晚于梁漱溟。冯氏进入北京大学哲学系学习时,梁氏已经是北京大学哲学系的教员;冯友兰后来从事中西哲学比较研究,曾受到梁漱溟工作的影响。冯友兰早年比较中西哲学的代表性研究成果——《人生哲学》出版于 1924 年,时间上也晚于梁漱溟的《东西文化及其哲学》。但冯氏接受过完整的高等教育,不仅具备深厚的中国传统学术文化根底,而且系统地接受过西方哲学方法的训练,其人生哲学比较研究,实是他在美国哥伦比亚大学研究院学习期间完成的博士论文。因此,冯氏的治学途径、知识结构、学术追求与梁氏均有所不同。今天,当我们同时阅读梁、冯二氏有关中西哲学和中西文化比较研究的著述时,会感觉到冯氏对中西哲学的比较,更为具体,更加理性,其方法与结论也更有现实价值。下面我们仅从方法的层面,对冯氏比较中西哲学的著述做一些回顾与考辨,以为我们在新的时代条件下,进行中西哲学比较研究工作的借鉴。

一、哲学与哲学比较研究

　　进行中西哲学比较研究,一个重要的前提,当是全面了解和把握中国的传统哲学与西方各民族的哲学理论,这个前提的确立,又以对哲学本身的理解为基础,这是任何时代的哲学比较研究工作者都必须认同的方法原则之一。冯友兰当年从事中西哲学的比较研究工作,对这种方法论原则即有着高度自觉。

　　何谓哲学? 这是每一个从事哲学比较工作的人都必须明确回答的问题。因为,哲学本身即是历史的发展中的学科,不同时代的人们关于哲学对象、内容的理解并不相同。冯友兰当年思考比较中西哲学,把哲学的产生,与人自身的生活联系在一起,认为哲学实际上是关于人生的学问。在冯友兰看来,作为与人生相联系的哲学,并不是什么高深莫测的理论与学问,哲学即体现在人们对人生的追问与理解中,他曾经将自己的这种理解表述为:"哲学并不是一件稀罕东西:它是世界之上,人人都有的。人在世上,有许多不能不干的事情,不能不吃饭,不能不睡觉;总而言之,就是不能不跟著这个流行的大化跑。人身子跑著,心里想著;这'跑'就是人生,这'想'就是哲学。因为没有一个活人能不跑,没有一个活人能不想,所以没有一个活人能没有自己的哲学。走到乡下,随便找一个所谓'粗人',你问他'天上有老爷没有'、'人有灵魂没有'、'人有良心没有'? 他对于这些问题,绝不是从来没有想过的。"①冯友兰对哲学的这种理解,通俗而又不失风趣。在冯友兰看来,人们在日常生活中,对于一些涉及人生重要问题的思考或回答,实际上都涉及哲学问题。因为,一个并非哲学家的普通人也会涉及"天上有老爷没有"、"人有灵魂没有"、"人有良心没有"之类的问题,人们对这些问题的思考或回答都涉及哲学。人们对这类问题的回答,不外乎"有"、"没有"或"不知道"三种结论。依据人们对这些问题的不同回答,又可以将其归入不同的哲学类别。在冯友兰看来,哲学中所谓"宗教论"、"智识论"、"观念论"、"意志论"、"一元论"、"独断论"、"感觉论"、"经验论"、"唯物论"、"悲观论"、"定命论"、"多元论"、"怀疑论"等,实即是对人们回答与人生相关的哲学问题的方法与结论的归纳与总结。

冯友兰当年如此理解哲学,极力主张剥离哲学的神秘性外衣,一个重要原因在于当时中西文化处于剧烈的矛盾冲突之中,中国文化在这种文化冲突中处于落后和被动的弱势地位。他认定哲学关乎人生,是要表明不论生活在东方的民族,还是生活在西方的民族,都面临共同的人生问题,西方的民族会有自己关于人生的思考,东方的民族也会有自己对于人生的思考。同理,西方民族拥有自己的哲学,东方民族同样也会拥有自己的哲学。不同民族的哲学在思想形式与理论内容方面会有所不同,但就其都拥有自己的哲学而言则是平等的。在冯友兰看来,确立平等的哲学观念,去除西方文化优越于中国文化或东方文化的传统偏见,当是国人进行哲学比较研究的重要思想前提。

冯友兰认定哲学关乎人生,世间上人人都有自己的哲学,主张剥离哲学的神秘外衣,但他并没有将哲学庸俗化。他在肯定普通人的哲学的基础上,也肯定专门哲学家的哲学,认为专门哲学家的哲学有别于普通人的哲学。在现实生活中,并非每一个人都可以去做哲学教授,更不可能人人都成为哲学家。因为,普通人的哲学与哲学家哲

---

① 冯友兰:《三松堂学术文集》,北京大学出版社 1984 年版,第 1 页。

学形成的方法不同。依西方哲学家的观念来看,专门哲学家的哲学与普通人的哲学存在区别,是因为它们的来源不同。所谓来源不同,即是指普通人的哲学与哲学家的哲学所形成的方法有别。

冯友兰依据自己对西方哲学的了解,也主张一种哲学理论,应当包含和具备两种现实功能,其一是能够帮助人们确立一种生活态度,这样的生活态度,在某种意义上也可以说是一种信仰。其二是能够为人们确立自己的生活态度提供思想方法;提供思想信仰的方法,是获得或确立信仰的前提,这种方法的差别,也是造成普通人的哲学与专门哲学家的哲学的差别的原因。他曾经引用一位西方哲学家的论述来论释普通人的哲学与专门哲学家的哲学的区别:"一个哲学固然要真,但并不是一真就算完事,他是至少也得要真。有真哲学的人,不一定就是专门哲学家;因为他的真哲学,也许是瞎猜猜著的,也许是做梦梦著的。专门哲学家的哲学,和普通人的哲学的区别,就在他们的来源不同。人人都有信仰,但是普通人只知道信仰,不知道为什么要这样信仰。他们是双脚一跳,跳到他们的信仰里头,就站在那里了。专门哲学家不然,他在信仰一个信仰之先,要先把那个信仰的前提,及其所不能解释的困难,与及别人反对或赞成那个信仰的话,一切都研究过了,觉得那个信仰可信,他才信它。还用上面的比喻,他所以进到一个信仰里头,不是用双脚跳的,是一步一步走进去的。这就是专门哲学家与非专门哲学家的区别了。"[①]专门哲学家建构自己的哲学,当有一个思想理论活动的过程,在这样的思想过程中,既有对多种哲学理论的比较、辩难,也有对不同哲学理论的选择、认同与吸纳。从思想方法的角度看,在这样的过程中,哲学家们有对不同哲学理论的分析综合,也有对宇宙人生的直觉体认。因此,可以说,由于方法的不同,不仅使普通人的哲学与专门哲学家的哲学存在区别,同时也使得专门哲学家的哲学存在不同的类型与派别。

冯友兰对于哲学的这些思考,对于他后来的哲学活动影响很大。正是早年对哲学的这些思考,使得他后来认定"哲学是对于人类精神生活的反思",把这种反思的范围区划为自然、社会、个人,并从"天"、"人"、"天人之际"三个方面整理发掘中国传统哲学,在深入了解中国传统哲学的基础上,比较中西哲学,不论在中国哲学史研究方面,还是在中西哲学比较研究方面,均作出了相当可观的成绩与贡献。今天,我们重新回顾冯友兰当年对哲学的这种理解与诠释,除了肯定其历史的意义,还应当肯定冯友兰早年比较中西哲学,主张打破东方文化与西方文化的界限,平等地考察辨析东西方各个民族的哲学的学术态度。这样的学术态度与学术研究方法,对于我们在新的时代条件下进行中西哲学的比较研究,极具启发的意义。因为,一个中国学者,如果滞留于西方文化优越于中国文化的错误观念,忽略自己民族优秀的哲学遗产与

---

① 冯友兰:《三松堂学术文集》,北京大学出版社1984年版,第2页。

哲学传统,甚至否定或鄙弃自己民族的哲学遗产与哲学传统,在任何历史条件下,都不可能真正矢志于中西哲学的比较研究,更不可能在中西哲学比较研究中,正确地理解与评断中西哲学。

二、哲学比较与文化比较

冯友兰晚年忆及自己当年在美国哥伦比亚大学研究院完成的博士论文《天人损益论》时,曾把自己的这种研究工作,归结为一种中西哲学史的比较研究。冯友兰当年为什么热衷于中西哲学的比较研究,这涉及他对于中西哲学比较研究的目的、旨趣的理解与追求,这种理解与追求,实际上构成了冯友兰从事中西哲学比较研究的又一重要的方法论原则。

20 世纪初叶,冯友兰赴美留学深造,一踏上美国的土地,就十分留意中西文化的比较。他曾说:"我自从到美国以来,看见一个外国事物,总好拿它同中国的比较一下。起头不过是拿具体的、个体的事物比较,后来渐及于抽象的、普通的事物;最后这些比较结晶为一大问题,就是东西洋文明的比较。"①冯友兰留学美国的时候,中国文化的发展滞后。像当时大多数中国知识分子一样,冯友兰注意中西文化比较,目的在于改造自己民族的文化,改变中国文化的落后状况,或者说通过自己的工作,"想把中国的旧东西、哲学、文学、美术,以及一切社会组织,都重新改造,以适应现在的世界。"②意识到自己民族文化的落后,以自己的实际行动投身于民族的文化建设,追求民族文化的现代化,承担起自己对于振兴民族文化的历史责任,这种学术工作的目的与追求,构成了冯友兰比较中西哲学乃至中西文化的思想动力。

从方法的角度来看,一个学术工作者,出于什么目的去比较中西哲学或中西文化,这对于构建其比较研究工作的方法系统是十分重要的。确立目的,才会为实现这种目的去选择和确立与之相应的有效的研究方法,在这样的方法系统中,目的是基础、前提、目标,也是动力。我们从冯友兰的中西哲学比较中,可以发现目的对于其选择自己的研究方法的极端重要性。冯友兰当年热衷于中西哲学的比较,目的是为了探讨民族文化的发展,追求民族文化的发展与更新。在冯友兰看来,中国文化自步入近代以后,落后于西方文化已是不争的事实。但是,人们对于中国文化在近代落后于西方文化的缘由的理解却不尽如人意。自近代以来,人们比较中西文化,一般都认定中国文化落后,是因为其科学落后,西方文化先进,在于其科学先进。在冯友兰看来,这种解释,还是表层的。因为,这种解释并没有揭示近代中国文化落后的深层原因;

---

① 冯友兰:《三松堂学术文集》,北京大学出版社 1984 年版,第 11 页。
② 冯友兰:《三松堂学术文集》,北京大学出版社 1984 年版,第 12 页。

人们要追求民族文化的进步与复兴,不仅应意识到近代中国科学落后,而且必须找到近代中国科学落后的原因。这样的理解,是冯友兰将比较中西文化的视角选择在哲学的比较这一层面的重要原因。而这种选择,从方法的角度看,正是由他所理解与追求的中西文化比较研究的目的所决定的。

文化是包含多层面内容的集合,哲学属于高层面的文化现象。在一个民族的文化系统中,哲学不仅集中反映和代表该民族的文化传统和价值观念,而且会影响这个民族的文化及其发展的历史。对于哲学的发展,为什么会影响到文化与历史的发展,冯友兰也曾有过自己的思考与解释。在这种思考中,他并不否认在一个民族的文化与历史发展的过程中,地理环境、经济条件的重要作用。但是,他更看重作为历史实践主体的人"求生的意志和求幸福的欲望"对于文化与历史发展的影响。他在《为什么中国没有科学》一文中曾明确指出:"地理、气候、经济条件都是形成历史的重要因素,这是不成问题的,但是我们心里要记住,它们都是使历史成为可能的条件,不是使历史成为实际的条件。它们都是一场戏里不可缺少的布景,而不是它的原因。使历史成为实际的原因是求生的意志和求幸福的欲望。但是什么是幸福? 人们对这个问题的答案远非一致。这是由于我们有许多不同的哲学体系,许多不同的价值标准,从而有许多不同类型的历史。"这里冯友兰将地理环境、经济条件仅视为形成历史的重要因素,认定"求生的意志和求幸福的欲望"才是使历史成为实际的原因,这种观念是否无蔽,我们在这里不作专门评说。值得注意的是冯友兰如此理解历史的成因,正是要肯定哲学对历史的作用。因为,冯友兰所说的"求生的意志和求幸福的欲望",都与其理解的哲学的对象和内容相联系。

依照冯友兰的解释,近代中国科学的落后与近代西方科学昌盛,深层原因在于两者的哲学传统不同,在于两者在生活中价值取向不同。西方哲学追求对外在的认识与对外在的征服,"所以他们注定了要有科学"。中国哲学认定"万善永恒地皆备于我",主张在生活中追求"内心的和平与幸福"。这种生活价值取向则使其忽略或轻视科学的力量。所以,近代中西文化的差异,实际上是中西哲学长期的历史发展的结果。冯友兰当年对中西文化差异的这种解释,是否符合实际,也可以再讨论。但其关于中国文化落后根源的结论,历史上确曾让人耳目一新。尤其值得肯定的是,冯友兰基于振兴中华文化的目的而探寻解释中国近代文化落后的途径,将视角集中在中西哲学的比较,这对于我们在新的时代条件下,深入思考文化比较研究的思想方法,理解中西哲学比较的价值,是十分有益的。

当然,我们从方法的角度辨析冯友兰对比较中西文化目的的理解,从方法的层面肯定他为了解释近代中国科学落后而比较中西哲学,也需要注意中国文化的历史发展,意识到中国文化今天的发展状况,与冯友兰一辈中国学者投身中西哲学比较研究时中国文化的生存状况已经大不相同。冯友兰一辈学者投身中西哲学比较研究时,中国文化正面临存亡绝续的选择,中国人所以急于要知道中西文化及民族性的异同优劣,是为了建立对民族文化发展前途的信心,思考复兴中华文化的方向道路。这种哲学比较或文化比较的目的,要而言之,即是救亡图存。今天,我们比较中西哲学,追求对中西文化的传统与精神特质的理解,目的当然仍在于复兴中华文化。但是,今天中国的社会、经济、文化的发展已经取得巨大进步,我们的民族已经迈步在小康之路,中国传统哲学乃至整个中国文化的价值,在人类的文化舞台上也愈来愈为人们所了解、认同与肯定。在这样的历史条件下,确立比较中西哲学的目的,在于向更高的层面推进我们民族文化的发展,使我们的民族文化重新居于人类先进文化的行列。

如果说20世纪初叶,人们要达到比较中西哲学与中西文化目的,需要克服民族虚无主义,建立民族的自尊自信,提升振兴民族文化的信心与勇气,那么,今天我们在新的时代下要达到比较中西哲学与中西文化的目的,则需要注意避免对民族文化盲目的自信与偏执,在全面肯定民族文化优秀传统的同时,自觉地意识到我们的民族文化在其历史的发展中,也存在自身的局限与不足。因此,在今天的中西哲学比较研究与中西文化比较研究中,需要我们不断强化自己的方法意识,从方法的角度,注意正确地理解自己的民族文化传统与西方的民族文化传统,科学地评断中西方民族文化的得失见蔽,以中华民族特有的文化胸襟和文化视野,审视人类文化的优秀成果,通过中西哲学比较与中西文化比较,实现文化的扬弃与更新,使中华民族的文化在新的历史条件下,沿着正确的发展方向,不断充实发展。对中西哲学比较研究与中西文化比较研究目的的这些理解,是我们考察冯友兰一辈知识分子比较中西哲学与中西文化的目的的追求时,在方法学方面应当得到的启示。

三、哲学类型比较与哲学方法比较

文化是包含多层面内容的集合体,作为文化重要组成部分的哲学同样是包含多种思想系统的集合体。如何比较中西哲学,如何比较中西文化,或者说通过什么样的途径来具体地比较中西哲学与中西文化,这也是值得从方法的层面进行探讨的重要问题。

冯友兰当年思考比较中西哲学与比较中西文化的途径,曾主张辨析共殊,从"类"观念出发比较中西哲学与中西文化。在冯友兰看来,科学探讨的是关于"某类之理论",哲学理论亦可区划为不同类型,文化同样可以区划为不同类型。在文化比较中,可比较特殊的个体的文化,也可比较文化的类型,文化的优劣短长,实际上反映的是文化类型的差异。他说:"我们可从特殊的观点,以说文化,亦可从类的观点,以说文化。如我们说,西洋文化、中国文化等,此是从个体的观点,以说文化。此所说是特殊底文化。我们说资本主义底文化、社会主义底文化等,此是从类的观点,以说文化。此所说是文化之类。讲个体底文化是历史,讲文化之类是科学。"①从冯友兰这种论述看,他主张以"类"的观念考察文化,是因为他认定考察文化的个体,只能停留于文化的外在与历史,唯有考察文化的类型,才有可能把握文化的内在与本质。这种文化类型观念对于哲学比较与文化比较同样是必需的。因为,哲学比较与文化比较,也只有通过类型的比较,才有可能准确地辨析被比较双方各自的特质及其相互之间的差异。因此,文化类型是冯友兰文化比较方法系统中的重要观念。这种观念确立了冯友兰比较中西哲学与中西文化的具体途径,他早年比较中西哲学,正是对中西哲学的不同理论类型的比较。

冯友兰比较中西哲学的不同理论类型,一个思想前提是他肯定哲学乃至文化都具有"公共"性。所谓"公共"性,是说不同类型的哲学理论或者不同类型的文化,不同的民族都可以在自己的哲学活动与文化活动中建构或获得,尽管不同民族的哲学或文化都具有自己独特的民族形式,但其类型却是可以同一的。就人生而言,西方民族面临的问题,也会是东方民族面临的问题。因此,对人生问题的思考,西方民族能够获得的认识成果,东方民族同样可以获得。这种观念使得冯友兰在具体比较中西哲学时,以中国传统哲学的概念,将西方民族的人生哲学与中国传统的人生哲学区分为"损道"、"益道"、"中道"等基本类型,并通过对不同类型的人生哲学的考察,概括出"浪漫派"、"理想派"、"虚无派"、"快乐派"、"功利派"、"进步派"等理论派别,然后具体论析中西哲学中的各家人生理论。

在这种论析中,冯友兰没有直接比较孔子的人生哲学与亚里士多德的人生哲学,也没有直接比较墨翟的人生哲学与培根的人生哲学,老子的人生哲学与柏拉图的人生哲学等。但是,他把道家的人生哲学、柏拉图的人生哲学等视为所谓"损道",将杨朱、墨翟、笛卡尔、培根等思想家的人生哲学归入"益道",视儒家、亚里士多德的人生哲学为"中道"。当他论析"浪漫派"、"理想派"、"虚无派"的人生哲学时,实际上对于可归属于"损道"的中西人生哲学进行了具体比较;论析"快乐派"、"功利派"、"进步派"等理论派别时,则具体比较了中西人生哲学中可纳入"益道"的各种人生理论;他论析儒家、亚里士多德,实际上是具体比较属于"中道"的各种人生哲学。在这样的论析中,既可见各类人生哲学之同,又可见各家人生哲学之异。使人们对于中西人生哲学的异同见蔽均有所了解。应当肯定:冯友兰比较中西哲学,之所以能够获得丰富而又具有较高价值的学术成果,确应归功于他的"类"观念,归功于他基于其"类"观念而建构起来的比较中西哲学的方法。

在中国现代哲学史上,冯友兰是对哲学的理论价值与哲学方法的紧密联系最具自觉的哲学家之一。在冯友兰看来,一个哲学家的思想系统,能否在理论上严谨缜

---

① 冯友兰:《三松堂全集》第4卷,河南人民出版社2000年版,第199页。

密,无懈可击,与其建构使用的哲学方法关联;最具理论价值的哲学体系,用他的语言表述即是"最哲学底哲学",必须运用真正的哲学方法(他称之谓"最哲学底哲学方法")才能够建立。因此,冯友兰比较中西哲学,除了注意其派别与类型的差异,也十分注意其方法的不同,并对于中西哲学方法进行过具体比较。在这种比较中,他曾分别考察"柏拉图的辩证法"、"斯宾诺莎的反观法"、"康德的批判法"、"维也纳学派对于形上学底看法"、"禅宗的方法",以及他自己的"新理学的方法"。冯友兰考察哲学方法,目的是要肯定自己的"新理学方法",达到"由其方法,亦可见新理学在现代世界哲学中之地位"的目的。冯友兰对"新理学"与"新理学方法"的肯定能否成立,不在本文讨论的范围。但从方法的层面来看,冯友兰对哲学方法的比较,实际上为我们展示了另一种哲学比较的方法与途径。

中西哲学比较,当然首先应注意对其思想系统与理论类型的比较。不比较其思想系统与理论类型,难以从总体上把握双方的概貌与特质,同一与差异。但是,哲学系统与类型的比较,并不能替代哲学方法的比较。不同哲学系统的建构,有待于一定的历史条件与文化背景,也有待于具体的哲学方法;哲学的发展进步,有待于社会历史的进步和科技文化的发展,也有待于哲学方法的进步。从中西哲学的实际状况来看,西方哲学有其独特的思想形式与理论系统,中国哲学也有其独特的思想形式与理论系统;西方哲学具有自己的方法传统,中国哲学也具有自己的方法传统。中西哲学的差异,在某种意义上可以说更主要的表现为方法传统的不同。

在西方的哲学方法中,既有理性主义的成分,也存在非理性主义的成分。在中国的哲学方法中,同样具有理性主义的成分与非理性主义的成分。但是,相比较而言,西方理性主义的哲学方法的发展更加充分,中国非理性主义的哲学方法的发展更具特色。如果我们意识到中西哲学在方法方面的差异与特点,不仅有利于我们更深入地了解中西哲学的异同与价值,也有利于我们思考中国哲学自身的发展。冯友兰当年比较中西哲学,因其意识到中西哲学方法的差异,即主张借鉴西方哲学的理性主义方法。他在 20 世纪 30 年代的一次中国哲学年会上曾经指出:"我们一方面要知道有进步,同时还要知道,我们的进步还不够。过去对于西洋哲学的介绍太偏于英美方面。从严复翻译穆勒名学,以至到胡适之先生介绍杜威诸人的哲学,总是以经验主义为主要范围。经验主义在西洋哲学中,并没有占主要地位,理性主义才是西洋哲学自柏拉图以来的正宗。经验主义及反知识主义仍然是从理性主义来的,是受过理性主义的训练的。中国最缺乏理性主义的训练,我们应当多介绍理性主义。"①

冯友兰在强调传介与借鉴西方理性主义方法的同时,也注意肯定中国非理性主义的方法传统。在冯友兰看来,比较中西哲学,除了促进中国哲学理论形态的转变,

---

① 冯友兰:《三松堂学术文集》,北京大学出版社 1984 年版,第 296—297 页。

实现中国哲学的现代化这一目标,还在于促进统一的人类哲学智慧的发展:"我们比较和研究中国和欧洲的哲学思想,并不是为了判断孰是孰非,而只是注意用一种文化来阐明另一种文化。我们期望不久之后,欧洲的哲学思想将由中国的直觉和体会来予以补充,同时中国的哲学思想也由欧洲的逻辑和清晰的思维来予以阐明。"①要实现冯友兰期盼的这种哲学发展远景,需要时间,也需要哲学工作者的共同努力。

今天,我们在新的时代条件下,开展哲学比较研究,工作目标除了促进中国哲学与中国文化自身的现代化,也包含冯友兰当年主张的中西哲学的共同发展。要实现这样的目标,需要比较中西哲学,比较中西文化。而比较中西哲学,又需要我们从思考比较中西哲学的方法、途径这类最基本的工作做起。这些当是我们在对于冯友兰比较中西哲学的考察中,所应获得的最具方法学意义的启示。中华文化的复兴已经展现无比美好的前景。作为后辈学人的我们,应当继续冯友兰一辈学者曾经致力的中西哲学比较研究工作,为实现冯友兰一辈知识分子比较中西哲学时所确立的民族文化建设目标,发挥自己的才智,贡献自己的力量。

（收入吴根友编:《比较文化哲学与比较文化论丛》,武汉大学出版社 2009 年版）

---

① 冯友兰:《三松堂学术文集》,北京大学出版社 1984 年版,第 289 页。

"吹尽狂沙始到金"

——记哲学史家萧萐父的学术耕耘

著名哲学史家萧萐父,拟把他三十年来单篇论著集命名为《吹沙集》。"吹沙",取自刘禹锡"千淘万漉虽辛苦,吹尽狂沙始到金"的诗句,颇含深意。的确,严肃的学术研究工作,就是不辞辛苦,不断吹沙的过程。

萧萐父教授1924年出生在四川省成都市一个知识分子家庭。从小耳濡目染,大都是左、孟、庄、骚之类。童年时代的熏染,竟为他后来的学术活动播下了某些思想种子。

1937年,他考入成都县中学。当时,抗日的风雷正激发全民族的觉醒,也冲破了四川的闭塞学风,各种思潮汹涌而至。高中时,他在敬爱的罗孟桢等老师充满爱国主义激情而又富有历史感的讲课的启发下,开始大量阅读流行的哲学、史学方面的著作。他在壁报上首次发表的论文《论史慧》,发挥章学诚的史学思想,他在外国史五题必做的考试中,只选做了"希腊哲学家"一题而得到老师的赞扬,他逃学去听冯友兰来成都的讲演,并因而搜读了冯氏所著《新理学》、《新事论》、《新世训》等书,这些中学时隐然形成的学习趣向,使他1943年高中毕业后选中哲学系"冷门",并考上武汉大学。

在武汉大学哲学系,他受到了张真如、万卓恒等教授的学术熏陶。万卓恒教授开设"西方伦理学史"、"数理逻辑"等课程,清晰冷峻,张真如教授开设的"西方哲学史"、"德国哲学"等课程,朴厚凝专,使他受益匪浅。同时他通过选修朱光潜教授的"英诗选读",缪朗山教授的"俄国文学",彭迪先教授的"西方经济学说史"等课程,使自己的学术视野更为开阔。1946年,武汉大学从四川乐山迁回武昌珞珈山,金克木先生来校开设"印度哲学史"等课程,金先生关于中、西、印文化思想比较的议论,更激起他的兴趣。在课堂学习之外的自学和社团活动中,他还接触了不少马克思主义的论著,诸如郭沫若的《十批判书》、《甲申三百年祭》,侯外庐的《中国近世思想学说史》等,形成了他知识结构中的另一个层面。

1947年反美蒋学生运动高潮中,武汉大学发生了震惊全国的"六一"惨案。萧萐父积极投身爱国学生运动,同时完成题为"康德的道德形上学"的毕业论文,结束了他的大学生活。大学毕业以后,他回到成都,受聘为一所国学专科学校讲授欧洲哲学史,并为《西方日报》主编"稷下"副刊,积极参加成都地下党组织的活动。成都解放后,他参加接管华西大学,任该校政治课教研组组长。1953 年院系调整以后,他任四川医学院马列主义教研室主任。这期间,他通过为学生们讲授政治课,潜心钻研马列著作,努力提高自己的理论素养。1956 年党组织送他进中央高级党校理论班深造。这一年武汉大学在李达校长的主持下,决定重建哲学系。1957 年年初,他愉快地接受李达校长的邀请,决定回母校哲学系工作,并带着李达同志的殷殷嘱托,到北京大学进修中、外哲学史。当时北京大学哲学系因院系调整而集聚了全国哲学界的精英。这种环境使他的学习如鱼得水,理趣更浓。他先后听过冯友兰、郑昕、朱谦之、张岱年、吴则虞、侯外庐等著名学者的专题课和学术讲演,又得到导师任继愈的具体指点,并常去汤用彤、贺麟先生家中侍坐求教。他曾以"未名湖畔花千树,一夜春风次第开"的诗句来形容当时在北大进修时学业上获得滋润的心情。这次定向进修,使他自觉地跨入了中国哲学史这一学术天地。此后数十年间,中国大地几经风雨,但他始终耕耘在这块学术园地中。

萧萐父教授学术活动的特点,大体是由论入史,又因史成论,这使他通过哲学史的研究,力图在哲学史观上有所开拓,并形成一些自己的思想理论特色。这种特色,要而言之,就是把学思并重,论史结合,中西对比,古今贯通,作为自己的治学原则,把揭示中国哲学发展的特点和规律,探索马克思主义中国化的历史根据作为学术研究方向。

早在 20 世纪 50 年代,他在《光明日报》、《新建设》等报刊上发表的《怎样理解马克思主义哲学的继承性》、《关于继承祖国哲学遗产的目的和方法问题》等论文中,即主张学习和研究中国哲学史的目的和意义,乃在于探索马克思主义哲学中国化的历史根据和思想土壤;并认为,要达到这样的目的,必须深入地研讨马克思主义的哲学史观,系统周密地占有历史资料,全面清理中国哲学遗产,分析其精华和糟粕,揭示其规律和特点,在具体的研究工作中,牢牢地把握住论史结合,古今通气这样一个总方向。来到武大哲学系后,他和教研室的其他教师一道,提出了以研读"两典"(马列经典著作和中国古典文献)为基石,以清理"藤瓜"(哲学发展的线索及其重点)、探索"两源"(哲学思想的社会根源和认识根源)为起点,来规划组织中国哲学史课程的教学,使武大哲学系的中国哲学史课程,逐步形成了自己的教学体系和理论风格。

20 世纪 60 年代初,萧萐父教授一方面深化自己对哲学史方法论的研究,先后在《哲学研究》等刊物上发表了《历史科学的对象问题》、《哲学史研究的根本目的和根本方法》等论文;另一方面则根据自己的理解,把研究重点放在佛学、玄学、明清哲学等具体领域,先后发表了《王夫之哲学思想初探》、《浅论王夫之的历史哲学》、《唐代禅宗慧能学派》、《刘禹锡"天与人交相胜"学说》等大量的研究成果。其中对王夫之哲学的探究尤为引人注目。他从王夫之的本体学说,认识理论和历史哲学诸侧面着手,全面地探究王夫之哲学。他把王夫之哲学纳入明清之际这一特殊的历史环境进行考察,肯定王夫之哲学作为时代矛盾的一面镜子,具有多层面的二重性,既充分肯定王夫之哲学体系中朴素唯物辩证法的理论成就及其所包含的"新的突破旧的"的启蒙思想因素,又深刻揭示了王夫之哲学的理论局限和留给后人的思维教训;这一研究成果的系统性和理论深度,受到海内外学人的瞩目,代表了当时船山学研究的水平,萧萐父带动的船山学研究,得到了李达和谢华等同志的鼓励和支持。1962 年,湖南、湖北两省联合召开的全国首届王船山学术讨论会,极大地促进了国内外船山学的研究,萧萐父 20 世纪 60 年代对船山学以及整个中国哲学史的研究,本来可以取得更大的成就,但在十年浩劫中,万家墨面,他也横遭迫害,"牛棚"度日,不得不中断一切研究工作。"四人帮"剪除之后,他以极大的政治热情投入了党在思想理论战线拨乱反正的斗争。先后在《光明日报》上发表了《真理和民主》、《石韫玉而山辉,水怀珠而川媚》等文章,为恢复党的实事求是的优良传统,清"左"破旧,转变学风,作出了一定的贡献。但他毫不放松严肃自省,公开剖判自己在以往学术行程中受"左"的思潮蛊惑,也曾"时陷迷途,有时作茧自缚,有时随风飘荡,教训很多",认为"经过十年浩劫,痛定思痛,咀嚼苦果,才若有所悟"。通过这样认真的反省自剖,他以高度的责任感投入重新开始的教学、科研和学术组织工作,取得了可喜的成果。

　　萧萐父 20 世纪 70 年代末的重要学术成果之一,是他与中山大学李锦全教授受教育部委托,组织全国九所高等院校编写中国哲学史教材,担任主编。这部《中国哲学史》不仅比较全面地吸收了中国哲学史研究的新成果,而且比较系统地体现了萧萐父对马克思主义哲学史观及其方法论原则的理解。他认为,哲学认识,是人们以理性思维表达的关于客观世界的本质和人对客观世界能否认识和改造与怎样认识和改造的总括性认识,这种认识的发展充满矛盾,而最能表现这种认识的矛盾的特殊性的是思维和存在的关系问题所引起的思想原则的分歧和对立。哲学认识的这种特征,使其成为一种特殊的社会意识,不同于宗教、道德、艺术以及具体科学等社会诸意识形态,并具有自身发展的特殊规律。哲学史所研究的特定对象,正是哲学认识的矛盾发展史。因此中国哲学史研究应当依据它所研究的特定对象去确立重点、筛选史料、纯化自身,摆脱在过去的研究工作中长期存在的对象不明、越俎代庖的现象,跳出过去的研究工作中局限于对历史上某些学派分合、思潮起伏进行现象形态描述的窠臼,揭示哲学发展的本质矛盾和内在规律。同时他认为,科学的哲学史所揭示的是人类哲学认识的矛盾发展的逻辑进程,这个进程集中地体现在哲学范畴的产生、发展和演变之中,历史上的哲学派别的相互对立、斗争和在斗争中的相互渗透转化,正是通过一些基本范畴的继承,扬弃或赋予不同的解释而表现出来,哲学发展到一定阶段的历史总结,也总是通过把以往各个体系中的重要范畴纳入一个新的体系而变为这一新体系的各个环节来实现的。因此在哲学史研究中,只有坚持历史和逻辑统一的方法,对作为认识之网的纽结的各种哲学范畴进行静态和动态相结合的考察,才有可能确切地把握哲学发展的历史进程及其曲折性、跳跃性,科学地揭示人类哲学认识发展的客观逻辑。这些认识是萧萐父主编《中国哲学史》的基本的指导思想。在他和李锦全教授的主持下,这部《中国哲学史》坚持历史与逻辑统一的方法论原则,净化哲学史研究的对象,着力探索中国哲学发展的逻辑线索,注意发掘中国哲学遗产中的启蒙因素,以其鲜明的理论特色受到学术界的赞扬,被人们认为是一部最具有哲学智慧的哲学史著作。著名哲学史家张岱年、石峻等肯定"这是一部有自己特色的中国哲学史教材","较好地揭示了中国哲学发展的规律和特点"。《光明日报》、《中国社会科学》、《读书》、《学术月刊》等先后发表书评,称赞这部《中国哲学史》"通古今之变,成一家之言","反映了中华民族思想跳动的脉搏"。该书分上、下两卷,由人民出版社出版,已印行九万多册,被许多高等院校选作教材,并被国家教委授予教材一等奖。在主编《中国哲学史》的过程中,萧萐父曾将主编此书的指导思想浓缩成《中国哲学史方法论刍议》一文发表,在学术界引起过强烈反响。后来他还曾发表过《用历史和逻辑统一的方法研究中国哲学范畴》、《马克思主义哲学史观与蒙古族思想史研究》等有关方法论的文章,并与陈修斋教授合作主编了《哲学史方法论研究》一书,由武汉大学出版社出版。该书主张哲学史研究,在破除"左"的教条主义,提倡学术路向多元化的同时,应当总结现代科学方法论的成果,以丰富和发展马克思主义哲学史观,对我国哲学史研究的科学化建设起到了积极的促进作用。

进入20世纪80年代以后,萧萐父教授在自己的教学和科研活动中更是硕果累累。首先是他对船山学的研究取得了新的进展。80年代以来,他在《哲学研究》等刊物上先后发表了《王夫之的人类史观》、《王夫之的自然史观》、《王夫之的认识辩证法》、《王夫之矛盾观的几个主要环节》、《王夫之年表》等系列论著。在这些著作中,他比较全面地考察了王夫之辩证法思想的理论体系。他认为,王夫之沿着"即物穷理"、"以理御心"、"入德以凝道"、"要变以知常"的认识途径,对自然和人类社会的客观矛盾运动进行了"会其参伍,通其错综"的辩证考察,形成了"极物理人事之变"的辩证的自然史观和人类史观,同时对这种辩证考察的认识运动本身,"事之来,心之往",怎样做到"始终同条,内外合德",也进行了辩证考察,形成了自己辩证的认识理论。在具体探讨中,他通过考察"絪缊"、"两、一"、"分、合"、"动、静"、"化、变"、"始、终"等范畴的逻辑演进,阐述王夫之的自然史观,通过对"人极"、"古、今"、"道、器"、"理、势"、"时、几"、"常、变"、"天、人"等范畴的辨析,论述王夫之的历史辩证法,通过对"知、能"、"己、物"、"心、理"、"知、行"等范畴的分析,考察王夫之的认识辩证法。认为王夫之的自然史观,以"絪缊"范畴为其逻辑的起点,其他范畴的演进,是"絪缊"范畴中潜存的理论环节的逻辑展开,而王夫之从"依人建极"到"即民见天"的历史辩证法,则呈现为一个首尾相应的理论思维的圆圈;当王夫之讨论自己的知行范畴时,则"使他的认识论的终点回复到起点——作为认识主体的人"。他对王夫之辩证思维的这种多层次、多侧面的分析考察,不仅勾画出了王夫之辩证法思想的理论框架,而且充分显示了王夫之辩证思维的动态逻辑。这些研究成果同时也表明了他对船山学的研究深入到了新的层次。这一时期。萧萐父教授还主编了《王夫之辩证法思想引论》一书（湖北人民出版社出版，曾获省科研成果二等奖），并被聘为《中国大百科全书》中"王夫之"长条撰写人，罗马尼亚 Luclan Boia 教授主编的《国际史学家》辞典中"王夫之"条的撰写人。《中国史研究动态》、《求索》、《船山学报》等都曾及时报道他对船山学研究的新成果，并给予了肯定性评价。

　　20 世纪 80 年代萧萐父教授的另一重要学术成果，是他通过哲学史纯化的冷静思考之后，又从哲学史泛化的角度开展了明清文化思潮的研究。他把从"万历到五四"作为一个历程来考察，以 17 世纪开始的西学东渐作为中国近代文化思想代谢发展的杠杆，从中西文化汇合和冲撞的角度，剖视中国近代思想变革的曲折历程，先后发表了《中国哲学启蒙的坎坷道路》（《中国社会科学》中、英文版），《评梁启超"近三百年"学术史论》（《社会科学战线》），《对外开放的历史反思》（《中国社会科学》中、英文版），《关于改革的历史反思》（《武汉大学学报》，此文被全文译载于美国 *Chinese Studies in Philosophy*）等重要论文。他认为 17 世纪以来，历史的曲折，道路的坎坷，中国近代革命的难产，给中国现代科学文化的发展带来了特定的局限和困难，封建意识的沉厚积淀在文化深层结构中的复旧作用，是现代化的重要阻力，历史上形成的"西学中源"、"中体西用"等思想范式，曾在中国文化走向近现代的曲折历程中把人们引向歧途。今天，反思历史，我们应当更自觉地、更有选择地吸收和消化外来文化及其最新成果，在中西文化对比观察中，揭示其同中之异与异中之同，超越中西对立、体用两橛的思考模式，找到中国传统文化中固有的现代化的生长点，特别应当重视明清以来反理学的启蒙思潮，正确理解中华民族必须而且可能现代化的内在历史根据，为马克思主义在中国进一步发展培植深厚的思想土壤。对于现实的中国文化建设，他既反对不加分析地维护传统，又反对盲目幼稚地鼓吹"西化"，主张对民族文化发展的曲折历史，在反思中求得深解，从而正确地确定传统文化与现代的历史接合点，自觉地总结历史教训，避免历史回流，促进我国的现代化建设及其必然导致的文化复兴。

　　萧萐父教授关于文化问题的这些基本论点，受到了国内外学者的关注，有的访美学者在哈佛大学费正清研究中心介绍中国学术界对文化问题的讨论时，专门介绍了萧萐父关于文化问题的基本观点，引起了与会学者的兴趣。为推进文化问题的研究，萧萐父教授还曾组织过武汉地区"明清文化史沙龙"、"中国传统文化与现代化"讲习班，1988 年，他与章开沅、冯天瑜教授联合召开高层次的"中国走向近代的文化历程学术讨论会"，《人民日报》、中央人民广播电台、《中国文化报》、《哲学研究》等作了系统报道，引起国内外学术界的重视。这次讨论会上的学术成果已编成《近世中国文化的多元透视》一书，由湖南人民出版社出版。近几年他还曾应邀在美国纽约石溪第四次中国哲学国际讨论会上作《关于十七世纪中国学人对西方文化传入的态度》的学术报告，在上海国际中国文化学术讨论会上作《对外文化开放的历史反思》的学术报告，在曲阜儒学国际学术讨论会上作"儒家传统与伦理异化"的学术报告，他还是被邀请参加 1988 年 9 月新加坡国际儒学讨论会的少数大陆学者之一。他以哲学史为中心的文化史研究,层次高,视角新,扬摧古今而具有独创性,在当前文化讨论中成一家之言。葛雍所写长篇《萧萐父教授访问记》中,曾提到萧萐父 1984 年纪念傅山逝世三百周年的诗作中有"坎坷道路惊回首,愧对山翁说启蒙"之说;1985 年纪念熊十力诞辰一百周年的诗作中有"神州鼎革艰难甚,唤起幽潜共启蒙"的句子,又记录萧先生读巴金《随想录》:"我近来捧读了巴老的五卷《随想录》,深深感到这是动天地、泣鬼神的伟大作品,是鲁迅精神的新发展,大发扬! 这是巴老在垂暮之年,像丹柯一样挖出了自己的心,把它点燃,献给我们民族走出迷宫的熊熊火炬"。这些,如实地记录了萧萐父教授评史论学中的肺腑之言,表明了他热爱民族文化的赤子之心。

按照黑格尔的观点,一个哲学史家,首先必须是一个哲学家。萧萐父教授几十年的学术耕耘,表明他兼有这两种学人的素质。由于他在自己的学术活动中,始终坚持论史结合,古今贯通,他探讨历史问题,总给人以强烈的现实感和时代气息,他思考和评论现实问题,又总让人能体会到深沉的历史感。加上他思路敏捷,学风凝重,文词隽美,他的学术论著往往使人既看到其理论的逻辑力量,又得到一种美的意境的享受。这是他深受青年爱戴的重要原因。萧萐父教授严于律己,师德高尚,他总是心口如一地鼓励青年要德业双修,言行相掩,在治学上,更要学风严谨,宁拙毋巧,掘井必须及泉,吹沙才能见金。他对研究生既鼓励独立思考,又在学行上严格要求。近几年,他为研究生开设了一系列高质量的学位课程,他指导的研究生已有七人出版了学术专著。在专业教学和研究中,他自己更以"日新之谓盛德"自期,始终执著追求,刻意求新,从历史责任感中找到了永葆自己学术青春的活水源头;这种责任感还使他的学术耕耘,不限于个人的学术成就。这些年,他勇于承担多种社会义务和学术组织工作,兼任了武汉大学校务委员,哲学系学术委员、博士研究生导师,中国哲学史学会副会长,中国现代哲学史学会顾问,湖北省哲学史学会会长,湖北省道教学术研究会名誉会长,郭沫若研究会理事,孔子基金会理事,国际中国哲学会会员等职务,对这些工作他同样兢兢业业,不遗余力。他先后参与组织的两届王船山学术讨论会,全国首届《周易》讨论会,国际性的熊十力学术讨论会,以及他和北京大学汤一介教授主持编辑,由中华书局出版的《熊十力论著》集等,在中国哲学史领域都是具有开拓性的工作,为繁荣祖国的学术文化事业增添了光彩。

今天,"虽已白头未了,只因吐丝未尽",萧萐父教授仍然在孜孜不倦地深化自己的学术研究,主编和撰写多种学术专著,精心指导自己的博士研究生,为党的学术事业和教育事业继续贡献自己的光和热。

(原载《武汉学刊》1989 年第 1 期,署名"施田")

"世纪桥头有所思"

——访萧萐父教授

萧萐父,男,1924 年生,四川省成都市人。1947 年毕业于武汉大学哲学系。现任武汉大学哲学系教授、博士生导师。历任湖北省哲学史学会会长、中国哲学史学会副会长、国际中国哲学学会会员兼顾问等职。萧萐父教授学养深厚,在中国辩证法史、中国文化史、明清哲学、船山学研究等领域有较深造诣。他的主要论著有:主编教育部委托的哲学专业教材《中国哲学史》(上、下卷),合编了《哲学史方法论研究》、《中国辩证法史稿》、《王夫之辩证法思想引论》等;还出版了《船山哲学引论》、《明清启蒙学术流变》、《吹沙集》、《吹沙二集》、《吹沙纪程》等专著,并在《哲学研究》、《中国社会科学》及海外学术刊物上发表了《历史科学的对象问题》、《中国哲学启蒙的坎坷道路》、《儒家·传统·伦理异化》、《道家·隐者·思想异端》等在学术界产生了重要影响的论文百余篇。萧萐父教授先后组织了"首届《周易》讨论会"等十多次有影响的学术会议,并先后应邀参加了在德国、美国、新加坡等地举行的国际学术会议。

在新旧世纪交替之际,湖北武汉地区的社会科学工作者正在同全国各族人民一道满怀激动和喜悦的心情回顾过去,展望未来,思考新中国学术文化事业在新世纪的发展。为了贴近时代的心声和脉搏,具体了解学者们的所思所想,我们在一个春光明媚的日子里,走访了著名哲学史家萧萐父教授。

问:萧先生,我们即将迎来新中国成立 50 周年大庆,眼下湖北武汉的社会科学界正在回顾 50 年来本地社会科学的巨大发展,萧先生是海内外著名的哲学史家,我们想请您从回顾与展望这两个角度,结合自己的学术研究,谈谈武汉地区中国哲学史学科的建设和发展。

答:在新旧世纪交替之际,回顾一下过去的工作,对于我们自己将来的工作和发展很有益处。我很高兴能有机会同你们就中国哲学史学科的建设和发展,谈一些我个人的经历和思考。

问:根据我们粗浅的了解,在我国的学术领域中,中国哲学史作为一个学科被研究和重视是五四前后的事情;我们湖北武汉地区的中国哲学史研究工作,同北京等地相比较,则起步更晚一些,实际情况是这样吗?

答:这个问题要依视角而定。如果就中国哲学史研究工作的历史形态而言,可以说是古已有之。像《庄子·天下》、《荀子·非十二子》、司马谈的《论六家要指》、宗密的《华严原人论》、朱熹的《伊洛渊源录》，直到黄梨洲的两部学案，江藩的《汉学师承记》，唐鉴的《国朝学案小识》之类的著作，都可以视为中国哲学史著作的雏形。如果就具有现代学术性格的中国哲学史研究而言，那当然可以说五四前后才开始起步。

问：萧先生能够具体地给我们介绍一点五四前后的中国哲学史研究情况吗？

答：你这个要求，实际上是我们中国哲学史工作者所面临的一项工作任务。我们应当有人去专门考察中国哲学史学科的历史发展，形成中国哲学史学科史之类的著作，可惜我们在这方面的工作还做得不够。关于五四前后中国哲学史研究的情况，我可以告诉你：五四前后比较早的以中国哲学史这种名称发表和出版论著者，在我的印象中是刘师培和谢无量，而这一时期对后来中国哲学史学科建设作出过重要贡献的学者则应当是胡适和冯友兰。刘师培1905年在《国粹学报》上刊发过《周末学术史序》，其中有一篇即是《哲理学史序》。在这一篇序中，刘师培认为中国的"唯心之论"发于孟子，并将先秦哲学区划为"天演学派"、"乐利学派"、"大同学派"。刘师培理解的哲理学史是与伦理学史、论理学史、心理学史、社会学史等专门学术史对应的，他实际上已经开始以西方的学术观念为参照来分疏先秦学术。只可惜刘师培后来并未深入研探下去，他进入北京大学以后主讲的课程是文学史，而且30多岁即病逝了。谢无量的《中国哲学史》一书，大概出版于1906年，比胡适的《中国哲学史大纲》（上卷）出版要早。但谢氏的著作，既没有真正借鉴现代西方的学术观念和方法，也未能真正利用清代学者研究汉学的认识成果，故对于后人影响不大。胡适的《中国哲学史大纲》，是他1917年进入北大以后讲授中国哲学史时所印发的讲义。但此书出版之后，风靡全国，影响很大。胡适的《中国哲学史大纲》不是一部完整的中国哲学史。但由于胡适曾留学美国，他的著作中参照和借鉴了现代西方的哲学观念和学术方法，因而在中国哲学史的学科发展中，有着其他著述所无法替代的影响和作用。冯友兰的《中国哲学史》始写于20世纪20年代末，成书于30年代初。这是中国人自己参照西方的哲学观念，运用西方现代的学术方法所写成的第一部完整的中国哲学史。胡适和冯友兰的研究成果，代表了中国哲学史学科发展中的一个历史阶段。

至于我们湖北武汉地区的中国哲学史研究，在旧中国时期也做过一些工作。因为武汉大学在20世纪20年代初即设置了哲学系。过去在武大任教的范寿康先生即有过中国哲学史方面的著作。但相比较于北京等地中国哲学史研究，在规模、成果方面确实存在较大的差距。湖北武汉地区在中国哲学史研究方面形成一支比较强的学术队伍，取得较好的研究成果，在全国占有一个比较重要的地位，是新中国成立以后的事情。更确切地说，应当是武汉大学重建哲学系以后的事情。

问：听说萧先生是解放前武大哲学系的毕业生，您来武大工作，除了乐于重回母校这种因素之外，也是因为您钟爱中国哲学史这一专业吧？

答：我是1943年进入武大哲学系学习的。1947年毕业之后即离开了武汉。回到家乡成都以后,任中学教员,参加一些党的工作。解放初参加接管华西大学。被送到中央党校学习之前,我在四川医学院担任马列主义教研室主任。如果说专业,我并未治中国哲学史,而是在从事马克思主义理论教育工作。学生时代,我对哲学有兴趣,但注意力似乎多在西方哲学而非中国哲学。我的大学毕业论文题目是《康德之道德形上学》。这是一个西方哲学的课题。说起来有意思,50 年以后,竟然有同志帮我在武大档案馆找到了这篇毕业论文。我将论文收进了我新出版的《吹沙二集》。应当说我来武大哲学系从事中国哲学史的教学科研工作,主要还是工作需要。

问:这样说来,萧先生治中国哲学史也算得上是"半路出家"了。

答:这要看怎么看,应当讲,我从 20 世纪 50 年代末走上专治中国哲学史这样的道路,也有一些自在的基础和因缘。我出生在一个人文知识分子家庭。从小耳濡目染者大都是左、孟、庄、骚之类,故我受中国传统文化的影响很深。用有些人的说法,也可以说我的知识结构中国学根基还不错吧。上大学时,我受到过张真如、万卓恒、金克木等教授的影响。特别是在北大进修期间,经常有机会向汤用彤、冯友兰、张岱年、贺麟、任继愈等这些学术界的名家求教,获益很多。这使我来武大工作时,不论是哲学素养,还是中国哲学史的专业知识都已具备了一定的基础。当然,来武大以后即专心致力于中国哲学史的教学科研工作,这在我的人生中也算是一个新的起点。

问:萧先生您怎么估价所说的从 1956 年到"文革"开始这十年间中国哲学史学科建设的成就呢?

答:这可以从两个方面来看。一是这十年中,我们建构起了有自己特色的课程体系。我们以研读"两典"(马列经典著作和中国古典文献)为基石,以清理"藤瓜"(哲学发展的线索及重点)、探索"两源"(哲学思想的社会根源和认识根源)为起点,来规划组织中国哲学史教学。我们编印了近百万字的完整的《中国哲学史》教材,同时编成了一套《中国古典哲学名著选注》,作为中国哲学史教学的辅助资料,使武大哲学系的中国哲学史课程,逐步形成了自己的风格和体系。

二是我们重视对哲学史方法论的学习,在科研方面重点开展了对王船山哲学的研究和讨论。当时,我们有一个认识,即学习和研究中国哲学史的目的和意义,应归结为探索马克思主义中国化的历史根据和思想土壤;要达到这样的目的,既需要深入地钻研马克思主义的哲学史观,又需要系统地占有历史资料,全面地清理中国哲学遗产,分清其精华与糟粕,揭示其发展规律和历史特点。这种认识使我们主张在具体的中国哲学史研究中既坚持论史结合,又坚持古今通气,并以此作为我们工作的原则和方向。20 世纪 60 年代初,我们开展对王船山哲学的研究,同我们对哲学史方法论原则的理解关联。当年在湖北、湖南两省有关领导的支持之下,特别是在李达校长的具体关怀和指导之下,我们不仅参与了筹办纪念王船山逝世 270 周年的大型学术讨论会,而且向大会提交了我们的多项研究成果,受到了与会专家的好评。现在回想起来,我们湖北武汉地区的中国哲学史研究在海内外开始为人们所关注,同我们 60 年代开展王船山哲学研究所取得的学术成果有很大关系。我们对王船山哲学的研究，实际上反映了我们对中国哲学史研究的理论价值和实践意义的理解，体现了我们的学术目标和追求。可惜我们在这十年中开创的工作局面，在"文化大革命"开始以后完全被破坏了。

问："文化大革命"也是十年，这十年当中，对武汉地区的中国哲学史研究应当做什么样的评价？

答："文革"十年，不堪回首。你们大概读过季羡林先生的《牛棚杂忆》吧。季先生在书中所记述的即是中国知识分子当时真实生活的写照。"文革"初期，我完全被剥夺了工作的权力。"文革"后期也算出来工作了。但是，在那种极"左"思潮泛滥的年月里，实际上谈不上真正的学术研究。"文化大革命"，对于学术文化来说实际上是一场劫难。我们的中国哲学史研究，是在"文革"结束以后重新起步的。这种工作到80年代末，大体上也是十年。这十年中，我们的工作取得了一些新成果。

问：20世纪80年代是我国学术文化事业飞速发展的十年，萧先生的学术成果也一定十分可观，请您给我们介绍一些具体情况。

答：20世纪80年代我们的工作首先从思想理论上的拨乱反正开始。那时"文革"结束不久，我们已意识到由于自己在论史两个方面的根底都比较浅薄，在过去的工作中无法避免陷入迷途，特别是受"左"倾思想的蛊惑，有时作茧自缚，有时随波逐流，教训很多。所以我们觉得要科学地开展中国哲学史研究，首先必须在思想理论方面清"左"破"旧"，恢复实事求是的思想原则和方法。

20世纪80年代，我们首先取得的一项学术成果，是受国家教育部的委托，主持编写了上、下两卷本的《中国哲学史》。这部《中国哲学史》的编写工作，也促使我们在新的时代条件下，对哲学史方法论重新进行了一些思考。那时候，我们力图克服苏联时代的哲学史观念对我们的影响，跳出"两军对战"的僵化模式，把哲学史理解为哲学认识的矛盾发展史，纯化哲学史的研究对象和范围，努力阐释和揭示中国哲学发展的本质矛盾和内在规律。同时，我们坚持历史与逻辑统一的方法论原则，在《中国哲学史》中，努力对作为认识之网的纽结的各种哲学范畴进行静态与动态相结合的考察，论析中国哲学发展进程及其曲折性、跳跃性，揭示哲学认识发展的客观逻辑。我们的这些努力，使《中国哲学史》问世以后，受到了学术界的广泛关注和较好的评价。这套《中国哲学史》由人民出版社出版，已经重印多次，印数在十万册以上，至今仍被许多高校选作哲学专业学生的教材。就我们这个学科点的建设而言，这部《中国哲学史》的编写，也标志着我们武大哲学系中国哲学史课程体系的改革和发展。

"文革"后，由于我们重新思考哲学史方法论问题，还编写《哲学史方法论研究》一书。这部书由武汉大学出版社出版之后，在学术界也曾产生较大的影响。同时，在科研方面，我们重点抓了中国辩证法史研究。当时拟定这一科研规划的动机，也是基于对"文革"十年中形而上学猖獗，斗争哲学横行这一理论思维教训的反思。目的是想通过对历史和现实思想矛盾运动的深入总结,重新发掘民族传统中的哲学智慧资源。这项研究工作的具体成果是形成了三卷本的《中国辩证法史稿》,由武汉大学出版社出版,后来教研室又有同志单独写成了一部《中国辩证法史》(简编),由河南人民出版社出版。这些研究成果在国内学术界,不论从哪种视角看,都较有特色。

问:萧先生所说的 20 世纪 80 年代完成的《中国哲学史》和《中国辩证法史稿》,是同步进行的吗?

答:我给你们的介绍大体上照顾到了时间顺序。当然,有些工作实际上是交叉进行的。20 世纪 80 年代后期我们对自己的工作思路也做了一些调整。当时我们的考虑是怎么样拓展自己的学术视野,拓宽自己的研究领域,于是我们在完成对哲学史"纯化"的研究之后,又开始从泛化哲学史研究的角度,转而注意哲学文化问题。这种工作的具体目标是深化我们对于明清哲学以及近现代文化思潮的研究。

我们的这项工作同 20 世纪 80 年代国内学术界兴起的文化研究热潮有关系。当时指导我们工作的基本理念是:中国历史上从明代的万历年间到近代的五四时期,似乎可以作为一个特殊的历史阶段进行考察。自 16 世纪以来,历史的曲折、道路的坎坷,中国近代革命的难产,都给中国现代科学文化的发展带来了特定的局限和困难。封建意识的积淀在文化深层结构中的复旧作用,是中国文化现代化的重要阻力。因此,我们应当自觉地有选择地吸收和消化外来文化的最新成果,在中西文化对比中,超越中西对立的思考模式,找到中国传统文化中固有的现代价值生长点,尤其是要重视明清时期反理学的启蒙思潮,正确地理解中国文化必须而且可能现代化的内在根据。在现实的中国文化建设中,既反对盲目地宣扬"西化",也反对不加分析地维护传统,从而找到传统文化与现代化之间的历史接合点,避免历史的回流,促进我国文化的现代化建设。我们这些观念在学术界被视为一家之言。基于这样的思想理念,我们曾经在武汉地区举办多次"明清文化沙龙",研探明清时期的启蒙思潮,这种集体的研究成果后来反映在《东方的黎明——中国文化走向近现代的历程》这部书中。就我个人的工作而言,在这一时期先是出版了《王夫之辩证法思想引论》,发表了《活水源头何处寻》、《文化反思答客问》等文;后来又与许苏民合著了《明清启蒙学术流变》,这是一部 50 万字的著作。书中实际上将我们所理解的明清时期哲学文化思潮的演变进行了比较系统的考察和清理。另外,我们把这方面另一集体研究成果编辑成了《鲲化鹏飞》一书,交武汉出版社出版。

问:"鲲化鹏飞",这个书名颇富诗意。鲲鹏的观念,大概是源于《庄子》,不知你们以"鲲化鹏飞"表示一项集体学术成果,用意何在?

答:这部书集中了我们这个学科点开展"中国传统价值观念与社会主义精神文明建设"这项国家下达的课题研究的另一成果。以《鲲化鹏飞》为书名,意在强调鲲化鹏飞不易。鲲要化,必须挣脱历史积淀的沉重外壳:化而为鹏,还得凭借机遇,奋力拼搏,才可能"怒而飞"。今天,我们的民族也需要挣脱沉重的传统枷锁,抓住机遇,破浪乘风,奋起,才能腾飞,才能实现民族文化的现代化。

总的来说,20世纪80年代我们由纯化的哲学认识史研究,转向了泛化的哲学文化史研究,但致思趣向是一以贯之的。这样的研究工作,不仅使我们这个学术集体形成了多项学术成果,而且为我们进入90年代以后的工作确立了重点和方向,使我们几十年来的工作形成了一个前后相继,有序发展的过程。

问:前后相继,有序发展,可以理解为你们进入20世纪90年代以后,工作重心仍然是深化对从万历到五四这一历史阶段中哲学文化思潮的研究吧?

答:大体上是这样。20世纪90年代的十年也即将过去了。这十年中我们的工作情况也可以从教学和科研两个向度看。在培养学生方面,除了本科生之外,我们对硕士生、博士生的培养也经历了10多年的实践和探索。完善了自己的教学体系。我们把培养研究生的方针概括为20个字:德业双修,学思并重,史论结合,中西对比,古今贯通。这20字表达了我们学科点研究生培养的目标和要求,也体现了我们这个学科点的学术方向和学风特征。

在科研方面,我们将视角更集中地转向现代,转向五四以后。这种转向,首先使我们在熊十力哲学、梁漱溟哲学、冯友兰哲学、蔡元培哲学、唐君毅哲学,以及徐复观、钱穆、蒙文通、刘鉴泉等人的学术思想研究方面取到了一批重要成果。早在20世纪80年代,我们即组织举办了国际性的熊十力百年诞辰学术讨论会,其后编辑出版了《熊十力论著集》。我们的研究生以熊十力哲学为对象撰写的硕士论文和博士论文在台湾、香港和内地分别出版,在学术界产生了广泛的影响。在熊十力哲学研究方面,我们所做的另一项重要工作,是组织、点校编辑出版《熊十力全集》。这部八卷本的《熊十力全集》将于今年十月由湖北教育出版社作为国庆献礼出版物隆重出版。我们学科点上对中国现代哲学中其他专人、专题的研究成果,也受到了海内外学术界重视。

与此同时,我们在明清思潮研究方面,主编出版了明清文化名人丛书,我个人出版了《船山哲学引论》。在道家道教研究、周易研究以及佛学禅风研究方面也取得了一批新成果。我们组织举办了道家(道教)文化与当代文化建设学术讨论会,编辑出版了《众妙之门——道教文化之谜探微》;我们在黄梅组织举办了首届禅宗与中国文化国际学术研讨会,编辑出版了《东山法门与禅宗》。我们点校的禅宗重要典籍《古尊宿语录》上、下卷已由中华书局出版;台湾出版的中国佛教经典宝藏精选白话版丛书中的《大乘起信论》、《出三藏记集》等几部重要佛典也是由我们学科点上的同志释、译的。

1993年,汤用彤先生百年诞辰,北京大学召开纪念会,我曾缀诗表达对汤先生的孺慕之情,其中两句是:"漫汗通观儒、释、道,从容涵化印、中、西",这两句诗也可以反映我们在20世纪90年代学术追求的另一个层面。80年代,我们开始强烈地感受到中国学术需要走出国门,面向世界。在我们看来,中国文化的世界化是中国文化在

21世纪的最高关怀。所以,90年代我们利用各种机会,让我们学科点的同志先后赴德国、美国、日本访学和研修,去新加坡、中国台湾、中国香港、韩国进行学术交流,使我们的学术活动与世界各国的学术前沿接轨、对话,真正参与世界性的百家争鸣,以谋求在人类文化的新整合、新发展中留下我们自己的业绩,贡献我们的力量。我们现在正在筹办的国际性郭店楚简学术研讨会也是出于这样的动机和目的。一个学术集体,唯有立足本土,扎下深根,又不断地开拓视野,面向世界,面向未来,才有可能在这个学术文化日新月异的时代自强不息,求得发展。要说我们在新时期的学术追求,这应当是一个重要方向。

问:萧先生的谈话,让我们看到了武大哲学系中国哲学史教研室的教授们50年来的辉煌业绩,使我们感到振奋。我们真诚地期盼你们在新的世纪中获取更多的学术成果,为我们湖北武汉地区乃至全国的学术文化事业作出更多的贡献。在我们即将结束这次访问的时候,不知萧先生还有什么需要告诉我们的?

答:说得很多了。还需要说两句的是:学术事业是集体的事业。我们几十年来在学术方面能够取得一些成绩,是学科点全体同志团结一致,奋力拼搏的结果。我在《中国辩证法史稿》第一卷后记中曾说:深山曳木,劳者自歌,前者唱"邪",后者唱"许",亦盛事也。这是改用黄梨洲的语言,表达我们这个学术集体的协作精神。今后,我们希望和湖北武汉地区其他高校的中国哲学史工作者更好地协作,以推动我们地区的中国哲学史学科建设。《易传》有言:"日新之谓盛德,生生之谓易。"事物总要趋新进步。我们地区的中国哲学史研究在新的世纪中一定会有新的发展。

　　　　　　(此文由田文军以访问记的形式写成,收入《时代的回响》,武汉出版社1999年版)

锦里人文风教永,诗情哲慧两交辉

——萧萐父教授学术生涯掠影

一、家教师恩,稚子启蒙(1924—1947)

1924 年 1 月,一个寒冷的冬夜,在成都西城区一座废桑园内有个婴儿呱呱坠地。这个男婴的父亲萧仲仑,母亲杨励昭其时是中小学教员,他们为自己的孩子取名萐莆(后改为萐父)。2003 年除夕,萧萐父《七九自省》词中有"寂寂常关内,有娇儿,懵懵莽莽,呱呱坠地"的句子,并自注云:"我初生时瘦弱,父母虑难养,因取小名'莽子',呼为'莽莽'"。

萧萐父的父亲萧参(1885—1961),字仲仑,四川井研县人,父母早丧,勤读自奋;20 岁应乡试时,得知甲午战争后国势危殆,遂弃举业,参加同盟会,投身反清革命。辛亥后,因不满"革命功成,走狗当道"的时局,愤而弃政从学,教书为生,曾任四川大学、华西大学等校教授,并兼任中小学教职,培养巴蜀青年学子。唐君毅在成都读小学时,萧仲仑即曾以《庄子》书中《逍遥游》、《养生主》诸篇作教材为其讲国文,后来唐君毅认为自己钟情于玄思哲理,"或许亦源于此"。萧仲仑学无师承,私淑廖平,在《尚书》、《老子》、《楚辞》、《庄子》、《唐宋词》以及中医理论研究方面均有很高造诣,松石琴心,道家风骨,流誉蜀中;解放后受聘为四川省政协文史馆研究员,其论著、诗词多毁于十年浩劫。

萧萐父的母亲杨励昭(1897—1984)祖籍四川崇庆,生于成都,乃蜀中清代爱国名将杨遇春后裔,肄业于成都女子师范学校,能诗词,工书画,曾长期担任成都成公中学、建本小学、四川大学附中语文、国画教员;解放后应聘为四川医学院绘图员,有《梦蓤阁诗词稿》存世。

萧仲仑弃政从学,取陶渊明《归去来辞》"门虽设而常关"之意,将寓所名为"常关",倾心于"喜无书札到公卿"的生活,曾自题云:"天地有情应似我,根株无恙不依人。"但萧仲仑并未真正避世归隐,常与蒙文通、唐迪风、张真如等川籍学者评史论学。在他的心灵深处,明清之际的黄梨洲、顾亭林、王船山一类人物,仍是值得尊崇的先贤,神交的净友。因此,萧萐父少儿时代即在一种特殊的语境和氛围中由父母教读,耳濡目染者除了左、孟、庄、骚,尚有明清野史笔记之类。萧萐父曾忆及童年的读书生活:"童年是孤寂的……我的童年就生活在'常关'之内,由父母教读……我常钻在屋角几堆旧杂书中去乱翻,一次翻出了清末同盟会印作革命宣传品的小册子,除邹容、章太炎论著外,还有黄宗羲的《明夷待访录》、王夫之的《黄书》、王秀楚的《扬州十日记》等。书的内容当时看不懂,书的封面写着'黄帝纪元'或'共和纪元',颇引起好奇,而这一事实(加上常听父辈谈起明清史事总是感慨万端以及他们像对老友一样对'梨洲'、'亭林'、'船山'等的亲切称呼)却在童心中留下深深印痕。为什么明末清初这批学者在300年前写的书会对辛亥革命起到鼓动作用? 这个问题……织成心中一个历史情结,长期纠缠着自己的灵魂。"①拆解"历史情结",是萧萐父后来学术活动的重要内容之一,这种"历史情结"在他的童年生活中已开始萌生。

萧萐父童年由父母教读,直到12岁,仅上了两年小学,于1937年考入成都县中。进入成都县中以后,老师向他和同学们介绍,县中校园后面的池塘乃扬雄的洗墨池。扬雄一生仰慕司马相如辞赋的"弘丽温雅",感慨屈原志洁行廉不容于世,其著述《法言》、《太玄》的文雅古奥,萧萐父从父辈的言谈中早有耳闻。联想到自己幼年时去成都君平街湛冥里舅舅家,大人们讲述的严君平靠卖卜自养,精研《易》、《老》,潜心学问,少年扬雄随严君平问学的故事,更增添了他对古人勤学的景仰。

萧萐父在抗战年代开始自己的中学生活,有幸遇上了几位熟谙中国忧患传统的中学教员,罗孟祯先生即其中一位。罗先生注意培植学生的爱国热忱,同时也努力向学生传授文史知识,开启学生的心智。他向学生介绍蒋方震的《欧洲文艺复兴史》与梁启超为之作序而写成的《清代学术概论》,讲解刘知几、章学诚的史论,鼓励学生在努力掌握科学文化知识的同时,锤炼人格自我。这种教学活动与萧萐父接受的家庭教育十分契合,使他获益颇多。罗先生九十大寿,萧萐父曾吟诗拜祝:"蜀学渊渊积健雄,功高化雨育童蒙。墨池波涌山河泪,树德声传耿介风。指画舆图腾巨浪,壁文史慧轫初衷。丹柯代代燃心炬,万朵红梅祝寿翁。"②罗先生去世后,萧萐父挽联云:"墨池掀巨浪,哺育童蒙,呼唤国魂,纵横天下事,绛帐宗师留浩气;空谷起跫音,慨慷时局,激扬史慧,风雨百年心,丹柯炬火有传人!"由此可见罗先生对萧萐父学术生涯的深刻影响。

进中学时,萧萐父在国学方面已有相当基础,他利用暑假,通过朱点《史记》、《后汉书》等原典进一步提高自己阅读古籍的能力,同时,也努力在阅读中了解西方文化的精神与传统。他泛观博览,心无定所,不经意间又表现出一些独立的致思趣向。在一次学校五题必做的外国史考试中,他只选做了有关希腊哲学家的一题,老师不但没有批评他,反倒给了他高分。1943年三四月间,萧萐父正读高三。其时,冯友兰应邀

---

①　萧萐父、许苏民:《明清启蒙学术流变》,辽宁教育出版社1995年版,第779页。

②　萧萐父:《吹沙二集》,巴蜀书社2007年版,第764页。

来成都讲学，萧萐父与好友徐溥等逃学前去听讲，围绕冯友兰演讲中所诠释的儒道诸家的人生境界理论及其现代意义，他与同学们争论不休，并因此搜读冯友兰的《新理学》《新事论》《新世训》《新原人》《新原道》等著作，增进了自己对哲理的兴趣。

他对文史的兴趣也不断增长。高中期间，他与同学们一起办中、英文墙报（英文墙报名为Rainbow，中文墙报名为《空谷跫音》），出诗歌专号《狂飙》。萧萐父的第一篇关于史论方面的长文《论史慧》即是在《空谷跫音》上发表的，文章曾得到罗孟祯先生的赞许与肯定。高中时，他与几位热爱文学的同学还各有自己手抄的诗词集，他的诗词集题为《寥天鹤唳》。中学阶段的这种学习趣向虽游移朦胧，却为他后来的大学生活奠定了基础。

1943年，萧萐父19岁，高中毕业时半自觉地报考了时在四川乐山的武汉大学哲学系。战争年代的乐山，疮痍满目，民生凋敝。武大师生们只能利用一座破文庙空房艰难办学。但是，武大教务在朱光潜、叶石荪等先生主持下，仍然继续着其注重教育质量的传统，物质生活条件艰苦，并未影响师生们对学术的追求。"国事的蜩螗、民族的苦难，反而激发起师生们内心深处的屈原式的忧患意识和费希特式的哲学热忱"。[1]

在武大哲学系，萧萐父在必修张真如教授开设的"西方哲学史"、"德国哲学"，万卓恒教授开设的"西方伦理学史"、"伦理学原理"、"数理逻辑"，以及胡稼胎教授开设的"哲学英语"、"中国哲学"等专业课程的同时，还选修过朱光潜教授开设的"英诗选读"，缪朗山教授开设的"俄国文学"，彭迪先教授开设的"西方经济学说史"等课程。大学教授的学术素养给萧萐父留下了新的印象，他晚年仍然对自己的业师感念不已："抚念生平，其所以走上学术道路，勉力驰骋古今，全赖从中学时起就受到几位启蒙老师言传身教的智能哺育和人格熏陶。至于大学时代传道授业诸师，冷峻清晰如万卓恒师、朴厚凝专如张真如师、渊博嵚崎如金克木师，诲教谆谆，终身不忘。"[2]

大学时期，萧萐父除了选修专业课程，更加广泛地涉猎中外文化名著。他读康德的三大批判，黑格尔的《逻辑学》，尼采的《查拉图拉如是说——为一切人而不是为一人的书》，罗曼·罗兰的《约翰·克里斯朵夫》，高尔基的《母亲》，伏契克的《绞刑架下的报告》，法共党员的《狱中书简》；读郭沫若的《十批判书》、《甲申三百年祭》，以及侯外庐的《中国近世思想学说史》等，不断拓展学术视野。1946年武汉大学迁返珞珈山，金克木教授受聘来武大开设"印度哲学史"、"印度文学史"，金先生渊博的学识令萧萐父钦羡不已。他曾多次向金先生请教有关中、西、印文化比较方面的问题，开启自己思考文化问题的新路向。

除了哲理的训练，大学阶段萧萐父对于文学的兴趣也达到了新的境界。这一时

---

① 萧萐父：《吹沙二集》，巴蜀书社2007年版，第377页。
② 萧萐父：《吹沙二集》，巴蜀书社2007年版，第382页。

期他写下了大量的诗词。这些诗词中,有不满社会现实,直抒胸臆者:"……遥想千家野哭,正都门,酒温歌竞。塞雁惊烽,哀鸿遍地,月寒风噤。剑外心期,吟边怀抱,怕催青鬓。步溪桥,天心何处,问梅花讯。"①有对美好生活的赞美:"尘外神游地,飘然野鹤心。风怀期懋赏,林壑渺幽寻。但觉嚣氛远,不知云路深。烟空萧寺柏,佳句费沉吟。"②他在大学三年级时写下的组诗《峨眉纪游》,曾由原华西协和大学外籍教授费尔朴(Dryden L. Phelps)、云瑞祥(Mary K. Willmott)二人译为英文,纳入《峨山香客杂咏》一书,在香港出版。诗词虽为感兴之作,却"回荡着在时代风涛里泅泳者的呼唤和心声",表明萧萐父青年时代即在着力于理性思维训练的同时,善于以形象思维表达自己对自然与人生的审视与思索,追求以诗言志,以诗释理的学术风格,开始形成自己论理(Logic)与抒情(Lyric)并重的"双 L 情结"。

1946 年 12 月,北平发生美军强暴北大女生沈崇事件,"反美抗暴"浪潮席卷全国。沈崇事件对萧萐父心灵的撞击,使他的人生道路发生了重要转向,他在潜心学业的同时,积极投身爱国学生运动。在一次全校时事讨论会上,有人认为沈崇事件涉及治外法权,应通过法律手段解决;也有人认为此为个别事件,不宜影响"友邦"关系。萧萐父驳斥了这些谬论,声称这是"人性与兽性的斗争"。他慷慨陈词,激烈的反美蒋情绪感染着与会师生。次日,武汉《大刚报》即以"人性与兽性的斗争"为题报道武大师生的集会。1947 年 6 月 1 日,武大学生黄鸣岗、王志德、陈如丰在反美蒋运动中惨遭国民党军警枪杀。"黑夜正浓闲话和平皆有罪,黎明未起蓦然觉醒竟捐生"。武大师生开始了对国民党政府更强烈的反抗,萧萐父也积极投身到学生运动中去。他曾担任武大学生自治组织的宣传部长,办学运小报,组织红五月大游行,以长诗《春雷颂》鞭挞黑暗,期盼黎明。激烈的反美蒋活动引起了当局的注意,萧萐父开始受到特务的监视。

1947 年,在万卓恒教授的指导下,萧萐父以《康德之道德形上学》为题完成了自己的毕业论文。论文由同学们代为抄正之后送呈万卓恒教授评审并获得通过。论文认为:康德发现了真正的"人"与真正的"自然"。并认同康德的观念,肯定康德"用永恒的新奇与日增的仰慕与崇敬,来充溢我们的心灵",把自己从"死气沉沉的状态中拯救出来"。这实际上用哲学的语言表达了作者在黎明前的黑夜对正义与理想的追求,对自由与光明的向往。"从这里,我们隐约可以听到作者在投身于进步的学生运动时的内在心声"。③"头上是灿烂的星空,心中是道德的律则"。1947 年 7 月,萧萐父为逃避追捕,心念康德的名言,潜离汉皋,开始了自己新的人生历程。

---

① 萧萐父:《吹沙集》,巴蜀书社 2007 年版,第 613 页。
② 萧萐父:《吹沙二集》,巴蜀书社 2007 年版,第 720 页。
③ 转引自萧萐父:《吹沙二集》,巴蜀书社 2007 年版,第 61 页。

二、华阳星火,坝上春浓(1948—1957)

1947 年 8 月,萧萐父离开武汉大学后回到成都,任教于华阳县中。此时,萧萐父虽不是中共正式党员,但他与成都地下党员朋友联系密切,为华阳县中带来了新的时代风气。

华阳县中(现成都三中)与成都县中(现成都七中)、联中(现石室中学)齐名,人称"成、华、联",三校都是成都著名中学。萧萐父在华阳县中担任国文教员。在教学活动中,"他不仅讲授语文知识,而且将中外哲学直至社会主义学说都渗透到教学中去,同学们把每一次听课都当做一次精神享受,课堂内外常常站着其他班旁听的学生。华中透进了新鲜空气,学生精神为之一振。"[1]教学之余,他团结向往进步的学生,给学生们借阅《大众哲学》、《群众》、《新华日报》等进步书刊,启发学生运用人民革命的观点思考中国的现实问题。

1949 年 5 月,萧萐父成为一名中国共产党党员。在成都地下党组织的领导下,他在华阳县中把学生积极分子组织起来成立"读书会"。在"读书会"成员的带动下,华阳县中学生阅读进步书刊开始形成风气,鲁迅的《彷徨》、《呐喊》,高尔基的《母亲》、《在人间》,巴金的《家》、《春》、《秋》,萧军的《八月的乡村》等书籍在学生中广泛流传。在进步思想的影响之下,学生们自发地组织起来创办墙报,畅谈读书体会,议论社会现实。由"读书会"成员主办的《而已》墙报,指斥学校风气,抨击社会黑暗,曾在华阳县中乃至成都社会产生广泛影响。当时,华阳县中的领导权被国民党中统特务魏少申把持。在魏少申操纵下,学校取缔了《而已》墙报,理由是《而已》"煽动人心,侮辱师长"。但这不仅未能制止学生的进步活动,反倒扩大了"读书会"的影响,激发了学生的爱国热情。

在任教于华阳县中的同时,萧萐父还曾应著名学者蒙文通先生之邀,受聘于尊经国学专科学校,为学生们讲授"欧洲哲学史",并为《西方日报》主编《稷下》副刊。在萧萐父的主持下,《西方日报·稷下》刊发了一些文风尖锐的哲学、政治、经济方面的文章,这些文章在解放前夕的成都思想界发挥了较好的影响作用。

1949 年 3 月,成都地下党组织为了配合全国的解放战争,组织四川十八所省立中学开展声势浩大的"尊师运动"。萧萐父根据党组织的指示,及时将运动火种引进华阳中学。"读书会"通过"级联会"组织全校师生走在"尊师运动"游行队伍的前列。后来华阳中学的师生又开展了驱逐特务校长魏少申,保护学校财产,维持学校秩序的斗争。

---

① 周德远、周国本等:《解放战争末期华阳县中的学生运动》,载中共成都市委党史工作委员会编:《成都党史资料通讯》1986 年第 4 期。

1949 年 12 月 30 日,萧萐父与华阳县中的师生满怀激情在成都北门参加了欢迎中国人民解放军的入城式,迎来了华阳县中的新生。在华阳县中领导学生运动,使萧萐父开始领略马克思主义理论对于中国革命的巨大指导意义,在《西方日报》的工作,则进一步拓展了他对于理论的兴趣,使他开始深入地研读马克思主义著作。

解放初,萧萐父参加接管华阳中学并任副校长;以后,受党组织的派遣,又参与接管华西大学,为华西大学军管会成员之一,后留任该校马列主义教研室主任,主讲"新民主主义论"、"社会发展史"、"辩证唯物论"等理论课程。为系统讲授这些课程,他认真研读马克思主义经典著作,取得了良好的教学效果。1953 年,全国高等学校实行院系调整,华西大学重组,萧萐父留任四川医学院马列主义教研室主任,继续从事政治理论课教学工作,使他对马克思主义理论的研探更趋系统、深入。

新中国成立以前,萧萐父与大多数旧中国知识分子一样,支配其行为的是年轻人的浪漫、激情与正义感。他们不是因为思想上选择了马克思主义而投身革命,而是因为置身于革命洪流之中才去寻找革命的理论。萧萐父在大学时代的读书范围虽然也涉及马克思主义著作,但是,在他的心目中,马克思主义还只是西方学术派别之一。萧萐父系统研读马克思主义经典著作,建立自己的马克思主义信念,得益于他从1951—1955 年之间在华西大学与四川医学院的政治理论课教学工作。这种工作使他在马克思主义理论方面具备了相当厚实的基础,也为他后来从哲理的层面深入思考中国文化的历史走向与现实走向准备了条件。

1956 年,是萧萐父人生中一个重要的转折点。这一年组织决定他进入中央党校高级理论班深造,使他获得了一次重新选择生活环境,确立自己学思方向的机会。这次机会源于武汉大学恢复哲学系建制。1953 年,全国高等学校院系调整,创办于1922 年的武汉大学哲学系并入北京大学哲学系。1952 年 11 月,著名马克思主义哲学家李达就任武汉大学校长后,于 1956 年决定恢复创办武大哲学系,并邀请萧萐父重返母校,参与哲学系的建设工作。当时,党中央关于"双百"方针的公布,关于向科学进军的号召,以及李达校长为武汉大学哲学系绘制的宏伟蓝图,使在北京的萧萐父深受鼓舞。他决定接受李达校长的邀请,重返珞珈山,专心于哲学史的教学科研工作,使自己在系统研探马克思主义理论的基础上,继续解析自己少儿时期即已心存的"历史情结",探寻马克思主义在中国传播发展的历史根据。作为一名青年学者,矢志于这样的探寻,道路漫长而艰难。但是,他没有犹豫,没有彷徨,而是为即将开始的新的学术生活兴奋不已:"犹记湖山残雪后,红梅芳信苦探寻。十年巨浪开新国,一点痴情结素心。烈火熔炉钢未熟,春膏原野草初生。高峰路远相携去,不畏艰难决意行。"这首题名为《一九五七年元日有寄》的诗中所记述的即是他决定重返武汉大学时的心境。

为了适应新的工作,萧萐父带着李达同志的殷殷嘱托,离开中央党校,进入北京大学进修中、外哲学史。当时,北京大学哲学系因为高校院系调整,大师云集。这种特殊的学习环境使萧萐父在中学与西学两方面皆得名师指点。在北大期间，他先后选修或聆听过冯友兰、郑昕、朱谦之、张岱年、吴则虞、侯外庐、杜国庠、吕振羽诸先生的专题课程或学术演讲，常去贺麟、汤用彤家中侍坐求教，并在学业上得到了导师任继愈先生的具体指点。这种定向进修，不仅使萧萐父踏入学术殿堂，学有进境，也使他确立了自己毕生为之奋斗的学术方向。他曾以"未名湖畔花千树，一夜春风次第开"的诗句来形容自己学业上获得滋润的欣喜之情。

前辈学者的启迪与指点，使萧萐父更加注重自身学术素养的积累与锻炼。在北大期间，他积极参与当时有关中国哲学史方法论问题的讨论，曾写成《我对研究中国哲学史的几点意见》在《光明日报》发表。其后又先后写成并发表了《关于继承祖国哲学遗产的目的和方法问题》、《怎样理解马克思主义哲学的继承性》等论文，阐释自己对于中国哲学史研究方法的理解。同时，他积极参加中国科学院哲学研究所中国哲学史研究室主持的中国哲学史资料选辑工作，承担对严复《原强》一文的校注与训释，从论、史两个方面形成了自己早期的中国哲学史研究成果。

这些研究成果明确指出研究中国哲学史的目的，乃在于探索马克思主义哲学中国化的历史根据和思想土壤，而要达到这样的目的，一方面必须深入地研探马克思主义的哲学史观，正确理解马克思主义哲学的继承性，掌握科学的哲学史方法论武器；另一方面则必须系统周密地占有历史资料，全面清理中国哲学遗产，分析其精华与糟粕，揭示其规律与特点，在具体的研究工作中，牢牢地把握住论史结合，古今通气这样一个总方向。萧萐父探讨中国哲学史研究方法的这些认识成果曾受到国内外学术界的广泛关注。由美籍学者陈荣捷编译，普林斯顿大学出版社于20世纪70年代初出版的一部中国哲学资料汇编中，介绍新中国时期关于中国哲学史的五种具有代表性的学术观点时，即曾专门摘介萧萐父《怎样理解马克思主义哲学的继承性》一文的结论部分。

萧萐父在北京大学学习期间，正值全国范围内开展反"右派"运动。作为北大哲学系中国哲学史党支部副书记，他参加过批判"右派"，又因为袒护同志而仗义执言，自己也被视为思想"严重右倾"，受到了"留党察看"的严厉处分。在这样的时代条件下，他对于中国哲学史方法论原则的探索与思考，也难免打上某些时代的印迹。但是从他早期的中国哲学史研究成果中，我们仍可看到他少儿时代即已心存的"历史情结"，看到他颇具个性的学术激情与致思特色。这种学术激情与致思特色在他后来的学术工作中得到了进一步发展。

三、玄门寂寞，兰菊葳蕤（1958—1966）

1957年秋，萧萐父正式调入武汉大学哲学系任教。在一个黑暗动荡的年头离开母校，十年后重返母校时物是人非，自己面临的将是一条崭新的学术生活道路。但是，他对于自己从批判旧中国的黑暗腐朽转向建设新中国学术文化的工作仍然充满了信心。这种心境使他写成了《一九五七年七月初到汉皋》："武昌城外柳依依，回首沧波路未迷。西蜀紫鹃归梦远，东湖红萼故人稀。峥嵘诗律归平实，寂寞玄莹入细微。恰是艳阳天气好，春兰秋菊正葳蕤。"真实地记述了自己重返武汉大学以后的感受与期盼。

从1956年萧萐父决定回武大任教至1966年"文革"开始，这十年间，萧萐父的学术活动大体上可归结为两个方面，一是着力建构具备武大特色的中国哲学史课程体系，二是深探哲学史方法论原则，致力于王船山哲学研究。

重返珞珈山后，萧萐父面临的主要工作是武大哲学系的中国哲学史学科建设。武汉大学自1922年建立哲学教育系以来，曾先后聘任范寿康、万卓恒、方东美、张颐、金克木等知名学者来系执教，学术力量不弱，范寿康先生即曾出版过多种中国哲学史方面的著作。但相较于北大、清华等校的中国哲学史学科尚存在差距。在中国学术界，武大的中国哲学史学科能够占据一个比较重要的地位，与萧萐父进入这一学科点后的工作是联系在一起的。

萧萐父回到武大哲学系以后，任哲学史教研室代主任，主持哲学史教研室工作。在致力于中国哲学史学科建设的过程中，他与李德永、唐明邦先生一道，提出以研读"两典"（马列主义经典著作与中国古典哲学文献）为基石，以清理"藤瓜"（哲学发展的历史线索及其重点）、探索"两源"（哲学理论形成的社会历史根源与认识论根源）为起点，来规划组织中国哲学史课程的教学工作，并将这种教学方式提升到理论的层面，写成《关于中国哲学史课程改革的几个问题》在《武汉大学学报》上发表。在这种关于课程改革思想的指导下，经过几年的努力，编印出近百万字的《中国哲学史》教材，并编成一套《中国古典哲学名著选读》作为辅助教材，使武大哲学系的中国哲学史课程，开始形成自己的学术风格与理论体系。

致力于王船山哲学研究，则与萧萐父的哲学史观密切联系。在他看来，研究中国哲学史的主要目的，当在于揭示中国哲学史的发展规律，探索马克思主义哲学中国化的历史根据。毛泽东思想乃马克思主义理论中国化的典型形态，探索马克思主义哲学中国化的历史根据，实即是研探毛泽东思想得以产生、发展的历史文化背景及其思想土壤。同时，萧萐父的学术活动也在一定程度上受到侯外庐关于中国近世思想启蒙之说的影响，十分看重"周秦之际"与"明清之际"的思想家在中国思想文化史上的地位和作用。他认为"船山"与"韶山"，文采风流，学脉相连。研探王船山哲学，将有助于厘清毛泽东思想形成的思想资源与历史脉络。这种观念与追求，使王船山哲学自然地进入了萧萐父的学术视野。萧萐父曾论及自己在教学科研中致力于船山学研究的这种缘由：

> 20世纪五六十年代，在从哲学到哲学史的专业转向中，我较认真琢磨的是黑格尔——马克思的哲学史观及其一系列方法论原则；同时，也努力挹注前辈学

者的研究成果，使我深受启发的是：关于历史和逻辑相统一的分析方法，以及历史的发展只有到特定阶段才能进行自我批判和总结性反思的提示，关于中国史中两个"之际"——即把"周秦之际"与"明清之际"视为中国思想文化史上两个重大转变时期的提法，关于王夫之哲学标志着传统理学的终结和近代思维活动的开端的论断，关于晚明到清初崛起的批判思潮中的启蒙因素的发掘等等。这些自然促进了对问题的进一步思考，并在教学体系上作了重要改革，将明清之际（即明嘉、万时期至清乾、嘉时期）作为中国思想发展的一个特殊阶段而独立成编，提出这一编的教学，旨在推程、朱、陆、王之"陈"，出顾、黄、王、方之"新"，即重点表彰能够冲决思想"囚缚"的"破块启蒙"的思想家们。在此基础上，60年代初，遂有为纪念王船山逝世270周年的几篇论文习作。①

　　萧萐父致力于王船山哲学研究与深探中国哲学史方法论原则是同步进行的。20世纪60年代初，他一方面深化自己对于哲学史方法论问题的思考，先后在《哲学研究》等重要学术刊物上发表《关于历史科学的对象》、《哲学史研究的根本任务和根本方法》、《是主观社会学还是历史唯物论》等论文，继续论释自己所理解的哲学史研究方法论原则，一方面则开始具体解析王船山的哲学思想体系。1962年11月，萧萐父参与筹办由湖南、湖北两省社联主持的纪念王船山逝世270周年学术讨论会，并向大会提交了《王夫之哲学思想初探》、《浅论王夫之的历史哲学》两篇重要学术论文。在这两篇论文中，他把王船山哲学纳入明清之际这一特殊的历史背景中考察，从本体学说、认知理论和历史哲学诸层面解析王船山哲学体系，认定王船山哲学作为时代矛盾的一面镜子，具有多层面的两重性。论文既充分肯定王船山哲学所具备的划时代的理论成就及其所体现的"新的突破旧的"的启蒙思想特质，又深刻揭示了王船山哲学的理论局限及其留给后人的理论思维教训。这一研究成果的理论深度与系统性，代表当时的船山学研究水平，为海内外学术界所瞩目。两湖地区召开的全国首届王船山学术讨论会，极大地促进了海内外的船山学研究，萧萐父也开始以船山学专家名世。这一时期，萧萐父在将学术视野聚焦于明清之际，致力于船山哲学研究的同时，为适应教学工作的需要，还将科研工作延伸到了玄学、佛学领域，先后发表了《唐代禅宗慧能学派》、《刘禹锡"天与人交相胜"学说》等重要论文。这些论文追求之高远与理性之缜密，同样受到了学术界的关注与好评。

　　20世纪50年代中期到60年代中期的十年时间，是萧萐父学术生命中的黄金时段之一。他所主张的论、史结合，古、今通气的哲学史方法论原则，在其教学科研工作中得到了创造性的运用，并获取了一批重要的学术研究成果。"海涛不比胸涛阔，天外云帆笔外诗"。他满怀信心，情理并重，以宏阔的学术视野在理性王国与历史海洋

---

①　萧萐父、许苏民：《明清启蒙学术流变》，辽宁教育出版社1995年版，第780—781页。

中钩沉发微,探赜索隐,企求更为丰硕的学术成果。遗憾的是"文革"爆发,阻止和中断了他的学术活动的深入与拓展。

四、严肃反思,学科重建(1967—1988)

"文革"开始以后,是非颠倒,万家墨面。1966 年 6 月 7 日,武汉大学开始批判以老校长李达为首的"珞珈山三家村"。"奇冤虚构三家案,黑线株连数百囚"。萧萐父也因"珞珈山三家村"案株连而被批斗、抄家,后又长期下放湖北襄阳广德寺农场,与农工"同卧牛棚,雪压风欺",虚度年华。解除劳动改造后,萧萐父回到哲学系,虽也希望继续自己钟情的学术工作,但"文革"条件下,实际上已经没有他的工作空间。萧萐父后来曾忆及这种状况:"十年浩劫的困境中,有时想起明清之际学者们'锋镝牢囚取次过,依然不废我弦歌'的坚贞风范,也是一种无形的精神激励。'文化大革命'后期,囚居野寺,我曾一冬奋笔写成《船山年谱》稿 20 万言,继又草成《船山哲学》稿 10 余万言,调不入时,俱成废稿"。① "文革"时期,就自然生命而言,萧萐父正当盛年,但因"文革"摧残,在他的学术生命中却是荒芜的十年。

"文革"结束以后,中国知识分子迎来了学术的春天。从 1976—1988 年,这十多年构成了萧萐父学术生命中又一个黄金时段。这一时间段内,萧萐父的学思范围大体上包含三个向度:即参与思想理论战线的拨乱反正;主编教育部委托编写的《中国哲学史》教材,进一步完善武大中国哲学史学科的课程体系;深化对于中国哲学启蒙问题的思考。

中国共产党十一届三中全会的召开,使党的实事求是的思想路线得到恢复。思想战线的拨乱反正激发了萧萐父的学术青春。他在《光明日报》发表《真理和民主》等重要文章,参与真理问题的讨论。《中国哲学》创刊后,他的《石韫玉而山辉　水怀珠而川媚》也在《光明日报》发表。文中满怀激情地写道:"粉碎了'四人帮',学术得解放。郭老带头呼唤:'拿出理论上的勇气',迎接'科学的春天'!全国理论工作者慨然奋起,砸碎枷锁,打破禁区,开辟草莱。实践标准的呐喊,结束了哲学贫困的局面,春雷惊蛰,万象昭苏;马克思主义的史学园地,也百卉初荣,春意盎然。《中国哲学》这个以中国哲学史、思想史研究为内容的专业性学术丛刊又破土而出。百花园里,平添一分春色。"史学园地,春意盎然,使萧萐父备受鼓舞。他在积极参与真理问题讨论,为清"左"破旧贡献力量的同时,严肃自省,坦陈自己在以往的学术活动中,由于受到"左"的思潮蛊惑,也曾"时陷迷途,有时作茧自缚,有时随风飘荡,教训很

---

① 萧萐父、许苏民:《明清启蒙学术流变》,辽宁教育出版社 1995 年版,第 781 页。

多"；"经过十年浩劫，痛定思痛，咀嚼苦果，才若有所悟"。① 这种严肃的反省自剖，为萧萐父重新投入教学、科研及学术组织工作，获取新的学术成就奠定了坚实的思想基础。

主编《中国哲学史》是萧萐父这一时期的代表性学术成果之一。1978 年，教育部组织武汉大学、中山大学、四川大学、南开大学、南京大学、广西大学、辽宁大学、湘潭大学等九所大学编写高等学校哲学系本科生选用的《中国哲学史》教材，由萧萐父担任主编。在众多专家的合作下，历时三年，终于写成一部 70 多万字的两卷本《中国哲学史》。这部教科书注意净化哲学史研究对象，发掘中国哲学遗产中的启蒙因素，着力探索中国哲学发展的历史脉络与逻辑线索，其鲜明的学术风格与理论特色受到学术界的普遍赞扬。学者们认为此书"反映了中华民族思想跳动的脉搏"；著名哲学史家张岱年教授、石峻教授也肯定此书"较好地揭示了中国哲学发展的规律和特点"。本书由人民出版社出版之后，重印多次，印数达十多万册，被许多高校选作教材，荣获国家教委优秀教材一等奖，并被译为韩文、英文。由于此书规模宏阔，思想新颖，形成于"文革"后思想理论战线的拨乱反正之中，承上而启下，在中国哲学史学科史上具有重要的理论价值与学术地位。

在主编《中国哲学史》的过程中，萧萐父着力较多的另外两项工作：一是深化对于哲学史方法论的思考；二是进一步完善武大中国哲学史学科的教学体系。两卷本《中国哲学史》的成型，与萧萐父对哲学史方法论原则的重新学习与思考是紧密关联的。他认为，哲学的特征，使其成为一种特殊的社会意识。这种社会意识有别于宗教、道德、艺术，也不同于其他具体科学等社会意识形态。哲学认识的矛盾发展史应当是哲学史特定的研究对象。基于这种观念，他主张中国哲学史研究，应以哲学认识矛盾发展史取代意识形态色彩浓厚的"两军对战史"，纯化自身，改变过去的研究工作中长期存在的对象不明、越俎代庖的现象。

同时，萧萐父主张在哲学史研究中突出历史与逻辑统一的研究方法。他认为，历史上哲学认识矛盾发展的逻辑进程，集中体现在哲学范畴的产生、发展、演变之中；历史上哲学派别的对立、斗争以及斗争中的相互渗透转化，通过哲学范畴的继承、扬弃或赋予新解表现出来；哲学发展到一定阶段的历史总结，也是通过把以往各个哲学体系中的重要范畴纳入新的体系，使其成为新的环节来实现的。因此，哲学史体系只有以螺旋结构取代对子结构，才有可能深刻地论释哲学认识发展的客观逻辑，科学地揭示历史上哲学发展的本质矛盾和内在规律。

萧萐父对哲学史研究方法的这些思考，不仅成为他主编《中国哲学史》的指导思想，而且系统化、理论化为多种认识成果。他先后写成了《中国哲学史方法论刍议》、《马克思主义哲学史观与蒙古族思想史研究》、《历史感情与历史科学》、《中国哲学范

---

① 萧萐父：《我是怎样学习起中国哲学史来的》，《书林》1983 年第 5 期。

畴研究中的论史结合问题》等重要论文,并与陈修斋教授共同主编《哲学史方法论》一书,由武汉大学出版社出版。这些研究成果,以其严谨的系统、深刻的理性,对于清算"文革"造成的思想混乱,导引中国哲学史研究的正确路向,促进中国哲学史学科的发展发挥了重要作用。

萧萐父对中国哲学史方法论原则理解的深化,也使武汉大学中国哲史学科的教学体系在面向本科学生的基础上,开始延伸到研究生教学体系的建设。这一体系的建设虽然有一个历史的发展过程,但大体上是在 20 世纪 80 年代成型的。在他的组织下,哲学史方法论构成了研究生课程的一个重要环节,其他课程也基于其所理解的哲学史方法论原则组织与建设,并且以"德业双修、学思并重、史论结合、中西对比、古今贯通"这二十个字来概括学科点的研究生培养目标,表述学科点的学术方向与学风特色。经过多年的教学实践与探索,终于使武大中国哲学史学科点发展为一个受到海内外学术界关注的哲学史专业人才培养基地。

20 世纪 80 年代,萧萐父还在《中国社会科学》发表了《中国哲学启蒙的坎坷道路》、《对外开放的历史反思》等重要论文,主编《王夫之辩证法思想引论》(湖北人民出版社 1984 年版),受聘为罗马尼亚 Lucian Boia 教授主编的《国际史学家》辞典撰写"王夫之"条目。这些构成了他在这一历史时期中另一种类型的学术成果。在《中国哲学启蒙的坎坷道路》一文中,他认为回溯历史,中国也有过自己的哲学启蒙或文艺复兴。这种哲学启蒙或文艺复兴是在对整个宋明道学的否定性批判中开始的。打破宋明道学的思想桎梏,产生了人文主义的初步觉醒。"在明清之际的社会大动荡、阶级斗争的大风雨中,我们民族也产生过自己的思想巨人。我们有自己的但丁,如汤显祖、曹雪芹,他们唱的且不是'神曲',而是'人曲';也有自己的达·芬奇、米开朗琪罗,如郑燮、石涛、陈洪绶,他们画笔下的人和物都表现了倔犟的异端性格;还有自己的布鲁诺式的'哲学烈士',如何心隐、李贽,他们敢于背经叛道,死而不悔;我们更有自己的弗兰西斯·培根,如徐光启、方以智、梅文鼎,他们学贯中西,开始了铸造自己'新工具'的事业。至于王夫之、黄宗羲这样博学深思、著作宏富的思想家,在世界文化史的这一阶段上可说是旁世无匹。"但是,清初的历史洄流,使明清之际思想家们的思想火花,并"没有能形成照亮黑夜的'火流',而他们散播火种的著作反而成为清王朝禁毁的对象"。五四以来的思想文化启蒙,同样坎坷曲折,理性的觉醒和培育与时代要求相距尚远。这种观念,使萧萐父把中国历史上"新的突破旧的","死的拖住活的"这种带规律性的矛盾状况,视为中国近代革命难产的原因。并认定这种难产给中国现代科学文化的发展带来了特定的局限与困难,主张在现实的民族文化建设中"补课",自觉地避免某些历史运动的洄流,培育丰厚的理论思维土壤,以求民族文化的复兴与繁荣。

萧萐父的这些学术研究成果,同他主编《中国哲学史》的工作关联,但就视域而言已不在同一理论层面。他对于中国文化历史走向的思考,凸显启蒙精神,呼唤理性自由,肯定个性价值,批判"文革"中的专制与愚昧,已同他对中国文化现代化建设的思考连接起来,使他开始在新的视域中清理中国的哲学传统,思考中国哲学传统的现代价值。

五、吹沙觅金,漫汗兼容(1989—1999)

20世纪80年代后期,萧萐父在净化哲学史研究对象,获取一批重要的学术成果之后,开始泛化的哲学史研究。在他看来,哲学史研究,"或纯化,或泛化,或微观,或宏观,或纵向,或横向,都可以'自为经纬,成一家言'",而"以哲学史为核心的文化史或以文化史为铺垫的哲学史,更能充分反映人的智能创造和不断自我解放的历程"。① 这种学术观念,使萧萐父在更广阔的学术视野中关注与思考中国文化的历史走向与现实走向,构成了他学术生涯中又一个颇具特色的十年。

这十年中,他对于佛教哲学、道家哲学、儒家哲学、现代新儒学以及易学哲学的研究更趋系统,缤汲更深。他独立撰写或与人合作编纂、点校的《中国辩证法史稿》、《船山哲学引论》、《吹沙集》、《明清启蒙学术流变》、《众妙之门》、《古尊宿语录》、《中国哲学史史料源流举要》、《吹沙纪程》、《吹沙二集》等学术著作,以及《文化反思答客问》、《活水源头何处寻——关于传统文化与现代化之间历史接合点问题的思考》、《慧命相沿话启蒙——明清文化名人丛书总序》、《传统·儒家·伦理异化》、《道家·隐者·思想异端》、《中国文化的"分""合""一""多"与文化包容意识》、《中国传统文化的现代化与西方先进文化的中国化》、《人文易与民族魂》、《易蕴管窥》、《关于〈大乘起信论〉的思想源流》、《关于〈大乘起信论〉的历史定位》、《佛家证悟学说中的认识论问题》等重要学术论文都形成于这一历史时期。这些学术成果所涉及的专业范围十分宽泛,思想旨趣不囿于一隅,幽邃深远。但其终极层面的思想根源与动力,又大都与中国20世纪80年代兴起的文化研讨热潮关联。因此,就这些学术成果总体性的致思指向而言,又可视为萧萐父对中国文化全方位、多层面、多视角的思考,其内容大体可区划为中国文化传统的反刍,中国文化现实走向的考辨,以及中国文化前景的展望等。

萧萐父认为,人类文化是多源发生、多元并存、多维发展的;人类文化传播中的辐射、迁徙、涵化、融合都以文化发生的多根系与文化发展的多向度为前提。他以中国传统文化中"道、法由相依而分驰","儒、法由相乖而合流","儒、道由相黜而互补",论定中国文化为涵括儒、释、道乃至诸子百家之学的多元集合,强调中国文化自身的多维与互动。同时,他认为,文化传统并不是已经逝去的历史陈迹,而是现实中活的

---

① 萧萐父:《吹沙集》,巴蜀书社2007年版,第417页。

文化生命。文化传统中新旧杂陈："或已死而未僵，或初生而尚丑，或托古以护新，或假新以复旧"；任何将文化传统单一化，简单地肯定传统文化的"道统"或简单地认定传统文化陈腐的理论，都是非科学的。正确的选择只能是基于主体的自觉对历史中形成的传统去进行筛选和评判，探索新旧文化代谢发展的机制，找到传统与现代化之间的历史接合点。

　　基于这些观念，萧萐父在新的时代条件下，反思中国传统文化，诠释、解读中国的文化传统，既有对易庸之学中所含人文意识的肯定，对道风、佛慧的揄扬，也有对儒门学风的褒贬。对于 20 世纪 80 年代以来海内外颇为流行的"东方文化热"、"儒学复兴论"、"东方的觉醒"、"西方之没落"、"东方的世纪"、"全球化时代"、"文明冲突论"等文化学说都持客观考察、冷静分析的态度。他好奇兼爱，在欢迎文化理论中的"千门万户"，倡导文化理论中的"殊途百虑之学"，认同中国传统文化的包容意识的同时，呼唤启蒙，坚持自己对中国文化现实走向的独立思考。在他看来，历史已经证明"西学中源"、"中体西用"之类的思想范式曾将人们引向歧途，给人们留下了深刻的理论教训。在新的时代条件下，对文化与传统的反思，应当超越中西对立，体用两橛的思维模式，既反对不加分析的维护传统，又反对盲目幼稚的鼓吹"西化"。唯有如此，才可能正确理解中国传统文化中的启蒙思想因素，找到中国文化现代化的活水源头，正确理解中华文化必须而且可能现代化的内在历史根据。

　　萧萐父对中国文化发展前景的展望，与他对传统文化的选择，对现代文化的创建和对未来文化的设计及追求是联系在一起的。在他看来，中国社会转型中的文化变迁，既表现为中西的冲突与融合，又表现为古今的变革与贯通。我们在人类即将跨入新的世纪的时候思考民族文化问题，不应停留于五四前后的观念与论争，而应关注 20 世纪 90 年代以来东西方文化交流的深层面扩展，关注人类文化发展的前景与趋势。随着全球经济一体化的发展，人类文化不断整合的趋势在所难免。但是，在新的世纪，人们所面临的仍是一个多极的世界。在这样的世界格局中，未来中国新文化既不可能"东化"，也不可能"西化"。其走向只能是中国传统文化的现代化与西方先进文化的中国化。这种走向是一个相互关联的双重过程：要实现中国传统文化的现代化，必须吸纳包括马克思主义在内的西方文化的优秀成果；唯有重视民族文化的优秀传统，为西方文化提供扎根的土壤，才能实现外来文化的中国化。因此，他主张打破中国学术文化被简单政治化的格局，凸显中国文化包容意识的价值，在文化建设中正确处理"辨异"与"自主"的关系，将"全球意识"与"寻根意识"结合起来，通过与世界文化多层面接轨，多途径对话，在全球文化的"百家争鸣"中，实现民族文化的重构与创新，使中华民族重新居于世界文明的先进行列。

　　萧萐父关于中国文化现代化及其前景走向的这些思考，有对传统文化的历史回溯，也有对现代文化理论的考辨，是他在自己的学术耕耘中，吹沙觅金，长期积靡的结果；相较于他以前对于中国文化问题的思考，其理论的深度与密度均有所拓展。1993

年夏，北京大学举办汤用彤先生百年诞辰纪念会，萧萐父曾缀诗表达对汤先生的孺慕之情，其中有"漫汗通观儒、释、道，从容涵化印、中、西"之说。涵化印、中、西，通观儒、释、道，既表达了他对汤先生学术成就的景仰，也表达了他自己的一种学术追求。正是这种追求，使他在新的历史条件下，思考中国文化问题，理性与情感并重，民族与世界相连，历史与现实贯通，普遍与特殊兼顾，自为一家，被学术界视为当代中国文化理论中颇具个性特色的一派。

六、丹柯心炬，代有传人（2000—　　）

2001 年，萧萐父主编的《熊十力全集》出版，"熊十力与中国文化"国际学术研讨会在武汉大学召开。他在会中指出，熊先生在浙大"漆园"的一副对联未选入全集是一个失误，因而题诗："八卷雄文慧命传，无穷悲愿说人天。神州鼎革艰难甚，白首丹心猛着鞭。"诗中赞扬了熊十力先生的文化慧命与悲愿，也表达了他自己在新的世纪中的人生追求。

萧萐父是带着对民族文化的深沉思考步入新世纪的。这样的思想动力，使他在 2000—2003 年间不仅推出了《传统价值　鲲化鹏飞》、《王夫之评传》、《早期启蒙说与中国现代化》等重要学术论著，而且敏锐地关注着海内外学术发展的态势。20 世纪 90 年代郭店楚简的出土，引起国际汉学界高度关注。在武汉大学召开的"郭店楚简国际学术研讨会"上，萧萐父曾指出人们对楚简的研究，是在古史研究中继续实践"二重证据法"或"三重证据法"，极有可能带来"楚简重光，历史改写"的文化发展前景。他的这些学术成果与学术见解涵括了他长期契真融美的所思所学，也昭示了他在新的世纪为人为学新的感悟与新的心境。

海内外学术界关注着萧萐父的学术成就，关注着他的人生道路。有学者认定他是一位"智者诗人"或"诗人智者"，赞赏他将文化批判的锋芒隐含于文化包容意识的宽容之中；有学者认同他的"道家风骨"，称道他"鸥梦童心"，"化境悠然"；也有学者认定他是一位热烈的理想主义者，肯定他强烈的使命感、责任感和积极的人生关怀。2003 年 2 月，国学大师饶宗颐先生有《满江红——寿萧教授萐父八十》：

> 与子论交，记秋老、可人风物。喜提挈，船山师友，文澜壮阔。已化神奇从臭腐，更开云雾见新月。问何来，玄旨溦微芒，心如发。潇湘恨，波澄碧。参洙泗，异端息。漫登山临水，道家风骨，俯仰扁舟天一瞬，商量绝学肱三折。借长江，作酒进冰壶，春无极。

并附注云："王而农《蝶恋花》词有'渺渺扁舟天一瞬'句，君究心王氏学，所造尤卓越。"饶先生不仅全面肯定萧萐父的道德文章，尤其称道他在船山学研究中的卓越贡献。学者们这些论释各有会心，各以不同的侧面肯定了萧萐父的学术成就，人格风范。

但是,面对新的世纪,回溯自己数十年来的学术生涯,萧萐父仅以"好奇兼爱,杂而多变,情乃一贯"十二字概述自己的所学所思,强调自己的"历史情结"与"双 L 情结",视自己为一名普通的教育工作者,一个在学术文化工作中"承先以成其富有,启后以见其日新"的过渡性人物。他的这种自我认同是真诚的。我们从其"历史情结"与"双 L 情结"中,对他的学思特色确可得出一些总体性的结论。

"历史情结"实即是他对于民族文化强烈的忧患意识与责任意识。萧萐父学成于 20 世纪 40 年代,其学术活动大体上与新中国的成长同步。他经历过新中国成立前夕的苦难,亲历过"文革"的专制与愚昧,也体验过改革开放,国家走向富强的喜悦与自豪,其学思历程,紧系着民族文化复兴中的艰难与曲折。这使得他对民族文化的责任感既源于中国知识分子的忧患传统,又源于自己对中国文化建设实践要求的领悟。因此,其学其思,虽杂而多变,视域时有不同,但总体指向都在于自己的"历史情结"。他带着丰硕的学术成果走向国际学术舞台,赴新加坡、美国、德国讲学;掘井及泉,吹沙觅金,锲而不舍地发掘中国传统启蒙思想资源;对于古今中外学术大家的思想或"闻风相悦,心知其意;或涵咏其中,哀乐与共;或有所较评,也力求'异以贞同'",在对古、今、中、西漫汗兼容的基础上建构自己的文化理论,并力图使其整合于民族整体性的文化理论之中,促进中国传统文化的现代化与西方先进文化的中国化,都是为了拆解自己的"历史情结"。这种拆解大体上是以笔耕的方式进行的。

他拆解自己"历史情结"的另一重要方式是像丹柯一样燃心为炬,满腔热情地培养青年学术人才,以求学术文化的"慧命承继","心火相传"。他在诗作中有"孤山诗梦梅魂洁,四海交游处士多"之说,曾广为学者们称道。所谓"四海交游处士多",有指与他平辈论交,切磋学问者,更多的应是指他数十年间培养的博士生、硕士生,以及与他交往密切的学术青年。

1978 年,萧萐父开始招收中国哲学史硕士研究生,1987 年开始招收中国哲学史博士研究生。从此,一批批有志于中国哲学史研究的青年学子,相继来到珞珈山讨教求学。他言传身教,为青年学子的成长倾注了大量心血,先后为研究生开设"哲学史方法论研究"、"中国哲学史史料源流举要"、"中国辩证法史"、"明清哲学"、"佛教哲学"、"道家哲学"、"马克思的古史研究"、"马克思晚年的人类学笔记"等基础课程与专业课程。鼓励自己的学生德业双修,矢志于国家民族的学术文化建设。在研究生培养工作中,他依据国内外学术发展的动态与趋势,兼顾学生的专业素养与学术兴趣,因材施教,精心指导学生选定研究课题,确立专业方向,帮助他们迅速地步入学术天地。今天,武汉大学中国哲学史学科点的毕业生已成为一支重要的学术力量,正活跃在中国哲学史领域,为国家民族的学术文化建设贡献自己的力量。

萧萐父在以自己的致思趣向影响学生的同时,也以此影响其他学术青年。许苏民同志青年时期在学术方面即得到过他的热情指点。萧萐父晚年与许苏民合作推出了《明清启蒙学术流变》、《王夫之评传》两部学术专著。在《王夫之评传·跋语》中他曾深情地写道:"我们这一代学人,如此承先以成其富有,启后以见其日新,更不辜负前辈学者的具体嘱托,而使中国思想的慧命之流生生不已。这是另一部没有写出来的人文精神史中的心火之传,最令人欢欣和鼓舞。"为了"使中国思想的慧命生生不已",萧萐父在学术工作中既尊重学者各自的自由创造和独立思考,又善于团结协作。他总是将武汉大学中国哲学史学科点的学术成就,归功于学科点全体同仁的团结拼搏。在他看来,一个学术集体,唯有立足本土,扎下深根,又不断地开拓视野,面向世界,面向未来,才有可能在这个学术文化日新月异的时代自强不息,求得发展。他在新的世纪中的这些思考,同样联系着他的"历史情结"。

"双L情结"使萧萐父在自己的学术生涯中,诗情与哲理并重,追求哲学的诗化与诗的哲学化。在他看来,在情与理的冲突中求和谐,在形象思维与逻辑思维的互斥中求互补,在诗与哲学的差异中求统一,是中国知识分子历史地形成的优秀传统。中国学术文化史上,庄周梦蝶、荀卿颂蚕、屈子问天、贾生哭鹏,即是这种传统的具体表征。因此,他在青年时代即不满意于西方文化将整合的价值世界割裂,把审美对象局限于自然与艺术,主张和谐为美。晚年则将哲学的诗化与诗的哲学化升华到了更高的理论层次。认为诗化哲学的传统"使中国哲学走上一条独特的追求最高价值理想的形而上学思维的道路,既避免把哲学最后引向宗教迷狂,又超越了使哲学最后仅局促于科学实证,而是把哲学所追求的终极目标归结为一种诗化的人生境界,即审美与契真合而为一的境界"。① 萧萐父认为,王船山哲学,依人建极,以史为归,其诗中所谓"唯其超越,是以和易。光芒烛天,芳菲匝地。深潭映碧,春山凝翠",即是以诗语梦境凝聚自己理想追求的范型。这样的诗化哲学使"哲理与诗心互相凑泊,浑融无间,'如水中盐,蜜中花,体愿性存,无痕有味,观相无相,立说无说'"。② 化解了西方文化将哲学与诗分裂对立的矛盾,可为人类文化的发展作出自己独特的贡献。

萧萐父对哲学的诗化与诗的哲学化的这种理解与追求,实际上体现了他自己独特的学术风格与人生境界。他的"双L情结"与"历史情结"相涵互动,两者的意义价值又似有别。他拆解"历史情结",将自己的人生追求与民族文化的复兴联结,凸显的是他学术人生的普遍价值;他追求哲学的诗化与诗的哲学化,以《傅山三百年祭》、《湘西草堂杂吟十首》等诗作展现自己的"双L情结",将民族的文化传统与个人的学术追求联系起来,则体现了他学术生涯中的个性与自我。这种相涵互动,为人们留下了许多感悟,许多思考。

"踏过劫波风骨健,默指天心梅蕊。拼余热,泞耕不止。毕竟知交多处士,竹林下,煅灶犹堪睡。虎溪笑,谁能会?"萧萐父《七九自省》词的结句表达了他伫立世纪桥头,白首丹心,书田耕耘的学术夙愿,也蕴涵着他对后辈学人的期许。时间将证明:

---

① 萧萐父:《吹沙二集》,巴蜀书社 2007 年版,第 508 页。
② 萧萐父:《吹沙二集》,巴蜀书社 2007 年版,第 509 页。

人们会不断理解他的"历史情结"与"双 L 情结",认同他情理并重,会通兼容的学术追求;学生和后辈将深化他关于中国传统文化现代化与西方先进文化中国化的思考,使其心火之炬,绵延不息;历史也会永远铭记他们这一辈知识分子艰难的心路历程,感念他们对于民族学术文化建设的贡献。

附识一:

笔者曾先后写过《吹尽狂沙始到金》、《世纪桥头有所思》、《千淘万漉　吹沙觅金》等有关萧萐父先生学术活动的文字,此文即是在这些文字的基础上,参阅郭齐勇教授《史慧欲承章氏学　诗魂难扫瑶人愁——萧萐父教授学述》写成的。稿成之后,感慨很多。我在珞珈山学习、工作三十多年来,无论怎样的境遇,先生在学业上总给我以关怀指教,恩深情重,无以为报。仅在先生八十寿诞时,以这篇粗浅的文字略记先生的所学所思,以期同仁后学从中获取启迪教益,并为纪念。

附识二:

2008 年 9 月 17 日,萧萐父老师永远地离开了我们。在和萧老师最后道别以后的这段时间里,心情一直在沉痛中。前些日子,吴根友教授告诉我,《哲学评论》计划辟专栏发表有关萧老师的文章,以示对萧老师的怀念,并希望我也准备一篇。我认识萧老师快 40 年了。几十年中,萧老师给予我的帮助很多,一时不知从何写起才足以表达自己对萧老师怀念与感激的心情。我找出自己过去写成的几篇记述萧老师学术生活的文字,想从记忆中寻求启发。翻阅这些往日写成的文字,我突然想到:何必再写呢? 选载一篇已成的记述萧老师学术生涯的文字,让更多的青年学子了解萧老师,了解萧老师的学术人生,应当是对萧老师最好的纪念。有了这样的信念,我开始重新打量自己的这些文字。由于工作的需要,从 20 世纪 80 年代以来,我曾先后写成过多篇记述萧老师学术活动的文章。第一篇是 1987 年《武汉大学学报》第 5 期刊载的《萧萐父教授》,此为一篇小传,署名"戈天",实际上是由我与郭齐勇教授合写的;第二篇是 1989 年 2 月我应《武汉学刊》(第 2 期)之约写成的《吹尽狂沙始到金——记哲学史家萧萐父的学术耕耘》,署名"施田"(此文又载于 1990 年上海学林出版社出版的《时代与思潮》第 3 期);第三篇是 1989 年应《社会科学家》(第 6 期)之约写成的《萧萐父教授》;1995 年,《二十世纪中国哲学》(方克立主编,华夏出版社出版)也曾收入我写的《萧萐父》(传);1999 年 10 月,由简永福和皮明庥主编、武汉出版社出版的《时代的回响——新中国武汉地区社会科学评述》一书中,曾收入我以访谈录形式写成的《世纪桥头有所思》,记述萧老师的学术活动(此文收入萧老师的《吹沙三集》时,更名为《神州慧命应无尽　世纪桥头有所思——萧萐父教授访谈录》)。2004 年,萧老师八十寿辰时,郭齐勇、吴根友教授主编《萧萐父教授八十寿辰纪念文集》,由湖北教育出版社出版,文集中收入的《锦里人文风教永　诗情哲慧两交辉——萧萐父教授学术生涯掠影》，则是我较为全面地记述萧老师学术活动的一篇文章。

我写作有关萧老师学术活动的文字，他很少过问，也不曾与我谈及他的家世与生活道路。我对萧老师的了解，除了通过其著述，多依据他于 1983 年在上海《书林》发表的《我是怎样学习起中国哲学史来的》一文。2004 年的写作与过去有所不同。这次萧老师曾听我详谈文章写作的构想，他希望我把文章写得生动一些，不要太学究气，并亲手将他父母遗存的文稿及有关他家世方面的文字材料交与我，供我写作参考。文稿用布帛包裹，系手抄本，蝇头小楷，纸透墨香。其时，他与卢文筼老师的《缀玉集》及他父母的诗词集《松萱遗墨》尚未印行，我第一次见到两位老先生的遗墨，不由得心生敬意。萧老师还曾交给我一份成都市委组织部编辑的刊物，上载当年成都华阳中学学生的回忆文章，内容涉及萧老师 1949 年前后在成都的革命活动。这些文字，极大地丰富了我对萧老师家世的直接了解，加上萧老师 1995 年写成的《冷门杂忆》，对自己在武汉大学哲学系的学习生活有过较为详细的记述，我对萧老师学生生活的了解也更加全面。于是，我在自己过去工作的基础上，参阅郭齐勇教授 1994 年写成的《史慧欲承章氏学　诗魂难扫瑶人愁——萧萐父教授学述》一文，写成了这篇记述萧老师学术活动的文字。

在这篇文章中，除了萧老师的青少年时期，大体上以十年为一个时间段来记述萧老师的学术生活，其中，"文革"十年则与其后十年合写，较为广泛地涉及了萧老师论理（Logic）与抒情（Lyric）并重的"双 L 情结"与"历史情结"，对萧老师的哲学史方法学、明清启蒙史观、文化理论等均有所评说。稿成之后，萧老师曾多次提出修改意见，他告诫我，学术评说不宜过多，这种工作应留给他人去做；文章中有关他的教学活动的内容，他则表示了浓厚的兴趣，他喜欢自己的学生，愿意记述与他们一起的生活。他对自己较早招收的博士研究生郭齐勇、李维武等人的学术工作，曾有评价，我原计划在文中作一些介绍，后因篇幅原因未能如愿。许苏民教授不是萧老师的研究生，但在学术方面，曾得到萧老师多年的帮助。我在文中记述了萧老师与许苏民教授多年的学术交往与友谊。萧老师曾表示自己喜欢这段文字，在交谈中还多次表露对后辈学人的鼓励与期许。《萧萐父教授八十寿辰纪念文集》出版之后，我曾问他同门师友对我这篇文字的反应，萧老师没有多谈，只说"很亲切"。"很亲切"三字使我感到满足，这是萧老师对我这类文字的唯一肯定。现在回想起来，这篇文章中的许多语言本来即是萧老师的，文章从构思到成型均得益于萧老师的指导。在萧老师离开我们后的今天，我决定把这篇文字再奉献给亲爱的读者，希望人们通过我这篇文章更多地了解萧老师的学术人生，同时也想将这篇旧稿作为一瓣心香，表示我对萧老师的怀念。

（此文原收入《萧萐父教授八十寿辰纪念文集》，湖北教育出版社 2004 年版，后载《思想家》2004 年第 1 期；萧先生逝世后，此文又收入《哲学评论》，武汉大学出版社 2009 年版）

下　篇

"更新而趋时"、"谢故以生新"

由湖南人民出版社 1984 年出版的《王船山学术思想讨论集》(以下简称《讨论集》)选辑了 1982 年王船山学术思想讨论会部分论文,比较全面地展现了船山学研究的阶段性的新成果。它有如下几个特点。

一、反映了对船山哲学认识的新高度

《讨论集》充分肯定船山哲学的唯物主义性质,认为船山把素朴唯物主义和素朴辩证法相结合的哲学形态发展到了当时条件所允许的典型高度。不少论文在方法论的运用及思想史料的择取上都与 20 世纪 60 年代的研究有所不同。过去对"太虚一实"、"天下唯器"等命题的解析,多依据哲学基本问题立论,着重于船山关于"理"、"气"、"道"、"器"关系的剖析。《讨论集》中的《论王船山哲学的基本精神》一文,根据船山"用有以为功效,体有以为性情,体用胥有而相需以实,故盈天下而皆持循之道"等论述,剖析了船山从"用"之有推证"体"之有,先肯定现象为实,进而断定本质不虚。这一论断,批驳了佛道二教及其他的主、客观唯心主义关于世界本体的种种虚构,肯定了"体用胥有"乃船山哲学的基本观点。王船山构建其唯物论体系,从逻辑进程上看,都是从"体用胥有"出发,再展开其气范畴,肯定"太和纲缊"之气是实体,世界本原于"太虚"之气,并进一步引申出"天下唯器"的论断,唯物主义地阐述"理"、"气"关系和"道"、"器"关系。因此,以"体用胥有"为基本观点去理解船山的唯物论,既可以清理出其理论的系统,层次结构,又能理解其体系中具体范畴的起始承接,由此引申出"即事穷理"、"珍生务义"、"相天造命"等光辉命题。文章抓住了船山哲学体系的这些核心观点及其精神,乃能在船山庞大的哲学理论体系中勾玄提要,从而充分揭示中国哲人理论思维路径的特殊性。

对船山辩证思维的研究,《讨论集》也超出了对其发展观的一般性探讨,而深入到对其辩证法思想以及认识论、历史观辩证思维的发掘。《王船山辩证法思想论纲》一文全面地探讨了船山辩证法思想的理论构架。文章认为船山沿着"即物穷理"、"以理御心"、"人德以凝道"、"要变以知常"的认识途径,对自然和人类社会的客观矛盾运动进行了"会其参伍,通其错综"的辩证考察,形成了"极物理人事之变"的辩证的自然史观和人类史观,并通过对这种辩证认识运动本身的考察形成了自己辩证的认识理论。作者通过"纲缊"、"两、一"、"分、合"、"动、静"、"化、变"等范畴的逻辑演进,阐发了船山的自然史观;通过对"人极"、"古、今"、"道、器"、"理、势"、"时、几"、"即民以见天"、"援天以观民"等范畴和命题的辨析,论述了船山的历史辩证法;通过对"知、能"、"己、物"、"心、理"、"知、行"等范畴及实践概念的分析,考察了船山辩证的认识理论。作者认为船山的自然史观,以"纲缊"范畴为其逻辑的起点,其他范畴的演进,是"纲缊"范畴中潜存的理论环节的逻辑的展开;而船山从"依人建极"到"即民见天"的历史辩证法,呈现为一个"首尾相应的理论思维的圆圈",船山展开自己的实践范畴时,使"他的认识论的终点回复到起点——作为认识主体的人"。作者通过对船山辩证思维进行多层次、多侧面的全面考察,使人们对船山辩证法思想体系得到脉络分明的了解。从这一庞大体系中诸范畴的逻辑推演,充分显示出理论思维的螺旋前进和辩证思维的理论深度。文章如此分析船山的辩证思维,无论在理论上,还是在史料方面,比起20世纪60年代对船山辩证思维的发掘和总结,都大大地深化了。

二、体现了船山学研究的新成果

首先,在思想资料方面有可喜的新发现。《研究王船山生平思想资料的一个重要新发现》介绍了《姜斋公行述》手抄本,较之传世的《姜斋公行述》,提供了有关船山生平思想的不少新资料,为研究船山对待农民起义军和清政府的态度,以及船山的人生态度、民族思想都提供了可靠的原始根据。

其次,对船山易学专著的研究也有新的进展。船山一生写了六部易学著作——《周易外传》、《周易内传》、《周易内传发例》、《周易大象解》、《周易稗疏》、《周易考异》。过去除《周易外传》外,对其他易学著作,研究甚少。《讨论集》中的《〈周易内传〉中的若干辩证法思想》一文全面揭示了船山易学思想的理论贡献。文章认为,船山论述的古人作《易》的基本原则,实际上是他多年琢磨的《周易》哲学的理论结构。这种结构可以概括为:"以乾坤并建为统宗,以纲缊生化为核心,以刚柔交错为形式,以卦辞爻辞为义蕴。"船山认为君子学《易》,能够极研深几,蹈常处变;君臣用《易》,则可以依时顺势,济世安邦。实际上这是把易理看做政治代数学,要求人们通过学《易》,掌握朴素唯物论和朴素辩证法,锻炼理论思维能力,克服思想上的主观性、片面性和保守性。船山讲占《易》,则是主张以"鬼谋"助"人谋",目的在于辅助人们通过曲折复杂的思维过程,实现多谋善断。作者这一研究成果,对于我们深刻地把握船山哲学思想是有益的。

再次,《讨论集》展现了研究船山学研究的广度。关于船山的人性论、教育思想、文学理论等领域,都有研究的新成果。

《试论王船山的人性论》展示了船山学研究的新侧面。船山基于其唯物主义气一元论,肯定"性者生理也",把人的生理,心理机能,欲求和道德意识都看做人的本性。他承认人的自然属性,也接触了人的社会属性,并用"理欲合一"观点把这两个方面统一起来。同时,他把人性视为一个"日生日成"、"生生不息"的发展过程。这一过程不单是"气化流行"的自然过程,还是人们"自强不息"以"养性"的过程,初步看到了在人性发展过程中,客观的自然发展进程是与人的主观自觉活动统一的,从而强调"习与性成",重视人的活动和人的自觉的能动性在人性形成和发展过程中的重要作用,肯定人们的物质生活欲求的合理性。这对于主张"存天理、灭人欲"的封建禁欲主义,从理论上进行了清算,对中国历史上人性论的发展作出了理论总结,构成了中国近代资产阶级人性论形成和发展中的一个中间环节,曲折地反映了中华民族在长期封建禁锢中开始觉醒的历史动向。作者阐发的船山人性论,对于我们今天科学地认识人性、人的本质、人的价值等问题,仍然具有某些理论的启示意义。

《王船山教育思想述评》反映了船山教育思想研究的新观点。文章指出,船山把政治、教育看做治国的两个重要环节。认为明亡的重要原因,在于教化日衰,学校未能"造士成才",培养的生员"无益于世",他们在国家民族危亡之时,无力担负"扶危济困"的历史重任。在船山看来,政与教的关系是:论先后,"政立而后教可施",教育要依存于一定社会的政治制度;讲本末,"教本也",要巩固一定的社会制度,使国家强盛,必须振兴教育。船山把教育看做强国的纲领之一,充分肯定教育在国计民生中的重要地位。在具体的教育过程中,船山认为善教者,不仅要具备"诲不倦"的美德,而且要有"学而不厌"的精神,具有渊博的学识,并善于"因人而施之教",引导学者进入"致知"、"进善"之路;善学者要以学为"觉",而不以学为"效",充分发挥其自觉的能动性,做到"学愈博而思愈远,思之困则学必勤",处理好学与思的关系,变教者的知识为自己的知识。船山还主张教者不教"无补之学",学者不读"无用之书",使教与学都"有为于世"。作者述论的船山教育理论,处处给人以现实感。

《论船山的〈楚辞〉学及其辞赋——兼论船山文学思想的一个特质》一文,联系船山的哲学思想和道德伦理观念,探索船山文学思想的特色,反映了船山文学思想研究方面的新进展。作者认为船山的《楚辞通释》,着眼于思想动机的性情之辨,选篇时肯定屈原作品中的怨愤之情"一出于'忠爱之性',而非仅仅出于一己不遇之私情";注释中,明辨忠愤与私怨的是非高下。作者指出:船山把"忠爱之性"当做人的思想行为的最高出发点,是衡量人们思想行为,道德情操的准绳,这正是船山文学思想的本质特征。作者概括的船山文学理论的特质,不仅使人看到了船山的才识,也使人具体地了解到这位思想巨人的情操。

《讨论集》还收集了研究船山论道器、鬼神、义利、迎随、习性等范畴的专论以及有关船山史学理论、民族观念等方面的研究成果。这些不同层次、不同侧面、不同角度的研究成果表明,学术界探讨船山思想正在不断扩展领域。

三、展现了船山学研究的新趋势

《讨论集》以很大的容量,提供了船山学研究的各种信息,人们从中可以了解研究已经达到的深度,也可以了解今后尚需致力的领域,以及存在的各种有争论的问题,使人们开阔视野,展望今后船山研究的发展。

《讨论集》昭示人们,今后的船山学研究,首应确立科学的价值观念,使研究工作服务于建设社会主义精神文明这一总目标。在研究中,更好地处理批判与继承的关系,继续发掘船山思想中蕴涵的科学价值,以便达到古为今用的目的。

《讨论集》预示的船山学研究的新趋势及其研究中的基本议题,要求人们改变传统的思维方式,克服过去"封闭型"、"守旧型"、"僵化型"思维方式给研究工作带来的不良影响,努力引进现代科学的思维方法,在研究中把纵向思维和横向思维结合起来,以突出整体性特点,全面把握船山思想的实质为目的,而又兼顾船山思想具体的丰富内容,开拓船山学研究的新的深度和广度。

（原载《船山学报》1986 年第 2 期）

"中国走向近代的文化历程"学术讨论会综述

这是第三次文化与比较文化学术研讨会,于 1987 年 9 月 15—18 日在武汉召开。67 人与会,有来自全国各地的文、史、哲专家学者,也有来自新加坡的国际友人。会议收到论文 40 篇,文化研究专著 10 种。

会议围绕"中国走向近代的文化历程"这一中心议题展开讨论。在文化与比较文化的宏观把握和微观剖析上,较之过去有所深化和发展。

一、关于中国走向近代的文化历程

中国走向近代的文化历程中历史的起点在哪里? 有与会者认为是在改革和开放的年代。人们要在改革中认清阻力和开发动力,都会追寻到民族的传统文化,因为只有从自己传统文化的历史发展中去发现动力,提高民族的自信心和自尊心,才能具有消化外来文化的主体机制。因此传统文化与现代化有着自然而然的联系。

持这种观点者认为,在中国文化发展的历史长河中,17 世纪以来的西学东渐,在中国近现代的文化代谢中起过杠杆作用,但是中国的现代化及其文化复兴,从根本上说乃是中国历史长期发展的必然结果。中国的现代化绝不是、也绝不可能是什么全方位的全盘西化,而只能是对于多元的传统文化和外来文化做一番符合时代要求的文化选择、文化组合和文化重构。因此我们考察中国文化走向近代的历史起点,就要正确认识自己民族传统文化的发展中必要而且可能现代化的历史根据或内在胚芽,确立传统文化与现代之间的接合点。

有与会者根据从明代万历年间以来直到五四时期中西文化问题之数百年论争,将中国文化近代化历程起点划在明末清初。他们说,西学初来,人们一面主张"西法不妨于兼收,诸家务取乎参会";另一面在中国典籍中寻找西学之源。这种"西学中源"说对西学采取了包容态度;当以为"西学皆中土所已有,盖无新奇"时,则反映了抗拒新潮,贬斥西学的心态,透露了近代中国人在文化意识中某种民族情感和理性的畸形矛盾。这种追溯中源,推衍古法的思想范式和价值取向曾阻碍或延缓过中国文化走向近代的历史行程。一种"旧学为体,新学为用"的"中体西用"论曾流行于近世,贯穿于政学,普及于朝野,实际上成为从洋务自强到变法维新的改革运动的指导原则,然而未能使自强、维新获得成功。但是"西学中源"说和"中体西用"论长期流行,则反映了历史现象背后的某种真情,即人们实际上以这种方式思考着近代西学能否和怎样与中国传统文化相融合,探索与西学同质的思想文化在民族传统中的根芽和源头,力图在传统文化中找到西学的生根之处。通过对西学精华的吸收消化而实现中国文化的自我更新,即依靠自身固有的活力,吐故纳新,继往开来,向现代化飞跃这样一个重大的历史课题。根据这种认识,中国文化近代化的历史起点可划定在明末清初,以明清之际的启蒙思潮作为中国文化走向近代的源头。

有人还通过对明代自然科学的考察,肯定明代后期的自然科学思想中已经具有某些近代文化的因素。这些近代因素首先表现在数学方面。朱载堉在对乐律学的研究过程中,成功地运用数学,创造性地建立了十二平均律的数理理论。他虽然沿袭了中国传统文化中的理、象数等概念,但他摒弃了传统象数学中的神秘主义成分,由观察事物之象,进而研究事物之数,以达到认识"天地造化"的客观规律"理"。"理由数显,数自理出"这一科学思想的哲学概括,使他迈向了"自然哲学的数学原理"的边缘。朱载堉对科学知识"数学化"的认识和他以数学来总结自然科学实践,验证科学,说明客观规律的努力,证明他在方法论上已经接近于近代自然科学对数学作用的认识。这些近代因素的另一表现是科学观察和实验手段。这一时期的自然科学家视科学为"质测之学"。如朱载堉提出"立表测景"为"治历之本",强调测天象既是制定历法的基础和本源,又认定"以天为验证",是检验历法优劣的根本尺度。凭借他优异的数学能力,在实测基础上建立了确立回归年长度古今变化的新公式,精确地计算回归年长度值,比前人更为准确地测定了北京的地理纬度。这种为了发现规律论证规律而对实验手段的运用,正是明代后期科学不同于传统科学的地方。不仅朱载堉是如此,徐光启的《农政全书》也附有自己经过实验得出的见解和结论;宋应星的《天工开物》中指出要"穷尽试验";徐弘祖的实地考察和探险精神,也已经超越了传统儒生修身养性、闭门读经的学风而迈向了近代的科学考察。总之,明代后期的自然科学赋予数以科学的解释和运用,在科学实践中重视科学观察和运用实验手段,以及自然科学各学科的交叉和综合,百科型文化巨子的出现,等等,组成了明代后期自然科学的璀璨景象,表现出与传统科学的不同特质,昭示着科学界的新变化。可以说明代后期的自然科学依据自己民族科学文化的独特传统,为迎接近代科学的到来准备了思想条件。

有与会者还从明嘉靖、万历年间的经济发展谈到了资本主义经济的萌芽,认为中国的资本主义经济萌芽对世界资本主义市场的形成也有一定作用。有与会者从东学西渐的角度,指出明代的才子佳人小说对欧洲启蒙思想具有一定的影响,他们以这些论证支持中国文化走向近代的历史起点为明末清初的看法。

也有人认为,中国近代文化的主要标志是科学与民主,而科学与民主在中国首先是由孙中山先生明确提出来的,我们应当根据这种历史事实来判定中国文化走向近代的历史起点。还有人认为,在传统文化中,儒家民本主义思想中就已经孕育着近代文化思想的基因,因此我们没有必要过分拘泥于中国近代文化究竟起源于何时。

二、关于中西文化比较

有与会者认为,明清以来中西文化比较研究中最大的缺陷是没有上升到"人性本位"来看待中西文化异同,使中西文化比较中的大部分论点和争议都没有摆脱历史知识的辨析和语义的纠缠。要正确认识中西文化,必须从一般人学的哲学高度,在对自己国民性的自我意识中摆脱单纯现象罗列的阶段,深入到对两种不同人性形态的思考。

持这种观点者对中西文化源头的结构进行了具体比较,认为如果把人类一切历史运动归结为人与物的关系和人与人的关系的话,那么西方进入阶级社会时,是通过人与物的关系来实现人与人的关系,而中国则是通过人与人的关系来实现人与物的关系。前者是商品经济的特点,它在古希腊罗马奴隶制社会中发展起来,为近代资本主义的繁荣埋下种子;后者是自然经济的特点,它继承农业民族在原始公社末期的社会结构模式,在奴隶社会中几经商品经济的冲击,到封建社会终于形成了一套限制商品经济而维持自身稳定的机制。透过这种模式可以说中国文化的根基是群体意识,西方文化的根基是由古希腊打破原始群体意识而建立起来的个体意识。

他们继而对群体意识和个体意识做了分析。

中国文化中群体意识的来源是原始时代作为共同的社会生产前提的血缘关系。中华民族进入阶级社会后,正是在这种血缘关系基础上形成宗法政治,而宗法关系一旦成为政治关系,政治关系也成了血缘关系。"父死子继"的继承原则构成了封建王朝保持政权连续性的历时性主干,"立长立嫡"的继承原则构成了封建王权保持其血统纯粹性的共时性模式,从而形成了封建统治阶级纵横交错的血缘关系网络。这种血缘关系渗透于我们民族的生存细胞之中,给它提供着不断再生的基因。中华民族的群体意识在伦理思想中具体表现为德与礼。德与礼的观念在儒家学说中得到了深化和系统化,从而使群体意识不是简单地排斥个体意识,而是具有了驾驭统摄个体意识的力量和深度,使群体意识在人们心中以个体意识的形式得到了发扬光大。因此中国的个体意识从来都不是真正作为个体意识出现的,而是一开始就消融于群体意识之中,是利用原始自发的血缘认同感而自觉地使自己的一言一行符合礼法规范,使自己的品格修养在"忠"、"孝"、"恕"的内省中得到完成。中国文化中的忧患意识和乐感意识本质上也都是建立在群体意识之上的。

西方情况则完全相反。古希腊个体私有制的产生,群体意识在野蛮时代末期的崩溃和个体意识的确立,为其后来的跨民族、超血缘的民主共和国的建立铺平了道路。在古希腊不是以人与人的血缘关系以及由此而来的伦理感情维系社会结构的稳定,而是在承认人对物的私人所有权的基础上,利用契约关系来处理人与人之间的物的关系。德谟克里特的"原子论"从自然哲学的角度肯定了个体原则,普罗塔哥拉提出"人是万物的尺度",苏格拉底主张"认识你自己",标志着古希腊人的个体意识在理论上的成熟,而契约关系正是个体意识在人与人的关系上的体现。这种人与人的关系本质上是排他的、自私的、无情的。它通过人与物的关系得到实现。人与物的关系最直接的则是从实践中产生的认识关系,这又使希腊很早就萌生了理性精神和科学精神。希腊人的个体意识虽然曾经向自身的异化物群体意识转移,产生了西方的上帝观念,但基督教的群体意识在理论来源上仍然有着个体意识的背景,上帝实际上是最高个体或善的意志的象征。总之,个体意识作为西方文化的根基,对西方文化的发展产生过极为深远的影响。

持这种观点者认为,只有从中西文化源头的结构、根基上探讨和比较中西文化,才有可能科学地理解和把握中西文化的不同特质。

讨论中还有人提出比较文化应当把传统文化与文化传统区别开来。持这种观点者认为,传统文化是外在于主体的、历史地凝固了的种种文化成果,是一些死的"物",而文化传统则是内在于主体之中、支配着民族认识行为的习惯势力。文化传统由传统文化的传递与积累而成,是历史地选择了的变了形易了位的传统文化。东方国家有自己的传统文化,也有自己的文化传统,西方国家也是如此。现代化实际上是各民族的创造性转化。西方国家是在自己文化传统实现着现代化,这种现代化是西方文化传统自身的现代化。中国自五四以来讨论中西文化问题中出现的"全盘西化派"、"保存国粹派"和"折中调和派"都将传统看做外在于人的,能任意去取的传统文化,从而使其与现代处于对立之中。实际上,一切民族与国家的现代化都以传统为前提,一切现代化都不过是某种文化传统在现实条件下的存在,是创新和发展了的传统。而文化传统则只有以现代化为目标,向现代化转化,才能作为活的传统而存在,一切传统都是潜在的现代化。人们无力超越传统,只能通过传统认识世界和改造世界,并在这种活动中推动传统的变化。因此我们比较中西文化,所应当追求和探寻的是适合自己文化传统的现代化形式,而不是其他。

也有人强调比较中西文化就要善于发现先驱者的足迹,找到传统文化与现代化的历史结合点。

三、关于文化学的理论和方法

有与会者认为,文化问题的探讨和论争正成为 20 世纪 80 年代中国的显学和热门,对文化问题的综合研究已在 20 世纪成为世界各国社会科学和人文科学研究的前沿。为了改变我国文化问题讨论中概念模糊、议论浮泛的状况,改变我们在国际上对文化理论和方法研究的落后状况,建立文化学已势在必行。

持这种观点者把文化的本质定义为"人化",将文化学定义研究"人化"的科学。认为文化学所研究的是人类为实现自身的本质,满足自身的需要而创造出来的生活方式过程和物质与精神的成果。它通过对文化特殊的研究认识其背后的共相,通过对文化部分的把握达到对文化总体的把握。文化学可以分为理论文化学、历史文化学、比较文化学、文化管理学、应用文化学等层次。文化学是一个有机整体,必须采取动态与静态结合,宏观与微观结合,个案研究与比较研究结合,实地考察与定量分析结合,历史分析与逻辑分析结合的多元的研究方法,才能建构融古今中西于一炉、立足现实、展望未来的文化学理论。

也有人把文化学定义为,在各专门学科的基础上,综合研究文化内部各子系统之间的相互关系,以期从整体上把握整个文化的性质、特征、形式、结构、功能、类型和变迁,掌握文化发展一般规律的科学。文化学把文化和文明、文化的性质与特征、文化的结构与功能、文化的类型与变迁作为自己最基本的理论概念,把方法论、基本方法和研究程序与技术作为自己方法论系统的三个层次。

还有人主张文化学应把以实践概念为基石的人的主体思想作为其研究的核心。

有与会者则认为,一种无所不包的文化学并不能真正阐释人类的文化现象。文化问题只有通过对文化的历史的研究,才能揭示文化内在的特质。

有人认为,对文化问题的研究,不可拘泥于哲学的方法,也不能仅限于历史的范围,而应当采取"中观"的方法,把哲学的研究与历史的研究结合起来,才能形成科学的文化学方法论体系,促进我们对文化现象的研究和理解。

还有与会者指出,对文化的研究,与今天我们进行的两个文明的建设息息相关。我们必须用现代意识省视自己的文化,保持冷静的分析头脑,坚持改革开放的心态,才能科学地建构关于文化的理论系统和方法系统,指导我们确立文化建设的方向和道路。

(原载《哲学动态》1988 年第 1 期)

朱熹理欲观评析述要

朱熹的理欲观是在两宋时期关于天理与人欲关系的激烈争论中形成的,后人对其内容褒贬不一。1989 年 5 月,武汉大学哲学系师生组织了一次关于朱熹理欲观的讨论。

讨论中,一部分同志仍对朱熹的理欲观作出了否定的评价,认为,朱熹作为理学的集大成者,把主观中虚构的"理"异化成了宇宙的根本法则,通过这样的"理"来规范约束人心,使"理"具备了宇宙法则和伦理法则的双重属性,实际上是把"天道"同"人道"并提,把"人道"归于"天道",在"天人合一"这种传统的思想范式中,完成了"存天理,灭人欲"的伦理建构。这种伦理建构的目的不是为了发展活生生的感性个体,而是为了巩固"三纲五常"的封建秩序,在人与封建伦常中,封建伦常是至上的,人只不过是维系封建伦理纲常的手段和工具。这样,人的主体性被伦理异化了,人的主体失落了。不是对人的个体自由的弘扬和激发,而是对个体自由的压抑和禁锢,这即是朱熹的理欲观的时代特征和理论趋向。

对朱熹理欲观持否定态度的同志中,还有人认为,朱熹革尽人欲,复尽天理的主张中,根本失误在于他对人欲进行了违反人性的歪曲和否定。实际上,人作为自然的产物,具有一定的物质欲望是正常的,正是这样的欲望才是人生存的驱动力;而这种物质欲望和要求本身即是人性的表现。朱熹主张存理灭欲,是要把广大劳动人民变成没有任何生存要求的存在物,变成听任统治阶级奴役的工具。这种关于理欲关系的理论确实起到了"以理杀人"的作用。

对朱熹的理欲观持否定态度的同志,认为朱熹的理欲观不仅压抑了个性的发展,起到了奴役劳动人民的作用,而且阻碍了整个中华民族的发展和中国社会的发展。朱熹以理欲观压欲扬理,其实质是凡有利于统治阶级的主张即是理,而有损于统治者的利益的主张就是欲。这使得中国历史上长期由政治来选择思想,思想理论的作用则有待于政治,这就阻碍了民主自由思想在中华大地的传播;同时这种主张助长了中华民族轻商薄利的传统,扼杀了资本主义在中国的萌芽,阻碍了中国社会的前进和发展。基于以上认识,持这种观点的同志认为,当我们这个饱受封建伦理压抑的民族,终于踏入现代文明的大门的时候,只有与朱熹的伦理观念为代表的传统道德决裂,才有可能建构新的中华文化,使我们古老的中华民族重返青春。

讨论中，另一部分同志从肯定的角度对朱熹的理欲观进行了评析。认为，朱熹主张"存理"，目的是要使人们的行为符合社会的道德规范，讲"革欲"，是要纠正人们背离社会行为规范的欲求和行为。因此，朱熹的理观中并不是没有合理的认识成分。这表现在朱熹把伦理范畴升华为本体，以伦理主宰物欲的人生价值观，这对中华民族注重气节、品德、追求以理统情，自我节制的文化传统的形成，具有不可否定的作用。同时，从历史上看，魏晋士族纵欲放荡，唐末五代社会动乱，道德沦丧，朱熹的理欲观反映了宋代知识分子重振社会的道德纲常的要求，这同历史的发展和进步的要求也有一致的地方。

对朱熹理欲观持肯定态度的同志中还有人认为，过去人们否定朱熹的理欲观，根源在于对朱熹讲的理与欲的内容分析不够。朱熹讲的理，是宇宙本体，也是伦理法则；朱熹讲的欲，则主要是指超越人们基本生活条件之外的物质要求。在朱熹看来，人要穿衣吃饭，但穿衣吃饭并非人欲，而是人生所必需，这倒体现了天理，只有那些不顾现实条件的生活要求，才是人欲，朱熹在这种认识基础上宣扬"革欲""复理"，不仅在当时具有进步作用，即使对我们今天的现实生活也有启发。这表现在，这种理欲观告诉我们，人的发展是人生的目标，人的发展即是人性的完善，这种完善的内容应当包括自然性和社会性两个层面。在社会生活中，人们若仅仅注意人性中自然属性的发展，而不注重社会属性的发展，人的自然属性的完善即是不可能的。因此，人们对物质生活的追求，不但要建立在现实的社会经济发展的水平上，更要建立在理性的指导和支配上。

持这种观点的同志，把朱熹"革欲""复理"的主张理解为"节欲"。认为这种主张提倡主体精神和道德意识的作用，表现出一种理性主义的特征。同时，朱熹在其理欲观中，以理为最真和至善，主张扬理抑欲，含有追求真善的意识，尽管这种真善意识的内容有其历史的局限性。但是他告诉我们，人要争取自身的发展，必须借助理性立法，这是合理的。在今天的现实生活中，之所以还存在种种不尽如人意的腐败现象，究其原因，即与人们片面地追求自身的物质要求，没有使社会主义精神文明的建设与社会主义经济的发展同步不无关系。因此，在我们今天的生活中，仍然面临着正确处理理欲关系的课题。理是社会主义的道德和精神文明，欲是现代化的物质生活，只有当人们能够按照社会主义的精神文明指导自己安排现代化的物质生活的时候，才有希望真正造就我们民族的一代新人。

讨论中，也有一部分同志力图通过对朱熹理欲观的具体剖析，既揭示其阶级属性，又发掘其积极因素，这部分同志中有人认为，朱熹的理学核心是把封建道德提高为宇宙本体，再将本体还原为现实，从而为巩固封建秩序提供一种理论根据。在历史上，朱熹的理欲观不知毒害过多少人的灵魂，尤其是对贫苦人民的毒害更为残酷，从这个层面上看，朱熹理欲观的消极作用是客观存在，不能否定的。但是，朱熹的理欲观，在中国历史上的数百年间，曾经作为统一人们行为的思想范式，对于维护社会秩序曾有过历史的作用。所以朱熹理欲观的历史投影应是双重的,对朱熹的理欲观简单地肯定或否定都背离了历史的实际。同时,从朱熹对理欲关系的辨析中我们也可以看到,禁欲扬理有失片面,而纵欲抑理同样是片面的,都不符合人自身发展的实际需要。只有使理和欲协同发展,才能促进社会的进步和人身的发展。尽管理与欲在不同的历史条件下,有着各自不同的具体内容,但这个原则是任何历史条件下都必须遵循的。在今天的现实生活中,也必须依据现实的经济条件来设计自己的生活蓝图,把人的发展和自我价值的实现,建立在物质文明和精神文明双重发展的基点上,这应当成为我们反思朱熹理欲观的共识。

这部分同志中还有人认为,理论的逻辑行程总是以现实社会的变化为最终依据,而现实社会的变化又往往遵循着隐含其中的某种规律而成为历史文化积淀的折光。朱熹的理欲观,作为一种统治阶级的思想武器,其价值是通过少数人的自由和多数人的被奴役和束缚为代价来实现的,他对人的全面压制和扼禁,泯灭了人性,扭曲了人格。不仅影响了个人的发展,也给中华民族的发展造成了创伤。因此,一想到朱熹的理欲观对生活在中华大地上人们的心理态势、思维方式、行为特质等人文现象的影响和作用,心情即分外的沉重。

但是,历史的发展中常常呈现二律背反的现象。一种文化,一方面在一定历史范围内表现出消极作用,另一方面又会在其破坏作用的背后闪现出一些理性的价值光芒。而且后者往往维系着民族发展的脉搏和民族的特质与性格。从这个角度来看,朱熹主张的以理节欲,重视人的道德品格的完善,也是有其历史作用的。因为朱熹的理论把人的道德自律、意志结构、社会责任感、历史使命感以及人比自然的优势提高到了本体的高度,在一定程度上倡导了理性,确立了人的尊严。从这个层面上看,又不能不承认,朱熹的理欲观对中国后世文化发展的影响不全是负面的,而有其积极的一面。

(原载《武汉大学学报》1989 年第 5 期)

"冯友兰哲学思想国际学术研讨会"纪实

1990年12月4日,是当代中国著名哲学家、哲学史家冯友兰先生95岁华诞。早在半年前,北京大学汤一介教授主持的中国文化书院即与海内外学界同仁联络,筹开"冯友兰哲学思想国际研讨会",并拟会议于12月4日开幕,以便"研讨会"同冯先生的生日庆典联结在一起。文化书院的先生们这种心愿和工作,得到了海内外学人的认可和支持,一些著名的哲学史、文化史专家均表示愿到北京,参加这次在当代中国哲学史上颇有意义的盛会。

大陆学者中,也有人曾担心冯先生的健康,因为暑假中,在一次周易学术讨论会上,北大的先生就讲到过冯先生自《中国哲学史新编》完稿之后,即健康状况不佳。不过人们都期盼冯先生能再胜病魔,平安地度过95岁生日;依据冯先生这些年的工作情况,人们也还不太相信他大限将到,因为人们听说,冯先生在《中国哲学史新编》结稿之后,还拟作《余生札记》。但是,冯先生没有等到12月4日这一天,而在11月26日即告别了他毕生热恋和追求的哲学事业,结束了自己的人生旅途。

当冯先生辞世的消息传遍祖国大地的时候,原定参加"研讨会"的代表们真是莫大的震惊!人们不仅为学术界失去一位前辈而伤感,对是否赴京与会也感到茫然。文化书院的先生们考虑到事起仓促,急信告各地代表,通知会议如期举行。事实上,信并未全送到代表们手中,因为人们于震惊之后,不约而同地意识到,由于冯先生去世,"研讨会"更应如期举行,不待书院信告,即纷纷起程赴京了。

与会代表中,除日本、韩国、美国、苏联、新加坡等国家的学者外,国内哲学史界的一些著名专家,如上海的冯契、浙江的沈善洪、武汉的萧萐父、天津的方克立、北京的张岱年和石峻等均是如期与会,六七十名代表聚会北京万年青宾馆,真可谓群英荟萃,济济一堂。冯友兰先生,一生不甘寂寞,不甘落伍,刚辞世,即有这么多后辈学人研讨他的著作、思想、人生,倘冯先生九泉有知,也当自感欣慰了。只不过一个原定的颇具喜庆色彩的"研讨会",竟在数天之内一变而成一个伤感气氛很浓的学术会议,这在学术界实属罕见。武汉大学萧萐父教授,原为参加研讨会,贺冯先生寿辰赋诗一首:"御风反顾论天人,南渡北归道益尊,贞下起元昭学脉,经虚涉旷见精神。旧邦新命传真火,蚕赋云歌盼好春,岳崝渊渟仁者寿,三松堂外颂声频。"意在祝愿冯先生在新的生命历程中,氤氲生化出更多的逸想妙谛,为中国哲学的发展,播下更好更新的慧种,殊不料冯先生溘然长逝;到京后,只好再作一副挽联:"稷下最老师,蚕赋云歌,体贴出'旧邦新命'四字,呕尽心肝传真火;松堂富奇想,春兰秋菊,留世有'贞元之际'六书,独标境界唤真人。"诗、联意趣,真有天壤之别。这当然不独萧先生如此,实际上由于会议气氛反差太大,使得每一位与会者都是别有一番滋味在心头。

"研讨会"12月4日开始,6日结束。开幕式是在北京图书馆一个报告厅举行的,会场气氛肃穆。出席开幕式者除会议代表之外,尚有北京大学及北京学术界的其他人士,其中有全国人大常委会副委员长周谷成,孔子基金会副会长、前外交部副部长宫达非,北京大学副校长王义遒,以及冯先生家乡唐河县副县长。张岱年先生在大会上致辞,他把冯先生接受马克思主义看做是现代中国哲学史上的一件大事,赞誉冯先生一生不懈地追求真理,用自己的生命从事学术著述。周谷成、宫达非以及北京大学陈岱荪教授的发言,都回忆了同冯先生的交往,对冯先生逝世表示哀悼。唐河县代表的发言中言及冯先生生前,曾以其母的名义在家乡捐资兴建教学楼,造福桑梓,感谢冯先生对家乡教育事业的关怀和支持。

大会发言中,以北京大学哲学系系主任朱德生伤感情绪最重。当他讲到北大哲学系教师大都是冯先生不同时期的学生,冯先生用自己的工作支持了北大哲学系的建设和发展;冯先生高年辞世,虽系正常,但全系师生仍然十分悲痛时,曾数次哽咽语塞。由于冯先生刚刚去世,开幕式上人们的发言都表示了对冯先生的怀念,于是对冯先生的追思与怀念,遂成为其后会议议题中的一项重要内容。

引发人们追思冯先生生前工作和生活的另一个重要因素,是"研讨会"代表4日下午参加了向冯先生遗体告别仪式。那天参加遗体告别的队伍很大,估计有好几百人。在北京医院一间简陋的房间里,冯先生仰卧鲜花丛中,遗态安详;灵堂前高悬一副对联:"为天地立心,为生民立命,求仁得仁,安度九十五岁;誉之不加劝,非之不加沮,知我罪我,全凭四百万言。"联中"知我罪我",四字使人感慨系之,更促使人们拨动思绪,引发起人们的追思和联想。

对冯友兰先生的学术活动,人们历来即有着不同的理解和评价,海内外学人之间歧异尤多。而在历史上,冯先生的著作和思想有过被肯定受表扬的时候,也有过被否定受批评的时候。但这次人们的追思回忆完全是正面的,人们忆及了许多令人感动的事例,加深了人们对冯先生为人为学的了解和理解。

冯契先生深情地回忆了自己1935年考入清华大学哲学系后,冯友兰先生对他的关怀和教诲。他说他一进校,冯先生即告诉他,清华哲学系有个特点,特别重视逻辑学和逻辑方法,并安排他第一年即去选金岳霖先生的逻辑课,后来又选了冯先生的中国哲学史课,逐步认识到清华哲学系是个实在论学派,这一学派与西方的分析哲学有血缘关系,又与中国的理性主义传统相结合,而形成了自己的特色。清华实在论学派在中国影响过几代青年学生,自己就是在其直接影响下步入哲学领域的。自己多年亲聆冯先生教诲,对冯先生逝世,尤感悲痛。石峻先生忆及了冯先生的治学经验。他说冯先生亲口对他说过:我没有什么治学经验,要说经验,就是始终不放弃自己的专业,不放弃对哲学的追求,对哲学史的研究;我做学生时,我的成绩不算班上最好的,成绩最好的是孙本文,但是他后来改行了,我却没有改。做什么事情,只要持之以恒,必有所成,做学问也是一样。石先生说,冯先生说没有经验,那是谦虚,他的经验是最重要的学问之道,老少咸宜,值得我们记取。

协助冯先生撰写《中国哲学史新编》的青年学者张跃回忆了冯先生晚年的工作情况,颇让人感动。他说冯先生晚年工作之勤奋,毅力之坚强,是人们难以想象的。为了完成七卷本《中国哲学史新编》,冯先生年高九十后,仍然每天坚持从九点钟开始工作。由于年事高,行动不便,处理生活费时,后来冯先生坚持上午不喝水,以免上厕所。即使在病榻上,冯先生所牵挂的主要也是自己的著作。

张跃对冯先生的学识也极为佩服。他说冯先生失明之后,全凭记忆指导助手们协助自己编书。他所需引用的资料,都由他告诉助手,去什么地方取哪一本书,翻看其中哪一部分,再由助手念给他听,由他决定裁舍取用,他所指示索要的书籍,与其要引用的资料基本上没有出入。《新编》成稿后,冯先生常先请助手们看,修改,然后再送给北大的朱伯崑等先生看,再定稿。张跃说,冯先生授意弄成的稿子,很难再改,有时也觉得个别地方可作一些改动,但一旦动手改后,又会觉得改了不如不改。所以他们只好把觉得应改的地方告诉冯先生,请冯先生考虑修改。这种意见提后,时间一久也淡忘了。但事隔数月之后,冯先生仍然会告诉他们自己所考虑的修改意见,其记忆,思维的清晰、敏捷常让人叹为观止。许多青年学者深有感触地说:比起冯先生这一辈学者的学养来,自己的差别太大,只有更勤奋地学习积累,才有可能担负起历史赋予年轻一代的学术工作任务。

20世纪30年代,冯友兰先生比较中西哲学,认定中国古代思想家有一种不尚著述的传统;古人所谓三不朽,首为"立德",次为"立功",再次为"立言"。"立言"是因"不能实举帝王之业,以推行其圣人之道",不得已而后为之者。这种传统使得中国哲学缺少精心结撰的鸿篇巨帙。大概是基于这种认识吧,冯先生一生,笔耕不止,著述不辍,留下了近五百万言的学术论著。这些著作被学术界公认为能够会通中西,融贯新旧,形成了体用兼备,自成条贯的哲学体系。冯先生自己也说其著作有"二史释古今,六书纪贞元",自成系统。但是,由于人们对于冯先生哲学思想的理解评估存在歧异,"研讨会"上一涉及冯先生的学术思想,人们的议题即多关涉冯先生学术思想的生命;换言之,人们议论较多的是怎么样看待冯先生的学术活动,怎么样估价冯先生的学术贡献。

许多学者都认为,冯先生一生著作等身,思想体系博大,人们对冯先生的著作、思想各具会心,理解歧异是正常的;但是人们对冯先生的学术活动和思想理论的研讨,在出发点上应当趋同,这就是对冯先生一生的学术成就有两个基本点必须承认和肯定。一是肯定冯先生对中国现代哲学主要理论课题的领悟和自觉。冯先生的新理学,在形上学方面的追求,是要辨析事物的共殊关系。这种追求,反映了近代中华民族在解决中西文化矛盾的实践中,对于哲学的呼唤和要求。尽管由于冯先生不是从本体论和认识论统一的角度辨析共殊关系,未能科学地回答时代要求的理论课题,但他的追求本身却标志着中国哲学走向现代的一个历史侧面;他对于中国哲学具备现代哲学的科学性格和理性精神所作出的历史贡献,是不应否定的。二是应肯定冯先生对于变革传统思维方式的自觉。冯先生认为20世纪初叶的中国哲学,之所以还停留在古典形态,重要原因之一,是思维方法还没有脱离传统的窠臼。因此他把理性主义看做西方哲学的正宗,把直觉理解为对理性的超越,提倡逻辑分析,主张思维形式符合逻辑规则,并以现代逻辑分析的方法建构自己的哲学体系,这对于促进中国哲学乃至整个中国文化的现代化都是有益的。可以说,新理学中讨论中西文化问题时,之所以主张"别共殊"、"明层次",提出了"文化类型"的理论;讨论社会人生问题时,主张"尊理性",并确立了自己的人生境界论,都同冯先生对于变革思维方法的自觉是关联在一起的。因此,我们只有对冯先生的学术活动和成就在总体上取得共识,才能对其有科学的辨析和理解,从而揭示其得失教训,深化对"冯学"的研究。

"研讨会"上,学者们认为,随着我国改革开放的深化,文化学术事业会出现新的繁荣,其中也包括对冯友兰思想的研究。有学者预测,随着冯先生的逝世,对其思想的研究会出现一个高潮。目前学术界和出版界的情况是,河南人民出版社正继续出版《三松堂全集》(已出七卷);南开大学正筹备一个庞大的课题组,进行现代新儒学研究,冯友兰思想是课题中的重要内容之一,近年内即将出版"冯友兰学案"和"冯友兰新儒学思想论著辑要",并拟定出版冯友兰思想研究专著;河南省的《中州学刊》已辟有冯友兰思想研究专栏,近年来已陆续刊登学术界的一批研究成果;来参加"研讨会"的中青年学者中对冯氏思想有兴趣者不少,估计这些学者近年将会推出一批研究成果。日本学者后藤延子、吾妻重二在"研讨会"上介绍了日本对冯友兰思想的研究,这两位学者都正进行冯友兰著作的翻译,拟在日本出版。"研讨会"上也有学者提议成立冯友兰思想研究基金会,为研究工作创造条件,促进对冯友兰思想的研究。

同时,"研讨会"上,学者们也意识到随着冯友兰《中国哲学史新编》第七卷的出版,学术界对冯氏思想会重起争端。因为冯先生对中国近现代哲学的看法多不合时论。比如他对曾国藩的评价,对洪秀全及太平天国的看法,对宋明道学及明清哲学的评估等。实际上学术界已出现了对冯先生学术观点质疑的文章。人们都希望对冯友兰思想的研究,能够在一种正常的心态和气氛中进行,使研究有益于民族文化的复兴和发展,而不是相反。

[原载《法言》(香港)1991年第8期]

冯友兰哲学思想国际研讨会综述

由中国文化书院、中国国际文化交流中心共同举办的冯友兰哲学思想国际研讨会于 1990 年 12 月 4—6 日在北京举行。与会代表有来自日本、苏联、韩国、中国台湾等地的学者，也有国内学术界的一些著名专家。全国人大常委会副委员长周谷城出席了会议开幕式。与会代表围绕冯友兰先生一生学术活动的贡献、性质、局限，冯友兰哲学思想研究工作的前景等问题进行了广泛热烈的讨论，现将讨论情况摘要记述如下。

一、冯友兰学术活动的贡献

冯契先生认为，我们今天讨论冯友兰的哲学思想，必须将其置于中国近代哲学思潮的历史演变中考察，脱离历史孤立地考察一种思想，便不能对它有正确的了解。冯先生在异常艰苦的条件下完成"贞元六书"，建构起新理学体系，尽管曾引起争议，但仍有其历史的贡献。这种贡献就在于它将逻辑分析方法运用于中国哲学，使得蕴藏在中国传统哲学中的理性得到了发扬。新理学对传统理性的继承和发扬首先表现在用逻辑的方法规范中国哲学的范畴，把理论编织成秩序井然的系统，克服了严复所讲的中国传统哲学术语意义歧混的毛病；其次是新理学的"人生境界论"。熊十力讲境界，旨在辨真妄，王国维等人讲艺术境界，旨在论美的创造，冯友兰先生的境界说旨在论善有等级。冯先生强调人兽之别在于人有理性，强调人的道德行为必须出于理性、出于自觉，这实是对于儒家理性的阐扬；当三四十年代唯意志论泛滥的时候，冯先生强调理性是有积极意义的。再次是冯先生的新理学对"转识成智"问题进行了探索。他从强调逻辑分析到"自反"，从强调"以名字说出"到"不可说"，主张一个形上学系统应始于"正的方法"而终于"负的方法"，实际上揭示了"转识成智"的一些环节，把中国传统哲学中对这个问题的辨析深化了，这正是冯先生的历史贡献。

李泽厚先生认为，评价冯先生的学术贡献，应当以"贞元六书"为据，在"贞元六书"中，最有价值的著作是《新原人》。李先生认为，哲学就是人学，哲学研究的就是人为什么生活、怎样生活、生活得怎么样之类的问题。冯先生在《新原人》中，提出了四种人生境界，区划为自然、功利、道德、天地四种类型，这实际上回答了作为人学的哲学所要回答的一些根本问题，是新理学中最重要和最有价值的部分。

萧萐父先生认为，冯先生自己体贴出的"旧邦新命"四字，以及他的自题堂联："阐旧邦以辅新命，极高明而道中庸"，是他对近百余年来中西、古今文化在冲突中融合，在代谢中新生的深刻体会，是他的学术生命的根本动力，实际上也是试图找到传统哲学文化与现代化的历史结合点，找到传统哲学向现代化转换的代谢模式。这是很值得继续思考的当代课题。冯先生的治学途径，大体上是由论入史，又因史成论；即依据哲学以研哲学史，又即哲学史以论哲学。他一生的学术实践，事实上已经历了三个螺旋：首先，基于新实在论以衡论东西各派人生哲学，是由论入史；再写出《一种人生观》，是因史成论。其次，据此而进一步写成两卷本《中国哲学史》，是新的由论入史；继又完成"贞元六书"，创立新理学体系，则是更高层次的因史成论。解放后，冯先生自觉接受马克思主义而开始了新的由论入史，他两次着手而终于奋力完成了七卷本《中国哲学史新编》，虽然第七卷末章概述了冯先生自己的哲学，而这第三个螺旋显然并未达到它的逻辑终点，但是，冯先生的治学途径及其所取得的成果，却很值得我们认真借鉴。

石峻先生认为，冯先生的一个重要贡献，是他在中西文化交流中，第一个系统地向西方人介绍了中国的传统哲学，他的两卷本《中国哲学史》、《新原道》、《中国哲学简史》等著作在西方广泛流传，是西方了解中华民族哲学智慧的重要渠道，直到今天，还没有哪一个专家的著作能取代其作用。而冯先生运用马克思主义的方法、原则写成的《中国哲学史新编》是更有价值的哲学史著作，我们应当组织翻译传播，以便西方通过冯先生的新著更好地了解中国哲学。

张岱年先生从不同的侧面评价了冯先生的学术成就。他认为新理学体系的核心观念，一是"两个世界"、二是"四个境界"。"两个世界"一是真际世界，二是实际世界，前者也即理世界，新理学区别两个世界的基本观点是"理在事先"；"四个境界"中有特殊意义的是关于天地境界的讲法，天地境界的最高造诣是"同天"，是对宇宙大全的觉解。新理学体系是对中西哲学的综合，在中国理论思维发展史上不无意义，同时，新理学中充满了抗战胜利的信心，强调民族自尊心，洋溢着对于民族复兴的热望，表现了冯先生的爱国热忱。冯先生后来否定了自己"理在事先"的观点，肯定"理在事中"，认为理世界是虚构的，天地境界也是虚构的，这是很大的进步，但冯先生的自我批评中也有过"左"的地方。实际上新理学的主要缺点是失之玄虚，认定"哲学本来是空虚之学"，这种理解是错误的，哲学不是空虚之学，而是时代精神的精华。但是，张先生认为，冯先生对中国传统文化和国家民族的真情实感是应当肯定的。他从青年时期开始，直到90高龄，为了民族文化的复兴发展，在不断地探索，三四十年代他的学说自成一家之言；50年代的思想状况表现了他努力追求真理的诚挚愿望，他一生都在努力随时代前进，不愧为一个与时俱进的思想家。

二、冯友兰学术思想的性质

吕希晨先生认为冯先生思想中重要成分之一是其人生哲学。冯先生在自己的人生哲学中提出了一种新人生观,这种新人生观属于现代新儒家,其源是从梁启超、张君劢、梁漱溟等人思想发展而来。不同处在于冯先生从世界观的高度,从廓清人生哲学的不同派别着手,建构了以儒家的中和观念为核心,以融合道家与新实在论的人生观为主要形式的现代新儒家人生哲学体系,把人生观提高到哲学的层面,以新儒家的角度,对20年代的人生观论战做了理论总结,这种总结对于以后李石岑的《人生哲学》、张东荪的《道德哲学》,均有一定的影响。冯友兰不愧为中国现代人生哲学史上的一位大家。

景海峰先生认为,致力于新的形而上体系的建构,是现代新儒家的共同旨趣,新儒家中又以熊十力、冯友兰二人意趣最浓。熊十力勤勉一生,为当代新儒学奠定了一个形而上的哲学基础,成了这一学脉的开启性人物;冯友兰则因种种阴差阳错,使其在形上学方面的业绩未得彰显,没有在当代哲学家中引起太大的回应;作为一个哲学家,他的思想缺乏现实的感召力,传人寥寥,光芒为金岳霖、熊十力等人所掩。重要的一条是冯友兰使用的逻辑分析方法,同他所要建构的系统是不协调的。因为逻辑实证思潮是以近代形上学掘墓人的身份出现的,这决定了新理学在表达方面的困难;加之冯先生在新理学中,融合中西,会通儒道,网罗中国哲学庞杂的形上学观念,并试图将其梳理定位,结果使新理学概念杂陈,层次失调,推理缺乏明晰的逻辑。这是冯友兰哲学未得彰显的内在原因。

郭齐勇先生认为,冯友兰形上学的路数,大体上是《易》、《庸》——程朱的路数,其特点是以柏拉图、新实在论哲学以及西方的逻辑分析方法来重建程朱理学,凸显了逻辑先在的理世界的主宰性。如果说熊十力哲学讨论的是"本体与主体"的关系的话,冯友兰哲学讨论的则是"共相与殊相"的关系;熊氏强调的是本体的主体性,冯氏强调的则是本体(理世界)的客观性;熊、冯虽都关注道德形上学的重建,而其理论却恰恰构成了对立的两极。由于冯先生曾游学欧美,体验到了人类文明发展的大道,其哲学表现出一种理性的峻峭冷静。在一定的意义上可说冯氏哲学是一种主知主义的道德形上学。这种形上学模式,强调道德修养、境界提高的层次、模型、标准、规范,显得有理性、有秩序,为我们提供了进一步分析事实判断与价值判断、实然问题与应然问题的契机。冯氏讲理气形上学的良苦用心,乃在于改造笼统、浑浊、不讲逻辑、以价值体认取代事实分析的传统思维模式。这对于挺立民族文化的主体性、促进传统哲学的现代化,是具有现实意义的。

三、冯友兰学术思想的局限

陈来先生认为,冯先生曾以"旧瓶装新酒"说明他的哲学与传统的联系方式,这并不令人惊奇。五四以后的哲学家有选择地利用古典哲学的概念形式并不少见,令人惊奇的是冯先生不仅把他的新酒全部彻底地装入古典范畴的旧瓶中,而且为他所用作旧瓶的范畴几乎涵盖了中国古典哲学的所有重要范畴,这既表明古典范畴在新诠释中获得了生命力,也显示了冯先生融合旧学新知的造诣。这一点,现代哲学家中,还没有人能超过冯先生。但由于冯先生是在"接着"的意义上利用古典范畴,我们不能以"不是先儒意思"来批评他的新理学。新理学以逻辑分析为基本方法,以新实在论为基本立场,它对哲学问题的明确意识,概念、结构的清晰严整,使它具有无可争辩的现代性格。但是如果冯先生不主张新实在论的客观论,新理学也可能更完善一些,成为一个更能自圆其说的逻辑系统。当然新理学提出的问题,还不能说都有了答案,从这个意义上讲,新理学至今仍在促进着我们的哲学思考。

四、研究冯友兰学术思想的基点和前景

田文军认为,冯先生一生著作等身,思想体系博大,人们对冯先生的著作、思想各具会心,理解歧异是正常的,但是人们对冯先生的学术活动和思想理论的研讨,在出发点上应当趋同,这就是对冯先生一生的学术成就有两个基本点必须承认和肯定。一是肯定冯先生对中国现代哲学主要理论课题的领悟和自觉。冯先生的新理学,在形上学方面的追求,是要辨析事物的共殊关系。这种追求,反映了近代中华民族在解决中西文化矛盾的实践中,对于哲学的呼唤和要求。尽管由于冯先生不是从本体论和知识论统一的角度辨析共殊,未能科学地回答时代要求的理论课题,但他的追求本身却标志着中国哲学走向现代的一个历史侧面;他对于中国哲学具备现代哲学的科学性格和理性精神所作出的历史贡献,是不应否定的。二是应肯定冯先生对于变革传统思维方式的自觉。冯先生认为20世纪初叶的中国哲学,之所以还停留在古典形态,重要原因之一,是思维方法还没有脱离传统的窠臼。因此他把理性主义看做是西方哲学的正宗,把直觉理解为对理性的超越,提倡逻辑分析,主张思维形式符合逻辑规则,并以现代逻辑分析的方法建构自己的哲学体系,这对于促进中国哲学乃至整个中国文化的现代化都是有益的。可以说,新理学中讨论中西文化问题时,之所以主张"别共殊","明层次",提出了"文化类型"的理论,讨论社会人生问题时,主张"尊理性",并确立了自己的人生境界论,都同冯先生对于变革思维方法的自觉是关联在一

起的。因此我们只有对冯先生的学术活动和成就在总体上取得一些共识,才能对其有科学的辨析和同情的理解,揭示出其得失教训,深化对"冯学"的研究。

　　学者们认为,随着我国改革开放的深化,文化学术事业会出现新的繁荣,其中也包括对冯友兰思想的研究。有学者预测随着冯先生的逝世,对其思想的研究会出现一个热潮。目前学术界和出版界的情况是,河南人民出版社正继续出版《三松堂全集》(已出七卷),南开大学方克立教授正主持一个庞大的课题组,进行现代新儒学研究,冯友兰思想是课题的重要内容之一,近年内即将出版《冯友兰学案》和《冯友兰新儒学思想论著辑要》,并拟定出版冯友兰思想研究专著;河南省的《中州学刊》已辟有冯友兰思想研究专栏,近年来已陆续刊登学术界的一批研究成果,与会的中青年学者中,对冯氏思想有兴趣者不少,估计这些学者近年将会推出一批新的研究成果。日本学者后滕延子、吾妻重二在会上介绍了日本对冯友兰思想的研究。这两位学者正在把冯友兰的有关著作翻译为日文,拟在日本出版。研讨会上也有学者提议成立冯友兰思想研究基金会,为研究工作创造条件,促进对冯友兰思想的研究。

(原载《哲学动态》1991 年第 7 期,署名"施田")

千淘万漉,吹沙觅金

八年前,萧萐父先生出版的《吹沙集》,曾以其丰富的内容,深邃的哲思,高远的意境,缜密的论证深深地吸引过我,"启蒙脞语"、"学思斠评"等简洁的分部标题,至今仍然清晰地留存在我的记忆中,给我以智慧的启迪和美的享受。今天,萧先生又推出了《吹沙二集》,这部新的学术文集,将我带进了一片新的学术天地。

《吹沙二集》,成书于一段特殊的岁月。1998 年春夏之交,萧先生重病入院。虽然先生素来乐观豁达,仰卧在手术台上与病魔抗争,还吟诗自遣,但作为学生和晚辈,我们都曾为他的健康担心过。正因为如此,先生出院后,我们都希望他静心调养,不再急于伏案工作。但是,先生一出院即急切地回到了工作台前。这部《吹沙二集》,即是先生重病之后,历经数月辛勤劳作,编纂成书的。与此同时,先生还推出了一部《吹沙纪程》。先生重病之后,数月间竟推出了近百万字的学术论著,让我们这些后辈学人也感佩不已。先生平日喜谈荀况的蚕赋。从先生重病之后的忘我劳作中,我们真切地感受到了中国知识分子那种春蚕吐丝,"功被天下,为万世文"的价值追求与传统美德。

萧先生新的学术文集虽然仍题名"吹沙",但《吹沙二集》和《吹沙纪程》相比较于过去推出的《吹沙集》,无论学术视野还是致思内容又都有所不同。《吹沙集》区划为"启蒙脞语"、"传统反刍"、"方法刍议"、"学思斠评"、"序跋余沈"、"滴水吟稿"六个板块;《吹沙二集》则由"文化卮言"、"传统反刍"、"道风遗韵"、"佛慧浅绎"、"哲海探珠"、"学思积靡"、"序评余沈"、"域外零篇"、"滴水吟稿"九大部分组成;《吹沙纪程》的内容更是被区分为 170 个小题。两部新文集,就其内容而言,可谓远山层叠、江水波澜,规模宏阔。因此,新文集也更为集中地反映了萧先生学术活动中,"学术思想的特定走势或历史形成的某些情结",更加典型地体现了萧先生论学致思的个性与特色。

从《吹沙二集》的内容来看,萧先生论学致思的特色,首先可概括为"通观"、"融会"的学术视野与文化心态。1993 年夏,北京大学为汤用彤先生百年诞辰举办纪念会时,萧先生所赋颂诗中有"漫汗通观儒、释、道,从容涵化印、中、西"之句。"漫汗通观儒、释、道,从容涵化印、中、西",既是对汤用彤先生学术成就与治学路径的褒扬,同时也表达了萧先生的学术追求。萧先生在学术活动中,较为集中地对中国文化问题的思考,注重和追求的正是"通观"和"融会"。

　　萧先生对中国文化问题的"通观"和"融会"实际上是对于中国文化问题多视角、多层面、全方位的思考探索。这种思考与探索,常因视角不同而形式有异,从《吹沙二集》中,我们看到萧先生对中国文化问题的"通观"、"融会",大体上可区别为反刍传统、考察现实、展望未来三种形式。《吹沙二集》中的"传统反刍"、"道风遗韵"、"佛慧浅绎"等几组文字,可以说都是回顾、反刍中国的文化传统。在萧先生看来,中国文化涵括儒、释、道三派乃至诸子百家之学,本身即是一个多元互动的集合体。这使得中国文化传统亦难以由某家某派之学来代表和体现,儒、释、道各派乃至诸子百家之学,都应是中国文化传统智慧中不可或缺的精神基因。因此,诠释、解读中国的文化传统,必须"通观"中国文化。萧先生在《吹沙二集》中,对易庸之学中所蕴涵人文思想的肯定,对道风、佛慧的某些揄扬等,都是以他对于诠释民族文化传统的途径和方法的理解为前提的。其中,萧先生对中国文化问题现实的考察可分为两个方面,一方面是他直论中国文化的现实发展,例如"关于改革的历史反思"等文即属于这一类型的文字;另一方面是他对现代学术思想的研探。在《吹沙二集》中,可以看到萧先生对熊十力、梁漱溟、冯友兰、贺麟、汤用彤、唐君毅、蒙文通、刘鉴泉、徐复观、冯契等现代学者为人为学的论评与解读,也还有对毛泽东、李达、郭沫若等的评说。依萧先生自己的说法,他研究现代学者的思想:"或闻风相悦,心知其意;或涵咏其中,哀乐与共;或有所较评,也力求'异以贞同'",目的都在于为自己思考中国文化问题,吸收现实的智慧营养。

　　萧先生对中国文化发展前景的展望,主要体现在《吹沙二集》中所收入的《中国传统文化的现代化与西方先进文化的中国化》、《世纪桥头的一些浮想》等文中。在对中国文化未来的展望中,萧先生展现了一种十分开放的文化心态和文化包容意识。他在深入解析自己民族文化传统和现实的基础上,努力把握当代人类社会最新的文化思潮与文化理念,对于近年来颇为流行的"东方文化热"、"儒学复兴论"、"东方的觉醒"、"西方之没落"、"东化的世纪"、"全球化时代"、"文明冲突论"等,都坚持一种客观冷静的分析态度。在文化理念上,萧先生珍惜自己的学思所得,但是,他并不排拒其他的文化观念和理论,而是欢迎文化理论中的"千门万户",力主宽容文化理论中的"殊途百虑之学"。在萧先生看来,中国社会转型中的文化变迁,既表现为中西的冲突与融合,又表现为古今的变革与贯通,是中西、古今两对矛盾的复杂汇合,所以容易产生思想误区;当人类即将跨入新的世纪的时候,我们没有必要再重复五四时期的观念和论争,而应看到20世纪90年代以来,东西方的文化学术交流正向深层面扩展,人们面临的是一个多极化发展的世界,是一个国际性的百家争鸣的时代。在这样的时代,中国文化的发展,只能寄希望于"中国传统文化的现代化和西方先进文化的中国化";以中西互补的方式,容纳人类所有先进的文化成果,推陈出新,在对传统文化解构的基础上,重构新的民族文化,应是中国文化的发展方向。这样的文化理念,也促使萧先生在学术方面自觉地参与国际性的百家争鸣,收入《吹沙二集》中的《中国传统文化的现代化和西方先进文化的中国化》一文以及《域外零篇》中的文字,即是萧先生参与国际性的百家争鸣所形成的认识成果,这些认识成果又十分具体地展现了萧先生对中国文化发展前景的理解与期盼。

掘井及泉,吹沙觅金,在学术理论追求中表现出一种锲而不舍的韧性,是《吹沙二集》中展现的萧先生的又一学思特色。在当今中国的学术界,萧先生以明清文化启蒙说自成一家之言。萧先生的文化启蒙说,主旨是要论定中国文化现代化的主体性,揭示中国文化现代化的价值生长点及其内在的历史必然性。尽管萧先生对于中国文化启蒙的历史解读还可以深化,对于中国文化建设主体的论析还可以更加系统,这种文化启蒙说的理论价值却是不容置疑的。萧先生的文化启蒙论也受到了海内外一些学者的诘难,但萧先生不改初衷,始终坚持对中国文化启蒙问题的研探。从收入《吹沙集》中的《中国哲学启蒙的坎坷道路》,到收入《吹沙二集》中的《历史情结话启蒙》,我们即可以看到萧先生对文化启蒙问题探究的继续与拓展。在这种探究中,萧先生所追求者,始终是论定"民族文化的主体性应当是社会的现代化与人的现代化协调并进的民族文化自我发展和自我更新的主体性"。所要发掘和肯定者是中国文化现代化的"源头活水"。这种在学术理论上的韧性追求,表明了萧先生对于民族文化复兴强烈的责任意识。萧先生这一辈学者,学成于20世纪40年代,其学术活动大体上与新中国的成长同步,他们经历过"文革"中万家墨面的苦难岁月,也体验过改革开放以来,国家走上富强之路以后的喜悦与自豪,他们的学思历程,紧系着民族文化复兴的艰难与曲折;他们的文化责任意识既源于中国知识分子的忧患意识传统,又源于他们对中国文化建设实践要求的领悟与体认。他们探究中国文化问题,视角时有不同,目标与取向却始终一贯:这就是在会通古、今、中、西的基础上,形成自己的文化理论,并使之能够整合于我们民族整体的文化理论的创建之中,为民族文化的复兴和发展服务,使中国传统文化的现代化和西方先进文化的中国化真正成为现实。这种理论追求与学术品格,值得我们后辈学人认真学习和借鉴。

《吹沙二集》展现的萧先生的另一学思特色,是他提倡诗情与哲理的统一,追求诗化哲学的理论境界。萧先生曾经自白:"在诗与真的矛盾中求统一,在情与理的冲突中求和谐,在形象思维与逻辑思维的互斥中求互补,是中华哲人思想升华的优秀传统。庄周梦蝶,荀卿颂蚕,屈子问天,贾生哭鹏,神思风骨,千古相承,高山仰止,心向往之。"先生所论,不仅是中国哲学家的优秀传统,实际上也表明了他自己学术活动中的一种致思特色和追求。在《吹沙集》与《吹沙二集》中,都辟有"滴水吟稿",收入先生数十年来写成于不同时期的诗词。这些诗词,虽为作者的感兴之作,但都"回荡着在时代风涛里泅泳者的呼唤和心声",往往蕴涵着作者对于社会现实的深沉思考。在《吹沙二集》中收入的《峨眉纪游诗》,即是先生读大学三年级结伴游峨眉山时写成的组诗,后由原华西协和大学外籍教授费尔朴(Dryden L. Phelps)、云瑞祥(Mary K.

Willmott)二人译成英文,收入《峨山香客杂咏》一书,在香港出版。数十年后,萧先生才在友人帮助下,得到《峨山香客杂咏》一书。从现在收入《吹沙二集》的这组中英文对照的诗作中,我们看到先生青年时代,即善于以诗作表达自己对自然、对人生的审美气度和思考,先生后来虽长期从事理论活动,但始终未放弃以诗明理、以诗言志的思维形式。

逻辑思维与形象思维、理性与浪漫、哲理与诗情的界限是不宜否定的。在中国,宋人严羽即已经意识到"诗有别才,非关书也,诗有别趣,非关理也"。萧先生在自己的学术活动中,却追求诗情与哲理的一致,这既源于他对中国文化传统的领悟,也源于他对人生境界的理解。就传统而言,萧先生认定中华文化,本来即是诗的海洋,"诗教"全面渗入了中国人的社会政治生活,也渗入了中国人的哲学,诗已经"成为中华传统文化中最灵动、最有渗透力的精神文化基因"。所以,中国的哲学家们,十分看重"哲学的诗化与诗的哲学化",同时在萧先生看来,这种"诗化的哲学"所崇尚的人生境界,也可以说是一种"诗化的人生境界"。萧先生对这种人生境界的肯定从其青年时代即已开始。在《吹沙二集》中,我们看到萧先生青年时代写成的《原美》一文,即认为美学家把审美观照的对象限于"自然"与"艺术品",是把整合的价值世界任意地分割了。萧先生主张,扩大审美的范围,使美成为普遍的价值意识所摄的对象。此文倡导的正是人生美,是人生美的价值理想。应当说,正是对于传统与人生的理解,促使萧先生在其学术活动中,执著地追求诗心与哲理的统一,达到了一种特殊的精神境界。这种境界,使我们读萧先生的论著,既能感受其长篇大作中纵横捭阖、清晰冷峻的理性力量,又能感受其诗词短论中的电石火花、新意新说,融理性的熏陶与诗情的享受于一体,受益无穷。

萧先生为表达自己吹沙觅金的学术追求,十分欣赏古人所说的"驽马十驾,功在不舍"。先生新近推出的两部"吹沙",正是先生在学术上锲而不舍执著追求的结果。我们期盼先生在今后的岁月里,继续吹沙觅金,不断推出新的学术成果,以启迪后辈,嘉惠学林,为民族的学术文化事业作出新的贡献。

(原载《武汉大学学报》1999 年第 6 期)

心河之水长流

　　2000年12月上旬,在北京大学举办的第四届"冯友兰学术思想研讨会"期间,我见到了河南人民出版社新版的冯友兰《三松堂全集》。返校以后不久,由于友人的支持,自己也得到了这套新书。当我在斗室中翻阅这套新书时,忽然记起一位年轻朋友的作文题目:"让心河绿水长流"。我决定借用这位青年朋友文章的题目(文字稍有改动),记下自己读书中的一些感受。

　　翻阅《三松堂全集》,我惊喜地发现,新版全集,比较起旧版全集来,不论是内容还是形式,均有所拓新。就内容而言,新版全集除了在第一版的基础上,收入了多篇新发现的冯友兰著述、书信及诗词之外,还新收入了冯友兰的两种哲学史著作:其一为冯友兰的《西洋哲学史》,其二为冯友兰翻译的《希腊人之人生观》。这两种著作,都成书于冯友兰在中州大学任教期间。由于新收入的冯友兰著作较多,新版《三松堂全集》已经超过七百万字,与第一版相较,内容更为宏富。就编排形式而言,新版《三松堂全集》也在第一版的基础上做了较大的调整。这种调整,尽可能地顾及到了冯友兰著作成书年代的先后,同时,也注意将冯友兰系统的哲学史著作与哲学著作,以及冯友兰单篇的哲学史著作与哲学著作相对集中,再收入相关各卷;对于冯友兰的其他著述则合为一卷,分别收入其中分列的教育文集、杂著集、诗词楹联集、书信集及译著集。这种编排方式使得新版全集的内容,从学理上看,思想层次更加明晰,也更集中地再现了冯友兰学术生涯中不同时段、不同内容的认识成果,为人们研探冯友兰其人其学,提供了更为系统、更加翔实的文献根据。

　　欣赏装帧大方、印刷精美的新版《三松堂全集》,我想到了自己阅读旧版《三松堂全集》时曾经有过的体悟。记得河南人民出版社筹划出版十四卷本《三松堂全集》,始于1984年,到1985年才推出了《三松堂全集》的第一卷。其后,历时近十年,才于1994年大体上出齐《三松堂全集》。第二版《三松堂全集》的出版工作,也是历时四年才得以完成的。为出版冯友兰的《三松堂全集》,学术界、出版界相关人士耗费了多少劳动与心血,经历了多少曲折与艰难,恐怕难以估量。因为,现今从事学术工作的人都知道,在一个商业意识日渐浓厚的国度,出版纯学术性著作是何等的不易。因此,翻阅新版《三松堂全集》,我最先的感触是学术文化建设的艰难。我想,是什么力量和信念支配着人们,十多年来一次又一次地把冯友兰的学术著作捧献给读者呢?

这种信念和力量,恐怕不宜用经济利益的驱动来解释,也不宜仅仅理解为人们对冯友兰个人的学术景仰。没有忘记黑格尔对国家与哲学同神庙与神像所作的类比,意识到了我们的国家和民族,不能没有自己的哲学,不能没有自己的哲学家;意识到了完整地出版冯友兰的学术著作,以供学术界人们研探思考,即是在为自己民族理性王国的建设增砖添瓦,贡献力量。这些应当是冯友兰全集的编纂者们真实的工作信念与思想动力,也应当是冯友兰全集的编纂者们辛勤劳作的现实价值。

翻阅冯友兰七百万言的学术巨著,我也深深地感受到了冯友兰学思历程的艰辛。冯友兰治学,就其路数而言,可以说是由论入史,因史成论。他依照自己理解的哲学,考察中外哲学发展的历史,又依照自己对中外哲学发展历史的理解,构建自己的哲学。冯友兰的这种治学路径,使得他在中国现代学术文化史上,既因哲学史研究而卓然成家,又因构建了自己的哲学思想体系而享誉海外。那么,是什么信念支配冯友兰在数十年间,心河之水长流,不断以自己的心血浇灌中国的哲学园地?是什么力量使得冯友兰数十年间,沉思不止,像机器一样编织自己的思想之网,建筑自己的理论大厦?晋人郭象谓"已去之物"为"迹"。冯友兰晚年,曾借用郭象语,称自己一生的著述为自己走过的"痕迹",或说"迹";而把支配自己七十多年时间中,孜孜矻矻,不辍学术耕耘的信念与动力称之为自己的"所以迹"。"所以迹"实即支配冯友兰个人学术生命的信念和力量。新版《三松堂全集》,更全面地容纳了冯友兰的学术著作,使人们不仅能更全面地考察冯友兰的人生之"迹",也有助于人们更深入地探讨冯友兰的心河之源,更准确地把握冯友兰学术生命的"所以迹",弄清楚冯友兰学术生命的信念与力量。

对于支配冯友兰学术生命的信念与力量,或说冯友兰学术生命的"所以迹",人们理解并不一致。但是,如果不带任何成见地去细读冯友兰的著作,似乎不应把支配冯友兰学术生命的这种信念和力量或说"所以迹",仅仅理解为冯友兰是以知识和学术作为自己的"资生之具",也不宜把支配冯友兰学术生命的"所以迹",理解为冯友兰的"紫禁之梦"或"庙堂"意识。支配冯友兰学术生命的信念和力量,只能是冯友兰不断向人们诉说的"极高明而道中庸"的人生关怀,只能是冯友兰自己不断表示的"阐旧邦以辅新命"的人生追求。这种人生关怀和追求,所表明的都是冯友兰对于民族文化强烈的责任意识和深沉的历史使命感。

冯友兰所说的"旧邦",是指自己历史久远而又灾难深重的祖国;冯友兰所说的"新命",是指在古老的神州大地上,建设新的物质文明和精神文明,实现民族文化的现代化。在冯友兰看来,实现"旧邦新命",是每一个中华儿女都必须面对的历史课题,也是每一个中华儿女都必须承担的历史责任。这份历史责任的承担者,当然也包括冯友兰自己。冯友兰所说的"阐旧邦以辅新命",即表明他自己在实现民族文化现代化的进程中,一方面要"阐旧邦",另一方面要"辅新命",承担起自己应当承担的那份历史责任。因为,"阐旧邦"是要发掘与继承民族文化的优良传统,"辅新命"是要为新的民族文化增添营养,促进民族文化的现代化。正是这种观念,使得冯友兰以"旧邦新命"作为自己毕生的学术追求。冯友兰曾说自己一生的学术活动"都是围绕这个主题发生的。怎么实现旧邦新命,我要做自己的贡献。这就是我的所以迹。"这样的"所以迹",当是冯友兰学术生命的源头活水,也当是支配冯友兰学术活动的基本信念与思想动力。

以"旧邦新命"的民族文化责任意识,来支配和驱动自己的学术生命,同冯友兰对中西文化矛盾认识的深化关联。当年,冯友兰在上海中国公学,产生学习西方哲学的愿望,源于他在学习中对于逻辑的兴趣。进入北京大学以后,冯友兰在学习方面的目的与动力都有所改变。这时候,他不仅意识到中西文化是两个不同的学问天地,而且开始把中国近代文化的落后,与中西文化的矛盾联系起来思考。五四运动的爆发,增进了冯友兰的文化忧患意识。他在五四运动的硝烟尚未散尽之时,进入美国哥伦比亚大学系统地研探西方学术文化,目的即是"想贩些食物,救这饥荒"。什么"饥荒"? 民族文化的"饥荒"! 如何救法? 他的回答是:了解西方文化,解决中西文化的矛盾,"装扮出新中华"。

这样的文化信念和追求,曾使得冯友兰在系统地涉猎多层面的中国传统文化以后,热切地期盼系统研探西方学术文化的学习机遇;这样的文化信念和追求,促使冯友兰远渡重洋,在异国的土地上,仍不忘告诫国人:"中国人一日不死尽,则中国文化及中国民族性即一日在制造之中",面对现实的民族文化,不应盲目自满,虚骄自大,也不应悲观失望,妄自菲薄,而只能以自己的"此时此地"承担起自己对于创造民族文化的责任。在哥伦比亚大学期间,他比较东方民族与西方民族的人生哲学,向中国学术界传介柏格森哲学和新实在论哲学,思考中国为什么没有科学,在这些思考中形成的认识成果,无一不在具体地表明他对于民族文化的责任意识。归国以后,他本拟在国内传介西方哲学,新版《三松堂全集》中收入的《西洋哲学史》和《希腊人之人生观》,即是他这种工作的成果。但是,他归国以后的学术活动,很快即由传介西学转向深探中国哲学。工作转向的缘由,除了个人工作的变动与需要,更重要的当然是他对于时代的变迁及其理论需求的理解。冯友兰曾将自己对于民族精神生活的反思,比喻为河水的流动。他说:"如同一条河,在平坦的地区,它只会慢慢地流下去。总是碰到了崖石或者暗礁,它才会激起浪花。或者遇到狂风,它才能涌起波浪。"冯友兰所说的"崖石"、"暗礁",实是激发他从事中国哲学史研究和哲学创作的动力、原因。这样的动力、原因都源自于伟大的抗日战争,源自于自己民族的苦难。因为,他系统地清理中国哲学传统,意在增加人们抗战必胜的信念;他创建"新理学"思想体系,目的在于为解决中国社会的现实问题进言;他把伟大的抗日战争,理解为民族文化复兴的"贞元之会",坚信抗战胜利之日,即是民族文化复兴之始,正是这样的历史缘由,使得他将自己的哲学著述名之为"贞元之际所著书"。到了20世纪40年代末叶,强烈的民族文化责任意识,又促使冯友兰在新中国成立前夕,从美国回到北平,坚持留在清华大学,以校务委员会主任的身份,维持清华校务,同清华师生一道,迎来了全国的解放。

在新中国,社会的不断进步,国家的日益强盛,曾使冯友兰深受鼓舞。20 世纪 70 年代,日本首相田中角荣访华之后,冯友兰赋诗说:"生逢西后弃疆土,老见东邦拜国门,一代兴衰亲历过,不须家祭望儿孙",写尽了他对于自己的国家在国际上的地位得到改善时的欣喜之情。毋庸讳言,50 年代以后,冯友兰的生活中有过曲折,有过艰难。但是,他对于国家的四化,对于民族文化的复兴,始终充满了希望,充满了信心;为了坚持自己"旧邦新命"的学术追求,他不断地学习新的知识,不断地反省自己的学术思想,努力适应新社会的生活;直到晚年,耳目失其聪明,仍不辍著述,坚持完成七卷本《中国哲学史新编》的写作,直到了却自己为新中国的哲学建设增添营养的夙愿之后,才告别自己热恋的国家民族,走向另一个世界。

凝视着新版《三松堂全集》,冯友兰的学思历程像一条长河在我的思绪中流过,冯友兰生活的时代场景,也一幕一幕地展现在我的眼前;对于这两者之间关联的思考使我感悟到:我们研读冯友兰著作,不应仅仅停留于对其学术思想的思考,更重要的是要体悟他以"旧邦新命"所表达的自己对于民族文化的责任意识;一个学术工作者,只有关心自己的国家,热爱自己的民族,才会为自己的工作提供无穷的思想源泉和动力;这些应当是冯友兰以自己七十多年的学术活动和七百万言的学术著述,带给人们的启示与教益!

（原载 2001 年 3 月 15 日《光明日报》,刊发时文字有删节）

"论贵是而不务华,事尚然而不高合"

　　在中国文化学术史上,东汉的王充是一位奇人。他一生"得官不欣,失位不恨。处逸乐而欲不放,居贫苦而志不倦",博览群书,"考论虚实",以求"没华虚之文,反敦庞之朴,拨流失之风,反宓戏之俗"。结果写成《论衡》一书,在中国学术文化发展史上,留下了一朵奇葩。这使得海内外学术界,既关注王充这位奇人,又关注《论衡》这部奇书;围绕王充其人其书的学术研究成果不断。李维武教授的《王充与中国文化》(贵州人民出版社 2000 年 10 月出版)一书,即是一部关于王充思想研究的新的力作。

　　《王充与中国文化》,作为一部形成于新旧世纪之交的王充思想研究专著,引人入胜之处甚多。笔者阅读此书的第一点感受是:本书作者致思趣向新颖,学术视野宏阔。在过去的一百年中,关于王充思想研究的成果不菲。较早面世的关于王充思想研究的著作中,人们比较熟悉的有苏联学者阿·阿·彼得洛夫的《王充——中国古代的唯物主义者和启蒙思想家》,田昌五先生的《王充及其论衡》等。彼得洛夫关于王充思想的著作仅六万字,田昌五先生关于王充思想的著作也只有十一万字。这类著作不仅规模较小,视阈较窄,而且从书名即可以发现作者在理论旨趣方面的时代印迹。人们在特殊的历史年代,及与其相应的学术文化氛围中,带着某种思维定式去研探王充思想,是难以全面理解王充其人其学的。后来形成的关于王充思想的学术成果,特别是 20 世纪 80 年以后形成的关于王充思想的研究成果,规模与意境都有了发展与进步。但是仍少有学者专门从文化的角度去全面解读王充其人其学。李著一改旧观,用新时代的学术视野,文化胸襟,理论旨趣,深探王充思想的文化蕴涵,以"王充的自然观与中国文化","王充的人生观与中国文化","王充的历史观与中国文化","王充的知识观与中国文化","王充的批判精神与中国文化"等内容为全书的基本架构,全面论释王充思想"与中国文化之间的双向历史联结",从而在学术视野与致思趣向两个方面,都使王充思想研究进入了新的境界。

　　新的学术视野与理论旨趣,不仅使李著内容丰富,显得大气,也使李著对于王充思想"与中国文化之间的双向的历史联结"的具体论释,笔敏文沉,新意颇多。李著对王充思想"与中国文化之间的双向的历史联结",是由三个层面的论释完成的,这就是:对王充思想本身的解读,对中国文化对王充思想影响的论析,以及对王充思想对后世中国文化发展影响的评判。这种论释层次相互联系,相互支持。其中,对王充思想本身的解读,是李著论释王充思想"与中国文化之间的双向历史联结"的基础。譬如,李著认为,王充的自然观可以概括为两个基本点:"一个基本点是强调世界的物质性","另一个基本点是强调世界的自然性"。第一个基本点,使王充认定世界上"非物体则气也","不为物,则为气矣";第二个基本点使王充肯定"天道"、"自然"、"无畏"。而两个基本点结合,则使王充的自然观注意"论自然"与"引物事"统一。李著正是基于这样的观念,具体论析王充对"气"与"天"的规定,进而论及"王充与中国古代气论发展","王充的天人论与古代天人之辨",清理了王充自然观与中国文化之间的历史联结。由于作者对王充思想具有全面深入的了解,使得作者对王充思想与中国文化联结的理解也较符合实际。李著的这种特点,我们从其对荀况、王充、刘禹锡三位思想家"天人观"的比较中,可以得到具体的印证。李著认为,荀况、王充、刘禹锡三家关于天人关系的理论,构成了中国古代天道自然路线的三个坐标点。荀况是较早提出"天人相分"的思想家,认定人能够"制天命而用之";王充虽然主张"论自然"与"引物事"结合,但王充的自然观不同于道家,也不同于荀况。王充认为,"道家论自然,不知引物事以验其行";同时王充认为人对"天"也不是战而胜之,而是自然无为。王充与荀况在天道自然路线上的差别,促使刘禹锡以"天人交相胜"的理论,对天人关系中的"人类中心论和自然中心论"进行"双向扬弃"。这种扬弃,既显示了王充的天道自然观对中国文化发展的影响,也表明了王充思想与先秦学术的历史联系。李著中对王充思想这种层层递进的论释,使人增加了对王充思想理解的广度与深度,显示了作者深厚的学术素养和深刻的学术见识。

李著中对王充思想中其他内容的论释,同样十分精彩。笔者在阅读中最有兴趣的部分,是作者对王充人生观的理解与评断。王充的人生观是其思想中最具特色的内容之一。王充一方面认定:"人之善恶,共一元气","性本自然,善恶有质";由"气"论性,以"禀气厚薄",区别人性善恶。主张"凡人君父,审观臣子之性,善则养育效率,无令近恶;恶则辅保禁防,令渐于善"。承认和肯定人性的可塑性。另一方面,王充又专辨"命"、"时"、"偶"等范畴,以"气"论"命",认为"人禀气而生,含气而长,得贵则贵,得贱则贱,贵或秩有高下,富或赀有多少,皆星位尊卑大小之所授也"。主张一种"命定说"。学术界曾将这种"命定说"作为王充思想中的消极面加以否定。李著不囿陈说,对王充的人生观重新加以诠释后认为:王充的人性论,虽属一种率性论,但强调的是人性中固有的善恶之分,其界限不是绝对不变的。人们"通过后天的学习,可以化恶为善,从原来的性恶中超拔出来;而缺乏后天的学习,则会由善变恶,从原来的性善中堕落下去"。这表现了王充人生观中的"一种奋发进取的精神"。至于王充的"命定说","强调人生的受制性,认为人的才智操行不能决定人的命运,人的生死寿夭,富贵贫贱都是由外在的'命'与'时'所决定的",这表现了出身贱微、终生贫困的王充对人生的"一种无可奈何的悲情"。但王充的率性论与"命定说"是统一的。王充的一生是"困厄坎坷的一生",也是"努力奋斗的一生"。作为汉代下层知识分子的代表人物,王充对人生的矛盾与痛苦有着深刻的体悟和反省。这使得他"贫无一亩庇身,志佚于王公;贱无斗石之秩,意若食万钟";在贫苦中不泯奋斗之志,"主张以一种理智而平静的心态"面对人世间的生活。从而以自己的人生和人生理论给后世学人带来了深刻影响,促使人们去"思考人生的奥秘和人生的道路"。李著把唐代韩愈的"性三品"说,宋明学者对"天地之性"与"气质之性"的区别,以及清人戴震的人性理论都理解为王充率性论的深化;认为东汉以后出现的"顺命"说,"力命"说,"非命"说等,虽然对于王充的"命定"说所持态度不一,但实际上都可以说是省思王充"命定"说的思想结晶。这表明人们对于王充的人生理论,可以沿袭,可以重释,可以改造,但无法回避;这些"顺命"、"力命"、"非命"之说,无不从各自的层面上,显现了王充人生观念对中国后世学术文化的深远影响。

清人章学诚认为,学者治学,当"自具心裁","深窥古人全体",方能够自立一家之言。因此,章氏主张在学术方法上,应详人之所略,异人之所同,重人之所轻,忽人之所谨。李著在内容和形式方面,也颇具章氏所倡导的学术方法特色。为了详释王充思想与中国文化之间的历史联结,李著除了着力解析王充的自然观、历史观、人生观、知识观及批判精神对中国文化的影响之外,还另辟专章论释王充思想的历史命运,以及王充思想对 20 世纪中国学术文化的影响,提出了"王充观"这一概念。认为胡适对王充思想价值的理解,代表 20 世纪中国"科学主义的王充观";蔡元培、冯友兰、牟宗三、徐复观等人对王充思想价值的理解,代表了 20 世纪中国"人文主义的王充观";吕振羽、侯外庐、赵纪彬等人对王充思想价值的理解,代表了"马克思主义的王充观"。李著中对王充思想的这种论释与定位,不仅发前人之所未发,也更集中地展现了王充思想对中国文化的影响,以及王充思想自身的现代意义与价值,凸显出作者通过本书深探王充思想与中国文化之间的历史联结的理论旨趣。

李著中还附有《王充研究著述目录》与《王充研究文献综述》。作者对有关王充研究论著收集之系统,以及对王充研究文献论述之细密,都让人叹为观止。这种附录,不仅有助于人们更详尽地了解关于王充思想的研究,而且更能衬托出作者论释王充思想时集诸家之长,"推故而别致其新"的学术追求与自信,从而也给读者带来了更多的启迪与收获。

王充在其《自纪篇》中曾经说过:"论贵是而不务华,事尚然而不高合。""论贵是","事尚然",这种观念所表明的正是王充"疾虚妄"的学术风格与精神。李著作为一部解析王充思想的著作,同样贯穿着"贵是"、"尚然"的学术精神。正是这种学术精神,使作者对王充思想的解析,求真务实,达到了新的认识高度,帮助人们对王充其人其学的理解进入了新的意境。因此,我们期待本书的作者,继续"贵是"、"尚然"的学术追求,形成更多的学术研究成果,为民族的学术文化事业,作出更多的贡献。

(原载《武汉大学学报》2001 年第 5 期,署名"陈阳")

"无边光景一时新"

在中国学术文化史上,朱熹是一位百科全书式的学者。钱宾四先生在论及朱熹的学术思想与学术追求时曾将其概述为"内外合一,本末兼尽,精粗俱举,体用皆备"。这样的学术追求,使得朱熹在多种领域取得了划时代的学术成就,美学即是朱子学的重要组成部分。研探朱熹美学的学者很多,研究成果十分丰富,邹其昌博士的《朱熹诗经诠释学美学研究》(商务印书馆 2004 年 7 月版)即是近年来有关朱熹美学思想研究的一项重要成果。

邹著的新颖之处首先在其以朱熹的《诗经》诠释学为切入点来研探朱熹的美学,将人们带进了一片崭新的学术视阈。诗教是中国传统所谓的五教之一,在中国传统典籍中,《诗经》为六经之首,孔子曾经认定"诗可以兴,可以观,可以群,可以怨",把温柔敦厚作为诗教的特点。因此,注《诗经》者代不乏人。宋代以前,在诠释《诗经》的著作中就影响力而言当推《毛诗正义》,宋代以来可以媲美《毛诗正义》的注《诗》著作则要推朱熹的《诗集传》。这使得人们在重视《诗经》的同时,也十分重视朱熹的《诗集传》。但在繁复的《诗集传》研究成果中,专探朱熹的诗经诠释学,并通过这种探讨解析朱熹的美学理论的认识成果却寥寥无几。邹著正是在这样的背景下问世的。

诠释学的概念源于西方。在西方,作为解释理论的诠释学有一个历史的演进过程,其含义也是多层面的。邹著吸纳并改造西方的诠释学概念,取其"普遍诠释学"与"本体诠释学"的意蕴,从方法论的角度定义诠释学,进而考察《诗》从一部诗歌集演变为儒家经典的历史,将后世研探、注校《诗经》的诗经学理解为诗经诠释学,并权衡诸家,在比较中考察朱熹的诗经诠释学。邹著认为,朱熹的诗经诠释学是在辨析传统的诗经诠释学基础上建构起来的。朱熹生活的时代,汉代盛极一时的《鲁诗》、《齐诗》、《韩诗》到唐代或失传或已经不再彰显,《毛诗》则由于所谓郑笺、孔疏的原因在诗学领域中占据了独尊地位。后来《诗经》诠释者多推崇毛亨为《诗经》所作的序,"以《序》解《诗》"成了《诗经》诠释学的重要方法和原则。朱熹正是通过辨析"以《序》解《诗》"这种传统的《诗经》诠释方法,"以《诗》说《诗》",确立了自己在诗经诠释学中的重要地位。西方著名学者伽达默尔认为,传统精神科学面临真理与方法的两难选择,方法与真理不能一致,对于真理来说,方法总是不到家,对于方法来说,真理总是处于迷雾之中。这种恶性循环的结果必然导致历史领域里真理被遮蔽的状态。走出困境的唯一途径就是彻底摧毁传统方法的城堡，寻找真理与方法的一致和融合。邹著这种考察，不仅系统勾画了《诗经》诠释学的历史发展行程，而且以实例向人们展示了这一真理：学术的进步有待于打破传统的束缚，以求方法的进步。朱熹正因其以《诗》说《诗》，才使得他对《诗经》的诠释注意"切于情性之自然"，更加接近文本的真实，将人们对《诗经》的诠释，由伦常教化升华到了情感与审美，而朱熹的美学思想在相对大的层面上也是通过诠释《诗经》表现出来的。邹著对朱熹《诗经》诠释学原则形成的这种考察与理解，不仅视角新颖，且合于实际，给人许多学理方面的启发。

　　邹著的另一可贵之处在于其全面地论释了朱熹对《诗经》的创造旨趣、品赏方式、审美品格的理解。邹著认为，朱熹解析《诗经》，反对以《诗经》为史，也不赞成视《诗经》为论，认定一部《诗经》所包容和展现的是人的性情与人的心灵。基于这种"《诗》本性情"的理解，朱熹将《诗经》的创作旨趣概括为"感物道情"，从而，形成了其诗经诠释学美学的基本范畴，发展和深化了中国古典美学中的"交感"理论与"言志"理论。"讽诵涵咏"则是朱熹诗经诠释学美学中的又一重要内容。邹著认为这种内容构成了朱熹诗经诠释学美学的核心，也标志着朱熹对中国古典审美接受理论最具原创性的贡献。因为，在中国美学史上，"讽诵涵咏"不仅"凸显了主体自由精神在审美活动中的特殊意义"，而且催生了"内游说"、"现量说"等多种审美学说。邹著将朱熹诗经诠释学美学的目标概括为"性情中和"。认为朱熹诗经诠释学美学由"以《诗》说《诗》"所开启，历经"感物道情"、"讽诵涵咏"之磨炼，旨在获得"性情中和"之境界。在这一"中和"境界中，"以《序》解《诗》""和"以《诗》说《诗》"走向了整合与提升。通过对朱熹诗经诠释学美学的基本内容的多层面辨析之后，邹著的结论是："朱熹诗经诠释学美学成为了中国古典美学发展史上承上启下具有转折性意义的典范。诗经诠释学美学由此逐渐走出'经学'，走向真正的审美！"

　　　　　　　　　　　　　　　　　　　　（原载《中国图书评论》2004 年第 2 期）

《章太炎主体性道德哲学研究》序

九州生气恃风雷,万马齐喑究可哀。

我劝天公重抖擞,不拘一格降人才。

这是龚定庵的名诗。梁启超曾经说过:"当嘉、道间,举国醉梦于承平,而定庵忧之,傺然若不可终日,其察微之识,举世莫能及也。"梁氏所言并非无据。龚定庵的诗句即反映了清末的社会现实,表达了他对社会危机的忧心,对时代精英的期盼。中国社会历史的发展,自晚自清以来,特别是鸦片战争以来,可视为一个转折点。国家民族面临的深重危机,极大地激发了人们的救亡图存意识,时代造就了大批名留青史的革命者、思想家。章太炎即是其中之一。

章太炎(1869—1936),浙江余杭人,中国近代学术文化史上的国学大师,著名思想家。章氏曾自谓早年"独治经史","旁及当代政书","不好宋学,尤无意于释氏";中年"始观《涅槃》、《维摩诘》、《起信论》、《华严》、《法华》诸书";后又专攻《瑜珈师地论》、《因明论》、《唯识论》等佛学典籍,深信"玄理无过《楞伽》、《瑜珈》者";晚年潜心"国故",回归传统。章太炎的这种学术生活道路,折射出中国近代社会历史演进的曲折与坎坷。

章太炎早年"壹意治经,文必法古",醉心于中国传统学术文化,是因为时代还认同"稽古之学"的价值,像他这类"一以荀子、太史公、刘子政为权度"的学者,尚有其生存的空间。但是,章太炎很快意识到国家民族的危难,不再允许自己囿于平静的书斋生活。当时代召唤有血性的中国知识分子投身于救亡图存的社会活动时,他终于告别"诂经精舍",走出书斋,汇入社会革命的洪流。他与陈虬、宋恕等主编的《经世报》即是在他离开"诂经精舍"的第二年问世的。但他以学术理论为武器"匡世济民",也因使用这种武器不容于满清当局。"遭祸系狱"之后,他转攻佛学,研探玄理,其意仍在为自己投身社会革命寻求精神的动力;晚年回归中国传统文化,同样也是基于自己对社会人生的理解。

投身社会革命,激励他思想开放趋新;历史演进曲折,又决定他思想芜杂多变,前后抵牾,充满矛盾。这种特征,使得研探其思想学说者的视角、立场有别,对其思想价值的理解、评断各异。因此,在新的时代条件下,如何整合有关章太炎思想研究已有的认识成果,并以此为基础,深入地解析其思想系统,全面地诠释其思想价值,使我们对于章氏思想的解读更接近于其思想实际,从而使我们对章氏生活的时代,对生活在这一时代中的知识分子的历史使命获得更加真切的理解,仍然是学术工作者必须面对的一项重要学术工程。

张春香同志的《章太炎主体性道德哲学研究》,即是以自觉地领悟这种时代要求为前提,长期致力于章太炎思想研究而形成的一项重要学术成果。作为一部形成于新的时代条件下的研究章太炎思想的学术成果,张著在选材、解释、评断诸方面均具备自己的特色。

首先,张著力图在章太炎貌似矛盾多变的理论系统中,揭示其致思趣向的内在统一。书中认为,章太炎将自己一生的学术活动概括为"始则转俗成真,终乃回真向俗",实际上,"真"、"俗"相续,"终"、"始"一贯。章氏弟子黄季刚曾认为其师学问"始变"与"独殊"相兼,并断言"真能为始变者,必其真能为独殊者也"。相兼也是肯定章氏之学纳新与创获一致。透过章氏多变与矛盾的思想表层,揭示其形下层面的追求与形上层面的追求之间内在的有机的联系,或许能使我们真正走进章太炎的心灵世界,重新体认章太炎的伟大人格,理解章太炎思想的多重价值。

其次,张著认定"依自不依他"乃贯穿章太炎学说的基本观念,以章氏"自心以外,万物固无真","自贵其心,不依他力"等论说为据,将章氏的形上学置于心学之列,纳入主体性哲学范围,把看重和张扬主体性理解为章氏思想理论的总体性特征,不再将章氏思想切割成不同的板块,分别解析其价值。同时,书中对章太炎心学的评断,又不囿陈说,仅限于其负面部分,而是全面思考其在章氏思想系统中的地位与作用,论定其功能与价值,体现了作者学术上追求新知的自觉与勇气。

最后,张著从道德哲学的角度研讨章太炎思想。认为章氏之学,不论从真的层面来看,还是从俗的层面来看,其最终指向都是道德问题。章太炎曾说:中国"近代人才不起,国无纪纲,原其大端,不出二事:论政者务治人而忘修己,言学者主游艺而不依仁"。在章太炎看来,"道德坠废",乃"革命不成之原","道德衰亡",为"亡国灭种之根"。因此,章太炎早年"冥志覃思",醉心于"稽古之学",中年后广泛涉猎佛学和西学典籍,研探玄理,目的都在于重建道德,"以昌吾教,以强吾类",改造国民,复兴民族。基于这种理解,张著对于章太炎的道德形上学,人格论,道德修养论,道德实践论的具体解析论释,均自为系统,成一家言,总体上对章太炎伦理思想的研究有所拓展,有所深化。

章太炎生活的时代,民族灾难深重,历史演进曲折,学术领域求新求变;他生活道路不一,学术思想矛盾,都根源于他所生活的时代。但是,他充满曲折坎坷的人生旅程,有着始终如一的自我追求,充满矛盾的思想系统,有其内在一贯的思想脉络。《章太炎主体性道德哲学研究》即以这样的视角诠释解读章太炎思想。在这种解读中,不少观念、结论可能尚需进一步考释、论证,但作为章太炎思想研究的一项新的学术成果,不论其思想指向,还是其研究方法,总体上都是应当被肯定的。因为,新的学术探索,有利于学术的进步。

　　张春香同志曾在武汉大学哲学系攻读博士学位。三年学习期间,不累庶务,勤心苦读,终于学有所成,我为她在学术耕耘中的收获感到高兴。学术耕耘的收获,预示着新的耕耘开始;我也乐意看到张春香同志在学术园地中新的耕耘,新的收获。

　　　　　　　　　(原载张春香:《章太炎主体性道德哲学研究》,中国社会科学
　　　　　　　　　出版社 2007 年版)

漫话读书

这一次回到家乡,同老师们、校友们欢聚一堂,共庆母校的六十华诞,看到母校这些年来的超常发展,感到非常振奋。我对那些在母校的建设和发展中贡献过心力的校友们表示深深的敬意。在武汉的时候,我认真拜读过许校长的校庆邀请信。邀请信文字写得很雅,信中说:"走近母校,就走近了我们心灵的港湾;走近母校,就展开了我们了记忆的长卷",来到一中以后,真有这样的感受。我是 20 世纪的 60 年代初进入一中学习的,到现在已经过去四十多年了,但几十年前在一中生活的情景,今天仍然历历在目。

1970 年,一个非常偶然的机会使我进入武汉大学,走上了现在这样的生活道路。记得一位西方思想家曾经说过:"万古长存的山岭并不胜于生命短暂瞬息即逝的玫瑰"。这个说法十分深刻。一个事物的意义或价值,同这个事本身的规模、大小,不一定是成正比的。我在中学阶段的生活时间虽然不长,但这段生活对于我的人生却是有意义的。因为,这段生活构成了我生活道路中的一个重要环节,在一定的程度上为我后来的学习和工作奠定了基础。因此,我要借今天这个机会,感谢当年帮助过我、教育过我的老师们,感谢所有为我们山里人的成长付出过心血和劳动的老师们。

许校长希望我回来以后,和校友们做一些学习方面的交流,盛情难却,但不知讲些什么为好。我觉得在这样一个喜庆的日子里,由我来谈一些所谓的学术问题,不太合适,也许在学习、读书这类话题方面,同校友们更容易沟通,更容易找到共同语言。基于这样的考虑,我把今天的话题定为:漫话读书。我想围绕这个话题谈三个层面的感受。

一、读书要志存高远

读书是一个久而弥新的话题。依我们国家现在的教育制度,一个人正常的读书生活是 22 年(小学 6 年,中学 6 年,大学 4 年,研究生硕士 3 年、博士 3 年,如果再读博士后,还不止 22 年)。一个人的学生生活结束以后,从继续教育的观点来看,还得不断地学习,不断地读书;在人几十年的生活中,读书是一件贯彻始终的大事。所以苏轼说:"自孔子圣人,其学必始于读书";颜之推在他的《颜氏家训》中更是认定读书远胜于财富的积累:"积财千万,无过读书。"因此,不论是在中国的历史上,还是在中国的现实里,"耕读传家"始终是人们普遍追求的一种家风和传统。

在座的老师和校友们,大概都熟悉中国小孩抓周的习俗。一个小孩满周岁的时候,他的父母在他面前放上书籍、钱币、食物或其他东西,让小孩去抓,看小孩先拿什么东西,由他先拿的东西来推断这个孩子将来的生活道路。小孩抓周时,父母最希望看到的大概都是小孩先去抓书。从小孩父母的这种心状,也可以看到中国人对读书的重视。在当代学人中间,钱锺书先生的大名,据说即是抓周抓来的。对于钱锺书先生,校友们一定都有所了解,钱先生写的《围城》,影响很大;钱先生的《谈艺录》、《管锥编》等学术著作更是斐声海内外。在海外学术界,钱先生被誉为当代中国的文化昆仑,由此可见人们对钱先生学问的推崇。

钱锺书先生的夫人杨绛也是著名学者。杨绛出身大家。其父杨荫杭,先留学日本,后留学美国,学习法律,民国年间,在北京做过高等检察厅长;当年鲁迅先生批评过的北京女子师范大学校长杨荫榆,则是杨绛先生的姑母。杨绛先生的著作也很多,特别是译著很多。据杨绛介绍,钱锺书先生过继给伯父为子。钱锺书出生后,他的伯父给他取名仰先,字哲良。原因是这一天有人给钱家送了一部书,书名为《常州先哲丛书》。钱锺书抓周时抓的是一本书,于是他父亲又给他取名锺书。钱锺书的生父钱基博先生,解放后在华中师范大学做过教授。后来,他父亲见钱锺书喜欢说话,又给他取名为默存。钱先生抓周得名的故事,也比较典型地反映了中国人对于读书的看重。

在中国,富裕的人家,盼望子弟读书,贫穷的人家,也希望子弟读书。所谓"积财千万,无过读书",是讲富有的人家盼望子弟读书的心态;所谓"菜根切莫多油煮,留点青灯教子书",则表露了小户人家希望子弟读书的心态。小户人家,宁肯生活上节省些,也要创造条件让孩子读书。可以说读书是中国人的一种传统,而怎么样读书,也是中国人常在思考之中的一个话题。这个话题,关涉国家的强盛,民族的兴衰,也关系到读书人自身的人生道路。

论及读书,人们的思考无外乎读书的旨趣、读书的方法、读书的条件等方面的内容。关于读书的旨趣、目的,过去的说法很多。《论语》中讲"仕而优则学,学而优则仕";在《论语》中说到读书时还有一个更明确的说法,这即是:"耕也,馁在其中矣,学也,禄在其中矣。君子忧道不忧贫。"依这种说法,种田免不了饥饿,读书即可以发财。所以君子忧道:只担心自己主张的政治、道德原则不能推行;并不担心生活的贫困。这是中国人对于读书较早的总结和理解。

后来,随着科举制度的形成和发展,到了宋代,人们把读书与功利联系得更加紧密。大家熟悉的宋代《劝学诗》中最流行的句子即是:"书中自有黄金屋","书中自有颜如玉"。读书可以获取功名利禄,结论当然只能是"男儿欲遂平生志,六经勤向窗前读"了。以功利作为学习目的,去激励人们读书,这在旧中国,大概是大多数读书人都可以认同的一种读书观念。当然,在中国历史上,也有人视立德、立言、立功为不朽,主张在读书旨趣中把修身、齐家、治国、平天下统一起来。讲修、齐、治、平,比单纯地主张追求个人功利要好。在新中国,曾有人主张为中华的崛起而读书,这种境界当然值得肯定。在历史上或现实中,不论是从哪一种视角出发所形成的读书理念,或说对于读书旨趣的理解,我们今天都应当正确地去面对和诠释。因为,人们针对读书问题,提出的理解和主张,总有它存在的根据和缘由。

细析人们对读书旨趣的理解,就视角而言,无非是两个向度,一个是事功,另一个是价值。或者说一个是从事功的角度理解读书的旨趣,一个是从价值的角度理解读书的旨趣;其实,在我们今天看来,这两种视角是应当整合的,也是可以整合的。当我们将这两种视角整合之后,我们既可以从类的需要方面来理解读书的旨趣和目的,也可以从个体需要方面来理解读书的旨趣和目的。今天在座的所有老师,也有正在学习的年轻校友。按照我的理解,一个老师在帮助自己的教育对象理解读书的旨趣和目的时,一个青年学生在思考自己的读书的旨趣和目的时,都应当既顾及到类的需要,又顾及到个体的需要。并且使这两种需要统一起来。

读书人读书要考虑到类的需要,就是要考虑到国家、集体的需要;一个人读书的时候考虑到国家、集体的需要,实际上是考虑到自己对于国家、对于民族的责任。人都在社会中生活。一个人在生活中,需要维护自身的权利,同时也需要担负起自己对于国家、民族和他人的义务。一个读书人,如果不具备对国家、民族的责任意识,而奢谈读书的旨趣、目的,思想境界不会很高,以这样的思想境界所凝聚起来的读书动力,也是非常有限的。也许有的校友会认为,我主张把读书学习的目的同国家民族的需要联系,这是大话、空话。我可以告诉你们,我持这样的观念,完全出于自己的真实感受,绝非空话、套话。我讲几点自己的具体体验。

过去,在高校中有一种说法:即只有到了国外,你才懂得什么叫爱国。这个说法不是有过在国外学习经历的人杜撰出来的,而是人们在国外生活中的一种切身感受。一个中国的读书人,只有走出国门,特别是进入一些发达国家的时候,你才会感受到自己的国家还非常落后,这种落后包括经济建设,也包括人的文化素质。这种落后不是在几年或几十年中即可以赶上人家的。尽管改革开放以后,我们国家的建设已取得了举世瞩目的成就,但从总体上看,我们的国家仍然在发展中国家之列。当你意识到自己的国家落后时,你会自觉不自觉地有一种冲动,觉得自己应当努力,只有努力改变自己国家的落后面貌,才能使我们的国家、我们的民族真正自立于世界民族之林。

20 世纪 90 年代,我在日本生活过一年。在日本时,一个朋友告诉我,日本人开办了到夏威夷的旅游,这种旅游是不需要签证的。但日本的旅游公司不接受中国人参与这种旅游。后来知道,美国方面也不让中国人参与这种形式的旅游。人家为什么要这样做？还不是觉得你的国家经济不发达,怕你移民。这个朋友讲起这件事时,我们共同的心情就是:中国人自己要发愤,要把自己的国家建设好,不然中国人在国际上不会真有自己的地位。

当年我在日本的时候,还知道一件事情:即日本有一种专门为一些不发达国家和地区的人开设的商店,东西比较便宜,不少在日本的中国人也去这种商店买东西。有一位国内去的朋友告诉我,他去过一次这种商店,以后再也没有去过。因为,去这种商店,店主都会问:你是中国人吗？在店主的经验中,只有中国人才会光顾这样的商店。店主问话的潜台词当然是中国人穷。也许店主并没有恶意,但中国人面对店主的这种问话,心理上会产生一种无形的压力。在国内,国家、民族这些字眼人们并不十分在意,一旦走出国门,你才会知道,国家、民族这些字眼同自己的联系是多么紧密。

2001 年 11 月,我去台湾参加一个学术会议。当时台湾正在进行民意代表选举。到处是演讲,到处是选举的标语、画像。一个民进党的议员打出的一条竞选标语是:"中国猪滚回去。"我们几位大陆去的人在一起议论,认为写这个标语的人才是猪,因为不管他怎么说,他仍然是中国人。我们还到台湾师范大学去作过一次讲演。台师大的文学院长介绍台湾语文教学的改革,说他们的"教育部"规定,国语课教学,以后要改称语文课。当时,我们也很敏感。因为台湾所说的国语即是普通话。蒋介石到台湾后,曾以行政的手段推行国语教育,所以后来台湾人的普通话都讲得相当不错。现在台湾的语文教育,改国语课为语文课,注重闽南话、客家话教学,这实际上与民进党推行去中国化政策有关。所以一个真正的读书人,一旦遇到事关国家、民族的问题时,你就不可能真正置身于事外,而只能把自己同国家、民族联系在一起。

中国知识分子把读书同国家、民族联系起来,这是一种现实要求,也是一种历史传统。这种传统常常表现为一种忧患。大家一定都记得范仲淹的名言:"不以物喜,不以己悲,居庙堂之高则忧其民,处江湖之远则忧其君。"范仲淹的这种说法,所表达的正是中国知识分子的一种忧患。这种忧患说到底,即是中国知识分子对于国家、对于民族的责任意识。当年,林则徐遭贬,从浙江前往新疆,途经金口时遇友人魏源,将自己的《四州志》交给魏源,要魏源继续研究西方,探寻强国之路。后来,魏源在《四州志》的基础上写成了《海国图志》,提出了"师夷长技以制夷"的强国方略。林则徐身处逆境,念兹在兹者仍然是国家的强盛,民族的危亡。"苟利国家生死以,岂因祸福趋避之"。林则徐的诗句所表达的也是他对于国家、对于民族的责任意识。陶行之先生说:"捧着一颗心来,不带半棵草去",也表达了与林则徐相同的人生追求。所以,不论是从现实要求来看,还是从历史传统来看,我们读书人思考自己的读书旨趣、目的,都应当意识到自己对于国家、民族所肩负的责任。

从个体需要出发来理解读书的目的、旨趣,即要意识到读书是为了读书人自身的发展。人的需要是多层面的。在人的需要中,最重要的一是人自身生存的需要,一是人自身发展的需要。由于生存是人本身的需要,所以在人的读书目的中,不宜绝对地排斥功利。目前,我们的教育还是一种应试教育。读书人还必须通过各种考试,才能够进入各级各类学校;一个人只有接受高等教育之后,才有可能找到一份比较理想的工作。这些都是无法回避和否认的生活现实。

但是,读书人对于生活条件的追求,不宜过度,或者说,不宜把功利层面的东西看得太重。我持这样的观念,有两点理由。一是个人的生存需要是非常有限的。良田万顷,日食三餐;广厦千间,夜眠八尺。一个人在生活中,没有必要去过度地追求财富,占有大量财富的生活,不一定就是最有意义的生活。大家都知道我们湖北的"五毒"书记,此人是我们学校历史系78级的学生。此人大概是现代读书人中,过度追求物质享受,最后走上犯罪道路的典型之一。我想,当历史系78级的同学团聚时,此人的生活道路,一定是大家议论的一个话题。

在个人的需要中,不宜把功利的东西看得太重的另一个原因,是读书人中,能积聚大量财富的只是少数人,比尔·盖茨这样的人极少,对于多数人而言,实际上不可能聚敛起巨额财富。读书人中的这种现象,古今中西,概莫能外。讲两个小例子:宋代关学的创始人张载,一生志道精思,勤于治学,把自己的人生追求概括为:"为天地立心,为生民立命,为往圣继绝学,为万世开太平",写出了《正蒙》一书,学术上取得了巨大成就。但张载死后,连料理后事的钱都不够。他的学生们凑了一点钱,才把老师安葬好。原清华大学校长梅贻琦先生也是这样。梅贻琦先生对清华大学的发展作出过贡献。人们把梅贻琦的教育思想归结为三点:通才教育,教授治校,学术自由。梅先生有一个著名观念,即认定大学非有大楼之谓,而是有大师之谓;认为教授才是学校的主体,校长不过是率领职工给教授搬椅子凳子的人。梅先生做过多年清华大学的校长,去世后也是清华学子凑钱把他安葬在台湾新竹清华大学校园内的。由此可见,读书人不可能都成富商巨贾,多数人只能与清贫相伴。现在社会上浮躁之气很盛,青年学生们对功利层面的东西看得很重。但到了现实中,又会发现理想与现实之间相距甚远,于是就有牢骚,就有失落感。假若你对这类问题早有一种正常的心态,那么你的生活一定会舒心得多。

就人自身的发展而言,却是可以无限的。这种无限,既可以表现为人的潜质的发掘和人的本质的完善,也可以表现为人对于知识的无限追求。一个人只有从自身发展的需要出发,去寻求和积聚自己读书的动力,他才会不断地在知识的海洋中遨游,在学术的领地中求索;他才能理解学海无涯,不断地学习,不断充实和完善自己。一个人读完四年大学,还很难说进入了学术的殿堂,大学本科实际上还是一种基础性的素质教育。只有当你进入研究生阶段的学习之后,才可以说你已初窥学术的门径;你才有可能体会人们为什么会用汗牛充栋、积案盈箱、卷帙浩繁之类的语言来形容文化典籍的丰富,才会感觉到自己知识的有限,才会理解古人所说的学然后知不足的意境。我记得1993年年底,唐生海老师的孩子找我咨询过考研方面的事情。当时我问他读过一些什么书,他说读过《五灯会元》,这给我留下了很深的印象。在文科本科生中知道《五灯会元》的人不会很多,即使一般人见过《五灯会元》这个书名,也不一定知道《五灯会元》怎么讲。《五灯会元》是很重要的佛学典籍。"五灯"包含:《景德传灯录》、《天圣广灯录》、《建中靖国续灯录》、《联灯会要》、《嘉泰普灯录》,普济将"五灯"删简,合五为一,成《五灯会元》。我想,唐老师的孩子读过《五灯会元》,这大概是研究生与本科生学识差别的一种体现。

在中国的读书人中,也有从自身发展的需要出发,只求知识,不计任何功利,发奋读书的人物。在这种人物中,现代学者中陈寅恪先生最为典型。陈先生出生于一个官宦人家,曾经多次出国留学,精通十多个国家的文字,但没有任何学位。陈先生读书,完全是为了学识上的进步和发展。1925年,陈先生从德国回来,梁启超先生推荐他担任清华国学研究院的导师。当时的清华校长问梁先生,陈寅恪是哪一国的博士,有什么著作。梁说陈不是博士,也没有什么著作,但陈是中国学问最好的学者。陈先生进了清华研究院,与王国维、赵元任、梁启超同为清华国学研究院的著名导师。后来,陈先生又担任北大、中大的教授,一生著书繁富,是中外学术界公认的中国现代最博学的学者。陈先生没有任何学位,但是比起方鸿渐式的博士来,陈先生的学问要高明得多,陈先生的人生也有价值得多。

同陈寅恪先生这种读书人的风范相比较,现在的读书人中,浅薄、浮躁者不少。有的学生一考上大学,就船到码头车到站,不再用功学习。2001年我们学校因学习成绩不合格被退学的学生不少。我不是说武大的学生个个都是精英,但就能够考上武汉大学而言,他们在中学阶段的学习是应当肯定的。因为,没有高分进不了武大。这些中学学习阶段中的成功者,为什么一进大学就落伍了呢?就学习能力而言,恐怕只能说非不能也,是不为也。不再拼搏,当然就要掉队。

进了大学的学生,也有一些人学习上盲目自大。这一点我要特别告诫在座的年轻校友:我们山区在交通、信息方面相对而言还比较落后,视阈还极其有限,在这样的环境中生活,特别容易形成自大心态。这样的自大,是盲目的,是一种虚骄。你能从鹤峰一中考进北大、考进清华,在一中考生中,当然是佼佼者,但当你进入北大或进入清华之后,你就会发现自己不过是所在班级中最普通的一名学生,甚至可能是班上基础比较差的学生。此时你应有的是危机感,而不是成就感。在新的一轮竞争中,满足现状,不思进取,你就会被淘汰。

现在的一些研究生,喜欢讲自己研究什么什么,这也有自大之嫌。因为,研究什么这个断语是很难由自己来下的。研究可以指学习经历,也可以指学术成就。你在某一个领域是否真有研究,这得由人家来作出评断。有些研究生,你问及他的读书量,中国文献中的左、孟、庄、骚之类不在话下,西方大家的著作他也都有所涉猎。但一到具体问题却又不知所云。我们曾经问自己的一位研究生,《论语》中的"慎终追远,民德归厚"的文义怎么理解,这位学生竟然无言以对。

现在的大学生讲到自己的外语能力,也不乏以"精通"二字来作界定和介绍者。其实,这也是问题很大的一种断语。讲到自己的外语能力和水平,恐怕得有一个具体的参照和评价标准。我们国家现在的外语教学,基本上还是一种应试教育。以这种方式培养的大学生、研究生,外语还很难说好,你学的外语除了应付考试之外,一到国际交流时,人家说的你不懂,你说的人家也不懂,这样的外语水平,能说精通某个国家、某个民族的语言文字?

因此,学无止境,这几个字所容摄的内容,是需要我们认真领悟的。读书人只有志存高远,在自己的读书旨趣中,把读书理解为自己发展的需要,才可能积聚起不断学习,不断进取的思想动力,才可能不断提升自己的为学境界,也才可能在学术方面真正作出成绩。

二、读书宜文理兼备

所谓读书宜文理兼备,是说年轻的学子,在建立自己的知识结构的时候,应当兼及人文科学与自然科学,兼备人文精神和科技理性。我们国家的高中教育,实行文、理分科,从长远的观点来看,或说从素质教育的角度来看,这种状况是应当改变的。现代学术发展的一个重要特征,即是学科的交叉与整合。现代医学就兼有自然科学和人文科学的双重属性。在现代社会中,一个病人既需要生理方面的药物治疗,也需要人文层面的关怀。所以在座的年轻校友,如果你在理科班级,千万不要忽略对人文科学和社会科学知识的学习、积累;如果你在文科班级,则应当尽可能地学习自然科学知识。新世纪的人才,需要自然科学方面的知识和技能,同时,人文素养也是一代新人必不可少的学识与素质。

就大学来说也是一样。不知大家注意到这种现象没有,即当今世界上一些著名的综合性大学,都是具有深厚的人文底蕴、人文传统和人文氛围的大学。美国的哈佛是这样,英国的剑桥是这样,中国的北大是这样,我们武汉大学也是这样。在某种意义上可以说,人文精神是综合性大学的灵魂和标志。

具体到一个读书人来说,如果你学理科,又具备深厚的人文素养,那么你的为人为学境界都会很高:当你走进清华的时候,你就不会只知道清华的理工科学系,还会记起西晋谢叔原的《游西池诗》。谢叔源的《游西池诗》中的名句即是"景昃鸣禽集,水木湛清华"。清华大学的"清华"二字同谢叔源的诗大概是有联系的;你看到清华大学的校训,大概即会想到梁启超,因为清华校训同梁启超是有联系的;当你在清华园内漫步时,你又会想起朱自清先生的"荷塘月色"了。清华校园中到处都是历史,到处都是文化,假若你对这些一无所知,满脑子尽是数学公式,那么,你的生活就会单调得多,乏味得多。走进北大也是一样。北大校园内很多地方都以园命名:勺园、蔚秀园、朗润园等。作为一个新世纪的理科学生,你走进北大,知道了朗润园,就应当能记起:"松风水月,未足比其清华;仙露明珠,讵能方其朗润。"学理工的人,需要深厚的人文素养;学文科的人则要努力学习一些自然科学知识。在现代社会生活中,工具理性,对于学人文、社会科学的人来说,已不是可有可无,而是必备的一种知识结构,做人文、社会科学工作,也得依靠现代的工具和手段。在我看来,学人文、社会科学的人,还不能停留在掌握电脑之类的工具方面,对于其他的自然科学知识也应广泛涉猎。比方说,2002 年的世界数学大会在中国召开。普林斯顿大学的教授约翰·拉什也来参加会议。拉什是迄今为止,世界上唯一获得过诺贝尔经济学奖的数学家。作为一个学文科的学生,对拉什的了解,不应仅停留在这样的认知层面上,还应当知道拉什在数学方面的贡献,知道拉什的均衡理论在经济学领域具有重要价值。当然,学文科的人对这类专门的数学理论,不可能有深入的理解,但应当尽可能多地掌握一些这方面的知识。

学文科的学生,同样也有一个提高人文素养的问题。现在学文科的学生,在人文知识结构方面同样存在许多问题。我们系本科生办了个刊物,一位老师为这个刊物题名为《嘤鸣》。我曾问过初进学校的学生:这个刊名怎么讲,很少有人知道这个刊名源自《诗经》"嘤其鸣矣,求其友声"。我们读许地山先生的小说,会发现其中有一篇名为"枯杨生花",内容是写老年人的感情生活的。"枯杨生花"四个字源于《周易》,这也应当知道。我们有的学生了解唐宋文化,记得宋代的四部大型类书:《太平御览》、《太平广记》、《文苑英华》、《册府元龟》。但对《册府元龟》这部书名怎么讲却不知道,这也是不应该的。讲到这里,我记起一个人们常常乐道的科举时代的小故事:据说一个考生,不知道古书中的"昧昧我思之",写成了"妹妹我思之",主考先生写了一句批语:"哥哥你错了"。看起来让人忍俊不禁。但笑过之后,也可以看到老师的批语实出无奈。"昧昧我思之"一语出自《尚书·秦誓》。宋代学者的解释是:"昧昧而思者,深潜而静思也。"没有读过《尚书》的人,要回答与《尚书》有关的问题,当然会闹笑话。今天也是一样,作为中国人,不论学理还是学文,对自己民族的文字,自己民族的文化经典和文化传统没有深刻的了解,学什么都是很难学好的。

所以,一个新时代的读书人,知识结构应是多层面的。最基本的结构应当是人文知识和自然科学知识的统一。我希望在座的年轻校友,理科班的多注意在人文方面的训练,文科班的则加强对自然科学知识的学习,为自己今后的学习深造建立一种比较合理的知识结构。这样会有利于你学业上的进步,也会有利于你自身的发展。

三、读书的条件要靠自己创造

学习的环境和条件,对于一个人的学习、成长是十分重要的。得到一个好的学习环境和学习条件,这有多方面的原因,但最主要的原因还是自己的努力,或说自己的创造。

我觉得一个年轻的学子,要给自己创造好的学习条件,首先是要通过自己的努力,选择一所好的大学。为什么要选择一所好的大学,或者说选择一所好的大学,为什么会更有利于青年学子的成长,可以讲出许多理由,比如说学校的历史、学校的影响、学校的教学设备等。但是我觉得最重要的应当是三条:一是师资,二是学术传统,三是高水平的竞争环境和氛围。

先说师资,在我国没有大规模地开始研究生教育以前,大学师资水平的差距是很大的。以我们武汉大学哲学系为例,过去武大哲学系的师资主要是两个来源,一是北大的毕业生,二是武大自己的毕业生;依过去的不成文的规定,我们是不接收一般院校的毕业生来系任教的。过去国内好一点的大学,在师资队伍的建设上,基本上都是这种情况。为什么会出现这样的情况呢?这当然是考虑到了学生的来源。因为一个人的成长,并不完全是大学四年培养的结果。中学阶段是非常重要的。好的中学生才能进入好的大学。在这样的背景下,比较好的大学的师资力量,当然不是一般的院校所能比拟的。北京大学的教授与一般大学的教授,在学识能力上的差距很大。所以一个青年学生要成才,进入名校,跟随名师是一个重要条件。在座的年轻校友们,应当尽可能发挥自己的潜能,争取进北大、清华,争取进武大、复旦;因为好的学校,会有好的教师,他们会对你的成才给予一般学校所无法给予的帮助。

再说传统。一个好的大学,都会有自己的学术传统。这种传统是学校在长期的历史发展中积淀起来的,表现为一种潜在的学术风气、学术观念、学术方向和学术风格。一个名校、一个好的学科,它的师资队伍一定是有代际关系的。这种具有代际关系的师资队伍,才说得上是一个真正的学术集体,才有可能形成学术派别。在一个一般的大学中,教师来自多所学校,短时期内很难形成共同的学术观念、学术风格,也很难培养出学术上的领军人物。一个学术集体的行政负责人,和一个学术集体的学术带头人,不可同日而语,那是两回事情。所以年轻人进入名校,进入著名的学术集体,你会在无形中获到一种资源,受到一种感染和熏陶,这对于一个人的成长是极为有利的。名师出高徒。这是教育领域一种带规律性的现象。

再说竞争环境。这对于一个人的成长也是非常重要的。进入名校,你的同学会是一群高考分的青年学子。你生活在一个由考分在 600 分以上的学生组成的班级中,与生活在一个由 500 分考生组成的班级的感受绝对不同。在后一种班级中,你优哉游哉,仍可以名在前列,在前一种班级中,你稍一不慎,即会落伍。前一种环境会促使你"朝乾夕惕",不断用功,不断进取。所以年轻人一定要通过自己的努力,争取上一所好的大学,以帮助自己的成长。

如果你的能力不够,不能进入著名大学,怎么办?答案只有一个:人生的道路,还得靠自己走,进不了名校,进入一般的高校,同样也可以帮助自己的成长。你可以在研究生考试中再争取好成绩。如果连一般的大学也考不上，怎么办呢？你可以自学，自学也可成才。讲到自学成才，我讲一个典型的例子，不知道在座的校友们是否知道金克木先生。金先生在我们武大做过教授。前两年刚去世。金先生早年在北大是所谓"偷听生"。20 世纪二三十年代，北京大学的教学是开放式的；考上了北大，那是北大正式的学生，没有考上北大，你去注册，办一个旁听证，就是旁听生，还有一种学生是既没有考试，也没有注册，但又去听课，那叫"偷听生"。金先生当年就是北大的"偷听生"，"偷听"的是法文。当时教法文的是一个法国人。每次课堂做练习，金先生也做，但不敢写自己的姓名。这个法文教员批改作业后，将作业本往讲台上一放，让学生自己去拿；后发现一个不写姓名的学生作业做得不错，破例发了一次批改的练习，认识了金先生。后来，金先生得到了这个老师的帮助，去印度留学，终于学有所成。1990 年，我和我的老师去北京见过金先生。这次去看金先生，还有一个小插曲：北大一个教师告诉了金先生的住址，我们按住址去找，结果弄错了，敲开了另一位老先生的家门。当时是冬天，天气很冷。这位先生出来，我们只好说我们是武汉大学的，情形比较尴尬。结果这位先生非常热情，马上把我们让进了他的家。原来这位先生也曾经是武汉大学的教授。他告诉我们，他原在武大任教，后来去清华大学，解放后又到了北大。这位先生叫田德望，过去翻译歌德的著作，是很有名的学者。田先生以为我们是去看望他，实际上是个误会，因为我们不认识田先生。但我们也庆幸无意中见到这位曾任教武大的教授。从田先生家出来去看金先生，讲起我们的经历与尴尬，金先生大笑不止。在中国学者中，金先生可说是依靠自己的努力，创造学习条件，而又学有所成的典型和代表。

在中国传统的人生观念中，有人讲"且趣当生"，提倡享受；有人讲"云在青天水在瓶"，看重自然；也有人讲"朝乾夕惕"，主张自强不息。应当说自强不息才是我们民族最优秀的传统。天道酬勤。一个人读书学习，只要在自己的能力范围内，努力为自己创造学习条件，学业上即会不断进步。

当然，人与人之间，同学与同学之间，学习能力上的差别是无法否定的。《庄子》中讲的大鹏，"水击三千"，"抟扶摇而上者九万里"，这是一种能力；小鸟只在较低的空域中飞行，这也是一种能力。能高飞九万里者高飞九万里，能飞几丈高者就飞几丈高，这就都尽到了自己的努力。人生的遗憾，不在于自己没有得到什么，而在于自己放弃过努力。因此，年轻的校友，倘若你考上了北大，不要骄傲，没有考上大学，也不必气馁。在我们的生活中，只要自己努力过，我们的生活就是有意义的生活，我们的人生就是圆满的人生。我希望年轻的校友们，努力拼搏，每个人都能争取到理想的读书环境，每个人都能建铸自己无悔的人生。

说得很多了，不周全处，恳望大家批评，谢谢大家。

（原载鹤峰一中 2002 年《中学教研》）

后　记

　　这是我在自己已经刊发的文稿中辑成的又一个集子。2009 年我在中华书局出版过一个集子,名之为《珞珈思存录》,自己曾计划将这个新编成的集子名之为《珞珈思存续录》,后应出版社要求更名为《近世中国的儒学与儒家》。就像《珞珈思存录》一样,在《近世中国的儒学与儒家》中收录的文章同样是自己在中国哲学史、中国伦理思想史教学科研工作中形成的一些认识成果,这些认识成果同样地记录载着自己在武汉大学中国哲学史教研室的生活、学习与思考。今天,人们在日常生活中,喜欢说惜缘。一个人能够长期在一个学术集体中生活,也是一种缘分,一份幸运,值得珍惜。我所在的武汉大学中国哲学史教研室是一个极具亲和力的学术集体。在这个学术集体中,有我尊敬的前辈师长,也有我仰慕的学术风格与学术传承。师长们的关心、鼓励,使我数十年来始终坚持在这个学术集体中工作和生活,并在学业上有所收获。因此,自己编辑这个集子时,充满了感恩的心情:我感激自己的师长,也感激这个学术集体;是师长们和这个集体使我的生活平凡而充实,让我不断地体悟人生的真实与价值。同时,我也十分清楚,编辑这样的集子,实即回顾自己数十年间的学习与工作。以这样的视角,与其说文集所记录的是自己工作的成就,倒不如说文集子所展示的正是自己工作的局限与不足。对于自己工作中的不足,甚至是失误,我诚心地希望看到读者的批评、指教。

　　在《近世中国的儒学与儒家》的编辑过程中,博士研究生何江海给予我帮助甚多,谨致谢忱!

田文军

2011 年 2 月 11 日于武汉大学珞函新邨

策划编辑:洪 琼

图书在版编目(CIP)数据

近世中国的儒学与儒家/田文军 著. -北京:人民出版社,2012.6
ISBN 978 - 7 - 01 - 010734 - 9

Ⅰ.①近… Ⅱ.①田… Ⅲ.①儒家-研究-中国-现代 Ⅳ.①B222.05

中国版本图书馆 CIP 数据核字(2012)第 037191 号

近世中国的儒学与儒家
JINSHI ZHONGGUO DE RUXUE YU RUJIA

田文军 著

人民出版社 出版发行
(100706 北京朝阳门内大街166号)

北京中科印刷有限公司印刷 新华书店经销

2012 年 6 月第 1 版 2012 年 6 月北京第 1 次印刷
开本:710 毫米×1000 毫米 1/16 印张:20.75
字数:410 千字 印数:0,001-2,000 册

ISBN 978 - 7 - 01 - 010734 - 9 定价:54.00 元

邮购地址 100706 北京朝阳门内大街 166 号
人民东方图书销售中心 电话 (010)65250042 65289539